大 学 问

始 于 问 而 终 于 明

守望学术的视界

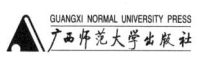

实践历史与中国农村的发展

黄宗智 著

广西师范大学出版社

·桂林·

超越左右：实践历史与中国农村的发展
CHAOYUE ZUO YOU: SHIJIAN LISHI YU ZHONGGUO NONGCUN DE FAZHAN

图书在版编目（CIP）数据

超越左右：实践历史与中国农村的发展 / 黄宗智著. -- 桂林：广西师范大学出版社，2024.12
（实践社会科学系列）
ISBN 978-7-5598-6723-0

Ⅰ.①超… Ⅱ.①黄… Ⅲ.①农村经济－经济史－研究－中国 Ⅳ.①F329

中国国家版本馆 CIP 数据核字（2024）第 018638 号

广西师范大学出版社出版发行
（广西桂林市五里店路 9 号　邮政编码：541004）
　网址：http://www.bbtpress.com
出版人：黄轩庄
全国新华书店经销
广西广大印务有限责任公司印刷
（桂林市临桂区秧塘工业园西城大道北侧广西师范大学出版社集团有限公司创意产业园内　邮政编码：541199）
开本：880 mm × 1 240 mm　1/32
印张：21.125　　　字数：475 千
2024 年 12 月第 1 版　2024 年 12 月第 1 次印刷
印数：0 001~5 000 册　定价：108.00 元

如发现印装质量问题，影响阅读，请与出版社发行部门联系调换。

"实践社会科学系列"总序

中国和美国的社会科学近年来多偏重脱离现实的抽象理论建构,而本系列丛书所强调的则是实践中的经济、法律、社会与历史,以及由此呈现的理论逻辑。本丛书所收入的理论作品不是由理论出发去裁剪实践,而是从实践出发去建构理论;所收入的经验研究则是那些具有重要理论含义的著作。

我们拟在如下三个子系列中收入精选后的重要作品,将同时推出中文版和英文版;如果相关作品已有英文版或中文版,则将其翻译出版。三个子系列分别是"实践法史与法理""实践经济史与经济学""中国乡村:实践历史、现实与理论"。

现今的社会科学研究通常由某一特定的理论立场出发,提出一项由该理论视角所生发出的研究问题,目标则是证明(有时候是否证)所设定的"假说"。这种研究方法可以是被明确说明的,也可以是未经明言的,但总是带有一系列不言而喻的预设,甚或是无意识的预设。

因为当下的社会科学理论基本上发端于西方,这种认识论的进路经常伴随着西方的经验(诸如资本主义、自由市场、形式主义法律等),以及其理论抽象乃是普适真理的信仰。而在适用于发展中的非西方世界时,社会科学的研究基本上变成一种探索研究对象国家或地区的不足的工作,经常隐含或者公开倡导在西方"模式"道路上的发展。在经济学和法学领域内,它表现得最为明显,这是因为它们是当前最形式主义化和意识形态化的学科。而中国乡村的历史与现实则是最明显与主流西方理论不相符的经验实际。

我们的"实践社会科学系列"倡导把上述的认知过程颠倒过来,不是从源自西方的理论及由此得出的理论假说出发,而是从研究对象国家的实践历史与现实出发,而后进入理论建构。近代以来,面对西方在经济、军事及文化学理上的扩张,非西方国家无可避免地被卷入充满冲突性斗争的历史情境中——传统与西方"现代性"、本土与引进、东方与西方的矛盾。若从西方理论的视野去观察,在发展中国家的历史社会实践中所发生的现象几乎是悖论式的。

我们从实践出发,是因为不同于理论,实践是生成于研究对象国家自身的历史、社会、经济与政治的情境、视域和话语内的。而且由实践(而非理论)出发所发现的问题,更有可能是所研究国家自身的内生要求,而不是源自西方理论/认知所关切的问题。

实践所展示的首先是悖论现象的共存——那些看起来自相矛盾且相互排斥的二元现实,却既真实又真切地共存着。例如,没有(社会)发展的(全球化的)商业化、没有民主的资本主义,或者没有相应司法实践的西化形式主义法律。其挑战着那些在它们之间预设因果关系的主流西方理论的有效性,因此呼吁新理论的构建。此外,理论往往由源自西方的形式演绎逻辑所主导,坚持逻辑上的前后一贯,而实践则不同于理论,惯常地容纳着看起来是自相矛盾的现象。从实践出发的认知要求的是,根据实践自身逻辑的概念化来建构理论——比如中国的"摸着石头过河"。

从实践出发的视野要求将历史过程作为出发点,要求由此出发的理论建构。但是,这样的实践和理论关怀并不意味着简单地拒斥或盲目地无视西方的社会科学理论,而是要与现有理论进行自觉的对话,同时自觉地借鉴和推进西方内部多样的非主流理论传统。此类研究还可以表现在实际层面上,在西方主流的形式主义理论以外,有必要结合西方主流以外的理论传统去理解西方自身的经验——例如,结合法律实用主义(以及马克思主义和后现代主义)和主流的"古典正统"法学传统,去理解美国法律实践的过去和现在,或者结合马克思主义、实体主义和主流的亚当·斯密古典自由主义经济学传统,去理解西方的实践经济史。更重要的还在于,要去揭示这些存在于实践中的结合的运转理论逻辑,在这些看起来相互排斥的二元对立之间,去寻找超越"非此即彼"之逻辑的道路。

我们的丛书拟收入在实践法史与法理、实践经济史与经济学,以及中国乡村的实践历史、现实与理论研究领域内的此类著作,也包括讨论中国创新的著作,这些创新已经发生在实践内,却尚未得到充分的理论关注和表述。我们的目标是要形成一系列具有比主流形式主义研究更适合中国历史、现实的问题意识和理论观念的著作。

黄宗智

前　言

笔者在2010年年初完成《中国的隐性农业革命》(以下简称《隐性》)一书的稿子,当时虽然觉得对自己特别想要回答的问题——中国农村发展的出路是什么？——只能提供局部的答案,但是因为深深感到"主流"意见已经越来越远离中国农村实际,自己受一种紧迫感的推动,还是把该书付印了。当时不能肯定自己是继续积极探讨农村问题还是会返回到法律研究中去,但是之后发现自己仍然在被一种来自心底的力量推动,很自然地继续探索了一系列《隐性》所没有探讨的问题:伴随农业"资本化"(即单位劳动力资本投入的增加)的是什么样的农村社会变迁？推动中国新时代的"隐性"农业革命的资本投入到底有多少、是从哪里来的？农业户和市场之间的关系到底如何、相关问题该如何解决？这方面,农业合作社所能提供的(产、加、销)纵向一体化显然十分必要,但它为什么一直发育不良？源自城乡差别的农民工问题的实际情况是什么、来源何在、到底该怎样将之置于国民经济整体中来认识？农民工和农业户之间到底是什么样的经济和家庭关系？一定程度上的城乡差别，作为社会不公问题的因素之一，到底需要一种什么样的方案来解决？怎样从实践和理论两个层面上来理解？最后，以上的研究对经济史和（农业）经济学有什么样的含义？经过这些年来全力以赴的探索，本书就是对这些问题的初步回答。

与《隐性》一书相比，本书的十六章中，有两章基本来自原作，但也经过一定程度的更新和修改。另有三章有约一半是新加的内容，在这里和旧的一半合并起来形成新的章节和论点。还有一章根据《隐性》作了较大幅度的更新和改写。剩下来的十章都是《隐性》所没有的。全书前后贯穿的中心论点，虽然部分和《隐性》相同，但总体来说是和之前很不一样的，也是更全面、关乎国民经济整体的想法。

在过去十多年的写作过程中，许多同仁和同学给了我帮助，他们是：佩里·安德森（Perry Anderson）、罗伯特·布伦纳（Robert Brenner）、陈传波、陈锡文、程瑶瑶、崔之元、周锡瑞（Joseph Esherick）、顾莉萍、郝瑞（Stevan Harrell）、贺雪峰、黄家亮、艾仁民（Chris Isett）、李放春、林刚、罗威廉（William Rowe）、马克·塞尔登（Mark Selden）、苏成捷（Matthew Sommer）、伊万·塞勒尼（Ivan Szelenyi）、仝志辉、王海侠、汪晖、王绍光、温铁军、武广汉、夏明方、严瑞珍、尤陈俊、余盛锋、周其仁。这里要特别向本书中三章的两位合作者致谢：第五章的彭玉生、第七章的彭玉生和高原，以及第八章的高原。另外，特别感谢崔之元对第十四章和第十五章两章的内容给我的启发和帮助。在众多位为之前的文章和本书各章提供反馈的同仁、同学之中，特别感谢彭玉生和高原对部分书稿的阅读和建议,张家炎对全书非常仔细的阅读和建议,以及白凯(Kathryn Bernhardt)对我的想法无数次的质疑、讨论和建议。程瑶瑶和张译文两位同学为本书制作了详细的索引,谨此向他们致以衷心的感谢。我从2005年以来每年在中国人民大学开设的研修班("社会、经济与法律研究:历史与理论")的历届研究生和青年学者那里学到很多,也从参与我们《近代中国》(*Modern China*)五轮《中西方学者对话》的约三十位学者,以及《中国乡村研究》(*Rural China*)的多位作者处学到很多,在此一并致谢。

作者再次带着战战兢兢的心情发表此作。相对问题的规模和重要性来说,深觉自己做得太少,知道得太少,对诸多问题考虑得不够仔细、深入、全面。仅凭一己之力和有限的研究而提出涉及面如此广阔的想法,确实有点不自量力。就此发表是因为觉得问题太过紧迫和重要了,而自己也许已面临精力行将衰退的人生阶段。这些话再不说可能就没有机会说了。

目　录

第一章　导论:从实践历史探寻中国农村发展出路　1

　一、第一编:历史背景　1

　二、第二编:改革时期的农业发展　5

　三、第三编:非正规经济与社会危机　15

　四、第四编:中国的发展出路　20

　五、从实践出发的经济史和经济学　27

第一编　历史背景

第二章　18世纪英国与中国:两种农业系统及其变迁　31

　一、英国农业及其革命　32

　二、长江三角洲的农业　34

　三、内卷与工业发展　45

四、"勤勉的革命"？ 55

五、人口史 58

六、是因为煤炭？ 70

七、两种比照鲜明的经济 73

第三章　中国高密度人口的起源及其历史意义 76

一、中国的人口密度 77

二、中国的社会制度和政治经济 81

三、中国历史上的城乡关系 84

第四章　集体农业下的内卷化 88

一、劳动生产率发展与过密化增长同步 90

二、没有发展的增长 94

三、集体农业的过密化倾向 101

四、集体制下的副业 103

五、农村工业化 109

六、半工半农家庭的兴起和农业劳动力的减少 111

七、后农业集体化时期：没有增长的发展 113

第二编　改革时期的农业发展

第五章　三大历史性变迁的交汇与小规模农业的前景 121

一、引言 121

二、人口与劳动就业 127

三、食品消费趋势 130

四、食品消费的上升空间 134

五、前景 138

第六章 比较视野下的新时代农业革命 140

一、新时代的农业革命 140

二、"隐性农业革命" 145

三、新农业与旧农业 147

四、中国大陆、台湾地区与英国、日本和韩国的农业历史相比 149

五、中国新时代的农业革命与印度的比较 158

第七章 没有无产化的资本化 164

一、数据 167

二、另一组不同的数据 176

三、地方和微观的证据 181

四、没有无产化的资本化 189

五、迈向一个解释 192

六、结论 200

第八章 中国农业资本化的动力：公司、国家，还是农户？ 201

一、旧农业中机械和农药投入的增加 204

二、另一组不同的数据 209

三、新农业中的资本化 213

四、资本投入的工资起源 223

五、新型的农业革命 225

六、适度规模的农业 226

七、从宏观层面看 227

八、国家对农业的财政支出 228

九、结论 231

第九章 舒尔茨《改造传统农业》理论的对错 233

一、人口问题 234

二、土地承包制度 247

三、当前的历史性契机 248

四、与美国模式的不同 250

五、国家的角色 251

六、两大国情的相互关联 254

七、理论的局限 257

第十章 小农户与大市场 259

一、马克思主义理论 262

二、新制度经济学理论 266

三、不平等交易的成本与收益 270

四、小农户+大商业资本 vs.资本主义规模化生产 271

五、纵向一体化:不同层面的不同最佳规模 277

六、结论 279

第三编 非正规经济与社会危机

第十一章 中国的非正规经济再论证:现实与理论 283

一、中国的非正规经济 287

二、"二元经济"理论和美国模式 309

三、"非正规经济" 315

四、意识形态化的理论争执 318

五、对经验现实的误导 323

六、抛开意识形态 328

第十二章 中国发展经验中的非正规经济实践:历史与理论 331

一、现有分析与历史经历 333

二、非正规实践与非正规经济 346

三、中国发展往哪里去? 360

第十三章 小农家庭与非正规经济 363

一、两大经典理论与中国历史经验 364

二、三代家庭的顽强延续 374

三、小农家庭与新法律制度 378

四、家庭化的经济行为与资本主义—个人化行为的

不同　387

五、家庭经济单位的竞争力　395

六、与新古典经济学和马克思主义理论的不同　399

七、结语　403

第四编　中国的发展出路

第十四章　"第三只手"推动的公平发展？　407

一、超越左右对立的论点　409

二、重庆的"龙头企业"　410

三、上海和重庆的"土地财政"　415

四、重庆的"第三只手"和"第三财政"　418

五、公平发展　433

六、经济上可持续吗？　439

七、结论　446

第十五章　国有企业与中国发展经验："国家资本主义"还是"社会主义市场经济"？　449

一、一些基本事实　451

二、霸权话语　453

三、不同的理论　458

四、中国的政治和社会环境　460

五、中国的新自由主义论析　465

六、中国银行的案例 468

七、社会不公 472

八、重庆的实验 475

九、"国家资本主义"还是"社会主义市场经济"？ 483

十、结论 485

第十六章 从实践出发的经济史和经济学 488

一、经济学理论和研究 489

二、经济史研究 495

三、中国新时代农业发展的实践历史 501

四、中国国民经济发展的实践历史 504

引用书刊目录 511

后记 "家庭农场"是中国农业的发展出路吗？ 561

索引 600

图表目录

表4.1 松江和全国主要农作物亩产量,1952—1986年(市斤/播种亩) 90

表4.2 许步山桥生产队的工分值,1965—1983年(元) 97

表4.3 松江县及全国主要农作物单位面积产量指数,1952—1987年(以1979年为100) 114

表5.1 全国人均消费水平上升空间估计(2005年,2010年资料) 136

表6.1 主要旧农业农作物亩产量,1980—2010年(斤/亩) 141

表6.2 农林牧渔总产值指数(以1952年为100) 142

表6.3 蔬菜、水果播种面积(亿亩)和比例 143

表6.4 主要农产品所占播种面积比例与农林牧渔总产值比例 144

表6.5 中国与相比国家和地区的人均GDP(国内生产总值),1700—2003年(以1990年"国际美元"计算) 157

表 6.6　社会发展指标,中国与印度的比较,1960—1991 年　*159*

表 7.1　雇佣劳动占全部劳动投入的比例(以天数计算):五种主要农作物,2000—2009 年　*170*

表 7.2　松江和全国的农作物产出(斤/播种亩),1955—1959 年和 1975—1979 年的对比:棉花、水稻和小麦　*182*

表 7.3　许步山桥的工分值,1965—1969 年和 1975—1979 年　*183*

表 7.4　2010 年聊城市农业雇工情况　*187*

表 7.5　2010 年耿店村有雇工的农户家庭劳动及雇佣劳动情况　*188*

表 8.1　主要旧农业作物的流动资本投入与播种面积,2010 年　*209*

表 8.2　1996 年和 2006 年拖拉机总数(农业普查资料)与机械投入费用(成本收益定点调查)(元,按 1996 年价格计)的比较　*211*

表 8.3　使用薄膜的耕地面积,2006 年(亩)　*211*

表 8.4　固定资产投资,按来源分类(亿元)　*214*

表 8.5　物质与服务费用投入:粮食、棉花、大豆、油菜籽与蔬菜和水果(苹果)的比较(当年价格,元/亩)　*216*

表 8.6　新农业蔬菜和苹果种植中的流动资本投入,2010 年(元/亩)　*218*

表 8.7　新农业中农户小规模养殖业的流动资本投入,2009 年　*220*

表 8.8　乡村就业人员数,1980—2010 年(万人)　*222*

表 11.1　农民工人数、工作时间、参保率(万人、%)　*291*

表 11.2　城镇历年非正规经济就业人员数(万人)　*295*

表 11.3　乡村就业人员数,1980—2010 年(万人)　*299*

表 11.4　全国正规与非正规经济就业人员数和比例,1980—2010 年　*305*

表 11.5　按登记注册类型分的城镇就业人员,2010 年　*306*

表 12.1　按登记注册类型划分城镇就业人员数(万人)　*340*

表 12.2　按登记注册类型划分城镇就业人员数(％)　*341*

表 12.3　按登记注册类型划分乡村就业人员数(万人)　*341*

后记表 1　7 个东西方国家和地区以及中国农业现代化过程中人地关系和生产技术的演变,1880—1970 年　*563*

图 5.1　1980—2010 年中国劳动力与就业增长　*128*

图 5.2　城乡人均粮食、水果、蔬菜消费量　*131*

图 5.3　城乡居民肉类和水产品消费比较　*131*

图 5.4　城乡人均奶蛋消费量　*132*

图 7.1　雇佣劳动占全部劳动投入的比例(以天数计算):五种主要农作物,2000—2009 年　*171*

图 7.2　主要的畜禽产品生产中雇佣劳动占总劳动投入的比重,2004—2010 年　*173*

图 8.1　粮食生产的机械投入,1996—2010 年(元/亩,按 1996 年价格计)　*205*

图 8.2　粮食生产的农药投入,1996—2010 年(元/亩,按 1996 年价格计)　*206*

图 8.3　粮食生产的化肥投入,1996—2010 年(元/亩,按 1996 年价格计)　*207*

图 8.4 粮食生产的种子投入,1996—2010 年(元/亩,按 2003 年价格计) *208*

图 8.5 蔬菜生产的化肥投入,与三种粮食(水稻、小麦、玉米)平均的比较,1998—2010 年(元/亩,按 1996 年价格计) *215*

图 8.6 蔬菜生产的种子投入,与三种粮食平均的比较,2003—2010 年(元/亩,按 2003 年价格计) *216*

图 8.7 蔬菜生产的农药投入,与三种粮食平均的比较,1998—2010 年(元/亩,按 1996 年价格计) *217*

图 8.8 蔬菜生产的机械投入,与三种粮食平均的比较,1998—2010 年(元/亩,按 1996 年价格计) *218*

图 8.9 各国涉农支出,作为农业总产值百分比,1996 年 *229*

图 8.10 各国涉农支出,作为农业总产值百分比,2006 年 *229*

第一章

导论:从实践历史探寻中国农村发展出路

一、第一编:历史背景

中国的经济历史和西方十分不同。从西方理论来看,中国经济史几乎完全是悖论的。本书从18世纪中国与英格兰的对比出发,突出两者农业经济的不同。

我们可以先从一些众所周知的基本差别开始。首先是两者在膳食方面的不同:英格兰的膳食结构中肉、菜、粮食(或马铃薯)的比例接近1∶1∶1;而中国的结构则接近1∶1∶8,粮食占比明显高得多,肉食占比则要少得多。这样的膳食反映了两个农业体系的不同:英格兰的是种植业和养殖业(食草的马、牛、羊)基本相等的农业结构;而中国的则基本完全偏重种植业,养殖的主要是食用泔水、不需占用土地(种饲料)的猪,而不是食草(大量用地)的马、牛、羊。其背后的逻辑是,在同样面积的单位土地上,种粮可以提供养殖食草动物(例如养牛而食用肉、奶、奶酪)所能养活六到七倍人口所需的食物。因此,人口(相对土地而言)的压力会排除食草的动物养殖,成为"单一"的种植业,即基本没有用地动物的养殖。两种农业体系的不同非常具体地体现于两地农场在18世纪的平均规模对比中:英格兰的是750亩;中国的则是江南不到10亩,华北不到15亩。

两地在18世纪进入了十分不同的演变进程。在英格兰,系统的种养结合(圈地运动把之前的共有土地纳入了一个农场之内),特别体现于典型的诺福克制度的粮食与饲料(小麦与芜菁,大麦与三叶草)的轮作,导致更多畜力的使用(尤其是马,也是英语"马力"的起源),进而导致农业劳动生产率的提高。这就是18世纪英格兰"农业革命"的核心。而农业劳动生产率的提高为非农产业提供了大量的劳动力,促进了城镇手工业的发展,导致了所谓的"原始工业化"。在这一过程中,手工业完全从农场脱离出来,成为城镇的生产活动,由此导致城镇的发展。如此的演变更进一步促进生育行为的变化:因为年轻人可以从城镇手工业获得独立生计,所以能够更早和更高比例地结婚。而城乡的这种变化,更进一步促进两者间的(农产品和手工产品的)交易,由此导致更多的消费("消费革命")。同时,在城镇出现了"工场"、初步的分工以及"规模经济效益",在农村则出现了规模化的雇工农场。这一切都为后来的工业革命作了铺垫,最终导致了螺旋式的经济发展。

以上的演变后来成为亚当·斯密(Adam Smith)和马克思理论的基本经验根据。斯密特别强调分工和规模效益以及市场交易所起的作用,开创了"古典"(自由主义)经济学。之后"新古典"和

"新自由主义"理论,尤其是后来的"新制度经济学"理论,则更强调土地私有和产权法律所起的作用。马克思对上述基本事实以及分工和规模效益等概念的理解基本和斯密相同,不同之处在于他特别突出受雇的劳动者被资本所有者剥削("剩余价值的榨取")。本书将在相关部分逐步详细讨论这两大传统经济理论的不同见解。

第二章先论证中国和上述经验与理论的不同。在18世纪的长江三角洲(当时中国最发达的地区),首先是没有出现上述英格兰式的农业革命。所呈现的主要是由劳动进一步密集化所推动的复种指数的提高(水稻加上冬小麦),以及从粮食种植转入劳动更加密集的棉花—纱—布和蚕桑—缫丝的生产。前者展示了"边际报酬的递减"(第二茬农作物收成要低于第一茬,虽然其投入基本相等,部分原因是地力的消耗)。后者展示的是相对于劳动投入的增加来说不成比例的回报:花—纱—布需要约18倍于水稻的劳动投入,所带来的只是远远不到相等倍数的收益,而蚕桑—缫丝需要约9倍于水稻的劳动投入,所带来的也只是数倍的收益。这两种现象就是笔者所谓之"内卷化"(英文"involution",中文亦译作"过密化")的基本含义。

更有甚者,棉花和蚕桑经济导致的是农场生产的高度家庭化,由妇女老幼来吸纳低报酬的生产劳动,进而造成家家户户同时依赖种植业主业和手工业副业为其生计的经济系统。这样,不仅没有呈现18世纪英格兰那样的种植业劳动生产率的提高,也没有呈现种植业与手工业的分离,也因此没有呈现其所附带的城镇化、生育行为转型、分工和规模化生产。因此,也没有斯密所指出的城乡贸易——中国仍然主要是由乡村为城市提供粮食和奢侈品(丝绸），以及乡村与乡村间的生存必需品——粮食和棉织品的交换。

第三章论证，中国其实在两千年前的秦—汉时期便已在渭河流域形成了高度劳动密集的小家庭农场经济（商鞅的政策是以每家20亩"良田"和10亩贫瘠地为标准的），早就和18世纪英格兰的平均750亩／农场有巨大差别。商鞅设想的就是造就强大的军队及其所必需的大量人口，而为了促使人口快速繁殖，决定依赖国家政权来推行早婚和多子继承制度（并由此导致中国的早婚和高结婚、高生育率，这与18世纪英格兰在"原始工业化"人口行为转型之前的一子继承和晚婚制十分不同）。之后所建立的是高度集中的皇权与分散的小规模家庭经济结合的政治经济制度，远比西欧主权分化的封建政治制度更加集权和稳定。而集中的皇权建立的科举制度，通过国家设立的考试来选拔官僚和士绅精英，由此确立了"皇帝—士绅—小农"三角政治经济体制。同时，高密度小农经济则允许（在前现代运输条件限制的空间范围内）建立远比西欧要大得多（人口多得多）、复杂得多的城市以及士绅和官僚文化。而高密度小农经济，历经较长时期的和平，便会促使人口激增，加重土地上的压力，从而导致远比西欧频繁和庞大的周期性农村社会动荡。

中国共产党革命运动兴起的部分导因正是这个体系在近现代所面临的社会危机（当然也是外国侵略下的民族危机）。革命之后的土地改革所反映的正是农村穷人的生计危机，而其后的集体化则是意在保证所有农民生计的措施，也是试图克服小规模生产局限的措施，在"大跃进"时期甚至走到越大越好的极端。但是，如此激烈的农村社会经济改组并没有真正改变中国农村的基本结构性现实:内卷化的种植业。这种现实尤其体现于长江三角洲的一年三茬(早稻、晚稻、小麦)运动("消灭单季稻!"),也体现于种植业和手工副业的仍然紧密结合(没有分化为农村和城镇的不同生产),因此没有导致西欧似的小城镇发展("早期城镇化")。其基本逻辑仍然是广泛使用廉价的家庭辅助性劳动力。

同时,和家庭农场的组织一样,集体化的村庄既是一个生产单位,也是一个消费单位,会为生计而忍受极高强度的劳动密集化生产。即便是在"绿色革命"的现代投入(主要是化肥、科学选种和拖拉机)参与的背景下,农业劳均生产率和报酬也基本没有增加。种植业产出值达到原来的三倍,但劳动投入则是原来的四倍。过密化一仍其旧。这就是本书的过密化农业历史背景,也是本书所探讨的改革时期中国小农经济变迁的出发点。

本书一贯强调人口因素,目的绝对不是想争论人口是历史的单一决定性因素,而是要直面中国这个基本国情,意在强调,对资本、技术、市场、社会结构和国家制度等其他经济因素的理解,必须要看到它们和这个基本国情之间的互动。近年来学术界倾向单一地突出市场因素,几乎达到过去单一突出阶级关系的极端程度。本书论证,无论是市场运作还是社会结构、国家制度,抑或是资本和技术,都得结合人多地少的基本国情来理解。

二、第二编:改革时期的农业发展

中国改革时期的农业"发展"(本书对农业"发展"的基本理解是农业劳均生产率和报酬的提高,因为如此才可能真正提高农民的收入)的基本要点是去过密化。它是改革时期农村变迁的主线。

第五章详细论证,20世纪80年代以来生育率的下降、大规模的非农就业和城镇化,以及国民收入上升所导致的食品消费转型,在这"三大历史性变迁"趋势的交汇之下,中国农业进入了前六个世纪所未有过的变迁时期。在20世纪90年代初期,农村劳动力虽然增加到接近5亿的顶峰,但其中相当部分被新兴的乡镇企业非农就业吸纳,因此务农劳动力在突破3亿之后,没有更多地增长,但是数量仍然居高不下。直到新世纪,劳动力自然增长率下降加上"离土离乡"农民工的大浪潮,以及农村自身非农就业的持续扩增,终于促成了划时代的农业就业人员的快速下降趋势的出现。到2010年农业就业人员数量居然降到2亿以下,在十年中降低了足足三分之一。这是非常急剧的历史性变迁。

此外则是中国的食物消费的粮食∶蔬菜∶肉食比例逐步从传统的8∶1∶1(我们根据城镇中上层40%的食物结构预测的)朝4∶3∶3比例演变,肉食和菜果的消费以每年约5%的速度增长。我们估计,在10—15年中将会完成整个转化过程,形成比较稳定的新结构。

高值蔬菜和肉食新农业总量上升以及农业劳动力减低的交汇导致了农业劳动力产出的显著增长(即劳动生产率的提高)。伴之而来的则是农场平均面积和收入的上升。

第六章把这个划时代农业结构变迁进一步具体化。笔者把它称作"隐性的农业革命",因为它和以往的典型农业革命——18世纪英格兰和20世纪六七十年代的"绿色革命"——不同,并不表现在农业主要作物单位面积产量的提高,而更多表现在农业结构转向越来越高比例的高值"新农业"(即菜—果和鱼—肉、蛋奶)的生产。新农业是资本和劳动双密集化的农业,既需要资本投入(例如蔬菜的塑胶拱棚、养殖的畜舍、鱼塘等),也需要更高密度的劳动投入(一个劳动力只能种一亩地的拱棚蔬菜,但能种四亩的露地蔬菜)。

在1980年到2010年的30年间,蔬菜和水果的播种面积增加到原来的六倍以上,其产值占到农林牧渔总产值的26.7%,肉—鱼则占到总产值的39.3%。两者合并达到总产值的66%,成为20世纪80年代以来农林牧渔总产值每年上升6%的主要原因和动力。相比之下,谷物在总产值中所占比例已经降低到15.9%(虽然其所占播种面积仍然相当高:55.9%)。而这个急剧的变化比较容易被人们忽视,因为蔬菜缺乏明确的统计,也因为农业结构转型涉及不同统计指标间的关系的演变,而不是单一指标的明显上升。而肉食比例的上升则主要反映于"牧"业统计指标,容易被人们误解。

与其他国家的农业历史相比,中国具有明显的不同。与18世纪英国的农业革命相比,性质完全不同,规模也远远大于前者(英国农业产出100年才增加一倍,而改革期的中国则每年上升6%,12年翻一番,24年翻两番)。至于20世纪六七十年代的"绿色革命",一般每年才上升2%—4%,要18年到36年才翻一番。在亚洲,最早的绿色革命出现于20世纪上半期的日本,当时其农村人口基本稳定不变,因此现代科技投入所带来的增长完全体现于农业劳动生产率和收益的上升,为全社会收入的提高作了铺垫。至于韩国和中国台湾地区,部分由于日本统治下实施的农业政策(虽然完全是为了侵略国本身的利益)促使较早使用化肥,加上后来的美国援助，导致两地的劳动生产率都在绿色革命期间得到显著提高。而中国面对的则是新投入多被人口增长和农业高度过密化蚕食掉的境况。

与中国相似的不是所谓的"东亚模式"各国或地区，更不是英国或美国，而是印度。两者同样因为人口压力而没有能够靠绿色革命的现代投入实现农业劳动生产率和收入的提高，而要等待全国民经济快速发展的更大的拉动力所导致的非农就业和城镇化以及食物消费转型才向新农业转型。

第七章探讨的是伴随着中、印这种新型农业革命而来的社会经济变迁。根据马克思（和列宁）和斯密的理论预期，伴随农业市场化发展而来的应该是农民的无产化，这些农民部分成为城市工业的工人，部分成为农村资本主义农业的雇工。但是，中国新时代的农业革命再次和他们的预期相悖。在经过30年的农业革命之后，中国仍然只有很少数的农业雇工。我们根据国家发展改革委的农产品成本收益调查以及最可靠的1996年和2006年的十年一度的农业普查资料，经过系统梳理和估算，得出的结论是，2006年中国农业总劳动投入中只有3%是雇佣劳动（2006年之后增加幅度的精确估算则要等待2016年的第三次普查提供资料）。也就是说，中国农业主体仍然是小农家庭农场。但是，新农业——例如拱棚蔬菜和新型养殖——明显比过去的旧农业（"大田"生产粮食、棉花、油料）带有更高的"资本化"（即单位劳动资本投入的上升）。我们把这个现象称为"没有无产化的资本化"。

这是个含有悖论的现象，特别凸显中国的特色。其部分肇因当然是中国实施的按人口或劳动力一村一村地平分土地的联产承包责任制。在这样的制度环境下,资本不容易获取大片的土地来进行雇工生产。但是,同样不容忽视的是小家庭生产的强韧性。一方面是新农业中小规模生产的优越性,特别体现于拱棚蔬菜种植的不定时、零碎而又繁杂、密集的劳动投入,而家庭生产单位结合了主要和辅助劳动力,特别适合如此规模的生产,是比较廉价的形式。其道理其实和明清时期的高度家庭化、过密化、结合农业与手工业的生产相似。此外则是由一个生产单位结合两种或更多的互补性活动所产生的范围经济效益(区别于规模经济效益),例如传统的(棉)花—纱—布"三位一体"生产和蚕桑+缫丝生产,以及今天新农业中的"种养结合"。

  与中国相比,在土地制度上,印度建国之后的出发点不是新中国成立之初那样的土地革命和均分土地制度,也不是中国改革时期均分土地的联产承包责任制度,而是原来的较高度私有化和不平等的土地分配。其后出现的是比中国要高得多的无产化。印度今天有约45%的农业就业人员是无地雇工,他们组成印度贫困人口的大部分。根据世界银行的研究,每人日用1.25美元以下的贫困人口占到印度全人口的42%。在中国该比例则只是15.9%,其重要原因之一是务农人员没有无产化。(2005年的数字)

  第八章系统探讨中国近年来的农业资本化的来源,亦即其劳动生产率提高的主要动力。新自由主义学者根据来自西方的经验和理论,以为农业资本化会主要来自农业企业公司;而与之敌对的马克思主义计划经济学者们则倾向于认为资本投入会主要来自政府及其计划。出乎人们意料的是,中国的经验再一次呈现为完全的悖论。我们根据农业普查资料和成本收益调查资料,发现小农户总资本投入量要远高于政府和农业企业,而其资金的主要来源是小农户的"半无产化"非农打工收入。在固定资本投入方面,小家庭农场投入的总量和政府的差不多。但在流动资本(包括新农业中的化肥、农药和良种投入,新养殖业中的人工饲料和优良仔猪、鸡苗等投入,以及旧"大田"农业中为了节约劳动力的机械和农药的投入)方面,则远高于政府和农业企业。小农户显然占到所有播种面积和养殖业的绝大比例。也就是说,小农户是近年来的农业资本化的主要动力。

鉴于此,国家明显应该更多关注和扶持小农户家庭农场,而不是像过去十年那样完全向龙头企业倾斜。这是本书提倡的农村发展出路的一个方面。

为了避免人们误以为上述思路和舒尔茨(Theodore Schultz)的基本吻合,第九章系统梳理了笔者和他之间的不同。两者的基本分歧在于对人口问题的认识。舒尔茨的出发点是原教旨市场主义,认为在市场机制的运作下,资源必定会得到最佳配置,无论农业经济还是工业经济都如此。他把农业想象为和工业同样的经济。然后,根据他的新古典经济学市场逻辑,认为传统农业中不可能有人口过剩。

他首先把劳动力过剩定义为绝对过剩,即零价值的劳动,然后据此争论前工业时代的农业经济不可能有劳动力过剩。其逻辑是,显然,没有人会为零价值而劳动。但在真实世界里,关键是劳动力相对于土地的过剩,而不是绝对的过剩;是劳动力的相对低报酬,而不是绝对的零报酬。后者只是虚拟的稻草人,只是一种辩论游戏。我们已经看到,中国传统农业与英国的不同在于其人多地少的基本国情,并由此导致完全不同的农业制度。

中国新时代的农业革命绝非简单来自舒尔茨所想象的市场化和私有化。这是因为,在现代中国共产党革命之前的六个世纪中,其农业经济是市场化的,也是私有化的,基本符合舒尔茨所提倡的结构,但是,经过20世纪新投入的引进,它仍然只延续了中国长期以来的社会危机和大规模的农村动荡。之后,在20世纪六七十年代的"绿色革命"中,中国更大规模地经历了舒尔茨所认为的最关键的技术更新,但其所推动的生产发展却被人口增长蚕食掉。最后,改革时期的新型农业革命,则来自完全出于舒尔茨视野之外的"三大历史性变迁"的交汇,即源于生育率下降和大规模非农就业所导致的人口相对土地压力的下降,加上全社会的食品消费向高值农产品的转型,方才促使农业劳动生产报酬大规模上升。这才是中国新时代农业革命的真正意义。

与中国相比,印度更接近舒尔茨的市场化和私有化模式,因为中国的土地产权依然不明确(农户具有使用权,集体具有理论上的所有权,但国家则保留征用权),国家对市场的干预度也远高于印度。根据舒尔茨的理论,印度的经济发展应该比中国成功。但事实正好相反。中国的新农业革命明显比印度成功,没有印度那样程度的农业生产无产化,也没有印度那样的大规模农村贫穷,整体的经济发展也远比印度快速。这些事实都和舒尔茨的理论直接相悖。

其实,舒尔茨对上述的经济史可以说是丝毫不关心。他是位纯理论家。和刘易斯同样,他凭理论把"传统农业"想象为没有变化的农业(与刘易斯的不同是,舒认为它是处于高效的"均衡"状

11

态),完全忽视诸如英国18世纪(在前现代技术下)的农业革命,更不用说诸如中国在战国时期因进入铁器时代的农业革命、10世纪长江三角洲吴越时期的水利革命,或明清时期的棉花革命。

舒尔茨完全没有想象到经济史理论家博塞拉普(Ester Boserup)1965年所论证的,人口压力在传统农业变迁中(从25年一茬的森林树木的刀耕火种到五年一茬的灌木的刀耕火种,两年一茬的粮食和休耕/饲料轮作到一年一茬、而后一年两茬,其间劳动边际效率递减)所起的关键性作用。更毋庸说同样重要的经济史理论家瑞格里(Anthony Wrigley)1988年所阐明的前现代有机经济(organic economy)与现代无机经济("基于矿物能源的经济",mineral-based energy economy)在能源上的基本差别。在前者之中,人口和土地的关系是关键,在后者之中技术则更重要。舒尔茨完全没有考虑到农业和工业经济间这些方面的差别,因此才会强调人口和土地因素对农业来说并不重要。说到底,舒尔茨的理论依据是原教旨市场主义的理念。对他来说,历史和经验只能从属于其预定理论。

但是,在一个基本认识的层面上,笔者是认同舒尔茨的倾向的,虽然他自己并没有明确说明——农民应该被认定为具有能动性和创新性的主体。只要有合适的条件,农民是会推进经济发展的,在现代以前如此,在现代也如此,即便是在艰苦和不公平的条件下也如此。但是,迄今中国历代的政府一贯把农民要么视作管制和汲取的被动对象,要么视作援助和扶持的被动对象,而不是具有独立自主性的主体。尊重和扶持农民的自主性是本书要提倡的农村出路的另一方面。

第十章讨论的也是完全处于舒尔茨视野之外的问题。和马克思主义同样,新自由主义经济学想象的资本主义市场经济是由规模化资本主义工业产业和规模化农业产业组成的。由此,两者都比较关注资本和劳动之间的(马克思称作)"生产关系"。但在中国新时代的小农经济中,传统概念中的生产关系(无论是雇佣还是租佃关系)并不那么重要,更关键的是农户与市场间的(我们可以称作)"流通关系"。

在新古典经济学那里,市场是由处于同等地位的经济主体("理性经济人")所组成的。在新制度经济学理论中,科斯(Ronald H. Coase)根据同样的思路——平等主体的市场经济——而特别突出"公司"(the firm)的角色,认为资本主义市场经济的关键在于公司与公司间的契约关系所附带的"交易成本"(契约签订所需要的信息、签订、验收、执行等成本)。即便是马克思,他所想象的也是大产业资本和大商业资本间的关系。

中国农村今天的实际则明显与两大理论传统都相悖。中国经济当前的主要流通关系越来越多地是由大商业资本和小农户所组成的不平等关系。事实是,小生产虽然具有一定的经济活力,但是它必须要得到较大规模的加工和销售的"纵向一体化",否则不可能在全球化的"大市场"中生存。而在权力悬殊的实际情况下,小农户面对的是商业资本的压价和榨取。因此,小农户现在非常需要另一种、能够为小农户保留更多收益的纵向一体化。这是近年来相当数量的合作社兴起的基本原因。

但是,近十年来国家政策在补贴和优惠层面上,明显向龙头企业(其实大多是收购、加工和销售的大商业资本,而不是直接从事农业生产的产业资本)倾斜。对于农民合作社,国家采取的是一种(部分由于对集体化的反应所导致的)矫枉过正的放任政策,从紧密管制转入基本让其自生自灭。但在中国的政治经济环境中,没有更积极的国家支持,任何民间组织,包括合作社,根本就没有可能真正形成气候。这也是为什么今天的合作社多是小规模的,或者是伪装的(由大户组成,借合作社的名义来获取国家的补贴和税收优惠)。

值得我们认真思考的历史经验是超越简单的集体—计划和放任—市场二元对立的另一种道路。提高农户收益和发展农业经济显然是国家和农户的共同利益所在,这就为双方的合作提供了最基本、重要的条件。在这方面,我们也许可以借鉴日本和韩国以及中国台湾地区的经验。它们的历史经历具有一定的共同性。首先是日本近代的经验,国家借助合作社来实行国家的农业政策和提供农业资助,合作社基本被纳入各级的地方政府,几乎是官方机构的一部分。这个模式通过日本占领而被引进韩国与中国台湾地区。其后,部分由于美国的占领或大规模援助,二者都在其影响下执行了土地改革,基本取消了之前的地主—佃农制而建立了相对平等的小耕作制度。继之而来的是(又是在美国影响之下)对原来的日本模式的民主化,把之前的合作社从为国家执行农业政策的单位改组为半官方、半民间的机构。这些半官方机构不是管制或汲取性的组织,而逐步演变成为代表农民利益的载体,最终直接参与国家涉农立法和政策。这是一个官民良性合作的很好先例。中国的合作经验则失于国家要么(在集体化时期)过度控制,要么(在改革时期)过度放任。这是本书要提倡的农村出路的另一个方面。

三、第三编：非正规经济与社会危机

20世纪,在传统的城乡差别(城市是国家机构和官僚所在地;乡村是被统治的人民所在地)之上,加上了现代和传统经济部门之间的差别。这些差别在革命之后得到一定程度的缩小。农村人民通过集体组织获得基本的社会福利,虽然和城市人民还有一定的差距。农民的收入通过土地革命有一定的提高,但同样和城市人民还有一定的差距。城乡间的差距依然相当显著,尤其是在1958年确定城乡户籍制度之后。进入改革时期,之前的福利制度完全瓦解,而伴随城市的更快速发展,农村生活水平日益落后于城镇,城乡差别日益增大。根据世界银行的相对客观估计,1985年中国的城乡差别为1.8∶1,到2007年,已经增加到3.3∶1(World Bank,2009:34,and fig.2.36)。

第十一章论证,对外开放和市场化意味着,中国和其他的发展中国家一样,为国际资本提供大规模廉价劳动力。在如此的结构下,农村劳动力大规模地进入城市,为外国和新兴的国内资本打工。同时,为整个现代经济部门提供一系列的廉价配套服务,包括建筑、运输、餐饮、摊贩零售以及清洁、保姆、保安、工匠等各种各样其他服务。这些来自农村的农民工很大部分处于"非正规"的状态,即少有正式职工地位、缺少国家法律保护、只有低等社会福利。结果是庞大的"非正规经济"的快速形成。

中国今天的经济—社会,其实主要由正规和非正规两个层面组成。一方面是受到国家劳动法规保护的、带有优厚社会福利的正规职工，其中包括国家机关、事业单位以及正规企业的白领职员，而只包含较少数享有正规身份的蓝领工人。另一方面则是较少受到国家劳动法规保护的、没有社会福利(或只有低等福利)的非正规职工，主要包含农民工及其"半工半耕"家庭的其他就业人员。本书详细论证，前者总数只是全社会所有就业人员中的六分之一，后者则占到就业人员的六分之五。正规经济和非正规经济两个层面的差别是今天中国社会经济危机的一个关键，亟须改革。

这是个完全与现有"主流"理论相悖的基本事实。在新自由主义(和英美新保守主义)意识形态的影响下，今天在中国社会科学界影响最大的有以下几种"理论"模式。首先是"橄榄型"(区别于"金字塔型")社会结构模式。据此，社会学家们争论，中国已经进入像美国那样的中产阶级(行将)占到全人口最大比例的社会结构。再则是"刘易斯拐点"模式，其逻辑是，伴随市场经济的发展，其要素市场必定会从一开始时的城乡(现代与传统)"二元经济"达到关键的"拐点"而进入整合的单一劳动力市场。他们争论，今天中国已经进入这样的拐点，所构想的是整合于城市的所谓"中产阶级"的劳动力市场。这是个和"橄榄型"社会结构模式相互呼应的理论。最后是"第三产业"理论，认为今天中国已经和西方发达国家一样走入了服务业占到全经济最大比例的先进模型。和"橄榄"与"拐点"理论一样，"三部门"理论把中国硬塞进单一线性的西方现代化理论模式。三者都完全无视非正规经济的巨大现实。

第十二章进一步论述，非正规经济其实是中国如此成功地吸引外来投资的关键。20世纪90年代以来，地方政府在招商引资的激烈竞争之下，依赖的是绕过或一定程度违反国家劳动法规的非正规劳动力,此外还有廉价土地,再加上税收优惠、忽视国家环保法规等,据此来为国内外资本创造极其有利的投资条件,使中国成功地成为全世界公认的最有吸引力的投资去向。

这个关键性的由地方政府主导的"成功秘诀"则被主流经济理论完全掩盖。今天在中国影响最大的新制度经济学理论,把中国发展经验简单总结为市场化和私有化的功绩。在他们(源自科斯和诺斯)的理论中,唯有明确的私有产权才可能减低交易成本和促进经济发展。政府所起作用只可能是反面和消极的,不可能是积极的。因此,他们提倡中国最终必须消除国家/地方政府对市场的干预,消除其非私有的产权和企业。如此的理论显然严重歪曲了中国发展经验的实际。

当然,如此的反事实理论,即便是在西方,也激发了反对的理论。魏昂德(Andrew Walder)争论,地方政府其实在中国发展中起到关键的作用。之所以如此,是因为地方政府的行为其实不像政府而更像在"硬预算约束"下运作的企业。钱颖一则力争,地方政府之间其实具有类似于美国联邦主义政治体制下的州际间的竞争,由此成为推动经济发展的重要动力。

魏昂德和钱颖一这两套理论的经验根据都主要是20世纪80年代中国兴起的由地方政府主办的乡镇企业;他们忽视的是20世纪90年代中期以来更加重要的地方政府在招商引资竞争下对(国内外)外来资本所采用的非正规举措,借用的是非正规经济人员以及非正规征用的土地。

正是这样的非正规经济和非正规举措,既促成了中国举世瞩目的GDP增长,也导致了今天一定程度的社会危机。社会不公之所以成为中国今天的问题之一,首先是因为正规与非正规经济之间的日益增大的差别。同时,也是因为国家一直沿用了过去的话语和意识形态。今天的社会不公是在老百姓普遍认同国家社会公平理念之下形成的。老百姓因此也对其间的矛盾更加敏感。凭借修饰性的"橄榄""拐点""三部门"和"交易成本"理论,只能暂时掩盖社会不公和社会危机的实际。现有的西方理论则完全没有认识到中国的经济发展和社会危机其实来自同一根源——地方政府行为——这个基本事实。要解决这个问题,需要从地方政府行为入手,因为解铃还须系铃人。这是本书提倡的农村发展出路的另一方面。

第十三章分析的是非正规经济的社会结构和组织逻辑。与斯密和马克思预期的高度个体化的工业产业工人不同,中国非正规经济中的基本经济单位仍然主要是(农村)家庭而不是城镇个人。即便是"离土离乡"的农民工,他们的户籍仍然在农村,在城市只可能是暂住者和流动人口,绝大部分没有可能在城市买房而长期居留。其子女在城镇上学必须支付高昂的"择校"费。他们中的绝大多数没有城市的医疗、养老、失业保障,必须依赖自家的农场来替代社会保障和福利。与此同时,他们仍然是自家承包地的合法耕种者。因此,他们中的大多数会把部分收入汇回老家,在攒钱之后会回家盖房。在经济决策层面上,他们和城市居民有一定的不同,会更多地考虑到家里的老人和/或孩子。即便是在城市的生活和经营中,他们之中的小私营企业和个体户也多依赖自家或来自老家的亲邻。

家庭的关键性具体体现于农村三代家庭的顽强持续。从1949

年前到毛泽东时代乃至今日,中国农村的独子家庭几乎全是三代家庭(无论其暂时的安排如何)。农村家庭唯有在多子的情况下,才会和父母分家,但依然会采取各种不同的多户家庭组合(例如,分开后父母亲轮流在不同儿子家吃饭、由各个孩子分担父母的赡养责任或其承包地的种植)。迟至2000年,中国的三代家庭在农村的比例是25%,是同时期美国的5.2倍。这个比例其实比1990年的17%有显著的提升,主要是因为生育政策导致较高比例的独子家庭。因此,我们绝对不可简单地以为中国的家庭结构必定会像西方那样"核心家庭化",绝对不可简单地接纳西方现代化理论的单一线性社会经济"发展"模式。

这一切显然和新自由主义家庭理论十分不同。后者的简单成本收益经济决策绝不适用于仍然高度家庭化的中国农村(即便是城镇,三代家庭也达到17%的比例)。中国家庭经济的抉择,包括打工、结婚、投资、子女教育等都出自家庭的考虑,包含传统文化因素,而不简单是新古典经济学家们(例如贝克尔[Gary S. Becker])所争论的个体化成本收益的个人"理性抉择"。

在法律方面,非正规经济领域沿用的多是比较传统的法律制度,包括在改革后期重新呈现的传统的社区和亲邻调解,以及毛泽东时代遗留下来的社区干部调解。其对赡养和离婚财产的处理,更多地反映比较传统的"家庭主义"价值观,而不是像城市中那样越来越走向"个人主义"。后者的一个具体体现是国家法律逐步确认夫妻间由一方父母所赠与的房产可以是夫妻之中一人所有的财产的法律。今天在法律层面上的"个人主义"与"家庭主义"的矛盾和论争,在一定程度上反映了正规经济和非正规经济之间的不同。

家庭组织在非正规经济中的强韧性,一方面可以说反映了农村比较传统(有的人会认为是"落后")的实际,但另一方面则可以说保存了中国传统文化的特色。关键在于要看到中国这方面的"特色"。唯有如此才能避免机械地援用西方理论。也唯有如此才能想象到具有中国主体性的理论,才能想象到一个与西方不同的现在和未来。这也是本书提倡的农村发展出路的另一方面。

四、第四编:中国的发展出路

中国83%的就业人员处于较低收入、较低福利等状态,这涉及11.2亿的人口。这显然是一个超巨型问题。其规模远远超出当前的一些针对农村、农业和农民问题的措施体量。譬如,加大国家财政投入和服务、建立农村合作社、建立农村合作医疗保险制度和扩大基本医疗保险覆盖面、提高农民工参与三保(医疗、工伤和退休)比例和国家扶贫工程。此外,本书讨论的农业革命肯定起了相当大的作用,但也只能减缓日益扩大的城乡差别,不能缩小这个差别,因为城镇比农村经济发展快速乃世界经济史中的通例,也是有机和无机经济间的实质性差别。合作化组织的有力推进可以为农民保留比当前要高的农产品利润比,但同样只能遏制差别的进一步扩大,不能缩小差别。

要彻底解决过去30年所积累下来的经济和社会危机问题,需要更大规模的举措和变化,不仅关乎农村经济和社会,更关乎全体经济社会。但这不是凭空虚想所能补救的问题。当前比较流行的一些意识形态化构想,譬如,争论更完全的私有化和市场化必定会导致更高度、更全面的发展,只可能像"橄榄型社会""刘易斯拐点"和"三部门"理论那样限于空谈、虚构甚或讽刺或掩盖实际。又譬如,提倡某种反全球化、反市场经济的意识形态,同样只可能脱离当前的实际。我们需要的是大手笔的、实际可行的举措,并且是可供实证检验的例子。

中国改革以来的特殊国家体制——中央集权和地方分权的悖论结合——以及这个体制特殊的经过试点而后决策的方法,为我们提供了不同地方的实践经验。本编问的是,针对上述问题,纵览各地各时期的不同尝试,有什么特别值得我们深思和借鉴的方法和实践经验?在其实际作为的底下,展示了什么样的概念和逻辑?这里要求的是真能彻底解决中国超巨型社会不公问题的大举措。

毋庸赘言,面对全球经济衰退,中国30年出口拉动的快速GDP增长显然已经不太可能持续。今后的经济发展必须依赖更深厚、可持续的国内市场来支撑。而扩大内需的关键在于提高大多数(非正规经济中的)人而不是少数中产阶级的收入。这不简单是一个社会不公或社会危机问题,而是一个经济发展策略问题。

2007年6月7日国务院发展和改革委员会正式发出通知,让重庆市和成都市成为"统筹城乡综合配套改革试验区",明确指示要"大胆创新","发挥示范和带动作用"。之后,重庆作出了一系列非常重要的、超越左右分歧的统筹城乡实践。虽然过程有曲折,但其统筹城乡方面的一些关键性举措依然得到延续,并且硕果累累,对全国有一定的启示意义。

从这样的一个视野出发,第十五章具体检视了重庆市最近几年的经验。它的特殊性在于针对社会不公和高速经济发展两者兼而有之的成绩。对于前者,它的实践经验展示了改革以来全国范围内最大、最显著的作用;对于后者同样。在短短一年半之中(2010年8月到2011年4月),它为全市322万(工作五年以上的本市)农民工办好了从农民转城市居民的手续,使他们得以享受与城市居民完全同等的福利,包括农民工最头痛的下一代义务教育权利。此外,大规模筑建可供两三百万人(主要是农民工,也包括大学生和困难户)住的廉价公租房。两者合并,为全市农民工提供了前所未有的优良民生条件。这是在全国各地都远远没能达到的好成绩。同时,它连续五年维持了每年16%的经济增长率,并且是健康、稳定的增长。这点可以见于它的住房均价——2011年年底,主城区的新建房销售仍然维持在六七千元一平方米的均价,显然是中等和中下等收入(区别于不符实际、夸大了的"中产阶级"修辞)人群可以负担的范围,和全国其他大城市的三四万元一平方米的均价明显不同。起码在以上的事实层面上,重庆真正做到了"公平发展"。

总结其经验的关键问题是,钱和资源是从哪里来的?和许多其他地方同样,最重要的首先是土地。城市建设用地显然是其国有资源的主要组成部分。它的增值为政府,也为其国有(和国有控股)企业提供了关键的财政与财产支撑。在这方面,重庆和其他地方政府没有太大区别。所不同的是,首先,重庆建立了独特的"地票交易所",让全市范围内放弃其宅基地的农民能够经过复耕和验收而拿到"地票",凭此进入地票交易所而获得建设用地潜在增值的部分收益。其中的道理是,因为当地政府可以凭借中央的"城乡建设用地增减挂钩"政策而用如此的地票来(向中央)获得一亩地的建设用地指标，而这样的指标对政府和开发商都具有更大的价值，因此形成可以兑现的市价。2010年年底，一亩这样的土地已经达到10万元的价格。2011年，更上升到24.4万元的均价。这就和别的城市很不一样。例如北京，征地补偿基本由政府说了算，没有什么市价可言。它也只可能惠及城郊居民，对边远地区的农民毫无帮助。

另一个重要不同是，如此的土地财政所获得的收入，在重庆部分被用于公租房的建设，这其实是政府在这方面最主要的投资。我们可以用抽象化的模式来理解：一般不具备基础设施的"生地"价格约为1万元，具有设施的"熟地"价格约为10万元，最终盖有楼盘或工厂的约为100万元。在别的地方，政府一般在第二阶段就把土地"出让"给开发商。那样，增值的大头归属开发商。而重庆的公租房建设则不同，这里政府的角色贯彻到第三阶段。这样，土地在最后的、最大的增值归属于民生工程，而不是开发商或官员或政府本身或它的形象工程。这是重庆公租房建设的一个重要特点。

土地增值的另一个用途是政府的"八大投"基础建设和公共服务公司——例如能源供应、公路、交通、水务、水利、城市建设。政府之前所收购的土地是它们的关键财源，也是重庆市政府把其"问题资产"转化为具有雄厚资源和资本的主要资金来源。而政府规定这些公司必须上缴30%的利润，政府本身则必须把50%的财政支出用于民生工程。这样，就形成了把土地财政用于民生的良性运作。国有资源的增值和国有企业的利润同样归属、被用于民生工程。

政府财政所包含的首先是在税收(第一财政)之外的"第二财政",亦即一般意义的政府预算外收入,主要是政府从转让建设用地所获得的收益。重庆的创新在于其"第三财政",即政府通过把资源和资金投入其国有公司所获得的利润。前者比较好理解,后者则比较难掌握。我把它理解为"第三只手",即市场的看不见的(第一只)手、国家通过财政和金融手段调控市场的第二只手,以及国家通过其国有企业所获得的利润投资于民生的这个第三只手。

最后这一点是最不容易被理解的,主要原因是现有的新自由主义经济学霸权话语,也包括马克思主义的话语的影响。前者的出发点是国家和经济、公和私的非此即彼二元对立的话语结构和文法。前者认为在市场盈利的只可以是私有资本,不可能也绝对不应该是国家。后者同样拒绝国家在市场上盈利,认为市场盈利只可能是资本主义的,绝对不应该、不可能是社会主义政府所为。由此,对营利性的国有企业,两者都抱有基本否定的态度。前者根据新自由主义经济学,尤其是科尔奈的两者完全对立、分别具有截然不同的协调逻辑理论,推论国有企业只可能是官僚化的、垄断性的、低效的。与民营企业共存,只可能导致沉重的不协调成本。因此,必须进一步私有化和完全地市场化,消除国有企业。后者则根据马克思主义理论,认为从市场和商品经济盈利只可能是资本主义的、剥削性的行为,不可能是为民众服务的。

但重庆的试验证实的是,国有企业可以凭借盈利而服务于人民。它既可以强劲有力地促进经济发展,也可以强劲有力地解决超巨型的民生问题。它突出的是,作为改革时期中国起点的计划经济,既可以是沉重的负担,也可以是有利的条件。在计划经济下的国有企业,很大部分(国家战略性企业除外)确实是低效的。但是同时,市场化的国企和国家,在面对全球化的资本主义的现实下,也是唯一具有充分强劲力量来与发达、先进的跨国资本主义企业竞争的实体。这样,中国从计划经济体系出发,可以不是沉重负担而是有利条件。市场化改革甚至可以说是一种历史性的机遇。

当然,这一切需要强劲的经济发展来支撑。在这方面,重庆做的和其他地方没有太大差别,但也许更具想象力。其战略思想是利用全球资本来推动中国自身的发展。重庆的笔记本电脑产业是一个很好的例子。它借助于惠普和富士康等公司,借用它们的投资来启动重庆自身的发展和"集聚效应"(aggregation effect),由此来推动整体经济的发展。汽车、天然气等行业的生产也一样。

其中一个关键是"渝新欧"铁路,把重庆从"内地"变为"口岸"。政府通过先与俄罗斯和哈萨克斯坦,之后是与白俄罗斯、波兰和德国,达成利益分享的协议,形成从重庆一次性过关后,通过上列国家而直达德国杜伊斯堡的铁路运输。2012年4月,该路线已经每周通行两个班次,14天便可到达德国杜伊斯堡,比通过上海或深圳出口然后海运到欧洲要快20天。这个大胆和极具想象力的工程是其原先能够引入惠普和富士康(以及宏碁、广达、英业达等)的一个关键条件。2012年4月,重庆已经达到年生产5000万台笔记本电脑的规模,预期2014年能达到年1亿台,相当于原先预测的全球需求量的三分之一。毋庸说,如此规模的信息产业发展起了带动该地整个经济发展的重要作用。

重庆这部分的经验也不容忽视。正是它和国有经济的混合经济体,组成了双方既有竞争也有互补的良性关系,不是单一的市场经济,也不是单一的非市场经济,而是两者的良性混合经济。这个混合,加上公平发展,便是重庆实验的独特和超常成就背后的基本经济结构。

至于农村问题,重庆打出了极具创新性的"三权三证"设想,推动农民土地资源(所谓三权,原来计划的是宅基地、承包地和林地,但在实施之中宅基地已经被转释为农民房屋)的资产化,由政府出具"三权"的市价证书,让农民可以将其土地资源作为抵押向银行贷款。市政府规定其额度可以达到市价的85%。同时,组织、引导当地金融机构向农民提供贷款,计划到2015年贷款1000亿元给农民。

这一措施的实际效果尚待观察,因为当地银行在实施过程中很可能会一如既往地认为唯有政府和企业才是可靠的融资者,贷款给农民则是高风险低收益的生意。银行很可能依然像过去的十年那样,在实际运作中主要向农业企业和大户倾斜,尤其是龙头企业。地方官员在GDP考核的压力之下,可能同样倾向于扶持农业企业。而真正能够改造农村的则是一个针对小农户的方案,尤其是针对可能达到适度规模的小农户的举措。它们已经为中国农业的现代化做出了巨大的贡献,并且还能贡献更多。

与农业问题直接相关的是全国国企具体到底应该采用什么样的经营组织和运作方式,因为唯有国企的超巨型资源和利润才真正能够彻底解决城乡在福利、教育和公共服务方面的差别问题。在具体如何经营和运作方面,国企的进一步改革尚待通过实践来继续摸索和细化(在这方面,我们十分需要深入重庆国企的微观层面的经济和社会人类学的研究,来总结已经积累的经验)。目前,重庆在这方面还没有提炼出清晰的概念,更不用说"模式"。但是,它所指出的方向——利用国有企业的资源和利润来为民生服务、借此来推进"共同富裕"——显然已经起了非常重要和大规模的作用。具体如何把它的经验制度化、组织化,则尚待未来的摸索和研究。可以肯定的是,重庆的实验已经为我们指出了一条超越左右的,既是市场化的经济发展,也是体现社会公正的发展道路。

也许我们可以这样来总结重庆实验的启示:它代表的方案是新型的经济发展与社会公平的结合。它与过去计划经济不同的是,当时拒绝市场和市场增值与盈利,坚决要求公平优先,结果国家和国企不堪重负,欠缺资本和财富,最终是民不富国也不富;而重庆的经验则是,先借助市场的增值和盈利来支撑人民的生计与福利,然后借助人民的富裕来促进国家和国民经济的进一步发展,如此建立螺旋式的发展与公平的相互促进。它是一条真正可以称作"共同富裕"的道路。重庆经验为我们指出的逻辑不是为公平而牺牲发展,而是(可以称作)"为公平而盈利,为发展而公平"的道路,是一条可以成就中国特色的"社会主义市场经济"的发展道路。

五、从实践出发的经济史和经济学

贯穿全书的研究进路是通过中国经济的实践历史来摆脱、超越源自西方经验的理论模式。但这绝对不是完全拒绝、排除西方的理论,而是要从头到尾与之对话,指出其所包含的逻辑,来阐明中国经济实践所包含的不同逻辑。本书讨论和批评最多的是新自由主义经济学理论,包括时髦的新制度经济学,但也兼及马克思主义理论和实体主义理论。笔者认为,我们最终必须以中国经济实践经验为准来决定理论上的取舍。这不可能是个封闭性的自说自话,而必须是个对话、对比性的探索和创新。

当前,事实是中国的经济理论远滞后于中国的经济实践。在实践层面上,中国的经济发展说得上已经"举世瞩目",但在理论层面上,还远远说不上有什么重大的创新。我们今天需要做的是脚踏实地地深入其实践经验,由此来挖掘其所包含的理论逻辑,也由此来突出其所包含的问题和严重不足,更以此来探寻未来的可能出路。

本书最后的第十六章提出创建"实践经济史"和"实践经济学"的设想。迄今,中国的理论争论几乎全都陷入"左"和"右"理论的争执,其实它们都是同样来自西方的理论。本书论证,中国真正的创新在于其实践,而不在于其迄今仍然缺乏主体性的理论。中国的实践社会科学的目的在于探索实践层面上已经包含的创新和理论含义,也在于探索其社会不公的根源,更在于探寻有效的未来实践的道路。大家也许可以想象甚或期待中国经济在未来更加显著的成就。如果中国在解决社会不公层面上也能取得显著的成绩,在实践之中走出一条真正具有"中国特色"的道路,真能够有效综合市场经济和中国共产党的公平理念,中国将会为全人类展示一条不同于西方资本主义发展经验的道路。那样的话,西方理论对中国的曲解便会不攻自破,而中国实践经验所包含的创新和逻辑也当然会成为具有中国主体性的学术和理论创新。

第一编

历史背景

第二章

18世纪英国与中国:两种农业系统及其变迁

18世纪英国和中国长江三角洲分别代表两种截然不同的农业系统及变迁型式。首先,其农场平均规模悬殊:英国南部为150英亩,北部为100英亩(Allen,1994:99),而长江三角洲平均起来仅为0.92英亩到1.58英亩(即5.5亩到9.5亩)。[①] 如果我们取简单的平均数测差异为125英亩与1.25英亩,即100∶1。[②]

相对英格兰种植业—畜牧业混合的农业体制而言,长江三角洲几乎是单一的种植业经济,单位劳动的"资本化"(即使用更多的牲畜和肥料)程度也相应较低。对比愈发鲜明的是,当18世纪英格兰的农业资本化不断增长之时,长江三角洲却往更高的劳动密

[①] Huang,1990:342,附录表B.2;黄宗智,1992(2000):340。
[②] Huang,1985:322,附录表B.1和327,附录表C.1;黄宗智,1986(2000):330—331,337。

集化这一相反的方向演变。下面我们就来逐一检视这些差别。①

一、英国农业及其革命

正如安东尼·瑞格里的研究所示,英格兰在17、18世纪的200年间总人口增长了210%(从411万增至866万),而农业人口所占比例却缩减了一半,从70%减少到36.25%。换言之,到1800年时占总数1/3强的人口有能力为另外2/3的人口提供粮食。考虑到当时食物进口相对较少,②这就意味着18世纪英格兰"每单位农业劳动力产出"至少增长了3/4(Wrigley,1985:688,700—701,723)。

罗伯特·艾伦(Robert Allen)在更为直接的证据基础之上得出基本一致的结论。基于庄园调查以及当时诸如阿瑟·杨(Arthur Young)——他于18世纪60年代游历英格兰,记录了几百个农场的详细资料——等人的观察,艾伦提出:18世纪农业劳动人数保持稳定,而农业产出(包括谷物与家畜)却提高了不止一倍(Allen,1994:102,107)。这场18世纪的"农业革命"是在单位土地上的劳

---

① 本章已发表的原稿(Huang,2002;黄宗智,2002)集中论证了彭慕兰《大分岔》(Pomeranz,2000)一书中众多荒谬的错误。彭书轻视关于具体生活和生产状况的知识,偏重时髦理论和书面数字,以致在论证过程中出现了不少严重的经验性错误。譬如,想象江南农民每人每年消费十匹棉布和两匹丝绸。又譬如,以为一匹棉布的7天生产过程之中,收入较高的织布要花上3天(其实只用1天)。而且彭书也没有认真对待近20年来西方研究18世纪英国的主要学术成就,即对农业革命、原始工业化、城镇发展、人口行为转型以及消费变迁"五大变化"的证实。拙作当时如此详尽地论证彭书错误,是出于其论点的影响的考虑,这里不再赘述,直接集中于18世纪中、英比较的主题。

② 据琼斯估计,大约仅占食品消费总量的10%(Jones,1981:68)。

动投入没有增加的情况下完成的。① 艾伦甚至估计单位土地上的劳动投入由于较多的牲畜使用以及规模效益而降低了5%(Allen,1994:104,107)。

瑞格里鲜明地区分开总产出的增长与单位劳动产出的增长:"我考虑的是那些在实质上提高了劳动生产率——无论按小时还是年度来衡量——的变化……"(Wrigley,1985:728,注38)瑞格里这里所讲的正是笔者在拙著中所称的"发展"(指劳动生产率的提高),以区别于长江三角洲地区的"内卷"(指单位劳动的边际报酬递减)以及"密集化"(指单位土地上劳动投入的增加)(Huang,1990:11;黄宗智,1992[2000]:11)。瑞格里以如此的问题作为结束,即英国农业"在一个久已充分定居的地区上"何以能够摆脱"李嘉图定律"(即单位劳动与资本投入的边际报酬递减规律)(Wrigley,1985:726)。

埃里克·琼斯(Eric Jones)、艾伦和马克·欧维顿(Mark Overton)关于18世纪农业的论述给这一问题提供了可能的解答,同时也刻画出与长江三角洲地区鲜明的对照。在圈地运动之前,种植业与畜牧业是分开的。前者在私人土地上运作,后者则在共有土地上展开。17、18世纪圈地的拓展,使生产者们得以把种植与畜牧业在他们自己的土地上系统地结合起来。在典型的诺福克(Norfolk)式小麦—芜菁—大麦—三叶草轮作体制(该制度在阿瑟·杨18世纪60年代从事调查报告时已成为英国农业的普遍模

---

① 当然,艾伦在他1992年的著作中讨论了两次农业革命:17世纪的"自耕农革命"和18世纪的"地主革命"(Allen,1992)。

式)中,粮食作物(小麦、大麦)与牲畜饲料作物(芜菁、三叶草)交替种植(Allen,1992:111;Overton,1996:3)。这一制度首先提高了牲畜产量。据艾伦估计,18世纪牲畜(除耕马以外)增长了73%(Allen,1994:109,113—114)。另据琼斯计算,从1760年到1800年,耕畜以及其他牲畜均有增长,其中耕马增长了69%,其他牲畜则增长了35%(Jones,1981:73)。此类增长也意味着农场劳动生产率的提高,这主要是因为畜肥、畜力使用的增加以及饲料作物的固氮作用使土壤肥力得到提高。① 最后,诺福克制度下的耕地可以和牧场轮流交替,形成"转换型牲畜饲养"(convertible husbandry),从而恢复或提高地力(Overton,1996:116—117)。当然,劳动生产率的提高还有其他原因,包括种子改良,新牲畜品种,宰牲方法的改进,规模效益等。但与长江三角洲相比,所凸显出来的变化乃是或可称为单位农场劳动的"资本化",亦即畜力、畜肥使用的增加。

二、长江三角洲的农业

英国农业体系中耕地与牧场轮替,其中耕地又轮流种植饲料作物与粮食;而长江三角洲地区则几乎完全种植粮食。典型的长江三角洲农田种植春水稻,然后是冬小麦(Li,1998:39—40,50,参见6,15)。没有种植粮食作物的地方,农田里一般种植棉花或者桑树(下面还有讨论)。只有数量不多的紫云英(红花草)作为冬作物来种植,而且主要是用作绿肥,有时候也会用作家畜饲料(姜皋,

---

① 此外,芜菁也有抑制、清除杂草的作用(Overton,1996:3)。欧维顿还提供了诺福克体系整体效果的定量表述(Overton,1996:118)。

1963[1834]:7;陈恒力、王达编,1983:15)。(20世纪30年代比较精确的数据表明,在长江三角洲地区紫云英的种植面积占总播种面积的0.9%。①)农户饲养的家畜主要是食泔水的猪,而不像英格兰的情况那样主要是食草的马、羊或者牛。

(一)单一种植业农业

农业史家都熟知一个基本事实,即在既定技术水平下,单位土地上种植农作物较之牧畜(即提供肉、奶以及乳酪)能供养更多的人口。卜凯(John Lossing Buck)在其关于中国农场经济的宏篇大著中提出,这一比率为6∶1或7∶1(Buck,1937a:12)。这意味着在土地数量既定的前提下,如果缺乏重大的技术变迁,高密度人口最终将排除畜牧业而使土地利用走向单一型的种植业格局。在英国(及欧洲),其农业产出中庄稼和牲畜部分通常情况下大致相等;而长江三角洲地区的农业,至少从17世纪起就已经基本上只生产粮食(陈恒力、王达编,1983;姜皋,1963[1834])。1952年精确的数据显示,当年牲畜(包括渔业)仅占中国农业总产出的11.8%(《中国统计年鉴》,1983:150)。

18世纪英国的种植业—畜牧业混合型农业与中国的以种植业为主的单一型农业的基本差异,也解释了两地人民在饮食方面的基本不同。在英国人的典型膳食中,粮食(面包)和乳酪、黄油、奶、肉所占比例相当(Drummond,1958:206—210)。中国人的食谱则主

---

① 0.9%的数据来自Buck,1937b:178。需要注意的是,紫云英比苜蓿更为常用。

要由粮食(大米、面粉、玉米、小米、高粱)——现代中国人称之为"主食"——组成,再辅以比重较小的"菜"(或者"副食")——对农民们而言仅包括蔬菜,特殊场合下也有肉(主要是猪肉,间或有禽、鱼、蛋)。

饮食之外,我们还可以进一步比较衣着。依靠畜产品供养人口的逻辑同样贯穿于衣着方面。例如,为既定数量的人口供应羊毛占用的土地远较供应棉花所占用的土地为多。而且,种植棉花要比养羊以出产羊毛要求更多的劳动投入。18世纪的英国人主要依靠羊毛裁制冬装,而同时期的中国农民则几乎完全靠棉衣过冬(虽然上层阶级的确消费不少丝绸)。这也展示出这两种农业体系中畜牧业所占比例的不同。

在其他条件相等的前提下,种植业与畜牧业相结合的农业显然形成了更为"资本密集"的农业体系,亦即单位劳动更多地使用畜肥和畜力,以及增强土壤肥力的饲料作物。而在单一型的种植业农业经济体系中,土地上的人口压力排挤掉了畜牧业以达到单位土地产出的最大化,但这不可避免的是单位劳动较少的资本投入导致较低的单位劳动生产率。

日本满铁(南满洲铁道株式会社)学者20世纪30年代的田野调查给我们留下的资料,清晰地展示出这一逻辑。在20世纪30年代的华北平原,一个男雇工的工资实际上限制在和驴价相等的水平,仅相当于马或者骡子(可以提供两倍于驴的畜力)价格的一半。这样,一个带驴佣工的人就能得到相当于两个人的工资。这一等值基于如下事实:农忙时节饲养驴的耗费和人相当,而饲养骡子或马的耗费则是人的两倍。在这种情况下,农事中牲畜的使用逐渐降低到尽可能低的水平,即仅仅用于生产周期中那些单靠人力难以完成的环节(主要是犁地)。食用型牲畜的(除了猪这种可以喂泔水的家畜以外)饲养也基本被排除。随之,畜肥(除猪粪以外的)使用减少,进而必然意味着低劳动生产率(Huang,1985:第八章,148;黄宗智,2000[1986]:153)。

中国的单一种植业经济采用的肥料与英格兰的混合型经济很不一样。土地的稀缺排除了那些土地需求大的施肥方法,如英格兰的转换型畜牧业所采用的通过退耕还牧来提高地力的方法。即使是绿肥,也由于会占用土地而被压缩到最低限度。因此,紫云英等作物在总播种面积中只占很小的比例。此外,即使像诺福克体系中的芜菁与三叶草这类可以肥田的家畜饲料作物也甚少得到采用。无论是长江三角洲还是华北地区,主要肥料都是由家家户户各自储积的猪(和人)粪(尿)。虽然施这种肥料尤为耗费人力(特别是在运送到田间以及一点点施洒的过程中),但其土地要求却最少(因为猪可以靠家庭的残羹剩饭饲养)。

18世纪时长江三角洲地区豆饼使用增加——豆饼是海禁撤销之后从东北沿岸经海运而来——主要是为了在土地密集使用情况下维持和提高地力。豆饼是大豆榨油后由豆渣制成的副产品,它在三角洲地区逐渐成为猪粪"基肥"施加之后的辅助性"追肥"(有时候则是紫云英或河泥,然后猪粪,而后豆饼的第三通肥料)(姜皋,1963[1834]:7)。之所以使用豆饼,并非简单因为土地使用的进一步"资本化",而更多是因为在冬小麦种植的增加下,土地需要高质量肥料投入来维持其地力。正因为如此,豆饼的投入并没有导致单位面积水稻产量的显著上升。它最终乃长江三角洲农业进一步劳动密集化的征象。①

---

① 李伯重曾基于颇具启发性的数据提出,增加投入使用此类肥料未能促成产量的提高。他指出,三角洲地区的水稻产量历经明清两个朝代,增长微乎其微或根本没有提高,即使在增加肥料投入之后也始终徘徊在 1—3 石(1 石容量等于 100 公升,重量上则大致等于 160 斤或 176 磅)之间。李认为这是由于肥料的效度递减(或土地的肥力递减)所致:1 石稻米产出在明代后期需要 53 斤(1 斤 =1.1 磅)肥料,清代则要 115 斤,而到 20 世纪 50 年代则已增至 200 斤(李伯重,1984:34—35)。但是其后,为了论证长江三角洲地区较早的发展以及"肥料革命",李伯重通过一个数字游戏颠倒了他自己以前的分析。他引用包世臣观察到的每年有"千余万石""豆麦"从东北运往上海,并主张这一数字采用的是东北的计量单位(关东)石,等于通用(江南)的 2.5 市石(Li,1998:114,209 注 35[引自吴承明编,1985:655,657])。因此,他提出 19 世纪二三十年代每年运往上海的"豆麦"实际应为 2500 万石。在此基础上,他进一步估计很可能有 2000 万石左右的大豆留在江南使用。最后他得出结论:如果输入的大豆的豆饼全部投入水稻生产中的话,每年 2000 万石的豆饼将可以使水稻总产增加 4000 万石,亦即每亩产出增加 1 石。此处有一系列很成问题的跳跃性分析。首先,包世臣的"千余万石"不是关东石。李伯重所借助的是吴承明本人在同一观察基础上计量国内长途贸易时就视之为通用的市石(吴承明编,1985:273)。正如薛涌的近作证明,包世臣在其原文中说明他讲的是"官斛",亦即当时的市石,而不是李伯重所说的关东石(见 Xue Yong,"A 'Fertilizer Revolution'? A Critical Response to Pomeranz's Theory of 'Geographic Luck'," *Modern China*,33,2[April 2007]:198)。其次,该数据并非只指大豆,而是"豆麦",而其中的大豆有相当部分用于制造豆腐和酱油,而非豆油与豆饼肥料。最后,即使权且接受李的主张,即所有大豆都被用作榨油而出产豆饼,我们也不能认为所有或者大部分的豆饼被用作肥料。正如李自己所说:豆饼大部分是用作猪饲料(从而只是间接成为猪粪肥料),而没有直接用作肥料(Li,1998:114)。因此,他的每亩产量增加 1 石的结论估计纯粹是反事实的凭空猜想。李伯重在这个新论中完全没有讨论他本人以前提供的关于肥料回报递减的证据。艾仁民的近作根据满铁的实地调查材料重新估计东北大豆的播种面积、产量、就地消费量以及出口量,然后与山海关海关记录核对,得出比较可靠的东北出口江南大豆的估计:18 世纪约 150 万石、19 世纪上半期 300 万石,即李伯重猜想数量的八分之一(Isett,2007:222—233)。

(二)劳动密集化

在前现代的牲畜饲养方面,我们可以设想三个不同层次的劳动密集度。密集度最低的是使用草场,其次为芜菁和三叶草等饲料作物,而劳动密集度最高的则为粮食。18世纪英国农业一般结合使用草场和饲料作物,而长江三角洲地区几乎没有草场,饲料作物也比较少。耕畜一般在农闲时节靠农田"副产"如粮食作物的秸秆和叶子来喂养(亦即"粗饲料"),在农忙时分则辅以粮食这样的"精饲料"(陈恒力、王达编,1983:86,88;Huang,1985:148;黄宗智,2000[1986]:153)。这意味着耕畜和人在土地生产的有限生存资料上处于直接的竞争状态,亦即今日所谓"人畜同粮"。这是劳动密集型单一种植业经济的一个基本特点。

英格兰与长江三角洲除了畜牧业本身,以及英国畜牧业的发达与中国畜牧业相对落后之间的差异外,它们在耕作本身的劳动密集程度上当然也存在着巨大差异。我们可以利用艾伦从托马斯·贝奇勒(Thomas Batchelor)的详细估算中选出的数据,对英国种植业的劳动投入进行初步的估计。那些数据显示,一英亩小麦要求相当于成年男子25.6天的劳动投入,按中国的度量来说是每亩4.27天。这与长江三角洲每亩7天左右的投入相比较,比率为1:1.6。①

在英国农业中,小麦是诺福克小麦—芜菁—大麦—三叶草轮

---

① 这里的英国劳动投入数字系通过艾伦的总劳动耗费除以他的日平均工资数字而得出(Allen,1992:158,162;参见 Batchelor,1813:582)。

作体系中劳动最为密集的一种作物。根据艾伦对贝奇勒数据的计算，这四种作物所需劳动的比率约为 4∶3∶3∶1（Allen,1992:表8-3,158）。而且如我们所见，在诺福克体系下，耕地常在"转换型牲畜饲养"中更换成劳动密集度更低的草场。也就是说，英格兰单位农业土地的平均劳动投入，要比小麦种植劳动投入低一半还不止。

与此相对，冬小麦在长江三角洲是所有庄稼中劳动密集度最低的作物。在这里，水稻所需劳动是小麦的1.5倍（10天/7天），或为英国小麦所需劳动的2.4倍（Huang,1990:84,125;黄宗智,2000[1992]:83,127;Buck,1937b:314）。然而,18世纪典型的长江三角洲农户不能单靠种植水稻或者水稻加小麦维持生存。三角洲的水稻单产（所有粮食中单产最高）在每亩1.5石到3.0石之间。在苏州府的高产地区早在11世纪就已经达到了这一水平（Huang,1990:89;黄宗智,2000[1992]:89）。如果我们取2.25石米作为（不同等级土地的）平均亩产量，一户平均拥有7.5亩土地（见下）的五口之家可收获16.9石米。由于每人（成人与小孩合计）年均粮食消费至少2石，所以如果这户人家只种水稻的话，即使我们不计算其他的生产费用，在交付地租之后（通常是收成的40%到50%），仅仅能够维持其粮食消费的需要。冬小麦略可补助——每亩总收入增加1石，但稻米辅以小麦仍与充分供应家庭总消费相距尚远。① 这就是长江三角洲农民转向棉花与蚕桑这类高劳动密集度、高产出作物的缘由所在。

---

① 关于长江三角洲18世纪时的小麦产出，参见姜皋,1963[1834]:10;Li,1998:124。感谢艾仁民提醒笔者进一步说明总产与净产的不同。

第二章 18世纪英国与中国:两种农业系统及其变迁

在长江三角洲东部地势较高的松江府,18世纪时大概有一半耕地逐渐种植了棉花(有时继以冬小麦或豆类)。三角洲其他地区的植棉区则占耕地的1/5到2/5。① 这一状况系棉布长期广泛的传播所致:在1350年至1850年间它几乎成为农民唯一的衣料。在这一过程中,长江三角洲逐渐成为其他地区主要的棉布供应地。从水稻转向棉花——即使就中国而言,也是密集化加剧的一大步。单位土地上种植棉花所需劳动一般两倍于种植水稻,即上面提过的每亩20个劳动日与10个劳动日之比。这又在小麦与稻米的差异之上加上了1:2的差额。

但这仅仅只是拉开了一个序幕。对于一般的长江三角洲农户来说,棉花的种植不过是他们投入棉布生产劳动的一小部分而已。这里的农户一般自己植棉、纺纱、织布,此即众所周知的花—纱—布"三位一体"的生产体系。一亩棉花一般可出产30斤皮棉,需要160个左右的劳动日,用来纺纱(91天)、织布(23天)以及弹棉、上浆等(46天),最后生成23匹布(1匹=3.63平方码)(Huang,1990:46,84;黄宗智,2000a[1992]:46,84—85;吴承明编,1985:390;徐新吾,1992:53)。换言之,如果一家农户将水稻改种为棉花,就需要多投入18倍的劳动。② 这与一茬小麦的劳动投入差异达到27:1。

植桑同样如此。众所周知,桑树在三角洲南部低湿稻田的坪

---

① 参见李伯重引叶梦珠17世纪末语(Li,1998:52)。关于稻麦两熟制,参见Li,1998:52—53。20世纪30年代的系统数据表明,松江府超过60%的耕地种植了棉花,太仓为40%—60%,而嘉兴为20%—40%(Huang,1990:26,图4;黄宗智,2000a:25)。
② 如果我们把伴随水稻耕种的副业生产(主要是用稻秆搓制草绳)所需劳动——每亩需要8天——考虑进来对这一数字加以修正,比率将仍然达10:1(Huang,1990:84;黄宗智,2000[1992]:84)。

41

堤上广泛种植(部分是为了巩固田圩),形成别具一格的稻桑配合格局。此外,晚明以来,长江三角洲养蚕业大幅度发展,以致出现所谓"桑争稻田"的情形。蚕丝生产的劳动需求包括:每亩桑耕作劳动48天,养蚕30天,缫丝15天。这一系列工作一般在农户家庭内部完成,类似于植棉—纺纱—织布(虽然丝织由于其织机昂贵的资本要求而通常在城镇里进行)。如此一来,每亩总共需要93天劳动,而水稻只需要10天。换言之,对将稻田改作以蚕丝生产为目的的桑田的农户来说,劳动增加了大约9倍①(Li,1998:90—95,148;Huang,1990:79;黄宗智,2000[1992]:79)。这与一茬小麦的差异是13.5∶1。

上述劳动密集度、农场规模以及人均农业土地等方面的差异,不仅对农业,而且对农村手工业以及收入和消费各方面的内卷与发展,都起着至为关键的作用。

(三)内卷

由于施行两熟制,长江三角洲耕地面积(区别于播种面积)的单位产出自然高于英国。在长江三角洲,每英亩水稻加冬麦的产量为13.5石米(每亩2.25石)及6石小麦(每亩1石),亦即19.5石的总产出。与之相较,英国每英亩小麦产量为21.5蒲式耳,即大约7.6石(1石=2.84蒲式耳)。用磅来度量,长江三角洲每英亩的产

---

① 或5∶1,如果我们将草绳制作算入的话。

量约为3432磅,而英国则约为1290磅①。这样,长江三角洲与英国单位土地粮食产量的差距约为2.7∶1。

但我们已经知道,这个产出差距是靠更大的劳动差异获得的。如果比较劳动生产率而非土地生产率的话,这个比例是会倒过来的。如前所述,英国的小麦是以较少的劳动力(4天,相对于长江三角洲的7天)来获得较高的产量(每亩1.27石,相对于三角洲的1.0石)的,结果在劳动生产率方面的差异就是2∶1。

在长江三角洲内部,冬麦的种植和一年一季的水稻相比,本身就意味着内卷。水稻10个工作日的产出是2.25石,亦即每日0.225石,而小麦7个工作日的产出是1.0石,即每日才0.14石。换言之,长江三角洲从一年一季水稻改为稻麦两熟,即已降低了农业单位劳动的报酬。

然而,长江三角洲的内卷主要还不是体现在小麦,而是体现在我们下面要讨论的丝、棉生产当中。我们知道,纺纱是18世纪长江三角洲农户的花—纱—布综合生产体系中最为耗时的环节(160天中的91天),其收入仅仅相当于耕作或者织布所得(这两者每劳动日所得大致相同)的1/3到1/2(Huang,1990:84—85;黄宗智,2000[1992]:85)。这意味着当一家农户从水稻改种劳动更密集的棉花时,是以少于水稻的每劳动日平均报酬来换取单位土地产出

---

① 英国的小麦产出采自 Allen,1994:112,表 5.7。这里的 18 世纪英国温彻斯特(Winchester)蒲式耳(35.238公升,不是相当于36.3678公升的帝国蒲式耳)与中国的石(100公升)——二者均为容量单位——之间的等量重量磅数当然只是大约数字。英国史学家一般采纳1蒲式耳小麦相当于60磅重量,亦即每石170.4磅,这与中国1石稻米的重量(160斤或者176磅)相当接近。我感谢罗伯特·艾伦为笔者澄清了英国的度量单位。

的增加的。这正是笔者在拙著中所说的"内卷"和"内卷型商品化"的部分内容。

同样的逻辑当然也适用于养蚕业,其生产过程中通常由妇女完成的养蚕和缫丝部分的报酬仅为农业劳动的一半。根据李伯重最近的计算,每亩桑田的净产值为稻田的 3.5 倍,而总劳动需求如我们所知则是稻田的 9 倍(Li,1998:95,148;另参 Huang,1990:54;黄宗智,2000[1992]:53)①。

显而易见,内卷及内卷型商品化并不意味着单位土地绝对产出的减少。情形正好相反。拥有一定土地的农户当然可以通过采用内卷的运作方式(棉、丝生产)来提高农场总产,因为这将意味着就家庭劳动而言更多的"就业"和收入,尽管平均每日劳动报酬减少了。此即笔者所谓没有发展(就劳动生产率而言)的"增长"(就总产而言)。就一个一定规模的农场来说,内卷可以通过使用迄今未得到就业或低度就业的家庭劳动力(妇女老幼)从事低报酬劳动来提高家庭的年收入。这一过程笔者称之为"生产的家庭化"。内卷甚至可能以超越劳动日报酬递减的比例而增加劳动日数来提高每个耕作者的年产出和收入。但诸如此类的提高具有明显的局限,应该与"发展"清晰地区分开来。"发展"意味着通过增加单位劳动的资本投入而提高劳动生产率,即如 18 世纪英国农业以及现代机械化农业所展示的情形。

---

① 然而,尽管李伯重自己提供了证据,他却不承认存在内卷。

三、内卷与工业发展

这里,一个重要的问题是,英国与长江三角洲农业体系的差异对于向现代工业经济的转型意味着什么?长江三角洲的经济史凸显出内卷化农业的两大主要含义:家庭农场对节约劳动的资本化与农业规模效益的抵制,以及家庭农场的手工业生产对"原始工业"和现代工业中节约劳动的资本化的抵制。

(一)对节约劳动的资本化农业的抵制

我们知道,内卷体系的一个后果就是排挤掉畜牧业,从而消除了单位劳动上更多的畜力、畜肥形式资本的投入。内卷农业可以造成这样的境况,即人力的使用变得比耕畜更经济,以至于畜力使用的目的不是节省人力劳动,而只是在别无选择的情况下不得已而为之,无论是因为生产周期中的工作强度,还是由于时间紧迫所致。

这样说,并不意味着长江三角洲农业只能一步步走上劳动密集化和内卷的道路,不存在走向节约劳动的资本化道路的可能性,而只是说哪条道路更为可能,哪条道路更为艰难。在劳动力如此便宜以致可取代资本以减少成本的情况下,提高单位劳动资本化程度的激励措施何在?

近年来的中国农业现代化历史极具启示性。20世纪50年代至80年代,当现代机械化革命(主要是拖拉机的使用)、化学革命带来的化肥使用以及现代科学选种运用于长江三角洲农业时，该地区的农业生产仍旧沿袭劳动密集化和内卷的道路而没有出现相反的情形。20世纪60年代中期拖拉机引入长江三角洲，其主要作用是实现在第一茬"早稻"后再种第二茬"晚稻"，发展更趋内卷的三熟制（早稻—晚稻—小麦）。拖拉机之所以带来这一变化，是因为它使在收获早稻与栽插晚稻间的短短数天内完成犁地工作成为可能。正如农民们不假思索就指出的，二茬水稻的增加要求相当于头茬种植所需的劳动投入（以及肥料投入），但二茬作物的产出却有减少。结果，现代农业革命带来收入成三倍的增长，伴随的却是劳动投入成四倍的增加。后者系农业人口翻了一番以及对妇女从事农业劳动的充分动员——从占农活的15%增加到35%—40%，加之年劳动日数量的增加所致——据德怀特·珀金斯（Dwight Perkins）就中国整体的估计，从1957年的161天增加到1976—1979年的262天。结果，即使在长江三角洲这个中国的最"发达"地区，农村单位劳动日收入也基本上处于停滞状态。[①]

一个与此相关的问题是小家庭农场对大规模（资本主义）耕作的排斥。家庭是最适合内卷经济的生产单位，事实上是其中枢所在。妇女、儿童和老人可以被吸纳到劳动力市场中男人所不愿从事的那些工作中。再以家庭布匹生产单位为例：纺纱的报酬仅为种田所得的1/3到1/2，因而是成年男性工人不愿意从事的工作。家庭生产单位可以通过家庭成员机会成本很低的辅助劳动来吸纳此类"副业"这一事实，实际上使得它比使用雇工的以工资劳动为

[①] 关于劳动投入的增长，参见 Perkins, 1984: 58, 66, 210；并参见 Huang, 1990: 236—241；黄宗智, 1992: 238—242；Huang, 1991: 330。

基础的"资本主义"大农场——劳动成本较高——更具竞争力。由于运作成本较低,家庭农场事实上得以维持比资本主义农场更高的地租,亦即因此更高的地价,从而挤除了后者。结果自17世纪以后,明代早期曾经存在的使用雇佣劳动的经营式农场在长江三角洲消失殆尽①(Huang,1990:58—69;黄宗智,2000[1992]:58—69)。

小家庭农场的盛行排除了引入诸如18世纪英国农业那样的规模效益的可能性。农作物生产以及农村手工业与小规模的家庭农场及个体农户维系在一起,而单位劳动的畜肥、畜力投入被降低到最低水平。这与英国拓展了的圈地农场以及农牧业的结合构成了非常鲜明的对照。

这并非说诸如长江三角洲这样的农业体系就没有劳动生产率发展的可能。这一点日本就是很好的例子。日本的前现代农业劳动密集度同样很高,但整个18世纪那里基本没有出现人口增长,这与中国增加不止一倍的人口大相径庭(T. Smith,1977)。而且,20世纪上半期那里的现代农业机械与化学革命是在农业劳动人数没有大幅度增加的情况下实现的(Geertz,1963:130—143)。结果农场劳动生产率通过增进单位劳动的资本化而得到大幅度提高,

---

① 在这一方面与旱作的华北平原很不一样。那里的家庭生产单位没有像长江三角洲地区那么高度彻底地展现,这是因为农场经济(旱地作物而非水稻,棉花播种比例较低,而且几乎完全不种植蚕桑)的内卷程度较低。在华北,使用雇工的"经营式农场"相对家庭农场竞争力较强,以致18世纪及其以后"经营式农场主"与富农逐渐占了华北平原众多村庄中富户的大多数(Huang,1985:90—95,72—79;黄宗智,2000[1986]:90—96,68—78)。不过在那种情况下,无论大小农场,农场劳动者的低报酬仍然构成对农业资本化——增加畜力投入——的强大抵制。这是华北的内卷模式。

随之农业收入水平也得到提高。

在目睹了现代农业革命的成果大都被人口增长"蚕食"之后,中国农村走出的一条特色道路就是"农村工业化",即以村庄和城镇为基础的现代工业(不同于传统手工业)的广泛发展,它最初始于一种废品旧货工业和对城市货物的劳动密集加工,但经过20年的发展也有了推进劳动生产率的资本密集型工业。从1978年到1997年的20年间,这场农村"集体"部门的工业化保持了19.3%的年平均增长率,最后其生产总值比强大的国有工业超出20%(《中国统计年鉴》,1999:423,424)。在这一过程中,被"乡镇企业"吸收的劳动力总数达到1.29亿之多①。

然而即使如此,仍然不能改变中国总的农业就业实质上的低水平,因为这一时期劳动力总数的增加超过了非农就业的人数。直至1991年,中国农业就业人数持续增长,从农村工业迅速扩展前夕1978年时的2.85亿,增加到最高峰3.42亿。只是到1991年以后才停止上升,1994年以来浮动在3.2亿左右(2000年之后方才以年五六百万之数逐步递减,2004年到2010年则更以每年超过1000万之数下降)(《中国统计年鉴》,1999:380;亦见本书第五章)。

结果,尽管农村工业化在东南沿海等发达地区促成了明显的去内卷化以及劳动生产率的提高,但大多数其他地区仍沉溺于近乎生存水平的耕作难以脱身。不过,摆脱内卷的途径已经非常清晰地展示出来。农村工业企业及其他企业的持续发展,与中国人口总数长期趋势的遏制与扭转(通过前20年计划生育政策的严格

---

① 《中国统计年鉴》,1999:137。除工业以外,这一数字还包括了建筑、运输以及其他非农企业(同上:380)。

执行,尽管在农村由于养儿防老问题而进行了必要的妥协)相呼应,在进入新世纪之后将为中国农业带来历史性的去内卷化机遇。

(二)对节约劳动的农场工业资本化的抵制

从农村手工业我们可以看到类似的逻辑,即内卷对资本化的抵制。在长江三角洲地区,徐新吾的有关研究深刻地揭示出这一含义。在多个研究小组及其几十年研究积累的基础之上,他出版的资料集以及对江南土布业的系统分析被公认为目前最为权威的。[①] 徐表明,三个锭子的脚踏纺车在 18 世纪的长江三角洲就已出现。这种技术先进的纺车,其工作效率是单锭纺车的两倍。然而,它并未在长江三角洲真正流行开来。甚至直到 20 世纪初期,它也只是局限在三角洲最东端的几个县(清松江府东部棉花种植最集中的地区,而没有在该府的西部,或者苏州、常州、嘉兴、湖州府,也没有在太仓州)投入使用(徐新吾,1992:50—52;亦见吴承明

[①] 资料包括所有可用的文档与对农民和纺织工人的访谈,均收集在徐新吾(1992)。徐的系统分析及定量估算,参见徐新吾,1990:258—332。

编,1985:386—387)。① 道理仍然很简单:便宜的家庭辅助劳动投入此类副业,使得装置价格较高的多锭纺车不划算。三锭纺车基本必须由壮年人操作,而单锭纺车则可以由老人孩子来操作。这样一来,继续在两台单锭纺车上使用两人纺纱,要比购置一台三锭纺车并只能交由一个人操作更加经济。因此,三锭纺车只局限在长江三角洲部分地区使用。

根据徐新吾的权威性研究,在了解基本生产状况的前提下,估计每匹布(需要工作7天)的收益为0.1石,亦即70天工作的收益为1.0石(徐新吾,1992:88以后)。

另一个问题是长江三角洲家庭农场的家庭工业与英国"原始工业化"之间的区别。正如戴维·勒凡(David Levine)所示,英国的原始工业,因其给英国农民提供了可以替代耕作的就业机会,从而真正改变了人口模式,促成早婚和高结婚率。结果人口有了实

---

① 在李伯重关于江南地区"早期工业化"的新著当中,他引用了徐新吾的研究小组在1963年做的一次关于20世纪三锭纺车使用情况的访谈,用意是提出三锭脚踏纺车在清代的普及程度远比徐新吾估计的要高。他的这一论断并无直接证据,而只是靠推论得出:与对欠发达的传统技术相比,现代技术应该对更为发达的传统技术有更大的影响。这样,如果20世纪时三锭纺车在长江三角洲某些地区得到相当广泛使用的话,那么它在现代工厂到来之前的清代必定曾经得到更为广泛的使用(李伯重,2000a:48—50。引徐新吾,1992:46)。李忽视了徐新吾提供的证据,它表明三锭纺车的使用几乎完全局限于松江的东部地区(即黄浦江以东的上海、川沙、南汇三县),而没有在松江西部或者三角洲地区的其他府县得到应用。例如,1917年的《青浦县志》中提到只有松江府的东乡使用多锭纺车,1884年的《松江府志》中也提到这一点(徐新吾,1992:50—51)。与此类似,道光年间(1821—1850)常熟县的郑光组写道:他在上海见到三锭纺车后,"觅一车以回[常熟],多年人莫能用"。即使在清代最负盛名的"谢家车"也是单锭纺车(吴承明编,1985:386—387)。

质性增长,这一模式的典型例证就是塞普塞德(Shepshed)社区。勒凡的假设后来得到剑桥人口与社会结构史研究小组的证实,这项认证是基于对 404 个教堂记录的严格而精确的数据而得出(Levine,1994:61,87;Wrigley 和 Schofield,1989[1981])。

然而,长江三角洲的家庭农场手工业却没有导致人口行为的任何剧烈变化。这点在徐新吾的资料中可以找到解释:对农民们而言,长江三角洲的农村手工业实际上从未成为一种耕作之外的替代性选择,而始终是作为耕作的补充的"副业"活动。原因不难找到:如上所示,纺纱是新的生产活动最大的部分,占去每匹布生产所需 7 天时间中的 4 天。此项工作的报酬非常之低,仅仅能提供成年妇女大约一半的生存所需。即使再加上报酬较高的织布,一个纺织工的年收入也只有 3 石稻米,刚够满足一个人的粮食需要而已。这样一来,要维持一个家庭,布匹生产本身并不能成为耕作的可行替代。长江三角洲农户的一般生产型式是把粮食生产、棉花种植与棉手工业结合起来。正如我在《华北的小农经济与社会变迁》一书中所阐述的,对于挣扎在生存边缘的农户而言,这一型式就好比一个人靠耕作和手工业两条拐杖支撑着谋生(Huang,1985:191 以下;黄宗智,2000[1986]:193 以下)。农作的低收入意味着农民们必须靠手工业收入的补充才能维持生存,反之亦然。

大量证据表明,种地与手工业提供给农户的不是可以相互替代而是互补的生存资源(如参见徐新吾,1981:21—71)。笔者只征引两个特别有说明意义的当时的论述。第一个出自 18 世纪中期的无锡县,该地是长江三角洲最"发达"的地区之一:

> 乡民食于田者,唯冬三月。及还租已毕,则以所余米舂白而置于困。归典库,以易质衣。春月则阖户纺织,以布易米而食,家无余粒也。及五月,田事迫,则又取冬衣易所质米归……及秋稍有雨泽,则机杼声又遍村落,抱布贸米以食矣。故吾邑虽遇凶年,苟他处棉花成熟,则乡民不致大困。①

缫丝情况也是一样。正如 17 世纪名儒顾炎武(1613—1682)就三角洲南部的嘉兴所言：

> 崇邑[嘉兴府崇德县]田地相埒,故田收仅足民间八个月之食。其余月类易米以供。公私仰洽,惟蚕是赖……凡借贷契券,必期蚕毕相尝。即冬间官赋起征,类多不敢卖米以输,恐日后米价腾踊耳。大约以米从当铺中质银,候蚕毕加息取赎。②

由于农村家庭手工业并没有从农业中分离出来,所以,毫不奇怪,类似英国塞普塞德地方的演变逻辑难以在长江三角洲实现。在那里,原始工业逐渐提供了独立于耕作的就业机会,从而使子女得以在继承农场前结婚。据斯考菲尔德(Schofield)研究,18 世纪英国人口的增长,主要是平均婚龄沿着勒凡揭示的逻辑从约 26 岁降低到 24 岁的结果(Schofield,1994:74,87)。相反在中国,由于家庭手工业作为农场收入的补充而与之紧密地维系在一起,所以从

---

① 《锡金识小录》,1752:6—7。引自 Huang,1990:87;黄宗智,2000(1992):88。
② 顾炎武:《天下郡国利病书》,1662。引自 Huang,1990:88;黄宗智,2000a:88。

来没有出现过真正的变化(详见下文)。

内卷的家庭手工业对于现代工业发展的意涵,在以往研究中已经得到详细记录。手工织业在20世纪仍顽强地存在,甚至直到1936年,手工织品仍占中国布匹消费总量的38%(徐新吾,1990:319,表B-4。参见Huang,1990:98;黄宗智,2000[1992]:100)。手工织业之所以能够抗衡劳动生产率4倍于己的机织,全赖其低成本的家庭劳动。① 与此不同,在纺纱业中,机纺与手工纺纱的劳动生产率之间40:1的悬殊差距挤垮了手工纺纱。因为在这样一个比率上,纱价已经降至与皮棉价格非常接近的水平,即使依靠低成本的辅助家庭劳动力,手工纺纱也难以存活(徐新吾,1990:320,表B-5。参见Huang,1990:98;黄宗智,2000[1992]:100)。这些都是中国史研究者所熟知的事实,笔者这里只是为我们的欧洲史研究同人扼要介绍而已。

18世纪长江三角洲农村家庭手工业与18世纪英国原始工业之间的差别,也延伸到两地不同的城市化历史中。那时候的长江三角洲兴起了一些新的棉、丝加工和销售的城镇(Huang,1990:48—49;黄宗智,2000[1992]:47—48),但与瑞格里描述的英国城市化不可同日而语。据施坚雅(G. William Skinner)估计,1843年"长江下游地区"的城市(有2000以上居民生活的城镇)人口只占

---

① 而且也依赖新改进了的"改良土布"——机巧地使用机纺纱(即洋纱)作经纱,而用"土纱"(或手工纱)来作纬纱——这一革新。比较粗糙的手工织的布比精细的机织布耐用,因而仍然受农民们欢迎(Huang,1990:137;黄宗智,2000[1992]:139—140)。

7.4%(Skinner,1977:229)。① 这与瑞格里的数据形成尖锐的对比，瑞格里指出到1801年，英国已经有27.5%的人口生活在5000人以上的城镇中(Wrigley,1985:688,700—701,723)。

原因显而易见。长江三角洲没有像英国那样经历过农业革命，而正是英国农业革命使食品供应增加以满足大量非农人口的需求成为可能，进而原始工业化逐渐地越来越以城镇为基础，而不再被家庭农场束缚。农业革命与以城镇为基础的原始工业化乃瑞格里所示城市化的基石。

据詹·德弗雷斯(Jan De Vries)的研究，这种"新型城市化"应与前近代的城市化模式，即古老的大型行政—商业城市(拥有4万以上的人口，包括巴黎和伦敦)的成长区分开来。新型城市化主要发生在较小的城镇和城市(规模在5000到30 000人之间)。在德弗雷斯看来，这是一个大约始自1750年、波及全欧洲的现象。从1750年到1800年，生活在大都市的欧洲人口保持稳定(这一阶段仅增长0.2%)，而小城市和城镇的人口却激增了4倍(De Vries,1981:77—109;De Vries,1984)。瑞格里提炼了德弗雷斯关于英国的数据和讨论，用以揭示这一"新型城市化"首先而且最主要的是一个英国现象，它可以溯源到1670年前后以来城镇的兴起与拓展(Wrigley,1985)。而中国则要到20世纪80年代现代工业在农村

---

① 曹树基在最近的著作中得出比施坚雅要高的估算比例，但仍然只有瑞格里对英国的估算比例的1/2。而且，如果把2000人的城镇去掉，使曹的计算跟瑞格里的计算——只包括5000人以上的市镇——相对应的话，则还会更低许多(曹树基,2000:第17章)。值得注意的是，施坚雅后来在其1986年对四川的数据的研究中指出，他可能必须把7.4%这一数字上提到9.5%(Skinner,1986:75,n. 43)。

得到发展,才经历这种蓬勃的小城镇的兴起(Huang,1990:48—49,264;黄宗智,1992[2000]:47—48,265—266)。①

四、"勤勉的革命"?

德弗雷斯在回顾过去20年来研究欧洲经济史的成果时,特别指出四个卓有成就的领域:首先,工业革命之前一个世纪里发生的农业革命;其次,上述勒凡、瑞格里以及斯考菲尔德等提出的那种人口转变;再次,"新型城市化",它建立了"工业增长得以发生的区域经济发展框架(而不是该工业化进程的产物)";最后,原始工业化,它提供了吸纳妇女儿童劳动力的亚就业机会并导致上述人口转变(De Vries,1994:251—252。参见 De Vries,1993:85—132)。这些聚起来的研究成果构成了德弗雷斯所说的"早期近代史研究者的反叛";他们将工业革命的根源追溯到近代早期,从而拓宽了我们对工业革命的理解。

德弗雷斯进而提出了"勤勉的革命"(industrious revolution)这一假设,意在上列成果之上树立第五个新认识领域。首先,这一模型旨在解决由较低平均工资然而较高总消费有关的证据所提出的经验难题。德弗雷斯认为,妇女儿童以较低的平均工资参与生产但增加了家庭总收入。由于妇女儿童以及男人们在农村和城镇从

---

① 这自然与李伯重将中国的"早期工业化"与英国及欧洲的"原始工业化"等同起来的意图相抵触。李没有考虑如下事实,即英国原始工业演变成为以城镇为基础并与耕作分离开来,从而促成了德弗雷斯所谓的"新型城市化";而长江三角洲的棉纺织以及缫丝一直与农作维系在一起(李伯重,2000a)。

事非农工作,一方面18世纪"勤勉的"农户们向城市供应了更多的农产品,另一方面他们也对城市商品有了更大的消费需求。特别是消费方面的变化,为工业革命的到来做好了准备。换言之,这场"勤勉的革命"及其所引发的消费变化("消费革命"?),与"早期近代史研究者的反叛"提出的其他变化一道为工业革命提供了动力。

通过对12—17世纪内陆的南部"低地国家"("低地国家"乃荷兰、比利时、卢森堡的总称)与沿海的北部"低地国家"的比较研究,罗伯特·布伦纳已经对内卷型和资本主义兴起型的原始工业作了非常清晰的区分。就前者而言,手工业仍与小农生产联系在一起,主要是通过收入递减的内卷型生产而维持生存。就后者而言,它逐渐与耕作分离开来,完全趋向市场和利益,并预示了资本主义的到来(Brenner,2001:275—338)。这个差别正点出了英国原始工业化的革命的(revolutionary)方面与内卷的(involutionary)中国小农家庭工业之间的重要差别:前者逐渐成为一个城镇现象,后者则基本只是家庭农场的副业。前者促成了"新型城市化";而后者则依然主要是农村的现象,即使在长江三角洲也是如此。

德弗雷斯和其他学者提供了17、18世纪荷兰不只是城镇而且包括农村人口在内的消费型式巨大变迁的详细经验证据。德弗雷斯本人根据遗嘱检验法庭的记录研究了荷兰共和国的弗理西亚群岛(Friesian Islands)的农民。如其所言,这些农民"逐渐购置了各种'城市商品'——镜子、油画、书籍、钟表,并逐步提高了家具的质量"。遗嘱记录表明,"大橡木柜子取代了简单的木制储藏箱,陶器以及[荷兰]代尔伏特精陶(delftware)取代了罐子及木制碗碟。窗帘在16世纪时似乎还无关紧要;到1700年则已经很普及了"。此外,"银器展品的收藏越来越多,包括羹勺、水瓶、《圣经》书钩以及男女个人的装饰品"(De Vries,1993:100)。

劳娜·韦泽利尔(Lorna Weatherill)的著作表明英国存在着基本相同的型式。该书处理了3000件法庭检验遗嘱记录,范围包括8个地区的城镇乡村。她的"关键"物品清单和德弗雷斯的类似,包括书籍、钟表、镜子、台布以及银器。她证明,在1675—1725年间,这些东西在乡村人口中越来越普及(Weatherill,1993:特别是219,表10.2,及220,表10.4)。

正是在这些证据基础之上,德弗雷斯提出了"勤勉的革命"说:妇女儿童加入就业行列,扩大了农产品向城镇的供应,增加了家庭收入剩余,并提高了乡村对城市商品的消费。我们可以这样说:这("勤勉的革命")导致了亚当·斯密所论述的典型城乡交换,在斯密看来它将会引发二者的螺旋式经济发展(A.Smith,1976[1776]:401-406)。

长江三角洲则没有经历如此的消费革命。徐新吾的数据表明,帝国主义进入中国之前,全国的棉布消费平均约为每人1.5匹,即2斤皮棉(2.2磅),再加上人均0.6斤(0.66磅)棉絮。由于棉花总产增加、机纺棉纱的大量流通以及较之土布而言机织布的不耐穿(根据徐的资料,土布可穿3年而机织布只能穿2年),这一数字到1936年增加到人均2匹。在精确可靠的1936年数据基础上,徐提供了1840年、1860年、1894年、1913年、1920年以及1936年的详细估计(徐新吾,1990:314—315)。

关于中国人消费的其他方面还少有系统的著述。方行1996年的论文是首批严肃的尝试之一。方颇具创新意义地使用了三本来自17世纪和19世纪的农书。① 他的意图是论证长江三角洲生活水准从17世纪早期到18世纪有实质性的提高。他采用了每年人均消费2匹布的合理数字,在这期间没有变化。方有关生活水准提高的论证主要集中在"副食"(主要是肉、鱼和家禽)消费的增加。他认为,17世纪食物花费占家庭总收入的76%,而在18世纪占到83%。这是由于副食消费增多,而粮食消费则基本保持稳定(前期为55%,后来为54%)。所增加的部分主要是农民在比较多的节庆期间消费肉、鱼以及家禽。而在过去,农民们只在诸如新年这样几个有限的节日里才有这类消费。到18世纪,长江三角洲农民每年以这种档次来庆祝的节日达二十来天之多。即使如此,方承认有证据表明消费存在某种降低,即粮食消费从农民只食用大米这种价格较高的"细粮"变为混合消费大米(60%)和大麦及大豆等价格较低的"粗粮"(方行,1996:91—98)。方所论证的小额提高,笔者认为在长江三角洲内卷体制下是可能的,但它绝不是德弗雷斯所谓"勤勉的革命"中勾勒的那种变化。

五、人口史

现在我们来讨论中国人口史这一论题,以及相关的溺杀女婴问题,看看它们对发展与内卷能够说明什么。要把这个问题说清楚,有必要先说明李中清等的研究对基本事实所引起的严重误导。按照他们的说法,18世纪中国的人口行为和欧洲基本一致,其死亡

---

① 这些农书是1658年的《补农书》,1834年的《浦泖农咨》,1884年的《租核》。

率与欧洲相当,生育率则更低于欧洲。他们之所以能够得出这样的数据,来自他们对溺杀女婴的特殊理解:首先,把溺杀女婴建构为"产后堕胎",因此把被溺杀的女婴既从生育率也从死亡率中排除,从而得出他们的生育率和死亡率的数据。同时,把溺杀女婴视作一种对人口的"预防性抑制"(preventive checks),等同于欧洲的晚婚,由此得出中国人口压力和欧洲大同小异的结论。以下详细论证上述每一点。

(一)李中清等的论证及数据

李中清等的出发点是论证溺杀女婴在中国的广泛流行。在他分别与康文林(Cameron Campbell)、王丰合写的著作中,李的讨论以东北辽宁的道义社区1774—1873年间12 000个农民的有关记录中男、女婴的不同死亡率为基础。李推测大约1/3的新生男婴和2/3的新生女婴从未登记入册,如果我们假设未注册婴孩的死亡率和有记录的相同,那么多半有"1/5到1/4的女婴死于故意的溺杀"(Lee and Campbell,1997:58—70;Lee and Wang,1999:51)。李还使用了特别完整的皇族户籍册,借助一个1700—1830年间总计33 000人的样本,提出"1/10的女婴多半在生命最初几天就被溺杀"(Lee and Campbell,1997:49)。

李中清等继而争论,溺杀女婴实际上是一种"产后堕胎"。与其说它来源于马尔萨斯(Thomas Malthus)的"现实性抑制"(positive checks)意义上的生存压力——在人口/土地挤压下,因粮食生产难以跟上人口的增长,以致粮价上涨、实际工资下降,营养不良乃至

59

饥饿和死亡——倒不如说它恰好表明了这一压力的不存在。它是类似于欧洲晚婚的"预防性抑制"。(Pomeranz, 2000:38; Lee and Campbell, 1997:70; Lee and Wang, 1999:61)李中清、彭慕兰以及王国斌、李伯重(Wong, 1997:22—27;李伯重, 2000b)等人想要论证的是,中国的人口模式与欧洲基本相同,即主要是由"预防性抑制"形成的"生育驱动"(fertility driven),而非"马尔萨斯神话"曾经揭示的那样,是由"现实性抑制"构成的"死亡驱动"(mortality driven)。

整个论证的关键在于"产后堕胎"的概念。如果被溺杀的婴儿即使已经出生了还可以被看作"堕掉"的话,那他们就不应该被计算在死亡率中,从而也不应该出现在预期寿命的计算当中。因此,李中清在对辽宁道义与欧洲基于教会出生登记的数据进行比较时,只把道义的"6个月大"而不是新生的婴儿计算在内(Lee and Wang, 1999:55,表4.2)[①]。如此一来,道义的预期寿命为29岁。正是在此基础之上,李等得出结论认为,中国人的死亡率和预期寿命与欧洲人大致相当。但实际上,如果对李的29岁预期寿命这一数字,用他所估计的25%的溺杀女婴率来修正的话,则新生女婴的真实预期寿命还不到22岁。这将使预期寿命根本无法与18世纪英国34—35岁的数字相比(Schofield, 1994:67以下)。

除了把被溺杀的女婴排除在死亡率数据之外,将溺杀女婴视为"产后堕胎"也将那些婴儿从"总和已婚生育率"中排除了出来。再一次,如果被溺杀婴儿系被"堕掉"而不算出生的话,那么他们就

[①] 彭慕兰误将李中清的数字引作"1年"大的孩子,而李的数字实际上指的是1岁——这是中国式的计算方法,李、王将之约等于6个月(Pomeranz, 2000:37; Lee and Wang, 1999:55)。

不会出现在生育数据当中。① 因此我们看到,他在计算道义的"总和已婚生育率"时没有就溺杀女婴作任何修正。他如实指出,他只是在对未登记男婴进行估计的基础上对未注册人口作了修正,而没有考虑更多的未登记女婴。② 于是,他们得出结论,认为中国已婚妇女所生孩子的数量出人意料的低(Pomeranz,2000:41),其"总和已婚生育率"为 6 个,所以中国人的生育率比 1550—1850 年间西欧的 7.5—9 个还要低得多(Lee and Wang,1999:8;Pomeranz,2000:41)。

其实,已有众多的研究说明他们是错误的。斯蒂芬·郝瑞(Stevan Harrell)早些时候在他为一部有关中国人口会议的文集所写的序言中指出,记录中的数字一般应该在考虑到溺杀女婴的前提下向上修正 25%。譬如,刘翠溶基于"华南"地区五个族谱提出数据应该加以修正,因为族谱主要关注儿子,而对夭折的或者被杀弃的女婴不作记载(Harrell,1995:15;Liu,1995:94—120)。与李中清不同,泰德·塔尔弗德(Ted Telford)依据 1520—1661 年间桐城县(在长江三角洲之邻的安徽省)39 个族谱共计 11 804 人的记录,通过预设 25%中等女婴死亡率对其数据进行修正,作出 8—10 个孩子的"总和已婚生育率"估计(Telford,1995:48—93)。③

---

① 同上。
② 参见 Lee and Campbell,1997:90,注 10;但在 Lee and Wang,1999:85—86 处没有提及。
③ 此外,依据 1906—1945 年日本殖民统治期间中国台湾海山地区非常可靠的数据、1980—1981 年对最初为卜凯所研究的中国七个地方 580 位妇女所做的回访,以及 1931 年乔启明在长江三角洲的江阴县搜集的高质量数据,武雅士(Arthur P. Wolf)得出 7.5 个孩子的估计(Wolf,1985:154—185)。

实际上，如果把李中清等自己估计的 25% 的被溺杀女婴算入出生婴儿当中的话，他们的数字就会跟塔尔弗德的相差无几。这样一来，他们的数据就会非常不同，也就得不出他们的结论，即中国显示了比西欧还低的生育率(Lee and Wang, 1999：第 6 章，90；另参 Lee and Campbell, 1997：92)。

总之，李中清等把溺杀女婴解释为"产后堕胎"并因此而将其排除在生育率和死亡率之外，这一举措实际上是其数据和基本论点的关键所在：中国人的死亡率(或者预期寿命)与欧洲人相比并无太大差异，以及中国"预防性抑制"的施行甚至超过欧洲。如果直面溺杀女婴的实际而将其算在出生和死亡人数当中的话，采用他们自己的数据和估计就可以得出一幅与他们所论证的非常不同的画面。① 在貌似精确和价值中立的历史人口学技术的掩盖之下，读者确实非常容易被这样的假证和歪理误导。

(二)历史情况

回到溺杀女婴的问题。李中清认为，在中国溺杀女孩乃是在

---

① 不仅如此，武雅士在其对李中清著作的谨慎评论中还证明：即使接受李得出的那些数字，我们也可以找到比有计划的生育控制——"晚开始，早停止，长间隔"加上"产后堕胎"——更为合理的其他解释。他指出，早婚和经期相对较晚可以解释为什么较晚开始生育。而且早婚(以致年龄不大婚龄却较高，房事频率亦相应较低)或者因健康问题或营养不良而导致的较早停经，则能够说明较早停止生育的现象。最后，生育的长间隔，也可以由营养不良以及穷人迫于生计而外出佣工等因素来解释。武提供了通过深入访谈得到的直接证据来支持他的观点。在他看来，中国人的低婚姻生育率本身就得用贫困及生存压力来解释，而不能当作没有生存压力的证据(Wolf, 2001：133—154)。

男孩偏好的文化下所作出的抉择,也由于"对于生命的某种特殊态度",即"中国人不把不满一岁的孩子看做完全的'人'"(Lee and Wang,1999:60—61)。可是,光是性别偏好就会促成一个人溺杀其女婴吗?还是由于有其他压力首先导致了杀婴,其后对男孩的文化偏好才促成溺杀女婴的选择?而且,考虑到中国各地几乎都为婴儿庆祝满月这一事实,一岁以下的孩子果真还未被当作完全的人吗?

要充分探讨这一论题,我们需要有更多区别不同阶级和阶层的中国人口行为分析,尽管已经出现了一些颇具启示性的端倪。根据长江三角洲(浙江省)萧山县的三个族谱1240—1904年间的资料,郝瑞指出地位较高(即持有功名者,也就是可以认为是比较富裕者)的家庭比其他家庭有更多的孩子。这是由于富人比较早婚,而且可以纳小妾(Harrell,1985)。武雅士在中国台湾地区优质的资料基础上进一步强调并拓展了郝瑞的看法,他展示了富裕农民家庭(不仅仅是持有功名的"士绅"家庭)具有更高的婚后生育率(Wolf,1985:182—183)。最后,周其仁重建了日本满铁研究者系统调查过的三个村庄的人口历史,指出富裕农民因为有抚养能力而有比较多的儿子,但贫农也有较多儿子,这是因为他们老年不得不靠儿子们的出雇收入来维持生活(Zhou,2000)。综合起来,这些成果提示:溺杀女婴可能主要是那些为生计所迫的贫农们力争有更多儿子的一项行为。

帝国晚期的一些观察者明确地将女婴溺杀主要归咎于贫困以及昂贵的嫁妆,而政府官员敦促设立孤儿院来处理这一问题(Ho,1959:58—62;Waltner,1995:193—218)。1583—1610年间生活并供职于明朝廷的意大利耶稣会教士利玛窦（Matteo Ricci, 1552—1610）讲得特别明白：

"这里更为严重的一宗罪恶就是某些省份的溺婴行为。其原因是，他们的父母没有能力供养他们并已彻底绝望了。有时候那些并不怎么穷的人家也会干这种事情，因为他们担心有一天无力供养这些孩子的日子会到来，到那时只好把孩子卖给陌生的或者残酷的奴隶主。"（引自 Waltner, 1995:200）

只有少量土地的贫农和没有土地的雇农夫妇就是很明显的例子。拥有较多土地的农民可以依据农村习俗保留一份养老地籍以养老，而雇农却不能。他们只能寄希望于儿子们，法律和习俗都要求儿子出雇以赡养父母（黄宗智，2001：第8章）。女儿却没有被要求这样。而且，即使他们勉力把女儿抚养成人，到头来恐怕还是得把她卖出去。在那样的生存状况下，溺杀女婴的事情比较可以理解。

笔者这里并不是想争论只有穷人才会溺杀女婴，而是说他们多半构成了这类行为的主体部分。即便李中清也承认："……过去的中国父母减少生育或者杀婴是对家庭经济状况的反应。"（Lee and Wang, 1999:100）在他原来和康文林合写的著作中，李实际上把溺杀女婴置于马尔萨斯式"现实性抑制"的范围，而不是他后来主张的"预防性抑制"（Lee and Campbell, 1997：第4章）。但那一认识，在其后来由于热衷于标新立异而对"马尔萨斯神话"进行激烈批评以论证其"生育驱动"而非"死亡驱动"的中国人口体系时，已丧失殆尽。

李中清自己的数据实际上表明，贫困是非常重要的因素。上面已经提到,他的皇族数据表明溺杀女婴的比率为 10%。李运用这一数字争论说,既然女婴溺杀情况甚至出现在富裕家庭里,那么该行为就必定是全社会范围的而不仅仅是贫困所致。然而这些数据彰显出另一条不同的逻辑:即使他自己的数据也表明,那些大多已贫困化了的"低等贵族"比"上等贵族"更倾向于溺杀女婴(Lee and Wang, 1999:58)。更为重要的是,即使假设所有 33 000 皇族成员都还相当宽裕,我们仍然可以看到这一群体 10% 的溺杀女婴率与道义农民 25% 的比率之间的差别。道义至少 3/5 的被溺杀女婴现象是否仍然应该用贫困来解释?

　　李中清等提出的解释,其动机主要还是想在中国发现欧洲的对等现象。这把他引向另一个关于中国人口历史的可疑论述。正如曹树基和陈意新(2002)指出的,李决心依照欧洲"生育驱动"模式来重写中国人口史,促使他把 19 世纪中期的巨大灾难从人口统计记录中抹掉。因此,他得出了一条 1700—1950 年期间中国人口转变模式直线,以与其希望证实的"生育驱动体系"保持一致,而不是与死亡危机激发的体系相一致的陡然下降的曲线(Lee and Wang, 1999:28)。从而抹掉了 19 世纪中期南方和长江三角洲地区太平天国战争、西北的回民起义以及华北大旱灾所造成的可怕的生命损失。曹树基的最新研究在详尽使用方志资料的基础上,重建了各府人口的总数和变化,结果认为,1851—1877 年间,这些灾难所造成的死亡达到惊人的 1.18 亿之多(曹树基,2000:455—689)。尽管对其估算的详细评论有待其他学者论证,但即使他估算的误差达到 100%,还是有 6000 万人的死亡损失,也就是当时总人口的 1/7。

当然，19世纪中期并不是第一个大灾难发生的时期,伴随王朝更迭的灾难贯穿了中国历史的大部分。在笔者看来,历史记载表明了这是一部由死亡强有力地塑造的人口史,即使不是严格的和狭隘的马尔萨斯意义上的"现实性抑制"。这一体系不应该与马尔萨斯就早期近代欧洲而建构的生育驱动的"预防性抑制"模式等同起来,更不能把溺杀女婴和没有生存与人口压力等同起来。这里,我们需要返回我们对中国人多地少的基本国情的常识性认识。

(三) 日益加剧的社会危机

在19世纪中叶的灾难时期达到巅峰的日趋严重的社会危机,是否就是溺杀女婴的社会情境？最近的中国法律史研究表明,溺杀女婴背后的同一生存压力导致了广泛的买卖妻女。这类现象如此泛滥,以致《大清律例》增加了足足16条新例专门处治此类行为。这些新例大都颁布于乾隆年间(1736—1796)(薛允升,1970[1905],例275-3—例275-18)。对法庭案件档案的考察也显示妇女买卖非常普遍,此类"交易"引发的诉讼大约占到地方法庭处理的"民事"案件的10%。我们知道,清代法律系统虽然比过去所认为的要开放,但仍然被普通老百姓视为令人生畏之地,大多数人只有迫不得已才会对簿公堂。在这种情况下,做这样的考虑可能是合理的,即在所有妇女买卖中,只有很小一部分最后诉诸公堂。如果我们取5%这一数字的话,也就意味着每年至少有165 000宗这样的"交易";如果取 1%,那就有 825 000 多宗。① 无论精确的数字到底是多少,赤贫人家买卖妻女的现象如此泛滥,以致清刑部起码在 1818 年已经决定对这样的人不予惩罚。其理由是,那些迫于生存压力而出卖自己的穷人应该得到同情,而不应该被惩治(Huang, 2001:157,168—169)。

另外一个相关的社会现象是未婚的单身"光棍"人口的形成,它是贫困(因为没有经济能力完婚而独身的男人)和溺杀女婴引发的性比例失衡共同造成的。最近的研究表明,这一社会危机日益加剧的症候导致了法律对处理"犯奸"行为(illicit sex)的一些重要的改变(Sommer,2000)。更能说明问题的也许是清代关于"光棍"以及相连的"棍徒"和"匪徒"的一系列立法,表明在当时政府的眼中,这已经是一个主要的社会问题。与处理买卖妻女问题一样,清政府颁布了足足 18 条新例来对付这一新的社会问题(薛允升,1970[1905]:例 273-7—例 273-24)。

上至乾隆帝,下至地方官员和文人们,18 世纪的人们注意到了这些长期趋势的某些症候(严明,1993:188—189)。后者中最著名

---

① 在笔者从四川巴县(今重庆市巴南区)、河北宝坻县(顺天府)及台湾的淡水(分府)、新竹(县)收集的清代 1760—1909 年间 628 宗"土地、债务、婚姻及继承"案件中,总计有 68 宗案件,亦即超过 10% 的案件,处理的是妇女买卖(Huang,2001:157,225—226;Huang,1996:240;黄宗智,2003,表 9.1)。如果使用我的研究中提出的估计——"民事"案件占地方衙门处理案件总数的 1/3,地方衙门平均每个县每年处理 150 宗案件——的话,则每个县每年就有总计 5 宗这样的案件(Huang, 1996:173—181;Huang,2001:163—172)。假定诉诸公堂的案件占此类交易总数的 5%,那么每县每年就有 100 宗此类交易,亦即就全国范围(清代有 1651 个县、厅、州)而言就有 165 100 宗。如果假定诉讼案件占此类交易的 1% 则总数就要高 5 倍,即 825 000 宗。当然这只是一个粗略猜测。要作出更为可靠的估计,(如果可行的话)我们需要一个案件数量和县的数量都比较大的样本才行。

的是洪亮吉(1746—1809),他由于其1793年所作"治平"和"生计"两篇名文而被一些人(不完全恰当地)誉为"中国的马尔萨斯"。出身贫寒的他对穷苦人的方方面面都至为敏感和同情。而且他游历甚广,编纂了许多方志,对全国的社会经济情况相当明了。在洪亮吉看来,由于近百年的太平,人口大幅度增长,其速度远远超过了耕地和生存资料的扩增。物价陡升,工资剧跌,贫富分化拉大,失业人口激增,对社会秩序构成巨大的威胁。结果,穷人们成为饥寒、饥荒、洪水和瘟疫的首批受害者。除了这两篇论著,洪还留给后世较多的诗作。其中有不少基于他的实地观察,表达了他对饥荒受害者和贫寒人士的深切同情。他特别加以描述和评论的饥荒,是长江三角洲以北淮安地区(位于江苏省北部)1774年大旱以及随之在长江三角洲西部以句容县为中心的19个县发生的水灾。30年后,他于1804—1806年间又记述了长江三角洲以北扬州地区的特大洪灾,以及次年在三角洲内他的家乡常州地区发生的饥荒和干旱。这次他不仅为救灾捐赠了相当的经费,还亲自负责该地区的赈灾救济工作。①

为了避免人们认为洪亮吉的观察仅仅适用于18世纪末期,笔者还想简要地引述一下罗威廉关于18世纪杰出官员陈宏谋(1696—1771)的大部头研究。罗引述了陈在1744年前后写就的一封信,信中申明太平之世人口剧增所引起的问题。陈指出,虽然

---

① 何炳棣(1959:271)概述了洪亮吉两篇论述的内容,不过是以一种抽象的理论化口吻而非实际观察的语气(洪亮吉,1877[1793]:8—10;严明,1993:184—190)。这里笔者相应地稍作修正。关于洪亮吉的贫寒出身和对穷人的同情,参见陈金陵,1995。关于其就饥荒受难者及许多有关穷人的诗篇,见陈金陵,1995:48—54,321—326。关于他编纂的许多地方志,参见严明,1993:130—148。

最近添加了不少由围垦沼泽和开发山地而得到的耕地,但他十分担心人口增长速度远超过耕地的扩增。陈认为这个问题是所有官员都必须注意的(Rowe,2001:156)。另外,在1742年呈交乾隆皇帝的奏折中,陈强调在(用罗威廉的话)"巨大的人口压力下"近年来百姓"生计"的下降。罗威廉基于这些以及大量其他证据有力地指出:"我认为,这(食物)……是清帝国最最重要的施政领域,起码在西方造成的前所未有的军事和文化威胁之前是如此。"而且,罗进而指出:"在陈宏谋的时代里……可以肯定地说几乎所有官员都首先关注这个问题[人口对资源的压力]。"(Rowe,2001:155—156,188注13)

罗威廉的观察很大程度上跟我自己对清法律的研究相吻合。我提出,清代的民事法律展示了一种"生存伦理",这与民国民事法律借自1900年《德国民法典》的契约和牟利伦理形成鲜明的对照。清法律保证那些由于生存压力所迫而出卖土地的农民可以以十分有利的条件回赎他们的土地;它禁止放债人向那些被迫借钱维持生存的农民放高利贷;它维护那些离家开垦沼泽或山地农民的永佃权;它禁止牟利商贩买卖穷人妇女,而同时指示其法庭不要惩罚那些迫于生存压力出卖自己的穷人。1929—1930年颁布的(经过三次草案修改的)新民法典在实践性条例中掺入了这些规定的很大部分,尽管在组织逻辑上仍然保存了原来的德国蓝图(Huang,2001;黄宗智,2003)。

上述那些趋势和观察有助于我们了解18世纪以来巨大的社会危机,例如19世纪中期的饥荒和民间起义。这里笔者所谓"社会危机"并非指纯粹由人口压力造成的生存危机这一简单的马尔萨斯式观念,而是如笔者在《华北的小农经济与社会变迁》(以下简称《华北》)和《长江三角洲小农家庭与乡村发展》(以下简称《长江》)两书中所提出的,清代是一个人口压力与商品化两大趋势交合的时期。在华北地区,尽管商品化为一些人提供了致富的可能,然而却致使很多其他人——承担了市场风险而遭受损失的人——贫困化。在长江三角洲地区,棉花和蚕桑栽培所代表的内卷型商品化使农村经济能够吸纳更多的人口,但它实质上并没有改变此前存在的社会不平等状况。人口压力与社会不平等相结合而产生的结果就是一个庞大的(尽管不一定是占总人口更高比例的)"贫农""阶级"的形成,包括佃农、兼打短工的贫农以及无地的雇农(Huang,1985;黄宗智,2000b;亦见 Huang,1990;黄宗智,2000[1992])。在贫农阶级的底端是那些没有经济能力结婚的单身汉,其中不少人变成由无业者和乞丐组成的"游民"的一部分。自18世纪以来,他们构成了中国社会一个持久的特征。①

笔者认为,溺杀女婴是这个庞大的社会危机的许多症候之一。它表明的是穷人生存压力的加剧,而不是李中清所主张的没有如此压力。同样,买卖妇女表明了赤贫阶层经受的压力,而不是没有这种压力,也不是市场刺激下资源的理性配置。这些其实是非常明显和常识性的事实和逻辑。

六、是因为煤炭?

我们最后要考虑英国特早发展基于煤炭这个因素。彭慕兰

---

① Kuhn,1990;第2章中有出色的讨论;亦见其他著作。

(2000)根据李伯重和李中清的著作,争论18世纪中国和英国农业以及人口行为没有显著的分别之后,试图依赖瑞格里的著作来争论英国之所以特早发展主要是因为其煤炭。

瑞格里有力地论证了"有机经济",即前工业的农业体系,与"以矿藏为基础的能源经济",即主要基于煤炭(和蒸汽)的工业革命之间的区别。前者的能源很大程度上局限于人力畜力,最终基于非常有限的土地资源;后者的能源则主要依靠远为丰富的煤炭供应——一个男子每年可以开采大约200吨煤,这是他所消耗能量的许多倍。在瑞格里看来,正是这一差别使单个劳动者的实际工资得到大幅度提高,这也是区分工业经济与前工业经济的标志(Wrigley,1988:77及各处)。

按照这一分析思路,英国偶然地得益于煤炭的丰富资源及煤炭生产较早的发展。根据瑞格里的计算,1700年的英格兰每年大约生产250万—300万吨煤,这大概是"世界上其他地区总产煤量的五倍"(Wrigley,1988:54。引自Flinn,1984:26)。到1800年,英国年产1500万吨,"而全欧洲的总产量可能都不超过300万吨"(同上)。

瑞格里强调煤炭,意在论证英国工业化中的偶然因素,从而尖锐地驳斥了过于目的论的、"一体化"的"现代化"理论。但我们应该明白的是,突出英国工业化的偶然性并不意味着仅凭机遇就足以解释工业化,更不用说只用煤炭来解释。这两个论点之间的区别虽然不那么明显,但它们的差异却十分关键。在指出英国的农业革命及其推动的城市化以及其他"资本主义"因素以后,强调煤炭的重要性是对经济变迁的动力提出一个相当深奥的论点。正如瑞格里所言,"一个国家不但需要走向通常意义的资本主义化……而且需要走向原材料日益依靠矿藏的资本主义。……英国经济是在这两重含义上讲的资本主义经济,不过这两者的关联最初是偶然的而不是必定的因果关系"(Wrigley,1988:115)。这个论点完全不同于简单的机遇论,或煤炭单一因素论。实际上,瑞格里在这本书中论述"农业革命"("发达的有机经济")花费的大量篇幅,绝不亚于关于煤炭早期发展("矿藏基础的能源经济")的论述。在他看来,这两者都揭示了英国很早就出现的特点。瑞格里强调的是两种因素的巧合,即煤炭的偶然发展与英格兰非常发达的有机经济两者的结合,而不是单一的煤炭的偶然发展因素。①

---

① 瑞格里本人可能给予人们一种夸大了矿产能源对于农业的意义的印象。1949年以后中国的经历表明,当机械与化学革命降临到一个已经高度密集化、内卷化的农业体系之上时,其所带来的只是总产量的有限提高,即仅仅使总产量增长了三四倍而不是更多,远不如工业部门,而且(中国的情形)还是伴随着极端的劳动密集化才得来的。即使投入了现代能源,土地的生产力终归相当有限。从这个角度来看,英国18世纪农业革命所取得的成倍增长对于英国工业革命的意义,可能要比瑞格里本人认为的还要重要。至于中国,蒂姆·赖特(Tim Wright)关于中国煤炭工业的详尽研究表明,中国是世界上煤炭储藏最为丰富的国家之一(Wright,1984:17)。而且在工业需求到来之时,中国的煤炭工业发展相当迅速,其年产量从1896年的不足50万吨增加到1936年的400万吨(Wright,1984:10—12,表1、2、3;195)。研究近代中国史的专家都会知道位于湘赣边界山区的平乡县煤矿,这里的煤经由湘江和长江供给张之洞在武汉设立的汉阳铁厂(Homibrook,2001:202—228)。显然,那些煤矿很容易就可以供给长江三角洲所需。换句话说,中国(或长江三角洲)工业化的滞后不能以煤炭资源匮乏来解释;相反,工业需求的缺乏才能解释中国煤炭工业的滞后。

七、两种比照鲜明的经济

我们看到,18世纪的英格兰和长江三角洲实际上是贯穿欧洲与中国之间从发展到内卷这一连续体的两个极端。就英国的农业而言,其单位土地面积上的劳动投入要比长江三角洲低得多,其平均农场规模是后者的100倍,其单位劳动生产率高出很多。在很大程度上,由于较多的畜力、畜肥投入,这一农业经济在18世纪经历了不可置疑的劳动生产率发展。进而,这种劳动生产率的发展使以城镇为基础的手工工业的发展成为可能。后者为许多人提供了独立于农业的替代性生活来源,足以支撑人口扩张与迅速的城市化。此外,家庭收入有实质性提高,消费型式也有大的转变,这些都推动了城乡贸易的扩展。最后,煤炭生产较早得到发展。综合的结果就是,英国在1800年时比世界上其他任何地区都更具备现代农业和工业发展的条件。

长江三角洲地区则迥异于此。在这里,单位土地上的劳动密集化和内卷可以说已经达到全球极高程度。在前工业时代,水稻、棉花及蚕桑栽培显然是最为劳动密集的生产体系。它们彰显了我所谓的内卷式增长,即单位劳动以报酬递减为代价的绝对产出的增加。内卷式增长使长江三角洲成为中国最"发达"的地区,这体现在单位面积的产出及其支撑复杂的城市网络、发达的国家机器和成熟的精英文化的能力。但这种发达的状况是靠单位面积上极度的劳动密集化以及单位劳动的低度资本化和单位工作日的较低报酬来实现的。农村家庭工业几乎仍然完全维系于旧式的家庭农场经济,二者都是生存的必要支撑,缺一不可。这样一种内卷式增长与发生在英国的那类转变是无法相提并论的。就英格兰的经济而言,我们可以列出五大变化(革命?),再加上矿业(煤)的早期发展。而长江三角洲呢? 其中任何一项都没有。

所有这些并不意味着人口或者农业(和家庭工业)可以单独解释现代工业的发展与未发展,在此它和其他因素相似,哪怕是市场交换(及劳动分工)或生产关系,或是资本积累、产权制度、技术、消费需求以及煤炭。中、英比较诚然凸显出农业及家庭手工业中单位土地上劳动密集化以及内卷式报酬的差异,但是现代工业革命显然在很大程度上必须被理解为多因素巧合而非单一因素的事件。18世纪英国的经历揭示了那些至少在起因上是半独立的多重趋势相互巧合的重要性,尽管其中的一些显然也是彼此关联的,即农业革命、原始工业化、新型人口模式、新型城市化、新的消费型式以及大量的煤炭产出。但所有这些在18世纪的中国或长江三角洲都没有出现。这里所呈现的,不是19世纪工业革命的源头,而是19世纪巨大的社会危机的根源。

附录

度量衡

中国度量衡按地区和时代多有不同。此文所用"斤"全指"市斤",等于1.1英磅。"石"是容量,1石米重约160斤,即176磅。

此文水稻产量全指米,与稻谷比例约7∶10。

棉花产量全指皮棉。布"匹"所指是标准土布,重1.0914关斤,相当于 1.32 市斤,3.6337 方码,32.7 方尺。皮棉成布过程中,弹花损失约 4%,上浆加重约 5%。因此,布匹重量与所用皮棉大致相当。

第三章
中国高密度人口的起源及其历史意义

读完上一章后,读者也许会问:18世纪中国为什么会有这么高的人口密度?它是怎样形成的?在中国历史上到底意味着什么?

应该说明,要追溯高密度人口的起源,必须返回到史料比较欠缺的早期历史,在史料之外更要借助于推测,结论则不可能具有和18世纪历史同等的准确性。作者在之前的《长江》一书中,已经提出一些初步的看法。当时是带着矛盾心态这么做的。一方面,觉得这是个关键问题,哪怕史料不足,不可能得出完全可靠的结论,也要根据现有史料而尽可能作出合理的判断推测。另一方面,作为一个历史学学者,一直都习惯要求自己立论必须具备更扎实可靠的史料,不该借助于推测。在这种矛盾心态下,当时使用了"几点推测"(Some Speculations)的标题在书尾(第十六章)战战兢兢地附加了一个简短的讨论。今天,时过20多年,觉得当时的论证和推测,虽然距离详尽可靠的论证很远,但自己仍然无法超越。因此,决定略加修改,在这里作为上一章的后续讨论,共同组成本书的"内卷化"出发点和底线。本章讨论的三大问题有:中国高密度人口的根源、中国独特的政治经济和社会制度的结构,以及中国历史上先进都市的"发展"与落后农村的过密化搭配这个似乎是矛盾的偶合。

一、中国的人口密度

原作是这样开始进入讨论的:"就现有资料而言,我们无法确知中国是怎样,以及为什么会有这么高的人口密度。可是高密度人口对中国历史影响深远,又是本书分析中的一个中心点;因此哪怕只是纯推测性的,我们也必须试图对这一现象作出若干合理的解释与估计。"(黄宗智,2006[1992]:325)

笔者相信平原的中心地带很早就人口众多了,从战国时代(公元前475—前221)兴起的中央集权的国家体制事实上是以高度密集的小农经济为基础的。当时各诸侯国都意识到一国的权势有赖于庞大的军队,而庞大的军队则有赖于众多的人口。齐国在桓公时期(公元前685—前643)颁有男子20必婚、女子15必嫁的法令。越国勾践在位时(公元前496—前464)也颁布过类似的政令,如家有30未娶的男子、17未嫁的女子,父母被判有罪,多子女家庭则得奖励(吴申元,1986:24)。孔子(公元前551—前479)曾经赞扬卫国人口众多,后来孟子(公元前372—前289)明确地指出儒学的"仁政"对国家"广土众民"的作用。对此,《管子》(由战国后期到西汉的多位作者写成)讲得最为明了:"地大国富,人众兵强,此霸

王之本也。"(引自吴申元,1986:43)

在商鞅的策划下,秦国采用了一套相互联系、精心规划的政策来达到上述目的。为了发展小私有者的农业经济,商鞅积极实行给田宅、免兵役的"徕民政策",鼓励人们向渭河流域移民。他又确立鼓励一家兄弟分家析产的政策,"民有二男以上不分异者,倍其赋"(泷川龟太郎,1960,68:8)。

这些政策的内在逻辑首先是小土地所有者是征募士兵的最佳来源。我们还可以注意到,小土地所有者对中央集权的国家政权的威胁比大庄园要小得多。其次,商鞅似乎有意识地将小农经济、多子继承制和高度密集的人口联系了起来。虽然他并未将此逻辑逐字说明,但他要使秦国变为人口密集的国度的目标十分明显。他对渭河流域的关中平原上土地和劳动力最佳配合提出了这样一个模式:"地方百里者,山陵处什一,薮泽处什一,溪谷流水处什一,都邑蹊道处什一,恶田处什二,良田处什四,以此食作夫五万。"(吴申元,1936:31)这等于每个农夫耕种良田 20.7 亩(市亩)、贫瘠田 10.4 亩。[①] 其密度已接近于人们估计的汉代每个农夫耕种 15 亩田(吴申元,1985:128;Hsu[许倬云],1980;宁可,1980a),也接近于 18 世纪人口密集的河北和山东西北部平原每户(一般不超过一两名农业劳动力)平均耕作 25 亩的状况(黄宗智,1986:36—67,193—194)。

让笔者在此说明一下这些现象的内在联系。在一子继承制下,继承者只能在父亲死后继承了田产,才能获得经济上的独立。

[①] 100 平方里等于 900 万小汉亩,即 259.2 万市亩(1 小汉亩 = 0.288 市亩;吴慧,1985:18;关于大汉亩,参阅梁方仲,1980:547)。

这就可能形成晚婚。欧洲在原始工业化带来农业外经济独立的可能之前,情况就是如此(Levine,1977;Tilly,1978:"前言")。此外,继承子以外的其他弟兄都必须另谋生路,这就有可能像原始工业化之前的欧洲那样使结婚率降低(Weir,1984;Goldstone,1986)。与此相反,多子继承制使所有的弟兄在经济上都能独立,虽然他们的生活水平较低,结婚率却较高。如在父亲在世时就分家,更会促使早婚。早婚和高结婚率当然导致较高的生育率。

商鞅理想中的小规模农场之所以能够维持一家人的生计,部分原因是"铁器时代"新技术的传播。当时的资料显示了一个技术先进,高度密集化的农耕制度;铁犁、牛耕、深翻、灌溉、施肥、轮作等均已采用(Hsu,1980:特别是"前言")。欧洲要到18世纪才有汉代铁犁那样的抛物线形翻泥板(Bray,1984:576—587,186—193)。相对独立和偶然的技术进展,与国家政权鼓励下的早婚、普遍结婚一起促成了人口高密集的小农经济。

秦国的胜利使这种中央集权制和高密度小农经济的结合在中国确立了牢固的地位。秦以后的各个朝代很大程度上执行了相同的政策。每个朝代在建立初期都试图遏制大土地所有制,并扶持小农经济。唐代推行了小耕作者的"均田"制度。明朝政府曾下令回到战乱时抛荒土地上的人民不得占有比本人所能耕作更多的土地。清政府的政策与明代类同,对明末小户依附大户以逃避赋税的投献进行严格的限制(黄宗智,1986:86,257—258)。同样,商鞅的多子继承的政策到唐代已成为大部分人的习俗。被后世奉为楷模的唐律包含了各种情况下弟兄分家的详细条文(仁井田陞,1964:234,245—246)。

笔者推测:以多子继承制的小农经济为基础的中央集权制的确立,使早婚和普遍结婚的习俗长期延续,由此促成了较高的生育率。在和平时期"正常"的死亡率下,这种社会现实足以使人口的年增长率达到1%或更高。中国并不像近代早期的英国那样,需要等待原始工业化去打破晚婚习俗才达到类似程度的人口增长率。

我们要记住1%的年增长率意味着人口在72年间增长1倍,144年间翻两番。在中国历史上几段相当长的安定时期中,人口翻几番并不罕见。从这个观点来看,1700年到1850年间中国人口增3倍(常被人误称为"人口爆炸")实际上只是中国历史上几段和平时期人口增长的长期趋势中最近的一段。每次增长都因改朝换代期间的战祸、饥荒而停顿,甚至逆转。如此,秦汉时期全国人口可能达到6000万,但其后几个世纪中因分裂和战乱,出现了人口严重减少的现象。到唐宋时期再次增长,可能达到11 000万左右(Hartwell,1982;并参见宁可,1980b)此后人口再次剧降,至明代重又膨胀。1700年至1850年间的增长与以往的不同之处在于起始时的基数——15 000万,而不在其增长率。150年间几乎增长到3倍(至43 000万)(Ho[何炳棣],1959;并参见Perkins,1969),只需不到0.7%的年增长率。① 即使与近代以前的标准相比,这也是缓慢的增长率。与中国解放后(Coale,1984)及当代第三世界许多其他国家的2%以上的增长率相比要低得多了。(当代第三世界各国的人口死亡率因现代医疗技术而大大降低,但人口生育率尚未像发达国家那样因现代化的社会经济变迁而下降,所以造成如此

---

① 根据这样的增长率,103年内人口增长1倍,206年增长4倍(72除以增长率得人口增长1倍所需的年数)。

高的增长率。)

如果上述的推测是正确的,那么我们可以说中国的人口变化是由死亡率的升降,而不像近代早期欧洲那样由生育率的升降而推动的。早婚和普遍结婚使人口在和平时期不需百年即可加倍,直到死亡率的急剧上升遏制了增长,或使整个人口数下降。与此相反,在近代早期的欧洲,晚婚和并非普遍结婚导致低生育率和人口增长的迟缓,直到原始工业化时期婚龄的提早和结婚率的上升才提高了生育率;而后,随着进一步的发展,生育率呈现现代式的下降,人们决定较少地生儿育女,人口重又恢复平衡。简言之,近代和近代早期欧洲人口的变化主要取决于生育率,而中国的人口变化则取决于死亡率。

二、中国的社会制度和政治经济

上面描述的政治经济结构与中国的历史学家们所称的"封建地主制"的社会形态是整体相联的。根据胡如雷(1979)的说法,这种社会形态的一个特点是土地私有和相对自由买卖,不同于中世纪欧洲的"封建领主制"。笔者认为胡如雷的说法是正确的,而这种特点正是基于秦国积极推行的小农经济,在秦以后又因各个朝代对小农经济的扶持而得到延续。胡如雷又指出,"地主制"的第二个特点是土地所有权从其他权力——军事、行政和司法权力——中分离出来。这也与欧洲的领主制不同,因为欧洲的领主对他们的领地同时享有经济和其他各种权力。在中国的"地主制"下,国家垄断了其他权力,因此能克服欧洲领主制下的那种"割据政权"(parcelized sovereignty)。笔者认为这个特点也源自秦国推行的小农经济和中央集权制。

这里要进一步指出，中国的多子继承制与"地主制"是紧密相联的。为了保证地产不致在几代内被分割，领主制必须靠一子继承制来维持。而多子继承制则不可避免地导致土地的零碎分割。但是，人口一旦达到一定的密度，多子继承制下的小农经济就需要有一个土地流转市场以求再生，因为一个小农如继承了不敷家用的土地就必须买田或租田以求生存。出租土地的地主和租佃土地的小农由此兴起。

这个社会制度和中央集权以及高密度的小农经济的结合所产生的皇权体制，创建了通过科举募集官僚的制度，导致了一个特殊统治阶层——士绅的形成：作为一个身份阶层，他们通过考试而享有法定特权，区别于一般"凡人"；而作为一个阶级，他们一般出身地主，因为只有地主才有可能脱离农作而晋身科举。

西方学术界所使用的"士绅社会"的概念（例如 Eberhard, 1965），对笔者来说与中国的"地主制"概念是可以并用的，两者只有强调重点的不同。中国毛泽东时代的历史学家们强调士绅们占有土地和收租（"剥削"）的一面，而西方的历史学家则侧重士绅的服务功能（例如 Chang［张仲礼］, 1955, 1962），但是两者在分析中国社会时都主要着眼于士绅及其特点。

在笔者所研究的两个地区中，"士绅社会"或"地主制"看来更适于描述长江三角洲，因为这种说法突出了这个地区的社会上层在拥有和出租土地方面的重要性。而当前西方学术界流行的"皇权中国"（imperial China）的说法则更适用于华北，因为那里的租佃制较不发展,而国家机器显得比地主或士绅更为重要。根据同样的道理,对华北来说,马克思主义范畴中的另一个传统强调中央集权的官僚国家的"亚细亚生产方式",比正统的五种生产方式公式中的"封建地主制"更合适。但是我们必须看到,无论强调士绅—地主制或强调国家机器的作用,也无论是对长江三角洲或是对华北,如果只谈一点不及其余是无法恰当地了解其中任何一个地区的。如果不考虑国家机器的作用,就无法理解长江三角洲"士绅社会"或"地主制"。确实,所谓有功名的士绅是依赖于官僚国家及其科举制度的。在华北,虽然国家政权的作用要比士绅的作用大得多,但如果不注意为国家政权充当官僚的士绅的特点,对那里的社会也就无法充分了解。这两个地区的差别在于每一个地区突出一个不同的组合,这两个地区的相同点在于对它们的理解都必须基于士绅社会—地主制和中央集权国家的结合。

然而,即使我们将两者结合起来,对这两个地区生态系统整体的基本结构也还是难以把握。无论是对长江三角洲或者是对华北,我们还必须注意第三个要素:作为士绅—地主制和中央集权国家基础的小农经济。高密度的小农经济是"地主制"的另一面,而附有高密度小农经济的地主制则是使集权的国家机器成为可能的关键因素。以过密的小农经济为基础的官僚地主制是华北和长江三角洲的共同处,把这两个本来差异颇大的地区连接到一起,使其成为一个统一的中国和统一的国家机器的两大根据地。

这种制度之所以能够长期延续是有诸多原因的。它能够为前工业化时期提供异常强大的武装力量,到汉代已形成以 10 万计的军队。有清一代,即使是来自不同社会制度和不同军事组织的满族皇朝,也采用同样的方式来维持自己的政权。这种制度一旦确立,就能享有高度的中央集权,不像中世纪欧洲的王室那样要在"割据政权"下行使王权。由这种制度而产生的科举制度是一种特别有效的巩固整个结构的方式。不管事实上多么有限,科举制原则上将社会上层的位置向有才能的人开放,而不问其出身如何;国家机构也由此能将社会上有才能、有抱负的人们吸引到仕途上来。整个体制的结构由此得到更新,不断注入新鲜血液。

最关键的因素或许是整个制度赖以生存的高密度的小农经济,它具有过密化增长,不仅通过农业生产的密集化,而且通过商品化获得增长的能力。本书已提及,在"传统"的耕作方法下水稻的单位面积产量虽然已经达到某种巅峰,长江三角洲还能转向需要更多劳动力的经济作物,尤其是棉花和桑蚕。这样,过密化了的小农经济能够维持住顽强的地主制,一种有能力扼杀资本主义农业经营方式的地主制。过密化了的小租佃农场能通过低成本的、业余的和辅助的家庭劳动力战胜以雇佣劳动为基础的经营式农场。基于同样的理由,即使在国际资本主义的冲击下,这种小农经济还能在商业性的农作物生产中顽强地占据主导地位。

三、中国历史上的城乡关系

过密化下的耕作者所生产的(超出维持自身生存所需的)剩余虽然一定会递减,但他们却能支持庞大而复杂的城市,并供养高度发展的社会上层和城市文化。这种矛盾的现象多未被人理解。人们往往将大城市和先进的城市文化与乡村的繁荣联系在一起。这里要指出,在中国历史上实际情况正好相反。

在前工业化的农业中,维持生计之上的剩余充其量只占农民家庭生产的一小部分。中国的大规模城市显然只能由高密度农业人口所产生的剩余来维持。假设取 10% 的产出去支持城市,则 100 万的人口只能维持 10 万人城市,而高密度的 1000 万人口,则能够支撑 100 万人的城市。(理论化讨论见 Boserup,1981:第 6 章)

由于劳动力的边际报酬递减,当人口密度超过一定程度后,农民家庭的总产出中维持生计之上的剩余会减少。让我们设想在前现代物流条件限定的一个地区之内,人口密度增加 10 倍而剩余率则从 30% 降到 10%,显然,即使每个家庭的剩余非常少,高密度的小农经济仍然能够提供较大的绝对剩余从而支持较多的非农业人口。1000 万的 10% 即 100 万(像唐代的长安?),要远大于 100 万的 30% 即 30 万(像英国中世纪的伦敦?)。笔者认为这就是"中世纪"的中国能够比中世纪欧洲建成更大和更复杂的城市的关键所在。

形成这些城市的动力之一当然是皇权政体下的官僚行政机器,这一点马克斯·韦伯已作过充分的说明。然而就像拙作《长江》所展示的那样,明清时期小农经济过密化进程中的农民之间的交换,尤其是粮食和棉制品的交换,形成了一种复杂的系统。以单独的小农家庭而言,这种交换是微小的,但是聚沙成塔。这种交换也促成了商业性的市镇和城市。中国城市化中的商业成分往往被忽视,但是它无疑与行政因素有着同等重要的意义,尤其在明清时期。

大城市的产生伴随着农村的人均低收入,都市的"发展"伴随着农村的过密化,正是中国历史上上层社会文化和农民文化之间显著差别的导因。巨大而复杂的城市使都市的上层文化得到高水平的发展,但是这种发展是建立在农村过密化的贫困之上。

同时,国家政权和农村人口都依赖农民的微少的剩余,加剧了两者之间的紧张关系;当人口密度增加,随之出现边际报酬递减时,这种紧张关系就更加严峻。当天灾人祸威胁农民生活时,国家政权攫取和小农生存之间的微妙平衡也受到威胁。剩余的任何一点减少都会同时威胁到国家机器及农业人口的生存。人口密度越高就越是如此,因为人口密度较低,生存以上剩余比较大。这或许就是中国历史上国家政权和农民之间产生频繁和剧烈冲突、周期性地出现大规模农民动荡的原因之一。

中国近代以前的城乡差距因帝国主义入侵,以及其后自上而下的工业化而进一步扩大。沿海城市和大都市首先开始了"发展",在外国资本或中国政府的投资下,出现了近代的工业、运输和交通;而农村则继续过密化。小农经济的过密化及其提供的大量廉价劳动力恰恰是那些富有生气的工业得以繁荣发展的原因。新型纺纱厂依赖低报酬的小农劳动力来生产原料和加工织布,新型缫丝厂依赖同样的劳动力来植桑养蚕,诸如此类。城市的发展与乡村的继续过密化两者的互相联结使原已存在于城乡之间的鸿沟更加扩大,由此形成了现代中国知识分子最关心的"三大差别"之中的一个。

城乡差距对了解中国"近代"都市史也极其重要。马克思主义的经典理论认为工业无产者是社会最底层的被剥削者。然而,与生活在城乡之间的大量"半无产者"诸如流动工人、小贩、工匠等相比,近代中国的工厂工人其实属于较高收入和地位的阶层。那些来自贫困农村的"半无产者"比正式的工厂工人收入更低,他们不是马克思主义概念中的"流氓无产者"或"失业游民",而是次于无产阶级的劳动人民。这是一群生活在城乡之间的人们,既干农活,也到城市工作,为城乡生产一些小商品。这些人大量并持续地存在或许是近代中国城市(以及人口密集的第三世界城市)和近代欧洲城市的显著差别之一。进入当代的改革时期则更形成本书要深入讨论的、极其庞大的"非正规经济"。

当前中国政府对农村政策的抉择须从城市向农村索取、城市发展建筑在农村过密化这个由来已久的历史传统去考察。其过去的奥秘在于通过扩大人口去扩大剩余的绝对总量,而无视单位工作日边际报酬的持续递减。现在这项长期的政策已开始扭转,由于乡村工业化和农业的去过密化,农村人民的剩余开始有了提高。问题是国家政权和城市部门是否会允许并扶助乡村部门将其剩余用于自身的投资和发展。

第四章
集体农业下的内卷化

在社会主义改造和农村集体化时期,中国的决策者认定农村问题的根源是小规模农业,没有看到它的人口过剩和过密化问题。因此,错误地以为必须依赖集体化的大规模生产来克服小规模农业的弱点,并且以为没有必要控制生育。但实际上,集体化的大规模农业完全不能解决中国劳动力过剩的基本问题。反之,在人口压力下,集体组织展示了和家庭农业同样的组织性逻辑。一是其劳动力同样是给定的,不能像资本主义企业那样"解雇"剩余劳动。二是两者都既是一个生产单位,也是一个消费单位,因此,其经济决策不仅(像资本主义企业那样)来自生产考虑,而且也来自本身消费需要的考虑。为此,在生存压力下,可以几乎无限度地加强"过密化"生产(而一个资本主义企业则会在劳动边际报酬递减到低于市场上的雇工工资时停止投入更多的劳动,因为那样的话,企业是会亏本的)。再则是其结合家庭主劳动力和较低价值的辅助劳动力、结合耕作主业和手工副业（我称作）"两柄拐杖"的生产来维持生计的特征。结果是，集体化的目的虽然是要借规模效益来克服小规模生产的弱点，但实际上集体组织不过是延续了与小家庭农业同样的过密化生产。对决策者来说，这显然是个完全未曾预料的结果。

本章论证，集体化时期在新技术（"绿色革命"型的）——机械、化肥、科学选种、新式排灌——投入的条件下，更进一步提高了农业的过密化程度，以四倍的劳动力投入换来三倍的产出增长。其后果是每个劳动力得到的报酬基本停滞不前。这就意味着农村没有做到劳动生产率和报酬的提高，亦即真正意义的经济发展。农村生活和消费水平基本停滞不前，农村和城市的差别依然非常显著。

进一步过密化/内卷化的趋势一直到20世纪80年代的"农村工业化"大规模吸纳了农村过剩劳动力方见好转，主要是因为非农就业减轻了农村土地上的人口压力，由此导致劳动生产率的提高。在松江地区的种植业中甚至出现了与过去"没有发展的增长"相反的"没有增长的发展"现象，即由于为自家工作的激励，农业劳动效率提高，在农业从业人员减少三分之一的情况下，基本维持原来的总产出。

本章集中于江南的松江地区，借以深入分析上述变迁的原因和动力。同时，借助松江与全国的比较来说明松江的经济与社会变迁是全国总趋势的预兆。首先是该地农村工业之兴起，开始时逐步取代了过去依赖农村辅助劳动力的"副业"，其后逐渐成为主业，导致农业本身的"副业化"。到20世纪80年代初期，该地农业已经呈现妇女化和老人化的现象。伴之而来的是,过去结合农业主业和手工副业的农村家庭,一变而成为结合工业主业和农业副业的半工半农经济单位。这一切随后在全国扩展,其中的关键性内容是农业的去过密化。

一、劳动生产率发展与过密化增长同步

表4.1显示集体化时期松江与全国的农业经济变迁。首先是松江农业的大宗水稻(占总耕地面积的84%——《长江》,2000[1992][下同]:228—229,表11.2)。可以见得,水稻在1949年左右的松江便已处于较高亩产水平,远远高于全国平均。20世纪六七十年代,机械、化肥、科学选种(亦即当时全球发展中国家范围内的所谓"绿色革命"的新技术投入)进入农业生产的同时,国家积极改进水利,导致可观的亩产量提高,但只是25%左右的增长。

表4.1 松江和全国主要农作物亩产量,1952—1986年(市斤/播种亩)

年份	松江水稻*	全国水稻	松江小麦、大麦	全国小麦	松江棉花	全国棉花	松江油菜籽	全国油菜籽
1952	504	321	98	98	23	31	67	67
1953	551	336	128	95	26	30	75	70
1954	525	337	117	115	21	26	70	69
1955	548	357	112	115	47	35	80	55
1956	[526]	330	181	121	26	31	43	57
1957	[450]	359	112	114	39	38	85	51

续表

年份	松江水稻*	全国水稻	松江小麦、大麦	全国小麦	松江棉花	全国棉花	松江油菜籽	全国油菜籽
1958	[555]	338	126	117	50	47	75	58
1959	[591]	319	214	125	62	41	113	62
1960	[598]	269	209	108	—	27	—	41
1961	[543]	272	129	74	—	28	—	35
1962	[548]	312	161	92	—	29	—	48
1963	[656]	355	164	104	—	36	—	48
1964	[679]	374	207	109	—	45	—	70
1965	[614]	392	253	136	—	56	—	80
1966	660	417	157	141	96	63	195	69
1967	699	410	201	150	112	62	167	81
1968	642	422	262	149	161	63	218	86
1969	722	417	221	145	143	57	217	82
1970	616	453	269	153	112	61	212	89
1971	551	440	348	169	85	57	245	102
1972	613	430	366	182	130	53	251	95
1973	723	463	181	178	136	69	146	86
1974	651	465	472	201	139	66	237	89
1975	622	469	233	218	136	64	162	89
1976	700	463	429	236	128	56	169	77
1977	614	483	228	195	114	56	128	70
1978	752	530	511	246	190	59	279	96

续表

年份	松江水稻*	全国水稻	松江小麦、大麦	全国小麦	松江棉花	全国棉花	松江油菜籽	全国油菜籽
1979	797	566	638	285	142	65	289	116
1980	576	551	587	252	116	73	204	112
1981	659	576	575	281	100	76	268	143
1982	811	652	591	327	136	82	312	183
1983	696	679	544	374	141	102	236	156
1984	818	716	582	396	197	122	289	164
1985	876	700	574	392	110	108	306	166
1986	778	712	594	406	140	110	232	160
1987	730	722	546	406	132	116	280	168

＊水稻是单季稻、早稻、晚稻的数字。1956—1965年没有晚稻的数字，[ ]内的数字假定晚稻和早稻一样。

资料来源：有关全国的数据见《中国统计年鉴》，1983：155—156，158—159；1984：153；1987：175；1988：253。松江数据均由松江县有关部门提供。(见《长江》：表11.1)

水稻在松江的增产其实主要不在每播种亩的单产产量，而是在从单季稻转到早稻+晚稻两茬的复种。20世纪50年代初期，水稻几乎全是单季稻，但到20世纪70年代，早稻+晚稻双季栽培已经占到耕地面积的一半以上(《长江》：228—229，表11.2)。这样的变化主要是过密化的变化——每茬水稻需要基本同样的投入，但产量递减。20世纪60年代大拖拉机来临所起的作用不是每亩耕地劳动投入的减少，而是其大规模增加，主要是因为拖拉机使双季稻的种植成为可能,使人们可以在每年 8 月 10 日之前的十来天中完成早稻收割和(用拖拉机快速耕地后的)晚稻插秧的"双抢"。在 11 月 10 日前同样,可以完成晚稻收割和小麦、大麦播种。这样,大规模提高复种指数,从之前的单季稻+冬小麦一年两茬改为早稻+晚稻+小麦的一年三茬。也就是说,大规模进一步劳动密集化和过密化,但是每一茬的报酬都是递减的。这是(单位劳动投入边际报酬递减的)最简单意义的过密化,也是当时农业产出大规模增加的主要原因。相比之下,"绿色革命"类型的其他新技术投入只起到次要的作用。(调查—Ⅱ—7)[1]

至于小麦、大麦生产,松江同样远远领先全国。据当地的生产干部解释说,冬小麦、大麦作为水稻之后的越冬作物,其产量瓶颈在于稻田低湿,不宜于小麦成长。20 世纪 50 年代初期,此地组织水牛编队,犁破湿土,使其较为干燥,由此提高了产量。其后,拖拉机的使用使人们能够建立新的地下排水系统,先用拖拉机移去约 8 英寸厚的表土,再手工掘出约 8 英寸深的倒三角形沟,再掩上土。凭借如此"资本"(拖拉机移土)和劳动(手工挖沟)双密集化的投入,小、大麦亩产大规模提高,在 20 世纪 70 年代后期达到 20 世纪 50 年代初期产量的四倍,比全国平均产量高出一倍。(调查—Ⅱ—7)

棉花生产的道理和小麦相似。之前,棉花只能在旱地种植。20 世纪六七十年代排水系统的改良使棉花(作为春播作物)能够

---

[1] 本章所注明的调查和访谈材料来自笔者在 1983 年、1984 年、1985 年和 1988 年在松江县华阳桥乡种籽场大队(80 年代后期改称甘露村)的 101 次访问座谈,详细目录见《长江》:366—383。

和水稻轮作，扩大了播种面积，提高了复种指数。改良种（"大花种"）也起了一定作用。另外，化肥与有机肥的合用（每亩用 30 担猪塮+50 斤氨水+20 斤尿素+10 担人粪尿）促使产量显著提高。1979 年采用新的营养钵种植方法（把棉花置于玻璃杯型器皿之内，用塑料薄膜盖住，造成温室效应），可以提前一个月植棉（于 3 月 15 日至 25 日之间），到棉苗长到 1 英尺高才移栽到地里。如此可以提前 10 天收获，避免寒流侵害，也可以让冬小麦播种于整个地块，不必限于棉花行间（因为是套种）。（《长江》：232；调查—Ⅱ—20）。在这样的劳动和"资本"双密集化的种植下，棉花生产达到高峰，超过 20 世纪 50 年代初期的四倍，也比全国平均高出一倍有余。

油菜作为越冬作物种植的道理与小麦更加相似。关键同样在排水，而拖拉机的使用同样促使种植面积（复种指数）的提高。20 世纪 50 年代，只有 15.8% 的耕地种植小麦、大麦和油菜等越冬作物，到了 20 世纪 70 年代后期，同比增加到 54.5%，复种指数大规模提高，在新技术投入导致发展的同时，劳动投入进一步过密化（《长江》：表 11.3，229—231）。两者同步意味的是，单位劳动收入并没有显著提高。

二、没有发展的增长

约谈的农民们都明确知道，农业亩产出尽管有着上述可观的提高，但单位工作日的报酬几乎没有改进。高家埭的中年农民高友发明白地指出：除了"大跃进"到 1962 年的反常时期，从集体化的最早时期起，每 10 分工的价值总在 0.90—1.00 元之间徘徊。其原因是"虽然产量增加了,人口也增加了"。

当时,收入的决定性因素是每个家庭的劳动力。与技术、机械、化肥等投入相比,对一个家庭来说,当其一个儿子或女儿满了16岁而参加劳动,其对家庭收入的影响是立即而又明显的,远超过其他因素所引起的变化。这就是为什么约谈的农民们被问及家庭经济何时最宽裕时,从来不会指向某些农作物产量提高的时候,而总是指向自己的孩子开始挣钱但还未分家的时候。例如高世堂(1925年生)说他家最好的时期是20世纪60年代中期以后的10年,因为那时家里有4个全劳力:他本人、他妻子、他的养女和1965年入赘他家的养女婿。1967年和1968年添了两个外孙并未真正影响到他家的经济情况,因为家中仍有4个挣钱的人;真正的冲击是在1974年,因他女儿和女婿和他分了家。陆关通(1919年生)讲述了基本相同的经历:20世纪60年代中期之后当他的孩子(除了大儿子在1963年结婚后外住)一个接一个地成为劳动力(1966年是二儿子,1968年是三儿子,1970年是二女儿,1977年是四儿子,1981年是五儿子)时,他的日子好过了(尽管在"土改"中政治上倒了霉)。即使在1975年和1977年二儿子和三儿子分家出去之后,他在经济上仍然很宽裕,因为家中有好几个挣钱的人。

年轻得多的高友发(1937年生)只是在两个儿子和一个女儿(均未婚在家)成了劳动力后家境才好转。吴虎根(1917年生)也同样。虽然他的两个大孩子早年夭折,第三个在1983年结婚,但小夫妻仍与他住在一起。他告诉我,他日子好过是因为他家有"4个人干活,4个人吃饭"。吴根余(1917年生)同样说因他的女儿开始在大队锁厂工作而家境好转。他的一个儿子(生于1968年)在访问时也已接近开始挣钱的年龄。

这样的例子多得很。在 12 个被问及此问题的村民中,只有两个讲了不同的经历。何金林(1933 年生)是个经常抱怨的人,他说他的日子从未好过,因为他的父亲(死于 1933 年)和前妻(死于 1980 年)病了很长时间,家里只有他一个健康的人。(另外,1984 年他的长子分了家。)何奎发(1925 年生)的记忆力已开始衰退,说他家最好的日子是在责任制实施以来。然而他的陈述与大队记录的他家的收入资料相矛盾;我只能推断他是想表示拥护当前政策来讨好大队书记。所有其他人都突出了他们子女参加劳动从而改变了家庭就业结构的时期,没有一个认为并确定技术突破或政策改变是他们家庭经济境况转变的主要因素。(调查—Ⅱ—3,6,8,9)

应该说明,这些农民所认为是理所当然,但没有提及的是,只有在集体化经济下家庭收入才会完全由劳动力来决定,而不是由家里拥有的财产决定。正是集体化和工分制的实施才使中国的实际符合恰亚诺夫在 20 世纪 20 年代强调的关于革命前俄国的家庭周期和"人口分化"(而不是阶级分化)模式——农户的富裕程度取决于家庭的生命周期和变化中的生产者与消费者的比例关系(恰亚诺夫,1986[1925]:第一章;亦见黄宗智,1986:11—12)。一户人家在其子女达到一定年龄并工作时,经济状况达到顶点,并持续到子女结婚分家。然后这一周期再从头开始:新的家庭在孩子逐渐长大和消费增加的情况下经历了经济状况的最低点,直至孩子参加劳动并开始挣钱。恰亚诺夫这个人口分化理论的根据是俄国的农村村社的土地所有制度——每一代都在相当程度上重新分配土地,因此土地所有没有像私有制下的国家那样成为决定收入的关键因素。

农民的陈述可以用工分值的资料来核实。"工"是用以衡量一个10分劳动力的典型工作日,约6小时。播种和收获时期的长时间工作和重活,根据生产队记工员和会计(通常与农民一起劳动并十分熟悉实际的工作状况)的实地观察,可算双工,甚至3个工。工分值在扣除生产支出后算出,是种纯收入的衡量,而非毛收入。在缺乏更精确的资料情况下,这是对集体化时期农民单位工作日收入的最好的衡量。① 当价格稳定,生产队除了农作物以外很少有其他收入时,它亦可作为农业劳动生产率的指示器。

表4.2 许步山桥生产队的工分值,1965—1983年(元)

年份	工分值	年份	工分值
1965	0.94	1975	0.79
1966	0.94	1976	0.85
1967	1.11	1977	0.80
1968	1.06	1978	0.92
1969	1.04	1979	1.14
1970	0.83	1980	1.03
1971	1.01	1981	0.71

---

① 当然,一个劳力的年收入也取决于每年干多少日子,而一个家庭的年收入更取决于其他家庭成员(尤其是妇女)干活的天数。然在集体化时期这些方面几乎没有变化。

续表

年份	工分值	年份	工分值
1972	1.01	1982	1.08
1973	1	1983	1.27
1974	0.97		

备注:资料由大队负责人提供。

表4.2列出了1965年至1983年许步山桥的工分值。如前所述,这一计量资料确认了农民的陈述:在集体化的多数年份,工分值实际上在1.00元上下摆动。1970年是个明显的例外,这一年许步山桥大量削减单季稻面积(从112.9亩减至36.8亩),大量扩展双季稻面积(从81.5亩增至138.1亩)。这一转向过密化种植制度的变化要求大量增加劳动力投入。生产队社员的总工分因此由18 629跃至21 067,增加了13%。然而总产量并无相应增长——造成随着这样极端密集化而来的劳动边际报酬递减的结果,每工分值跌到0.83元。生产队仅在它对三熟制取得更多经验后才得到较佳的效果。1975年至1977年间,工分值再次跌到1.00元以下,但这次是由于农业之外的原因。在1974年之前,生产队社员通过帮助装卸建房用土的农业外就业挣钱,但当建筑业转向使用工厂制成品时这一就业机会就消失了。

然而,我们不应错误地根据上述情况推断松江所发生的是增加劳动力投入和提高产量一对一关系的直线式密集化的简单状况。事实上,那儿有着无可辩驳的"资本化"和发展的证据。如上所述,改进水利、拖拉机、化肥和新品种的使用均有助于提高土地生产率和劳动生产率。在不同的情况下,很可能会出现劳动报酬增加的真正的发展。

但是这些现代化投入的引进伴随着极端的劳动密集化,而后者不可避免地导致边际报酬递减。双季稻通常要求双倍劳动(和资本),但并未带来双倍产量。另外,早稻远不如单季稻值钱,部分是因为当地消费者喜欢粳米而不吃籼米。晚稻的稻草又不如单季稻的稻草适用于制作副业产品。因此,20世纪60年代后期大力推行三熟制(早稻+晚稻+小麦),不可避免地带来了单位工作日平均报酬的降低。

小麦和棉花种植的某些改进中的情况也同样。例如小麦种植中开掘地下排水道当然提高了土地利用效率,但这是在投入高度密集的劳动代价下取得的。这样的密集化和三熟制一样带来了劳动边际报酬的递减,故也可称为过密化。

过密化的事实也可以见证于20世纪80年代的去集体化大潮流下华阳桥种籽场大队实施的一些改革。上级领导一旦同意优先考虑"经济效益"而不仅以总产量为目标,大队很快就决定停止种植双季稻。这符合经济上的考虑。双季早稻的产量通常比单季稻低20%左右,因为20%的耕地必须用作晚稻秧田;而晚稻的产量仍然低些,这是由于第二季作物的收益递减。人们可指望双季稻和冬大麦的总产达1600斤至1700斤,而单季稻加小麦为1300斤(800斤稻,500斤小麦)。这个产量上的差别实际上仅值24—28元。为了这一点的增产,生产队需投入10元以上肥料和种子,以及20工以上的人工。显然,仅在增加的劳动力的机会成本非常低的情况下这个做法才可取。机会成本一旦随着农村工业化和农业外就业而上升，种植双季稻便不再是合理的。于是，一旦政府在1984年放松对种籽场大队的征购要求，大队便热情地"选择"了停止三熟制（调查—Ⅱ—21）。

这样，没有单位工作日报酬增加的产量增长不是单一密集化的结果，而是发展和过密化同时发生的结果。从资本化而来的劳动生产率的提高几乎全为过度劳动密集化的损失所抵消。发展是被过密化取消的。我们有必要区分这些重叠的但又是分开的现象。

集体化时期如果没有人口增长，会在中国农村产生怎样的结果？20世纪50年代后期和20世纪60年代的水利项目多半仍可能建设；那些劳动力实际主要来自动员妇女工作和动员男女农闲时参加基本建设，而不是来自人口增长。20世纪60年代后期和20世纪70年代的过密化的三熟制是1949年后的新生人口剧增所推动的。要是20世纪五六十年代的成就有机会在没有人口过剩和过度劳动密集化抵消作用的情况下充分发挥作用，长江三角洲农村很可能会显著地提高劳动生产率和收入、成功地脱离农村贫穷的困境。

从全国的宏观视野来考虑，集体化时期农业总产出增加了三倍，但农业的总劳动投入则增加了四倍——首先是农业从业人员数增加了70%，从1952年的1.73亿增加到1980年的2.91亿（《中国统计年鉴》，2004:120）。然后是集体化下妇女劳动力的动员，以及每人每年劳动日数的增加。这些因素加起来总共达到之前的劳动日数的四倍（Perkins and Yusuf, 1984）。因此，难怪每劳动日的报酬停滞不前。这是过密化在宏观层面上的含义。

三、集体农业的过密化倾向

在以上叙述的原因之外,集体组织的特征也是农业过密化的原因之一。集体农场在诸多方面其实不过是旧有家庭农场的扩大。由若干家庭(1982 年时平均为 30 户,《中国统计年鉴》,1983:147)组成的生产队,作为一个独立的所有权单位,①其实与家庭农场一样,既是一个消费单位,又是一个生产单位。其生产粮食的大部分用于满足本队社员的消费。因此,集体单位的经济决策和家庭农场一样,是同时根据消费和生产而决定的。

集体生产队与家庭农场一样可以容忍比资本主义企业低得多的劳动边际报酬。在生存压力和劳动力多余的情况下,集体农场在逻辑上会和家庭农场一样不断地投入劳动力,直到其边际产品趋于零。劳动力边际成本并不构成一个考虑因素,因为集体生产队和家庭农场一样,劳动力的数量是既定的;不同于在自由市场上由利润极大化要求而雇用的劳动力,集体单位犹如大家庭,不能解雇其过剩劳动力。

笔者在《华北》一书中指出,在 1949 年前的河北暨山东西北部平原,与占耕地面积 10%、劳动力近乎资本主义式组织的、适度规模的经营式农场相比,家庭农场中约有三分之一的劳动力是过剩

---

① 在这方面,集体生产队相当明显地不同于国营农场和国营工业企业。在理论上,后二者属于"全民所有",其职工得到的是全国统一的标准工资。集体生产队则是个独立核算单位,不管其他的集体和国营单位情况怎样,它根据自己的纯收入向成员分配。

的。这意味着要是按资本主义方式改组家庭农场，在相同的条件下会立即导致三分之一的劳动力失业。由此来看，集体制的劳动力组织，与确保人人有饭吃的革命纲领是一致的；它为每个人提供就业机会，即使是以相对的低效率和就业不足为代价。集体组织形式不容忍部分人失业，哪怕这意味着其他劳动力更有效的使用。在这样的劳动力组织形式下，一个集体单位的剩余劳动力其实只有近乎零的机会成本。于是，只要边际产品大于零，劳动力的继续投入就是合乎经济逻辑的。

这种过密化倾向又因集体生产单位的另一特点而增强。在制订计划的人看来，重要的是总产量，国家的税收和征购额是与此挂钩的。产量越高，国家征收得越多。因此，积极的计划经济干部总是督促集体单位尽可能地增加产量，不顾社员的利益。20世纪60年代后期在"消灭单季稻！"口号下大规模提高复种指数便是一个鲜明的例子。

另一方面，集体单位个别的成员本身也不会反对国家政权推动的生产过密化。他们的报酬是按累计工分的现金值计算的。生产队净产值总额除以所有队员的工分总额即得出工分值，因此他们的收入与劳动力投入的平均产值相联系，与边际生产率无关。

以上讨论的集体组织结构性特征，既鼓励村庄集体过密化也促使其容忍过密化。在20世纪70年代松江那样高度的过密化，实际上抵消了新技术投入所带来的发展。也可以说，人口过剩最终蚕食掉"绿色革命"技术投入带来的发展，导致农村人民的收入长期停滞不前。

四、集体制下的副业

集体农业还在另一方面展示和家庭生产同样的特征,即农业主业和手工副业紧密结合。我们在第二章中已经看到,18世纪中国和英国一个重要的区别是,在英格兰的"原始工业化"下,农业和手工业逐渐分离,后者最终成为城镇的生产活动,但在中国手工业则一直和农业紧密结合,即便是在实现相当高度工业化和集体化的20世纪六七十年代依然如此。"副业"是个很贴切的词,因为它表达了这种生产的逻辑要义:是主业农业的补充,利用的是空余时间的劳动力和家庭的辅助劳动力,所生产的是农业副产品。作为统计范畴,它一直都被广泛使用,直到20世纪80年代的乡村工业化之后为止。

(一)自留地

自留地是副业生产重要的和显而易见的形式。农户主要用自留地来为自己种蔬菜,有时也会将蔬果拿到自由市场上去做小买卖。劳动相对密集的蔬菜种植很像园艺,需要无数细小的活计和不断的照应。在宅旁的小块菜地上,人们可以连续种几茬不同的蔬菜,宜于利用闲暇时间种植。人们可以在白天参加集体生产前在自留地上施点肥,在午休和黄昏收工后妻子做饭时去浇水和锄草。有时孩子和不下地的老人也可被叫去锄草割菜。唯一需劳动力较多的是下种,但可以集合一家老小一起动手。工作的动力是对收获的期待,就像1949年前的家庭农场。

在整个集体化时代,唯有在"大跃进"时期华阳桥一度废除过自留地,那时候想把乡村变成工厂一样的生产单位,把所有的自留地都划归公社,组织了一个种蔬菜的专业大队。但是这个新单位很快在劳动力、蔬菜贮藏、运输和供应方面遇到困难。不过三年,到1962年这个大队便被解散,恢复了自留地。此后农村消费的蔬菜大多是家庭自种的。薛家埭等村的家庭自留地在1962年调整后平均面积为0.15亩("大跃进"前为0.05至0.08亩),1979年以后又调整为0.12亩。即使在"文化大革命"期间,这些地块也没有再遭冲击(调查—Ⅲ—23,26)。

自留地上的剩余产品在"自由"的集市上出售。在华阳桥镇的自由市场上,蔬菜是最主要的商品,1982年至1984年间占交易总额的20%(其他主要商品是鱼,约占17%,禽蛋占10%)。私人在集市设摊每次的毛收入平均约为10元,通常清晨4时半开市,至七八时收摊。这类自由市场销售额合计约占零售商品销售总额的5%,①为国营商业拾遗补阙。显然,即便是在集体化农业之下,一家一户的自留地蔬菜种植仍然起到重要作用。

(二)集体菜、果、蘑菇、苗圃

在一家一户的自留地蔬菜种植之外,集体农业下还有集体单位所办的副业,其中菜果是重要的一项。华阳桥的社办梨园是集

---

① 这一数字引自张雨林和沈关宝1984年的文章,所指的是吴江县附近的震泽地区。

体副业的一个样板。社办梨园创办于1958年,经受了1962年严重水灾后幸存下来,从1964年起开始获利。到20世纪80年代,这个集体副业拥有70亩土地,18名职工,一年毛收入八九万元,净盈利3000元至6000元,在解散集体单位的高潮中仍然维持下来了(调查—Ⅲ—23)。

华阳桥公社另一集体副业是种蘑菇,特别是出口需求较大的草菇。总面积约2000平方英尺的3间温室是个适度规模。在劳动最密集的阶段每天必须耗用3万斤堆肥和1万斤麦草,使用12名职工,单个家庭是办不成的。当地1971年起种蘑菇,几经波折。1973年用于蘑菇房的总面积达16万平方英尺,到1978年逐步缩减到2万平方英尺,在其后的几年中又大幅度上升,1983年达到23万平方英尺(调查—Ⅲ—23)。

集体副业企业的其他样板有创办于1980年的西里行浜生产队的15亩花木苗圃。后来(1984年)大队又建了12亩花圃和50亩鱼塘。这些企业创办于农业中实行"分田包干"之际,这表明在长江三角洲规模较大、资本较密集的副业生产中,集体组织是顽强和有效率的。但是,同样明白的是,对于供家庭消费和自由市场出售的蔬菜种植,家庭生产要比集体生产经济。

(三)养猪

同样的逻辑可见于生猪饲养。薛家埭等村农户养家畜,部分用经供销社加工过的本大队产的大麦,部分用自己的副产品,尤其是碾米的副产品谷糠(分来的谷粮都是未碾的稻谷),加上铡碎的稻草、青草等"粗饲料"。大部分喂养工作是饭前饭后抽空干的。

"大跃进"时期,全公社所有的猪都被集中到一个社办饲养场。饲养场盖了300余间临时猪圈,每间养七八口猪。但是问题立刻产生了,公社没有各家碾下的谷糠作饲料。想烧牛粪作饲料,可是行不通。同样,公社不能再利用农户闲暇劳动力做厩肥,因为这需要在猪圈中多次垫草而成。养猪场本身只能产出少量的有机肥料,而这样的肥料,正是当地农作中的关键性要素。最后临时猪圈因雨倒塌(有的猪逃出了猪圈)。这一不合理的尝试不过两年便收场了(调查—Ⅲ—23)。

此后,集体只经营特殊性的养猪:公社养种猪,大队养母猪。公社的种猪场在1985年时有30余口种猪。每口种猪一年可产20口左右公猪,其中约40%质量好的可作种猪出售或留养,其余的阉作肉猪。华阳桥种籽场大队的母猪场成绩也不错,1985年养了40口母猪,一年至少产仔600只,足以完成一人一猪的下达指标。作为中国肉食以及农业有机肥料主要来源的普通肉猪,一俟"大跃进"结束,便随即全归农民家庭分散饲养,因为,总体来说,由一家一户分别来养猪是比集体规模化养猪经济的(调查—Ⅲ—23;Ⅱ—6)。

集体生产胜过家庭生产之处的是奶牛业。对中国的小农来说,养奶牛需要较多的投资和较特殊的技术。华阳桥公社曾经多次试养奶牛,用过集体方式,也用过个体方式。"大跃进"时期,公社投资买来24头奶牛,甚至花了3000元买了一头特种荷兰种牛,但是进展一直不顺利。1963年年末,牛群因食用变质土豆中毒,几乎全部死光,11头幸存的小牛后来都卖给奶牛场职工了。直到

1976年,公社领导重用对养牛特别在行的社员沈雪堂,方始成功。靠沈雪堂的技术,公社奶牛场到1985年时扩大到200余头奶牛,每头日产奶50斤以上,供应附近的松江县城。奶牛场使用40名职工,年总收入100万元,纯利润12万元。这个成功的高报酬集体副业与低报酬的私人养猪适成对照(调查—Ⅲ—3)。

(四)家庭和集体手工业

有些家庭手工业在集体制下维持了下来。由于国家对棉花实行强制性的征购,国营现代棉纺织厂又迅速发展,传统的家庭棉纺织副业在20世纪50年代基本上已消失。在薛家埭等村,取而代之的是制草绳和编草包。

1949年前当地只有很有限的草制品手工业。在日本人调查时还很常见的草鞋,到1949年已因农民逐渐多穿胶鞋而衰落。只有少量的制草绳的手工业保留下来。一户人家干一整天,可手搓草绳10斤左右,仅值0.75元。

集体化意外地在这一家庭旧手工业中注入了新的生命。集体可以购买单个农民买不起的机器。有了手动的摇绳机和脚踏的织包机,一个男子和一个妇女搭档使用机器,儿童在草包上装带扣,一个家庭干上两整天可用100斤稻草生产出70斤草绳和30只草包。草绳每斤0.08元,草包(质量一般的)每只0.35元,全部产值约16元。如果不计机器的费用,这一产值几乎等于净收入,因为稻草作为水稻的副产品,每100斤仅1.20元(调查—Ⅲ—16)。

许步山桥生产队在集体化初期购入了五套机器,本来可以设立一个工场式的生产单位,将所有的机器和职工集中在一个地方,但队里最后决定采用计件家庭生产的办法,因为对它来讲这样做劳动力成本比较便宜。队里把国家下达的每户 300 只草包的生产指标,与稻草一起分配到各户,按每 30 只包 6 个工计算报酬。诚如妇女们所说,踏 30 只包需要的劳动实际上超过 6 工。按下地的标准,每工是 6 小时,集体的工分制也按此计算。但踏包一般一天干 12 小时,与插秧和收割的农忙季节相仿(而农忙时社员下地一天一般至少算 2 工)。因此,单是夫妇俩两整天的劳动就至少值 7 工,儿童帮助干的零星轻活还不计在内。因此,用计件制使国家和集体都节省了不少劳动成本。这是个集体出具资本、农户出具廉价劳动力的模式,有一定的经济性。

20 世纪 60 年代中期的两个变化导致草编手工业的衰落。一是由于国民经济的不断发展,出现用其他材料制的绳索和织包,草制品销路相应减少,国营商店因此减少了订购。二是由于国家锐意推行双季稻,单季稻基本不种,因此稻草供应也产生了问题。据农民说,晚稻稻草质地和用途不如单季稻。结果松江县的草包生产从 1957 年的 1200 万只和 1964 年的 1700 万只减少到 1971 年的 100 万只(这一生产后来虽稍有恢复,但从未接近于 20 世纪五六十年代的水平,1979 年的产量仍只有 500 万只左右)(调查—Ⅲ—16,23)。

此后,旧有的传统家庭手工业留下的只有妇女空闲时间完成的结花和针织。这是通过与寻求廉价劳动力的国营和集体企业订合同来生产的。这种工艺 20 世纪 60 年代末出现在华阳桥,起初主要限于镇上的妇女,主要是为上海工艺品进出口公司钩花边。一个妇女若把所有的空闲时间都用于此,一天平均可收入1元,当时这足以刺激公社内2000名妇女投身于此(《长江》:表10.1)。但是20世纪70年代末新的小工业出现于镇上,增加了社员就业机会,镇上的妇女遂不再愿意干这个活,此后大部分由村里的妇女接替(曾一度还编草帽和垫子)。据农村妇女说,一个好手一年可挣100元左右,增加了家庭农业外的收入。这是薛家埭等村家庭副业中的第三个大项。这是个国家和集体企业+农村妇女廉价劳动力的生产模式。

总而言之,即便是在集体化农业之下,一家一户的家庭副业以及全村集体的副业一直都和农业主业紧密结合,是村庄人民生计不可或缺的部分。在这方面,18世纪中国和英国完全不同,并且在20世纪的中后期依然一仍其旧。这也是内卷化农业的一个重要特征。正因为土地不足,农业主业不足以单独为农民提供足够的生计,由此形成长期不移的农业与副业"两柄拐杖"缺一不可的农村生产和生活模式。

五、农村工业化

以上的一切在20世纪80年代全国广泛兴起的划时代的乡村工业化中才受到真正的挑战。在松江的华阳桥公社,乡村工业其实源自集体化时期,甚至在20世纪80年代的去集体化时期也主要是在村庄集体领导下而得到大规模发展的。其中有五个主要组成部分,我们可以一一分别检视。

华阳桥公社的第一个工业企业是建于"大跃进"时期的农机

厂,起初农机厂主要维修农具和用"土高炉"小规模地铸造农具。后来,逐步纳入一些当地由来已久的商品的生产:草绳、家具(1979年创办家具厂后与农机厂分开)、砖瓦(1958年后独立核算)、金属制品(后来并入印刷厂)等,主要都是手工生产。1968年,共有130名职工。

另一工厂源自伴随上海地区机制纱工业而兴起的手工织袜业。这个厂在1950年创办,1957年转给国家,三年困难时期解散,1964年再由公社重建。1972年与上海第六织袜厂达成协议,利用该厂淘汰的45台旧机器,为该厂加工。1981年,在全国乡村工业化(和"大鱼帮小鱼")的大潮流下,公社以300元/台的价格买下了这些机器,另外以3000元/台的价格购买了56台先进机器。到1983年,袜厂发展到683名职工的规模。

另外,1977年公社投入3000元购买了一个小型的电动印刷机,1979年正式创办印刷机械厂,从事印刷业务。两年以后扩展,与设在松江县城东门的上海照相机厂签订合同,为其制造照相机后盖。后来,业务范围扩大到为照相机镜头粗磨加工,由此奠定了1983年与上海照相机厂合资开办的光学零件厂的基础。1984年有职工235名。

公社的第五个工厂是毛条厂,同样源自1981年与上海第二毛条厂签订的加工协议,由上海厂家提供设备、原料,并承担销售,由公社提供土地、厂房和劳动力。1984年总共有职工223名。

对我们集中调查的种籽场大队来说,最关键的是"锁厂"。这是一个仅仅拥有(向公社一个厂买来的)四台车床固定资产的"厂",主要从事废金属的加工,生产锁的零件,故称锁厂。1985年聘有职工58名,乃大队6个村庄农业外就业的主要去处。

之后,1986年全公社的工业化上到另一台阶,与上海肉食品外贸公司、松江县大江公司一起,同泰国正大金融集团合资创办一家肉鸡加工厂,投资600万美元。中方由公社投资30%(上海肉食品外贸公司20%,大江50%),提供厂址和大部分劳动力。工厂向当地农民提供苗鸡,由农户喂养,然后由公司买回、屠宰、冷冻、供应出口。1988年达到每天加工两万只鸡的规模(调查—Ⅳ—1,3)。这个企业为华阳桥乡每年提供5000万元产值,使公社的工业产值一夜间翻了一番。1987年雇用本乡700多名村民,包括10名种籽场队员。到此阶段,华阳桥乡工业产值已达到农业的三倍的规模(63.7%:21.1%;余下的15.2%来自副业——《长江》:361,表E-1),成为该乡的主要产业。

六、半工半农家庭的兴起和农业劳动力的减少

农村工业化为华阳桥带来了划时代的变迁。之前,20世纪50年代妇女被充分地动员到生产中去,农村劳动力供应爆炸性地扩展,其后稳定下来,直至20世纪60年代后期因1949年后生育高峰时出生的孩子达到就业年龄而再度激增,对面积固定的耕地形成了巨大的压力。在20世纪五六十年代,只有屈指可数的村民得到农业外就业机会,其作用微不足道。20世纪70年代情况略有改善,但即使是门路最多的薛家埭也远不能解决就业不充分的长期趋势。进入20世纪80年代,华阳桥乡村工业充分发展,才有明显的转变:到1985年,3个生产队(6个村庄)的308个劳动力中有一

半以上在农业外就业,其中社办企业和大队办工厂各占其半。在公社一级,新兴的住宅建筑工业影响最大,使用了 23 人。在大队一级,锁厂的兴建为薛家埭等村村民提供了 58 个工作职位(见《长江》:表 10.3 和附录表 D.4)。这样的农业外就业比例终于减轻了华阳桥乡土地上的压力,由此导致了划时代的农业去过密化。

在集体工业企业中就业,一般并不意味着其人完全脱离农业。多数情况是,一个家庭的某些成员在农业外就业,其他家庭成员依旧务农。而且即使是务工的成员,在农忙季节仍下地帮忙。这些半工半农的家庭仍住在户籍所在的村里,不同程度上仍以农为生。这就是后来所谓"离土不离乡"的"农民工"。从国家和集体的角度来看,这种安排的好处是农村家庭的非农劳动力要比完全脱离农业的家庭便宜。

与西方发达国家的经验相比,松江和华阳桥(以及全中国)的经验明显是"悖论"的。前者的工业化都是伴随城市化而进行的。18 世纪英国的经验是其典型:伴随农业革命而来的是农民的无产化,相当比例的农民进入城镇工厂而成为工人。"原始工业化"和工业化的进程是伴随城镇化而来的。但中国的经验则明显不同,其大规模的"农村工业化"是(可以称作)"没有城镇化的工业化",其所依赖的工人是"离土不离乡"的"半工半农"村庄农户,其基本经济单位不是个体化的无产工人而是"半工半耕"的农村家庭(第三编将更详细讨论)。

在许多村庄,农业外就业吸收了大半闲暇和剩余劳动力。工业化发展较为充分地区的半工半农家庭中只有辅助劳动力继续务农;在最发达的地方,农业本身变成一种副业,几乎完全依赖于空闲时间的劳动力。所有适龄的成员都在工业中就业。家庭承包的只是一小块尚能耕种的土地,只用于种植自己消费的粮食。

华阳桥种籽场各村情况可恰当地说明第一种类型,即长江三角洲最常见的类型。到1985年,这些村里全劳动力的半数以上(308人中的172人)在农业外就业,其中大多数为男子:在最令人羡慕的国有企业中就业的,男子占82%,社办企业中则占64%,大队办企业中占58%。总之,在农业外就业人员中,男子人数比妇女要多一倍。

到了20世纪80年代中期,农村干部甚至开玩笑说,务农的主力军是"三八队伍"——"三八"意指3月8日妇女节。到这个阶段,农业一定程度上已经开始成为村庄人员非农就业的副业,一反六个世纪以来农村的主要变迁型式。

七、后农业集体化时期:没有增长的发展

农业去过密化在松江并没有简单呈现为农业劳动生产率与农业产出同步的增长,而是呈现为在产出没有增长的情况下劳动生产率的提高。和全国大部分地方不同,松江20世纪80年代的农业生产并没有显著增长,基本只维持了原有水平,甚或略有下降。但这是在三分之一的农业劳动力转移到非农就业的情况下做到的。也就是说,在产出没有增长的情况下,农业劳动生产率有显著的提高。笔者称之为"没有增长的发展",用来区别于"没有发展的增长"。

如表4.3所示,松江的主要农作物产量在1979年达到顶峰:水

稻亩产每季几达 800 斤, 小麦超过 600 斤, 棉花超过 140 斤, 油菜籽逼近 300 斤。① 1980 年和 1981 年所有这些作物的亩产下跌,直到 20 世纪 80 年代后期尚未能再度显著上升,和全国的趋势完全不同。

表 4.3　松江县及全国主要农作物单位面积产量指数,1952—1987 年
(以 1979 年为 100)

年份	水稻		小麦		棉花		油菜籽	
	松江	全国	松江*	全国	松江	全国	松江	全国
1952	63	57	15	34	16	48	23	58
1953	69	59	20	33	18	46	26	60
1954	66	60	18	40	15	40	24	60
1955	69	63	18	40	33	54	28	47
1956	[66]	58	28	43	18	48	15	49
1957	[57]	63	18	40	28	59	29	44
1958	[70]	60	20	41	35	72	26	50
1959	[74]	56	34	44	44	63	39	53
1960	[75]	48	33	38	—	42		35
1961	[68]	48	20	26	—	43	—	30
1962	[69]	55	25	32	—	45	—	41
1963	[82]	63	26	37	—	55	—	41
1964	[85]	66	32	38	—	69	—	60
1965	[77]	69	40	48	—	86	—	69

---

① 1978 年及 1984 年由于气候异常干燥,棉花收成特别好。

续表

年份	水稻		小麦		棉花		油菜籽	
	松江	全国	松江*	全国	松江	全国	松江	全国
1966	83	74	25	50	—	97	68	60
1967	88	72	32	53	79	95	58	70
1968	81	75	41	52	113	97	75	74
1969	91	74	35	51	101	88	75	71
1970	77	80	42	54	79	94	73	77
1971	69	78	55	59	60	88	75	88
1972	77	76	57	64	92	82	87	82
1973	91	82	28	63	96	106	51	74
1974	82	82	74	71	98	102	82	77
1975	78	83	37	77	96	99	56	77
1976	88	82	67	83	90	86	59	66
1977	77	85	36	68	80	86	44	60
1978	94	94	80	86	134	91	97	83
1979	100	100	100	100	100	100	100	100
1980	72	97	92	88	82	112	71	97
1981	83	102	90	99	70	117	93	123
1982	102	115	93	115	96	126	108	158
1983	87	120	85	131	99	157	82	135
1984	103	127	91	139	139	188	100	141
1985	110	124	90	138	77	166	106	143
1986	98	126	93	143	99	169	80	138
1987	92	128	86	143	93	178	97	150

资料来源:《长江》:表11.1。

＊松江数据包括大麦。

我们不难找出原因。松江农业在全国比较早发展，一些比较关键的新技术措施基本在20世纪70年代就实施了，特别是1978年至1979年间。那时麦田采用了上述地下排水沟系统，棉花采用了"营养钵"移栽技术，油菜采用了早播种子。这些进步导致了那些年间产量的迅速提高。到了20世纪80年代，松江四种主要作物均无主要的技术变化。

但是，这并不等于否认改革带来了意味深远的变化。观察一下1983年许步山桥的工分值：虽然那年该村的农业产量下降了，工分值却大幅度上升，明显突破了20年来的1元价值。为什么？就像高友发解释的，因为年前每家可送一个人到大队工厂，于是分享农业总产值的人数减少了（调查—Ⅱ—9）。20世纪80年代小城镇工业（在公社所在地和公社的镇）的蓬勃发展和村办企业的兴起，导致大量村民从过于拥挤的农业转入工业。到1985年，华阳桥种籽场各村一半以上的劳动力就业于乡镇和村办企业。到1988年，只有55岁以上的村民才务农，所有年轻些的男女均从事报酬较高、费力较少的农业外工作。

大量的农业外就业对薛家埭等村来说是一反几百年的没有（劳动生产率）发展的农业（产量）增长状况。由于集体制下"浪荡工"（每个人都整天出工挣工分，尽管实际上无事可干）的终结和家庭责任制下利用农闲及辅助劳动力的巨大灵活性，过剩劳动力投入了各种农业外就业，农业的劳动生产率和单位工作日收入因此明显上升。于是，尽管半数以上的全劳动力脱离了农业，农业产量仍维持在接近集体化时期的水平,结果是农业工分值的急剧上升。

关于工分值的资料随着1983年华阳桥种籽场旧的财务制度的废除而终结。1985年实行大包干制度之后,农户直接把余粮卖给政府,而不再通过社队,于是生产队账户中也不再有关于农业产量的精确记录了。

然而农村人民收入的稳定增长是确定的:虽然各村农业产量相当于以往水平,但由于农业外就业和新副业,农民的新的综合收入明显超越以往。种籽场大队的新繁荣表现在1979年至1984年间毛产值增长了97%,也表现在这一产值的构成变化(1979年农业产值占84.7%,1984年只占55.6%——见《长江》:附录表E.3)。更进一步,也反映在村民的引人注目的消费倾向,以及村庄面貌的剧变上,在20世纪80年代后期原有的稻草和泥土盖的茅屋、棚屋已为双层的水泥抹墙的楼房所取代。

对华阳桥种籽场的农民来讲,早先的农业生产的没有发展的增长与新的没有增长的发展之间的区别是实实在在的。在前一种现象中,绝对产量上升了,政府的税收和征购也上升了,而农业劳动生产率和农民收入是停滞的。在后一种现象中,农业产量是停滞的,政府的税收和征购也同样,但农业劳动生产率和农民收入急剧提高。这一变化的原因也同样是明确的:不是由于一些人想象中的自由市场化了的家庭农业的高度刺激力导致农业生产的戏剧性突破,而是由于农村经济的多种经营,以及农业剩余劳动力向农业外就业的转移。

正是那样的变化使松江六个世纪以来第一次走上了去过密化的道路。松江在改革初期便非常突出地展示了去过密化的意义,即把没有发展的增长变迁型式颠倒了过来,经过农业劳动力大规模转入非农生产,在农业总产出没有增加,甚至降低的情况下,提高了农业的劳动生产率,亦即我之所谓"没有增长的发展"。结合非农就业的收入,农村人民的收入第一次显著上升,成为之后全国去过密化趋势的先声。

第二编

改革时期的农业发展

第五章
三大历史性变迁的交汇与小规模农业的前景*

一、引言

中国的改革期间呈现了三大历史性变迁：（1）国内生产总值（GDP）以年平均10%的高速持续发展、乡村人口大规模涌入城镇打工和就业；（2）人民食品消费逐步从过去的8分粮食：1分肉：1分蔬菜的结构向新型的4分粮食：3分肉：3分蔬菜转化；（3）由于20世纪70年代以来的生育政策，人口增长率减缓并导致就业人员总数逐渐趋向水平线。三者的交汇导致农业结构的转化，生产高值农产品的"新农业"比重越来越高。同时，伴随城镇和农村非农就业的扩张，世纪之交以后，农业就业人员显著递减。本章试图

---
* 本章原稿发表于《中国社会科学》2007年第4期。当时由彭玉生、黄宗智两人十多次反复来回合作撰写，计量工作主要由彭玉生承担。纳入本书时，经过较大幅度的修改和更新。

对这三大历史性变迁作出比较精确的量化估算。

首先,需要对当前的一些仍然具有很大影响的意见略作梳理。观点对立的两派在土地产权问题上固然针锋相对,但对于农业本身却有一个基本的共识,即中国农业的低收入问题唯有在更高度城镇化之后,减轻人口压力,建立规模农业,才有可能解决。在这个基本共识下,一方要求的是维持当前均分土地使用权的制度,赋予农村人民基本生活保障,防止贫富分化,借以稳定农村,避免更尖锐的社会矛盾。另一方则要求土地私有化,依赖市场机制进行资源配置,让小部分能干农民实现规模经营,领先致富,期待进一步城镇化之后,走向西方先进国家的资本主义农业发展模式。双方的共识是小规模农业潜力十分有限,在相当长时期内,中国农村劳动力继续过剩,大部分农业从业人员只可能仍旧贫穷。[1]

这种意见今天也是许许多多农民自己的想法;正因为如此,农村人民普遍把一切希望寄托于子女的教育,为的是让下一代跳出农业和农村的绝境,争得一份城市的富裕。这种意见显然也为决策者所接受。上上下下虽然都在提倡要"建设社会主义新农村",要"千方百计"提高农民收入,但总的想法仍然是寄长远希望于城

---

[1] 两派关于土地产权问题的论争可以2005年7月11日公布的《物权法草案》所引起的众多争议为例。有关报道见晓宁:《物权法草案争议中的问题与主义》,见www.chinacourt.org,2006-3-2,原载《潇湘晨报》;王亦君、万兴亚整理:《关注物权法草案争议焦点》,《中国青年报》,见 www.chinayouthdaily.com.cn,2005-7-21。关于土地私有化等观点的学派可以党国英:《中国农村改革——解放农民的故事还没有讲完》为例,见 www.zhinong.cn,2007-1-30,原载《南方都市报》;对立的一派可以温铁军:《"三农"问题研究思路》(2004年10月在中国社会科学院金融研究所讲座)、《"十六大"以来宏观经济形势》(2004年10月13日福建宁德讲话)为代表,见 www.xschina.org,2005-4-26。

镇化，眼前则提倡由工业来反哺农业，较少考虑到农业本身的发展潜力。① 一言以蔽之，决策者同样认为，在人多地少的基本国情下，农业本身只可能是个待哺的弱势产业。

笔者在 2006 年的一篇文章中（黄宗智，2006a），从历史角度回顾了这种现状的经济和制度性来源。该文认为在承包制下，务农人口普遍处于土地过少而引起的"不充分就业"或"隐性失业"，基本仍处于长时期以来人多地少的"过密"状态，因此大规模向城市就业。而他们的低农业收入又使其在城市所能得到的工资被压到远低于城市的水平，迫使许许多多农户同时依赖低收入农业和低收入临时工作，以部分家庭成员出外打工的"半工半耕"方式来维持生活需要。这是"三农"问题形成在经济上的基本原因。

在同年另一篇论文中（黄宗智，2006b：118—129），笔者则从前瞻性角度探讨了农业的可能出路，认为改革以来的大规模非农就业（先是乡村工业，而后是进入城市打工）以及近年来人们的食品消费转型两大趋势的交汇，正赋予小规模农业以一个历史性的契机，使中国农业有可能走出笔者自己多年来所强调的"过密化"/内卷化困境。适当提倡推广新时代粮食兼肉—鱼、菜—果的具有中国特色的小规模劳动密集型农场，可以在二三十年中即迈向充分就业的适度规模（即全就业而不是隐性失业的规模）、多种经营农业，改善隐性失业问题，提高务农人员收入，缓解长期以来的农村劳动力过剩和低收入问题。笔者当时建议：通过法律规定和市场

---

① 国家决策者的思路可见于 2006 年的《中共中央国务院关于推进社会主义新农村建设的若干意见》，2007 年的《中共中央国务院关于积极发展现代农业扎实推进社会主义新农村建设的若干意见》等文件。

机制来促进土地使用权的进一步流转,包括定期的转租和带有回赎权的出典,借以扩大适度规模农场(本章理解为充分就业而不是带有隐性失业的农场)比例,所有权问题则可以暂时置于一旁。

该文发表后,遭到双方同仁的质难。首先是大家直觉地认为,农业充其量只能让务农人员勉强维持生活,不可能为他们提供高收入的机会。其中一种主要意见认为,今日肉—鱼、菜—果的市场已经基本饱和,发展余地十分有限。由如此众多的务农人口来为城市人口提供食物,只可能是低报酬的农业。因此,唯有在更高度城市化的大经济环境之下,才有可能解决农村贫穷问题。

为此,我们(黄宗智和彭玉生)在2007年发表的文章里决定就农业近、中期的前景问题作一个比较系统的探讨。首先,根据近年的人口与就业变化趋势,估计之后10年、25年的农业就业人口变化。计划生育政策的实施,使中国的人口出生率大大降低,而劳动力的自然增长,经过20世纪八九十年代的惯性高峰,已经显著减缓。与此同时,非农就业的高速增长使农业从业人员数扭转上升趋势,于新世纪之交开始明显下降(黄宗智、彭玉胜,2007)。

文章然后根据国家统计局对食品消费的分县按户抽样调查,明确近年的消费转化趋势。假定我们指出的趋势在2005年后的10年到25年将延续而进一步转化,人均食用粮食需求将会减半,对肉—鱼、菜—果、蛋、奶等"副食"的需求则将大规模扩增(并且附带饲料需求的扩增)。肉食中的牛、羊肉和禽肉上升空间尤其宽阔。奶、蛋、水果亦然。蔬菜的发展空间则主要在于提高销售比例以及向多品种和高档产品转化,而不在于总消费量或产量。面对这样的食品消费前景,农业生产应会伴随需求而进一步转型,扩大劳动相对密集和相对高收入的肉—鱼、菜—果、蛋、奶生产。

文章总的结论是人口增长减慢与非农就业的交汇,将会导致长时期以来务农人数的第一次显著下降,而这样的下降正好与食物消费转型所导致的农业向相对高价值和高劳动需求产品转型同步,结果将是农业劳动人员人均劳动收入的提高。小规模农场的农业从业人员将有可能从当时的半隐性失业达到近乎全就业的状态,并在收入上获得显著提高。

与主张均分土地使用权派的意见一致,我们在文章里论证,土地承包的基本制度应该坚持,以避免大批农民失地流离,农业发展则应以小规模家庭农场为主,避免两极分化。我们与该派意见的不同之处在于提倡允许土地经营权进一步流转,让不愿意种地的农民把土地经营权以市场价格有限期地转租、出典给愿意种地的人,借此提高适度小规模农场所占比例。此外,与主张土地私有化派的意见一致,文章提倡,农产品亟须进一步市场化,突破粮食、鱼肉、菜果的低比例销售局面,让农民能够充分顺应市场需求谋利。我们与该派意见的不同之处在于反对采用少数人经营大农场、多数人无产化的传统资本主义模式。文章提出,兼种植—养殖的小家庭农场更符合中国大部分农村的实际状况。另外,我们认为,在农业生产迈向与消费需求平衡的同时,应有计划地迈向高质量、高价值的可持续发展绿色农业。在蔬菜方面,发展绿色农业已经是急不可待的需要。伴随人们收入与消费水平的提高,市场需求将会越来越趋向高档和绿色产品,那是中国农业发展长时期的方向与前景。面对上述前景,国家应向农业作出相应的积极投资和扶持,促进具有中国特色的新时代小规模农场的发展,借以提高全国的国民收入水平,同时为工业产品提供广阔的农村市场,以此促进整个国民经济的持续发展。①

本章从我们2007年的论文出发,把该文的数据更新到2010年,保留了今天可以再次确定的论证,同时也对一些不符合我们原来的估计和预期进行了说明和修正。最主要的修改来自国家统计局根据2010年人口普查的新发现而对之前数据所作的调整,特别是对之前低估的城镇非农就业增长速度的改正,以及对农村就业人员和农业就业人员减低的速度的改正。读者将会看到,真实变迁比我们原来的预测还要快速。同时,本章也对之前对食物消费变化的预测作了一定的修改,但总体趋势,即粮食消费减低、高值农产品(尤其是肉食)消费的提高,以及伴之而来的农民收入的提高,是符合我们原先的预测的。

---

① 我们当时提倡的市场化的家庭农场,因为表面上与舒尔茨在《改造传统农业》(Schultz,1964)中所提方案相似,所以当时就说明,两者有实质上的区别。舒尔茨所指的"传统农业"大致相当于1949年以前的中国农业,长期以来一直是相当高度市场化的家庭农场经济,但所导致的不是改造与发展,而是劳动力相对过剩与分配不均。舒尔茨则坚持市场经济下不可能有劳动力过剩。此外,21世纪中国农业的客观情况完全不同于舒尔茨的"传统农业":农业已经是高度现代化的农业,而人口问题可望解决是由于划时代的三大变迁——大规模非农就业、人口生育率下降以及食物消费结构转化——的交汇,完全来自舒尔茨视野之外的变化。实际上,我们心目中的"理论"和舒尔茨完全不同:是从特殊的实际/历史情况中提炼出来的分析概念,正如笔者的"内卷型商品化"概念,也包括文章的"三大历史性变迁的交汇",并不具有普适野心。具有普适野心的"理论",极其容易转化为脱离实际的意识形态或原教旨性的信仰。

二、人口与劳动就业

我们原先对中国经济前景的基本估计是它将会面临众多严峻的挑战,但是,即便不能维持2007年前30年的高速增长,也应该能够继续减速增长,因为中国的廉价劳动力和企业、科技人才仍然相对丰富,也不缺乏资金,而整个国民经济已积累了一定的动力,带动了连锁效应。这仍然是我们的基本估计。今天中国面临的主要问题是分配不公和社会矛盾,而不是经济增长。我们对未来近、中期的就业、消费和收入的预测是从这个基本估计出发的。

如图5.1所示,改革的前20年中国经济虽然高速增长,但劳动力同时高速增长。劳动力的增长主要反映在20世纪六七十年代生育高峰期出生的孩子,在20世纪八九十年代涌入劳动力市场。1978年至1990年间,农村劳动力总数从3亿猛增到近5亿。20世纪90年代,劳动力自然增长减缓,在国际资本涌入和城市化进度加快的大环境下,劳动力总量基本平稳,虽未突破5亿关口,但居高不下。20世纪八九十年代的乡镇企业和私营个体户蓬勃发展,就地容纳了大部分农村新增劳动力,避免了务农人数的大幅度膨胀。到了20世纪90年代后期,国企改革,大量国企职工下岗,城乡整体非农就业增长速度锐减,从1980年至1996年的平均每年1500万,下降到1997年至2000年的平均每年650万,仅仅勉强消化了劳动力的自然增长,农业从业人员数量仍然徘徊于3亿线上(图5.1)。在这一背景下,许多学者悲观地认为,中国农村将长期陷入人多地少的轮回,无以解脱。这是"三农"问题讨论和"社会主义新农村"建设方案的部分背景。

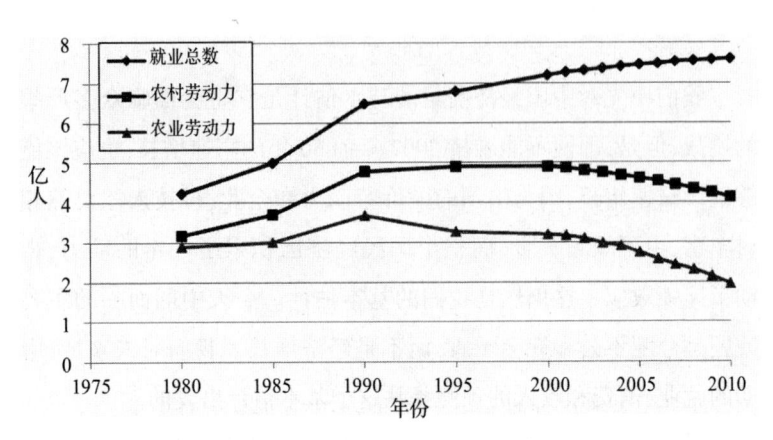

图 5.1　1980—2010 年中国劳动力与就业增长

注：农业劳动力（就业人员）的估算方法是，农村就业人员总数减去乡镇企业人员数，再减去私营企业人员数和个体人员数。农业就业人员数按照 2006 年的全国第二次农业普查的定义，为每年从事农业劳动 6 个月以上的人员，不包括从事农业 6 个月以下的人员。（《中国第二次全国农业普查资料汇编·农业卷》，2009）

资料来源：《中国统计年鉴》，2011：表 4-2；农村和农业劳动力详细数据见本书表 11.3。

但是，出乎人们意料，经过几年的痛苦适应，城乡整体非农就业增长速度又回升到每年 1000 多万的数量。务农人数也在 2000 年以后以平均每年 2% 的速度递减，即每年递增约 600 万左右。

我们 2007 年的文章还指出，农业劳动力的下降趋势应该会持续下去（当然，这并不意味着同速的城镇化，因为进城打工的农民大部分在若干年之后会返回农村居住，继之以新的打工群体。我们考虑的只是从业趋势)。人口的自然增长趋势业已减缓,从1980年到1995年的1.37%下降到2005年的0.6%左右。因此,劳动力的自然增长亦将随之减缓。即使非农就业人数增长减缓,务农人数应能仍然以每年五六百万的速度下降,并于25年后减半。①

在今天看来,我们2007年的文章低估了之后几年中的非农就业增长和农业就业人员的缩减。从图5.1可以看到,从2004—2005年开始,农村就业人员数(比我们原先的2%/年估计)更快地下降,每年达到不止1000万人员之数,要比我们原先预测的年600万左右高出颇多。到2010年,农村就业人员总数已经减到接近4亿,农业就业人员数则已经降到低于2亿。

其中有多种原因。离土离乡的打工浪潮非但没有减缓,而且有所加大,到2010年已经达到1.59亿之数,比2006年要高出30%(详见本书第十一章)(在这些人口之中,国家统计局的统计方法是,只要是城镇的"常住"人口——每年六个月以上在城镇居住——便被纳入城镇人口计算)。此外,近年来不少农民在新建制镇置房,变成城镇常住人口,这也是个因素,由此导致农村就业人数的快速下降。更深层的原因则是近年来农业收入上涨,部分反映于本书后面要讨论的高收入"新农业"的扩增,也反映于旧大田农业近年来的连年丰收。这里,国家2004年开始的减免农业税费(2006年1月1日正式完全废除)起了一定的积极作用。这些都是

---

① 我们2007年的文章假设未来务农劳动力将每年继续减少600万。当时,这一假设与中国社会科学院人口与劳动经济研究所的预测不谋而合。后者纳入近年来16—24岁青年劳动参与率的显著下降(主要因升学),得出比我们更乐观的估计。参见吴要武、李天国(2006)。

本书后面要详细分析的因素。此外,我们的预测基本没有考虑到,农村本身的非农就业也有一定规模的扩增:2010年农村私营企业人员数比2006年要高出27%,个体户人员数也高出18%(虽然还没有达到1995年的3000万人员数顶峰)。即便是离土不离乡的乡镇企业人员数也比2006年要高出8%。因此,农业就业人员数(这里定义为每年从事农业生产六个月以上的人员)大规模下降。这方面要比我们原来的预测高出不少。

  总之,正如我们2007年的文章所指出的,由于农民的大规模非农就业和人口生育率的降低(及随后劳动力自然增长的减慢)两大趋势的交汇,导致长时期以来务农人数的第一次持续下降。这是个划时代的变迁。它所指向的是比我们原来预测还要快速的农业去过密化。

  农业从业人员和农村人口的减少会有两个结果:一是分享农业收入的人数减少,农业劳均收入因此提高;二是工商从业人口增加,而这一部分人的收入水平提高,也会提高农产品的消费水平。食品消费需求的提高又会刺激农业生产的发展,进一步提高农业收入。下面我们先分析食品消费的历史趋势和增长空间。

三、食品消费趋势

  图5.2、图5.3、图5.4根据国家统计局家计调查资料绘制,显示各类食品人均消费量的历史趋势。总的来说,粮食消费显著下降,反映的是动物类副食品的替代作用。粮食消费年消费量已经从1980年的人均约240公斤递减到2010年的约130公斤。对长期以

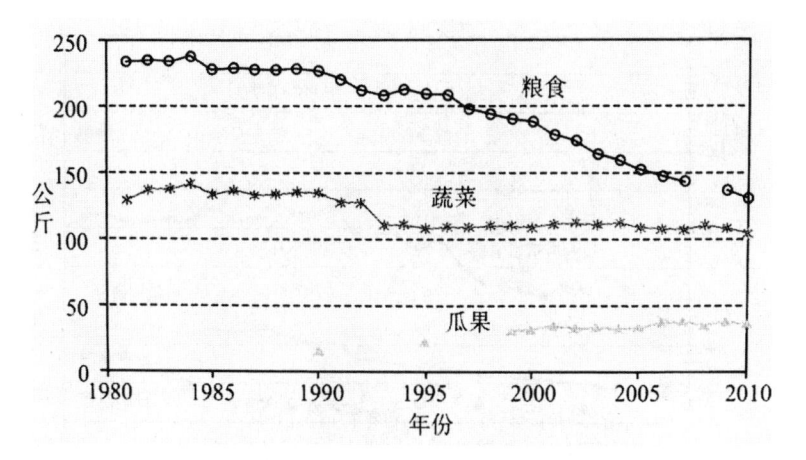

图 5.2 城乡人均粮食、水果、蔬菜消费量

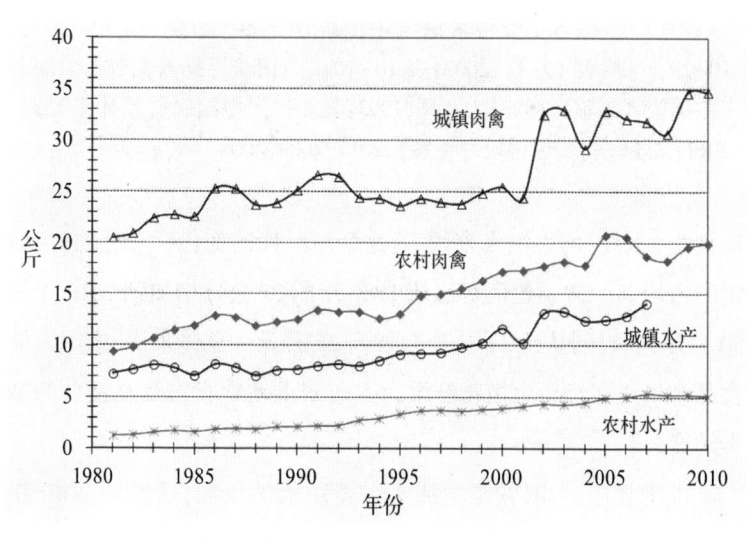

图 5.3 城乡居民肉类和水产品消费比较

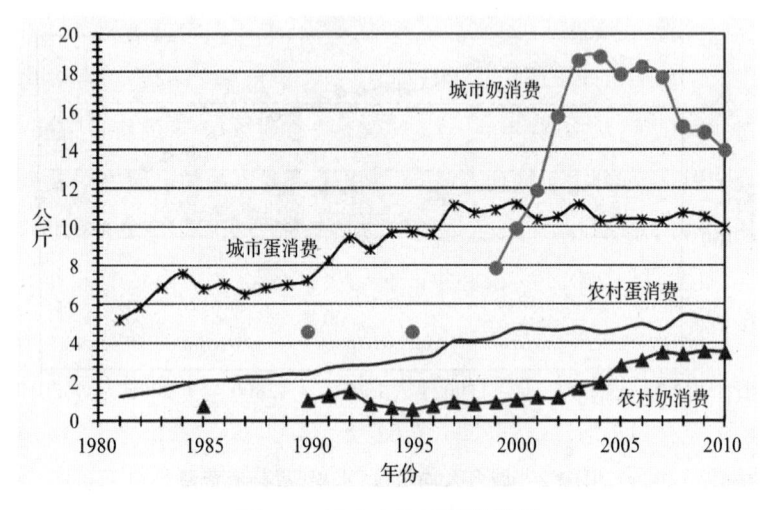

图 5.4 城乡人均奶蛋消费量

图 5.2—图 5.4 资料来源:《中国统计年鉴》,2006:表 10-9,表 10-29;2005:表 10-11;2003:表 10-10;《中国统计摘要》,2000:106;《中国统计年鉴》,1996:表 9-6;1993:表 8-7;《中国农村统计年鉴》,2011:表 11-3。《中国统计年鉴》,2011,2009,2008。

粮食为"主食"的中国人来说,这是个划时代的变化。与此同时,城镇的人均肉—禽—鱼消费已从 1980 年的 27 公斤增加到 2010 年的 50 公斤,农村则从约 11 公斤增加到 25 公斤。总体来说,中国人的食品结构正在经历由植物纤维为主向兼重动物脂肪及高蛋白的基本转变。

毋庸赘言,中国城乡生活水平差距仍然很大,反映于 2010 年肉—禽—鱼消费的城镇人均 50 公斤和农村 25 公斤之间的差别。但是,同样无可置疑的是,农村的肉—禽—鱼消费也有显著的增加,从 1980 年的 11 公斤到 2010 年的 25 公斤。

此外,在 2007 年的文章里,我们预测,中国人的蛋奶消费也将与肉—禽—鱼同步增长。2005 年前的几年中,城市的奶消费增加量尤其显著,从 2000 年的人均 8 公斤增加到 2004 年的将近 19 公斤。但是,部分由于饮食习惯,部分由于一定比例的中国人对乳糖消化有困难,2004 年之后牛奶消费量趋向平衡。加上 2008 年的"三鹿事件"(2008 年,三鹿集团公司生产的婴儿奶粉发现带有三聚氰胺污染,会导致肾结石),牛奶消费急剧下降。今后虽然有可能再次攀升,但显然有一定限制。

至于鸡蛋消费,城市也于 2004 年、2005 年后趋向平衡,农村则略有增加,但 2010 年已经和城市同样呈现饱和状态。今后可能会主要是产品质量方面的变化,而不是简单的更大量的消费。

蔬菜消费可能更是如此。如果简单从重量来考虑,改革以来蔬菜消费并没有显著的上升,甚或有所减少,如图 5.2 所示。但是,众所周知,改革时期城镇蔬菜供应比之前要多得多、质量好得多、品种也多得多。这具体反映于近年来蔬菜播种面积的增加,到 2010 年已经是 1980 年的足足六倍(见本书表 6.3)。同时,我们知道,高值和跨(反)季节的温室、拱棚蔬菜生产大量兴起(详见第七章),既提高了蔬菜的供应量,也提高了其质量。但是,从目前可能获得的数据来看,人均消费重量并没有上升,甚至有所下降。

我们要问:这是什么道理?问题首先是蔬菜的统计材料。蔬菜显然很不好统计。计划经济时代,农民多靠自留地的生产来供应自家蔬菜消费所需。进入改革时期,农家宅基地房前屋后的蔬菜生产仍然起到一定作用,但其具体产量与之前自留地生产的蔬菜同样不好统计。其次,新鲜蔬菜含水量高达 65%—95%,各种不同产品差异也较大。同时,蔬菜的实际消费量和总产量间的差距颇大。不同产品的废弃根茎比例不同,包装运输中的损耗也不同。即便是就地消费,也有一定程度的损耗,但损耗量不好统计。再则是根类蔬菜较重也较好保存,如马铃薯、胡萝卜、芋头、洋葱,大白菜亦然,而叶菜如菠菜、青菜、生菜、香菜、油麦菜、韭菜、卷心菜等相对较轻,也较快腐烂。改革之前前者消费较多,后者在改革后期消费较多,城镇和高收入人群尤其如此。因此,仅凭消费重量,看不出改革期间出现的蔬菜消费变迁。

食物结构的转型一定程度上是横跨不同收入群体的。根据国家统计局家计调查收入分组资料,鱼、肉、蛋、奶人均消费量随收入水平递增。纵向比较1995年和2005年的收入分组资料说明,动物蛋白消费量的提高不仅体现在高收入人群,也体现在低收入人群。比如,1995年城镇收入最高和最低的10%人口的肉类(猪、牛、羊、禽)消费量分别是人均30.2公斤和17.5公斤(国家统计局,1996:表9-10);到2005年,这两个极端收入组的肉类消费量分别增长为37.5公斤和23.7公斤(国家统计局,2006:表10-13)。只要中下层人群收入继续提高,高能量的动物蛋白消费量将继续提高。

四、食品消费的上升空间

在2007年的文章里,我们根据城镇平均和城镇中上层40%收入组的消费量,来估算全国食品消费量的上升空间(表5.1)。这样的估算可能比较保守,低估增长潜力,但可信度高,又避免了出现国际间比较统计口径不一和消费习惯不同的困惑。2005年城镇中上层40%的人均肉类、水产消费量分别为37公斤和15.6公斤,即每日约3两鱼、肉的水平。在我们看来,这虽未达到,但已逼近鱼肉消费量的饱和水平。量的饱和并不意味着消费的停滞。随着收入水平的继续提高,消费水平的进一步提升会更多地反映在品质要求上,不仅要吃得饱,还要吃得好。

在2007年的文章里,我们根据2005年之前的变化趋势估算肉类消费可能于10年间,即到2015年,便会达到饱和水平。水产则可能还要20年,到大约2023—2025年,才会达到如此的水平。在2012年的今天看来,城镇人均肉类消费已经基本达到我们当时估计的人均37公斤水平,而水产到2007年(之后便没有这样的数据)也已接近人均15.6公斤水平,今天也已接近饱和。

这样看来,今后肉—鱼消费的进一步提高将主要源自农村,而农村在这方面的变化则将主要与其收入水平挂钩。如果农村人均收入进一步上升到当前的城镇40%的中高层水平,农村肉食消费也应会接近饱和。

表5.1列举各种食品的全国人均量(公斤),再区分城镇和农村,然后给出城镇中上层40%的人均量(以2005年数据为主,因为2010年已经没有这样的数据)。据此,我们推测各类食品的上升空间。与我们2007年文章的推测相比,上升空间明显缩小:肉类从44%减到31%,其中绝大部分将来自农村。水产则因为欠缺2010年城镇消费数据,不好精确估计,但根据农村的数据(2010年5.15公斤,相对于2005年城镇40%中上层的15.62公斤),同样明显将来自农村。粮食的下降幅度则已从之前估计的51%下降到44%,下降速度显然比肉类的上升速度缓慢。

表 5.1 全国人均消费水平上升空间估计(2005 年,2010 年资料)

	全国		农村		城镇		城镇中上层40%		距城镇平均	距城镇中上层40%
	2005	2010	2005	2010	2005	2010	2005	2010	2005	2010
(公斤)										
肉禽	26.90	28.44	22.42	22.15	32.83	34.72	37.32		22%	31%
·猪肉	17.57	17.57	15.62	14.40	20.15	20.73	22.16		18%	26%
·牛羊肉	2.43	2.61	1.47	1.43	3.71	3.78	4.24		45%	63%
·家禽	5.95	7.19	3.67	4.17	8.97	10.21	10.92		42%	52%
水产品	8.21	—	4.94	5.15	12.55	—	15.62		—	—
鲜蛋	7.16	7.56	4.71	5.12	10.40	10.00	11.06		32%	46%
奶及奶制品	9.34	8.77	2.86	3.55	17.92	13.98	24.23		59%	176%
粮食	152.14	131.49	208.85	181.44	76.98	81.53	73.97		-38%	-44%
水果	34.17	36.94	17.18	19.64	56.69	54.23	70.62		47%	91%
鲜菜	109.29	104.70	102.28	93.28	118.58	116.11	124.64		11%	19%
食用植物油	6.77	7.18	4.90	5.52	9.25	8.84	6.77		23%	-6%

资料来源:国家统计局《中国统计年鉴》,2006;《中国统计年鉴》,2011。

这是因为人均粮食消费量的减低并不一定意味着对粮食的总需求会下降,相反,粮食消费的减少意味着肉食消费的增加。而畜牧业的发展需要更多的饲料,新增人口也需要粮食。

至于奶及奶制品,如果按照2005年中上层的消费来计算,上升幅度仍然较大(176%),但上面已经指出,这方面在近几年受到中国人消费习惯和部分人口消化乳糖困难所抑制,也受到"三鹿事件"的影响(虽然可能是短期的),可能会比我们的估计要低。但鲜蛋的消费则可能不会受到同样的抑制,人均数量说不定迟早会达到城镇中上层40%的水平。如此一来,上升空间还有46%,同样主要源自目前消费量相对低的农村人口。

上升空间最大的是水果,约91%。水果价格相对昂贵,消费量和收入水平紧密挂钩。2010年,农村人均消费和城镇中上层40%人口的人均消费差距较大,前者人均20公斤,后者70公斤。毋庸说,上升空间主要在于低收入人群。实际上会不会达到我们这里模式化的推测关键在于农村人民的收入水平。

此外,发达国家的水果消费水平是100—150公斤。水果消费水平偏低的一个因素可能是中国人还没有饮鲜果汁的习惯。随着冰箱的普及,水果和果汁的消费可能有较大上升空间。

简单、粗略地来概括,中国城镇中上层40%人口的食物消费模式已经近似亚洲发达国家和地区(包括日本、韩国、新加坡,以及中国台湾和香港等地区)的消费模式,比较接近英美和西欧的粮食:肉食:菜果的1:1:1模式。在重量上,根据我们上面所列数据,大约是1:1:2.5的比例,但鉴于菜—果含水量和废弃(譬如,叶菜根茎)比例较高,其实接近1:1:1的西方模式。同时,鉴于粮、肉、菜中粮明显水分最低,也许最恰当的表述是粮食4:肉鱼3:菜果3的比例。据此,过去以粮食为主食的模式也许可以概

137

括为8∶1∶1的比例。

五、前景

我们2007年的文章简单从上述三大历史性变迁的趋势以及假定生产技术没有显著的变化,来试图估计之后一二十年的劳均耕种面积、工作日数和收入。但是,根据笔者近几年来的研究,世纪之交后"旧农业"(即"大田"的粮食、棉花、油料)已经相当大规模地"资本化"——广泛采用机械和除草剂来节省劳动力(主要是因为非农就业报酬上升意味着农业劳动力"机会成本"上升)(详见本书第十章)。这是个大趋势,并且看来还有较大的扩增空间(譬如,从机耕扩增到更多的机耕、机播和机收)。今后,伴随农业就业人员数量的持续下降,劳均耕种面积无疑会逐步扩大,大田农业应该会达到15亩以上的适度规模。这本身也会加强农业资本化的激励。

此外则是生产高值产品的新农业种植业的扩增,主要是温室和拱棚蔬菜,也包括瓜果、蘑菇种植等。这种新农业是劳动和资本双密集化的农业。与露地蔬菜相比,一个劳动力只能种植一亩地的拱棚蔬菜,而不是四亩地的露地蔬菜。因此,一对夫妇只要两三亩地(即"中棚")便已达到全就业的适度规模,种植五亩的大棚便要雇工帮忙。如此的农业同时也是资本密集化的,因为拱棚需要资本投入,而高值、跨(反)季节蔬菜需要更多的化肥和良种投入。水果(例如苹果)种植同样是劳动和资本双密集的种植业。(详见本书第七、十章)

目前,达到以上规模的家庭农场仍在少数,2006年占比不到所有农场的10%(详见第十章)。2006年之后当然应该有所增加,但确切的数字尚有待2016年的农业普查。这样的农场收入较高,今后应该会有较大的扩增空间。

至于养殖业,目前依然以"种养结合"的小规模农场为主(例如,种植5—10亩玉米,养几十头猪)。但是,养殖业方面的规模化也有一定的发展空间。目前,使用最先进的自动化设备,一个劳动力可以管到240头猪。

本书后面几章将详细检视上述几种农业生产不同的趋势。至于今后一二十年的前景,因为不同的农业生产类型较多,而且不可测因素比较关键(国家将会主要支持哪种农业,龙头企业还是小农户?),我们这里就不再尝试2007年论文所作的预测。

可以确定的是,我们原先估计的几个主要趋势,即由于三大历史性变迁的交汇,人均粮食消费将大规模降低、肉—禽—鱼消费和生产大规模扩增、农业和消费结构完全转化,这些都已经显著呈现。伴之而来的是农业劳均面积的扩大、农业产值和农民收入的显著上升以及农业的相当程度的资本化(即单位劳动力资本投入的增加),但农业依然是以小规模家庭农场为主,农业雇工只占较低比例。下面几章将逐一检视这些新型的变化。

第六章
比较视野下的新时代农业革命

我们如果仅看主要作物(粮食、棉花、油料)亩产量,改革30年以来虽然有一定的提高,但在30年中只翻了一番。这不过是每年增长2%—3%的幅度,和改革30年前基本一样,和20世纪六七十年代部分发展中国家的所谓"绿色革命"相似。但是,我们如果从"大农业"(农、林、牧、渔)的总产值来考虑,就会看到很不一样的图景:总产值在同期中增加了近6倍(5.9倍),虽然和全国民经济的增长还有一定差距,但远远超过我们一般根据历史经验所理解的"农业革命"。本章的目的是说明这个新时代的农业革命的主要内容和动力,并把其置于全球和历史的视野来理解。

一、新时代的农业革命

表6.1列出三种主要农产品——谷物、棉花、油菜籽——历年

的亩产量。显然,在改革以来的 30 年中,谷物、棉花和油菜籽的亩产量都不过增加了一倍多一点,年增长率在 3% 以下(3% 的话,每 24 年翻一番),增长幅度和 20 世纪 50 年代到 70 年代差不多(参照表 4.1)。

表 6.1　主要旧农业农作物亩产量,1980—2010 年(斤/亩)

年份	谷物	棉花	油菜籽
1980	[401]*	81	123
1985	[546]*	118	183
1990	617+	118	185
1995	683	129	207
2000	697	160	223
2005	766	166	263
2010	810	180	260

*[ ]内是水稻、小麦平均数字
+1991 年数字
资料来源:《中国统计年鉴》,2010:表 13-16;《中国统计年鉴》,1983,1984,1987;参照第四章,表 4.1。

但是,从产值来看,就会清楚看到,这 30 年间"大农业"(农、林、牧、渔)的总产值增加了 587%(按可比价格计算)(表 6.2)。其中,种植业("农业")产值增加了 407%,而"牧业"——主要是养殖业——则增加了 1043%,渔业更增加了 1904%。

表 6.2 农林牧渔总产值指数(以 1952 年为 100)

年份	总产值	农业产值	林业产值	牧业产值	渔业产值
1980	224.9	203.6	1014.8	306.4	1270.7
1985	333.4	291.2	1372.1	508.2	2263.0
1990	420.5	356.7	1601.1	704.4	4238.2
1995	602.2	439.7	2298.8	1237.7	8915.6
2000	807.8	549.6	2808.5	1811.4	14 074.0
2006	1100.7	704.2	3550.5	2649.3	19 496.5
2010	1320.2	828.3	4681.9	3195.5	24 198.4

* 按可比价格计算。

资料来源:《中国农村统计年鉴》,2008:111,表 6-22;《中国农村统计年鉴》,2011:表 6-22。

显然,这 30 年来的农林牧渔总产值提高的来源主要不在种植业的单位亩产量的增长(亦即传统意义的农业革命),而在于农业结构的重组,主要是高值农产品在农业中所占比例的提高。上一章已经详细统计和说明,中国食物消费正从传统的 8∶1∶1 比例,即八成粮食、一成肉(—禽—鱼)食、一成蔬菜(—水果)快速转化,当前的比例可能约为 5∶2∶3,而中、低收入者的消费水平如果能够进一步提高,转化的终点可能将是 4∶3∶3。本书之所谓"新农业"(区别于传统的粮食、棉花、油料作物)包含的是菜—果、肉—禽—鱼、蛋—奶等高值农产品的生产。

这个转化背后的动力主要是国民经济的大规模发展,尤其是非农部门收入的提高。农民进入城镇打工,凭非农就业的收入来辅助其农业收入,也起了一定的作用。伴之而来的是食物消费需求上的转化,特别体现于对肉鱼和菜果的需求。出于如此的市场上的消费需求的转化,导致了农业结构的转化,引起了大规模的从传统的以粮食为"主食"的种植业向菜果种植以及种养结合的饲养业的转化。

由此而来的是菜—果种植和畜—禽—鱼养殖的快速扩增。如表6.3所示,前者可以见于蔬菜的播种面积的加大,从1980年的0.47亿亩到2010年的2.85亿亩,达到之前的606%,以及同时期水果播种面积的扩增,从0.27亿亩剧增到1.73亿亩,是之前的641%。1980年,蔬菜只占到总播种面积的2.2%,水果1.2%,菜果共3.4%。2010年,蔬菜占到总播种面积的11.8%,水果7.1%,两者合并起来达到18.9%。这是个非常激剧的变化。

表6.3 蔬菜、水果播种面积(亿亩)和比例

年份	蔬菜(含菜用瓜)	蔬菜(含菜用瓜)%	果园	果园%
1980	0.47	2.2%	0.27	1.2%
1990	0.95	4.3%	0.78	3.5%
2000	2.28	9.7%	1.34	5.7%
2010	2.85	11.8%	1.73	7.1%

资料来源:《中国统计年鉴》,2011:表13-1;《中国农村统计年鉴》,2011:表7-3;《中国主要年份主要农作物播种面积、产量和单产统计(1949—2008)》,2008.12.31。

肉类(猪、牛、羊肉)的增长同样。可以见于肉类的产量,从

1980年的1.2千万吨增加到2010年的7.9千万吨,约等于1980年的660%(《中国统计年鉴》,1983:178;2010:表13-19)。①

表6.4 主要农产品所占播种面积比例与农林牧渔总产值比例

年份	蔬菜播种面积%	产值%	水果播种面积%	产值%	谷物播种面积%	产值%	牧业产值%	渔业产值%
1990	4.3	—	3.5	—	—	31.4*	15.8	5.4
2000	9.7	14.4	5.7	4.2	54.6	17.4	18.6	10.9
2010	11.8	18.8	7.1	7.9	55.9	15.9	30.0	9.3

* 粮食作物合计(该年没有"谷物"统计数据)。产值按当年价格计算。

资料来源:《中国农村统计年鉴》,2011:表6-14;2002:表6-14。

在产值上,菜果每亩产值要比粮食等高出将近五倍。从表6.4我们可以看到,2010年谷物所占农林牧渔总产值的比例只有其所占总播种面积比例的28.4%,而菜果在产值上所占比例则比其所占播种面积比例高出41%。至于肉类,我们不能计算其所占播种面积的比例,但其所占农林牧渔业的总产值比例在2010年已经达到30%。加上渔业所占的9.3%,达到农林牧渔总产值的39.3%(《中国农村统计年鉴》,2008:99,表6-13)。1978年,肉—鱼才占总产值的17%。显然,菜—果和肉—鱼乃中国新时代的农业革命的主

---

① Longworth,Brown和Waldron(2002)详细研究了肉牛产业从1980年到2000年的发展,产出上升了足足20倍,达到1亿头牛的规模,并称之为"牛肉革命"(beef revolution)。

要组成部分。

当然,"大田"种植的粮食、棉花和油料作物的"旧农业"也不容忽视。上文已经看到,30年来它们的增长幅度约一倍(而且,谷物最近10年基本年年丰收)。同时,我们在第八章中将会看到,即便是"旧农业"也在最近15年中经历了比较显著的"现代化"("资本化"),在机械、化肥、农药、种子等方面的投入都有不容忽视的提高,已经变成比较高度现代化的"旧农业"。但是,和"新农业"相比,其增长幅度要相对小得多,其在农林牧渔总产值中所占比例也越来越小,2010年只有15.9%。

二、"隐性农业革命"

笔者在2010年出版的《中国的隐性农业革命》一书中,把上述的变迁称作"隐性农业革命"(黄宗智,2010e)。之所以说是"隐性"是因为一般的观察都没有突出食品消费和农业结构的转化。传统的农业革命主要见于作物单位面积产量的变化,而这里讨论的变化幅度在种植业的产量里并不那么显著。同时,种植业的数据反映不出饲养业的大规模发展。因此,仅从一般意义的"农业革命"视野来看,以上的变化很容易被研究者忽视。

能够凸显上述变化的不是产量,而是产值。但是,直到20世纪90年代末,统计局在种植业产值数据上,偏偏没有区分粮食与蔬菜,没有凸显蔬菜在种植业发展中所起的作用。部分原因是蔬菜的众多特点。首先,可储藏期较短、腐烂率较高,又有相当部分被种植户自己消费,进入市场的比例较低。此外,蔬菜水分较多,或者去皮、叶子等之后，实际食用部分占产量比例较低——整体上说，比较难精确统计。至于肉—鱼，统计局把饲养纳入了不甚对称的"牧业"范畴，容易引起是在草原地带放牧（对西方研究者来说尤其如此）和与中国大部分地区的农业无关的错觉。诸如此类的因素，使这里所讨论的农业转化容易被人们忽视。

在话语层面上，这个转化体现于之前人们常用的"主食"与"副食"两词以及其所代表的传统食物消费结构的逐渐消失，但是，至今尚未形成新的替代性概念。这个结构性的转化主要体现于人们日常生活中的改变，比过去更多地使用肉、鱼、蛋、奶、蔬菜、水果等具体词汇，总的作用是替代了原来的"副食"范畴。但是，在这个话语习惯的变化中，并没有把这些具体用词综合出一个总体性概括，来表达菜—果和肉—禽—鱼等非粮食食品的整体，也因此并没有能够突出我们这里讨论的转化。目前，中国农业和涉农话语中仍然看不到对这个基本转型的表述。为此，除了一些公式化的词汇（诸如农业"现代化""产业化""转型"等），缺乏更精确的概念和表述。

此外，传统意义的农业革命的动力一般都来自农业本身，例如英国农业革命中的牲畜放牧与使用、现代西方农业革命中的机械和化肥使用，以及20世纪六七十年代部分发展中国家的"绿色革命"中的科学选种与化肥使用。中国的这个"隐性农业革命"的动力则主要先来自农业之外，来自消费需求转化所导致的农业结构转化以及其所附带的产值变化，而后导致农业本身的一系列变化，与传统的农业革命很不一样。因此更容易被忽视。

由于以上种种原因，当代中国经济（史）的综述，诸如国内吴敬琥的(2005:第三章)和美国巴里·诺顿(Barry Naughton)的(2007:第十、十一章),都完全忽视了这个非常重要的变化。精明如全球经济史家麦迪森(Angus Maddison),在他最新的关于中国经济以及中国农业的相当详细的论述(Maddison,2007:71—76)中,同样完全忽视了这个变化。笔者通过中国知网检索,看不到有关"农业革命"或"食品消费转化"主题的研究。这也是笔者把这些变化称作"隐性农业革命"的重要原因。

三、新农业与旧农业

我们需要区别新兴的高值农产品生产和以往的相对低值农产品生产。世纪之交(2003年),"旧农业"的粮食生产仍然主要是以口粮地模型进行的,一半以上仍然为生产者本人所直接消费。① 而在(同年)人均只有2.4播种亩,劳均7.3播种亩的现实下,粮食种植基本仍是一种过密化/内卷化(或"就业不足"或"隐性失业")型的生产——耕地严重不足,距离耕作者劳力所能耕种的"适度规模"很远,故称之为"过密"型的耕作。② 粮农平均每亩粮食投入11天,以劳均7.3播种亩计算,每粮农每年劳均投入约80天(《中国农

---

① 根据《中国农村统计年鉴》所给出的数据,2003年每亩粮食(三种粮食平均)的344.2公斤产量中,166.4公斤被出售,即48.3%。2007年,这个"商品率"上升到67.5%。(《中国农村统计年鉴》,2004:261,表10-3;2008:247,表10-3)
② 作者所用"过密化"的原意是突出在边际报酬递减下的劳力投入,与相当比例的雇人机耕的现象似乎并不相符。其实,雇人机耕的现象很好解释:在大规模的非农就业情况下,农业劳动力的"机会成本"相对升高,也因此引起与以往不同的对农业"辛劳度"的主观意识,因此大多宁愿出钱购买机耕服务。

村统计年鉴》,2004:261,表 10-3),显然距充分就业较远。如果没有其他就业机会,他们显然处于"隐性失业"或"就业不足"状态。

"新农业"的高值畜—禽—鱼和菜—果生产则很不一样,其中显示的是越来越多的劳动和资本双密集化的适度规模生产。首先,其每亩地用工较多,也就是说每劳动力所需土地面积较低。根据统计局同一年(2003 年)的数据,每亩苹果需工 38 天,3.5 倍于粮食。如果按照劳均 7.3 亩计算,每年工作 277 天,已处于充分就业和适度规模状态。用塑胶拱棚种植蔬菜,一个劳动力只需要一亩地,是露地蔬菜的四分之一(尚庆茂、张志刚,2005),比较容易达到适度规模和充分就业。规模养猪则为每头猪需工 4 天,一个"种养结合"劳动力如果养上 35 头猪(5 头 1 亩),需工 140 天,另加 80 天种粮食,也已接近"充分就业"状态。如果饲养蛋鸡、肉鸡、奶牛、水产品等,需工更多,用地也更少。(《中国农村统计年鉴》,2004:261,274,276—277,278—279,280—281)

同时,这些新农业需要较多的资本投入,如种植蔬菜用的塑料拱棚、"秸秆养殖"所用的生物剂、规模养殖的畜舍、淡水养殖的鱼塘。本书第八章将详细统计新农业所用的固定和流动资本投资。

这种新型小农场的劳动收益高出粮食甚多。根据 2004 年《中国农村统计年鉴》的数据,苹果(水果生产中,统计局只有关于苹果的系统数据)种植每劳动日净报酬要比粮食高出 40%。规模养猪的净收入则要高出粮食种植 50%;同时,也比农户散养猪要高出 80%。肉鸡、淡水鱼和奶牛的饲养则更要高出粮食种植 260%(同上)。这样的变化正符合笔者称作"发展"(即附带劳动生产率[每工作日报酬]上升的变化,区别于"增长",即没有发展的总产量上升)的关键条件。今天,新、旧两种农业活动已经形成比较鲜明的对照。

2010年,中国的农业从业人员的劳均播种面积已经从2003年的7.3亩上升到9.3亩。上面已经说明,新农业播种面积所占比例以及其产值所占比例也都已显著增加。在下面两章中,我们将详细检视小规模新农业在今天的农业中所占的比例,以及其在农业固定和流动资本投入中所占的比例。同时,也将检视旧农业近15年来在资本投入方面的增加。毋庸置疑,中国今天的农业已经完完全全地走上了上面所说的"新时代的农业革命"的道路,与我们过去的思维中所考虑的农业革命十分不同。

四、中国大陆、台湾地区与英国、日本和韩国的农业历史相比

为了更明确、清晰地说明中国新时代的农业革命的特征,下面我们转入中国与其他国家农业经济史的比较。中国农业所走的道路一直都和其他国家很不一样,不仅和英国不同,也和一般所谓的"东亚模式"不同。

(一)与英国的不同

本书从18世纪中国最发达的长江三角洲和英格兰之间的比较开始,说明中国农业变迁与西方典型农业发展的不同(第二章)。前现代时期,中国是高度劳动密集的单一种植业农业制度,平均每

个农场规模仅为1.25英亩,英国的则是低劳动密集的混合种植业和牧业的农业制度,其农场平均规模达125英亩。在长江三角洲,牲畜放牧和饲养由于人口压力而基本被排除。正如农业经济学家卜凯(1937a:12)多年前所指出的,供养肉食人口所需要的土地是供养粮食人口所需土地的六七倍。英格兰则具有足够的土地来支撑一个肉食+农作物的农业制度。如此不同的土地/人口"要素禀赋"严重抑制了中国现代农业的发展,即劳动生产率的提高。

在18世纪中国的长江三角洲,农业变迁主要体现在单位面积土地劳动投入的增加。例如,从水稻转入棉花,其所需要的劳动投入是水稻的18倍(包括纺纱和织布),其收益则远远不到那样的比例;又例如,从水稻转入蚕桑,所需要的劳动投入是水稻的9倍,其收益却只有三四倍。如此的变化是"内卷型商品化",因为从粮食转入棉花/蚕丝生产意味着进一步的商品化。其结果是总产值的上升,但是以单位劳动力或劳动日产出/产值的显著递减为代价来实现的。

而已经开始进入现代化农业生产的18世纪英格兰则很不一样,每劳动力的产出上升了几乎一倍,主要得助于畜力的使用。这是在圈地运动之下,混合种植业与畜牧业(此前在共有土地上放牧)的结果,其典型是所谓诺福克的小麦—芜菁—大麦—三叶草轮作制度,小麦和大麦供人食用,芜菁和三叶草用来喂牲畜和恢复地力。如此的劳动生产率上升意味着到了18世纪末,仅占总人口1/3的农业人口,能够为其余的2/3的人口提供足够的食品。

农业劳动生产率的提高为英国后来的经济变迁作出了一系列的贡献:它为非农部门释放了劳动力,首先是城镇的"早期工业化"

的手工业,继之是后来的制造工业。同时,农业收入的上升也为当时(包括农村在内的)"消费革命"提供了条件。城镇化与蓬勃的城乡交换,催生了亚当·斯密所展望和抽象化的分工、竞争、规模经济效益以及螺旋式经济发展。此外,城镇早期(手)工业发展(主要是纺织业)为人们提供了在家庭农场之外的可能生活来源,因此而导致了"人口行为转型",主要是较早结婚和较高的结婚率。另外,科学和技术革命为工业制造业提供了条件,其能源则来自英格兰早先发展的煤炭业(毋庸说,后来不列颠帝国主义、殖民主义掠夺和榨取也为其经济发展提供了特殊条件)。以上众多半独立半关联的变迁的交汇构成了不列颠工业革命的起源。

在英格兰,早期手工业发展很快便变成一个城镇的现象,其劳动者由此得到了独立于家庭农场的生计,而那样的独立能力允许他们较早结婚和更高比例地结婚;在中国,棉纺织则和家庭农场紧密缠结、相互依赖,不能分别为人们提供生计。棉花种植与纺纱和织布形成了所谓花—纱—布"三位一体"的农场生产组织,分别为一个农户提供其部分生计。属于上层阶级消费品的丝绸生产则稍有不同;其植桑、养蚕和缫丝被整合在一个家庭农场之内,但需要较昂贵织机和较高技术的丝织这一环节则多被分离开来,并能为其工作人员在城镇提供生计,高档丝绸产品尤其如此。虽然如此,中国农家的手工业(贴切地被称作农家的"副业")与18世纪英格兰的早期工业化以及伴之而来的城镇化的差别仍然是非常鲜明的。

中国的经历之所以与英格兰不同,关键在于其人口和劳动力相对过剩。这是笔者在第九章中与农业发展理论家舒尔茨对话的中心论点。舒尔茨的论点来自一种原教旨市场主义视角,他认为,即便是在印度(和中国)那样的传统农业经济中,由于市场机制在资源配置上的作用,人口过剩不可能存在。他从理论前提出发,认为劳动力必然和其他的生产要素一样,是个稀缺资源。为此,他拟造了一个"零价值"劳动力的稻草人,来论证理性经济人不可能为零报酬而劳动。但是,我们对中国18世纪到20世纪50—80年代的现代农业投入(化肥、科学选种与机械化)的中国农业的详细回顾,则说明与此十分不同的历史实际。事实是,市场经济必须和人口压力联系在一起予以理解,而不是像舒尔茨那样将两者隔离开来,无视人口压力。符合实际的概念是劳动力的相对过剩和报酬递减,不是零报酬的绝对过剩。第二章中提到的"内卷型商品化"便是很好的例子(亦见黄宗智,2008a)。

(二)与"东亚模式"的不同

在英格兰之外,另一个能说明问题的比较对象是日本。人们也许会认为日本是"东亚模式"的典型,与中国相似,其土地/人口比例远低于英格兰。但进一步的检视说明,日本和中国十分不同。首先,它得助于较早的人口转型,早在明治维新之前的一个半世纪中便已进入低人口增长状态(Smith,1977;Hanley和Yamamura,1977)。其后,在19世纪80年代到20世纪50年代现代投入(主要是化肥和科学选种)进入的时期,因为工业蓬勃发展并吸收了大量的劳动力,其农业人口总数基本没有增加(Hayami,Ruttan和Southworth,1979:11—12)。结果是现代投入所带来的效益几乎完全呈现于农业劳动生产率和收入的提高,达到每年2%的幅度,也就是说,每36年便翻一番。(Yamada和Hayami,1979)(当然,在日本的模式中,农业革命不一定起到了像英格兰那样的引擎作用;更显著的是工农业的相互推进。)

正如我们在第四章已经详细说明的,与此十分不同,中国在其现代投入进入农业的时期,即1950年到1980年间,人口每年增加约2%,而农业产出则每年只提高了2.3%(Perkins和Yusuf,1984:第二章)。结果农业变迁的型式主要是单位面积劳动投入进一步密集化,而不是借助现代投入来节省劳动力或提高劳均产出,最后是农业劳均产出/收入几乎停滞(以每劳动日计算,则完全停滞)。工业则在同时期中每年平均增长11%。结果是国民经济中非常显著的城乡差别。这段时期的中国经验可以描述为没有农业发展的工业发展(参见Perkins和Yusuf,1984:第四、六章)。

前面已经提到,拖拉机在长江三角洲所起作用是导致了进一步的劳动密集化。拖拉机使此地农业在水稻和冬小麦之外再加上一茬成为可能,变成早稻+晚稻+冬小麦的一年三茬制度。但第三茬的种植意味着每劳动日报酬的递减。化肥和高产品种的介入因此并没有导致劳动生产率显著提高。(第四章;亦见Perkins和Yusuf,1984)当然,国家为了保证城镇供应而在计划经济下强制压低农产品价格(也是为了增加从农村提取的剩余,用来发展城镇和城镇工业化),也是农业生产劳均产值偏低的重要原因,结果是更加严重的城乡差别。

另一能说明问题的是与中国台湾地区和韩国的比较,它们也属于所谓"东亚模式",是在日本之后的农业现代化例子。它们与中国大陆农业的不同主要来自在日本殖民政府统治下那段历史。殖民政府的目的虽然是维护日本本国的利益,但是在农业方面确实带来了一些重要的现代化措施,包括灌溉面积的扩大以及化肥和科学选种的供应。

在中国台湾地区,农业人口虽然和后来中国大陆一样,每年增长了约2%,但是,其农业产出增长得更快,在1917年到1937年达到每年3.6%的增长幅度(Teng-hui Lee[李登辉]和Yueh-eh Chen,1979:78)。Samuel Ho证实,在1910年到1940年间,化肥投入提高了7.3倍,此外则是科学选种,都主要由殖民政府提供(Ho,1968:318)。Alice Amsden在她的总体回顾论文中,估计农业劳均生产率在日本殖民统治的50年中,大约增加了一倍(Amsden,1979)。也就是说,相当于18世纪英国农业革命的幅度,而且是在约一半的时间之内做到的。① 这为后来中国台湾地区的整体经济发展作了铺垫。

韩国农业的现代发展(即农业劳动生产率的提高)历史则界于中国台湾地区和中国大陆之间,其人均产出要高于中国大陆,但低于中国台湾地区。与中国台湾地区相似,其农业现代化始于日本统治时期。Kenneth Kang和Vijiaya Ramachandran证实,日本殖民政府实施了两大政策:一是扩大灌溉面积16倍,从1万公顷到16万公顷;二是提高化肥使用率,从1920年的1.5公斤/公顷到1940年的208公斤/公顷(Kang和Ramachandran,1999:792,表6)。在此期间,韩国农业人口每年增长了0.87%,但是农业产出则增长得

---

① 另一个重要因素是,在中国台湾地区,国民党领导阶层和当地地主阶级并没有像在大陆那样的千丝万缕的关系。因此,比较容易实施土地改革。

多得多。韩国学者Song Hwan Ban说明,农业产出增长率虽然在1920—1930年间只达到0.5%的幅度,但到了1930—1939年间,提高到年2.9%,主要来自高产的水稻科学选种和与之相应的化肥投入(Ban,1979:92—93)。Ban论证,在1918—1971年间,韩国农业劳均生产率平均每年上升了1.4%,也就是说,总共翻了一番还多。(Ban,1979:105)这就为韩国比中国大陆更早进入农业现代发展作了铺垫。

毋庸说,正如许多分析者所指出的那样,如此的发展背后还有众多其他的因素,尤其是国家所扮演的角色。这里我们还要特别提到后来大量(相对于中国台湾地区和韩国经济规模而言的)美援所起作用,它不仅援助了农业发展,也促使非农发展达到能够吸收足够劳动力的程度,使中国台湾地区和韩国能够避免出现像中国大陆那样的内卷型变迁。正如Ban指出,美国政府在提供化肥方面起了很大作用。这是所谓"绿色革命"的根本条件(Ban,1979:112)。农业劳均产出因此能够达到比农业人口增长要高出一定比例的幅度,结果是比中国大陆要高得多的人均产出和收入。而那样的发展则使相似于英国经验的城乡交易(以及农产品出口)成为可能,促使中国台湾地区/韩国在20世纪80年代末便在人均GDP上达到了"发达国家/地区"的水平。

纵览中国大陆与东亚模式的不同,其中关键在于中国大陆的人口压力负担要远高于日本。而相对中国台湾地区和韩国来说,其间差别虽然没有和日本那样显著,但是,也足以解释为什么中国台湾地区和韩国能够在农业现代化的初级阶段("绿色革命"阶段),便已克服农村劳动力过剩(过密化)的问题,并因此能够把全人口人均收入提高到发达国家/地区的水平,而中国大陆则在同时期仍然处于欠发达国家的人均收入水平。其真正的现代化革命——农业劳动生产率的提高——尚需等待"绿色革命"之后的动力,即上述全国民经济快速发展所带来的食品消费和农业结构转型。

为了给这里的讨论一个量的纬度和概念,我们不妨看一下比较经济史家麦迪森对以上各个国家和地区的人均 GDP 的合理猜算。笔者说"合理",是因为他没有受到新近来自意识形态时尚的影响,这一时尚试图论证18世纪中国没有人口压力,坚持18世纪英国并没有经历一个农业革命,借此来满足其所谓"去西方中心化"的愿望(愿望虽然可取,但其经验论述不符合实际)。[1] 我说"猜算",是因为关于传统经济的数据一般都来自轶事性的证据,而不是现代的系统统计。但麦迪森那样的猜算还是有一定价值的,因为它为我们的讨论提供一个大约的量的概念,可以视作数字化的叙述。关键问题仍然是这些数字经不经得起我们上面指出的质性逻辑的检验。表6.5汇集了麦迪森猜算中和我们话题有关的数据。

---

[1] 引用麦迪森本人的话来说明:"(Paul)Bairoch……提出,1800年的中国要比西欧发达……他从来没有为这个十分不可能的图像提供证据……Andre Gunder Frank (1998:171,284)则引用了 Bairoch 而写道,'1800年前后,欧洲和美国,在长时段落后之后,突然在经济上和政治上赶上了亚洲'。彭慕兰(Pomeranz,2000)引用 Bairoch 的时候比较谨慎(第16页),但他对[清代]中国的情有独钟则促使他得出同样的结论。他说(第111页),'我们没有理由认为西欧人在1750年,甚或1800年,比他们同时期的、高人口密度的"古老世界"区域具备更高的生产力'。"(Maddison,2001:47)

表 6.5　中国与相比国家和地区的人均 GDP(国内生产总值),
1700—2003 年(以 1990 年"国际美元"计算)

年份	不列颠	中国大陆	日本	中国台湾地区	韩国	印度
1700	1405	600	570			550
1820	2121	600	669			533
1913	5150	552	1387			673
1950	6907	439	1926	936	770	619
1978		978	12 584	5587	4064	966
1998	18 714	3117	20 413	15 012	12 152	1746
2003		4803	21 218			2160

资料来源:Maddison,2001:90,表 2-22a;Maddison,2001:304,表 C3-c;2003。数据来自 Maddison,2007:44,表 2.1。

在以上的讨论中,已经说明了这些数字背后的动力:英格兰如何在 18 世纪便已走上现代人均产出发展的道路,远在中国之前;日本如何能够在 1880 年到 1950 年间便成为亚洲第一个进入这样的现代化发展的国家;以及中国台湾地区和韩国如何在 1950 年之后,由于其在日本殖民统治下的基础,进入了现代人均 GDP 发展。麦迪森的数据,如果谨慎看待,可以为我们提供以上质性叙述的量化维度。正如麦迪森的数据所显示,中国大陆农业的历史经历最终与印度最为相似,迥异于英格兰所展示的西方经验,以及日本和中国台湾地区/韩国所展示的"东亚模式"。下面我们转入中国和印度的比较。

五、中国新时代的农业革命与印度的比较

中、印两国农业相似的主要原因是两国相对其人口而言的土地资源短缺,以及其土地/人口比例日益下降的共同特征。在这样的资源禀赋限制之下,20世纪六七十年代的所谓"绿色革命"只起了很有限的作用,两国每年2%的人口增长蚕食掉了由现代投入所可能带来的劳均生产率发展。正如表6.5显示,在1950年到1978年间,其人均GDP虽然有所提高,但更显著的发展则要到20世纪80年代之后方能得见。

在两国这方面的基本共同之外,这里也应该注意到,麦迪森提供的中国与印度1978年的人均GDP几乎完全相同的数字,既说明了不少问题,但同时也掩盖了不少差别。正如德雷兹(Jean Drèze)和(诺贝尔经济学奖得主)阿马蒂亚·森(Amartya Sen)详细论证的,当时中国虽然贫穷,但它在几乎所有的社会发展指数上都远远超过印度:从相似的1960年的底线出发,中国把其婴儿死亡率从(每1000名诞生的婴儿中有)150降低到1981年的37,而印度则只从165降到110;同时期,中国把其人均寿命从47提高到68,而印度只从44提高到54;中国把男子识字率提高到68%,而印度只做到39%。Drèze和Sen强调,在健康和教育上的如此差别,是中国在1978年之后更加成功发展的重要成因(Drèze和Sen,1995;第四章;亦见Saith,2008)。他们所论证的社会发展对经济发展的重要性正是国际劳工组织(ILO)以及世界银行的社会发展部(Social Development Department)和社会与劳动保护部(Social and Labor

Protection Unit)等单位的主导思想。

表 6.6　社会发展指标,中国与印度的比较,1960—1991 年

国家	年份	婴儿死亡率 (每千名诞生的婴儿)	出生时 预期寿命	男子 识字率	女子 识字率
中国	1960	150	47.1		
	1981	37	67.7	68	51
	1991	31	68.3	87	79
印度	1960	165	44.0		
	1981	110	53.9	39	26
	1991	80	59.2	64	55

资料来源:Drèze 和 Sen,1995:64,表 4.2 和 71,表 4.5。

麦迪森的数字所能说明的是另一重要事实:1978 年之前的中国经济发展要比印度成功。中国的人均 GDP 在 1950 年要比印度低,439(国际)美元相对于 619 美元,主要是因为几十年战争的破坏。要在 1978 年达到和印度相等的人均 GDP,中国在计划经济时代的增长率显然要高于印度(根据麦迪森的数字,总量是 223%,相对于印度的 156%)。世界银行的一项研究指出,中国的人均 GNP 在 1959 年到 1979 年间年均增长 2.7%,几乎相当于印度年均增长率(1.4%)的两倍(引自 Drèze 和 Sen,1995:67)。毋庸说,这主要是因为中国当时可观的工业发展,根据珀金斯和 Yusuf(1984)的比较

权威的研究,1952年到1980年间每年增长11%。①

至于今天在中国进行的新时代农业革命,一定程度上也可见于印度。我们上面已经说明,中国现今的农业革命动力主要来自食品消费变化所导致的农业结构转型,而印度近年来的农业也显示了类似的变迁。正如 Ashok Gulati 指出,印度在1977年到1999年间,农村人均粮食消费从192公斤减少到152公斤(城市则从147公斤减到125公斤),而农村水果消费则上升了553%,蔬菜167%,牛奶和奶产品105%,肉—蛋—鱼85%(Gulati,2006:14)。这些变化显然和中国相似。

上面已经说明,如此的变化很容易被忽视,因为研究者习惯主要从某些作物产出绝对量的上升来探寻农业革命,主要是两种类型:英国的古典模式,通过畜力使用来节省劳动力和提高劳均产出,其后则是(以马力计算的)机械化;此外则是所谓"东亚模式"或"绿色革命",所依赖的主要是化肥和科学选种。两种革命都主要体现于单位土地面积上绝对产量的上升。但是,在近20年的印度和中国,其正在进行中的农业革命则主要体现于更多地生产高值产品,主要是产值的上升,而不是主要作物产量的上升。

中国和印度的不同之处在于伴随上述变迁而来的社会构成变化。印度的模型比较符合古典的"资本主义",接近列宁在《俄国资本主义的发展》(1956[1907])中所试图论证的模型,即农村社会朝向资本主义农场主(富农)和农业无产工人两极分化。2000年,印度农业从业人员中已有45%是无产工人(1961年只有25%),其中

---

① 但其人均 GDP 的绝对数仍然很低,和印度一样,显然是因为其人数庞大的农业部门的低劳均生产率。

一半处于贫困线以下,无疑已走上了传统意义上的资本主义途径(Dev,2006:17-18)。

中国则十分不同。在承包地制度下,土地使用权被一村一村地均分给村民,因此,中国的农民没有像印度那样"无产阶级化"。农业收入虽然很低,但即便是最贫穷的农民也占有承包地的使用权利,其所起作用相当于一个生存的安全网,防止了完全的无产化(此点将于下一章详细讨论)。此外,在青年农民外出打工的同时,部分中年以上的农民抑或妇女,可以继续耕种其家庭承包地,保有其使用权。因此,无产农业工人在中国仍然比较少见。在这点上,应该主要归功于土地承包制度。目前,中国的国家领导人看来仍将坚持延续这个制度,即使已有众多的新古典经济学家提倡将其废除,借以建立明晰的私有"产权",以便达到高"效率"的"资源配置",就如新古典经济学教条所预期的那样。[①]

中国和印度贫困人口数量和比例的不同是比较明显的。根据世界银行2008年的报告,2005年印度人口足足有42%仍然生存于贫困线之下,即日用1.25美元以下(虽然已明显低于其1981年的60%)。其中,半数是无产农业工人(Dev,2006:19)。中国则只有全人口的15.9%生存在这个贫困线之下,相对于其1981年的85%(World Bank,2008;亦见本书第四章)。

当然,这里也要提到中国近30年比印度快速的全国民经济的增长,世纪之交人均GDP已经达到印度的两倍以上(见表6.5所列

[①] 有的则更引用德索托(Hernando De Soto)的理论,认为土地产权之能够被转化为资本乃是西方资本主义发展的关键条件,其不能如此则是发展中国家不能够同样发展的关键原因(De Soto,2000)(这个问题下面还要讨论)。

麦迪森的猜算）。如此快速的 GDP 增长无疑加大了隐性农业革命的效应，尤其是高值农产品的消费以及伴之而来的农业生产结构和收入的转化。它无疑是中国减少贫困的一个非常重要的因素。当然，改革时期的高速增长也是此前在计划经济下增长的延续。我们上面已经看到，中国 1959—1979 年的增长率将近达到印度增长率的两倍。

最后，我们也许应该指出，过去的研究常常被意识形态所左右。许多学术精力被花费在关于殖民主义和帝国主义经济影响的好坏论争中，以及计划经济和市场经济的好坏论争中。这些论争多聚焦于资本主义与社会主义的优劣问题之上，而真正基本的土地相对人口问题，以及其对提高劳动生产率的影响，则相对被忽视，甚或像在舒尔茨的理论中那样，被视作根本不存在。[①] 本书强调，我们要从意识形态化的问题返回到基本经济条件本身。一个相对优越的土地/人口比例允许借用畜力来节省劳动力，由此提高劳动生产率，在现代则借用机械化来节省劳动力。在另一端的土地/人口比例的经济中，则排除了如此的可能。现代发展需要等待别的现代投入，主要是科学选种和化肥，通过提高土地生产率（而不是节省劳动力）来提高劳动生产率。那是日本的模型，其后则适用于中国台湾地区与韩国，但在中国大陆和印度，那样的增长则几乎全被人口增长所蚕食掉。

中国和印度的人口压力是如此沉重，要提高农村人民的收入，需要的是一种新型的农业革命，即主要来自非农经济发展所带来

---

① 关于印度学术界中的这些问题，参见 Roy，2002。

的消费转型和市场需求。其向高值农产品的转向赋予农业人员较高的人均 GDP,主要不是体现于绝对产量的上升,而是体现于产值的上升。中国(和印度)农业当前所面临的机遇正是来自这样的去内卷化的劳均产值发展。

第七章
没有无产化的资本化*

一个世纪以前,关于俄国农业的经验事实及其变革方向,列宁和恰亚诺夫曾有过截然不同的观点。列宁认为,伴随着农业资产阶级(富农)的兴起,农业雇工的数量在快速增长。基于马克思和恩格斯的理论传统,列宁认为,资本主义是俄国农业发展的主导方向,因此农村和城市一样,也需要一场社会主义革命(Lenin, 1956 [1907])。而恰亚诺夫则认为,与资本主义农业有着原则性区别的农民家庭农业将长期持续,并且继续占主导地位。因此,俄国需要的既不是资本主义也不是农业集体化,而是在一个市场经济环境

---

* 本章原稿是 2012 年 3 月在《开放时代》发表的《没有无产化的资本化:中国农业的发展》论文。该文由黄宗智执笔,高原提供山东省聊城市和耿店村的微观研究,彭玉生和高原分别承担表1、图1和图2;中文翻译由高原拟稿,黄宗智、彭玉生修订。作为本章纳入此书,论文经过一定的修改和更新,但因是合作稿,保持了原文对各位合作作者所采用的对第三者的称谓。

中,通过农民合作组织,为家庭农业提供"纵向一体化"(从生产,到加工,到销售)(Chayanov,1986[1925];Shanin,1986)。这是当时关于俄国农业的主要分歧。后来,恰亚诺夫及其同事被斯大林杀害,俄国农业走上了集体化的道路,而计划经济体系也被全面确立。

现在,当集体化农业和计划经济在苏东国家及中国式微之后,这一老问题再次浮出水面,只不过从前马克思主义和"农民经济理论"之间的分歧,现在已经变为新自由主义和"农民经济理论"之间的分歧。在前者眼里,中国和其他发展中国家,农业发展的经验事实和发展方向,是资本主义的(也就是说,基于大规模雇佣劳动的农业),并且应该如此。在改革时期,中国关于农业和农村发展的话语中,新自由主义占到了霸权地位。一种不同的看法是,中国农业仍将以农民家庭经营而不是资本主义经营为主。它的理想前景既不是资本主义也不是传统的集体化农业,而是一条通过市场化的农民合作组织来实现的发展道路,一如恰亚诺夫原来所设想的那样。

本章的主要对手是古典马克思主义和新自由主义对"资本主义农业"的定义:以个体化的农业雇工和大规模农业企业为主,而不是以家庭劳动力和农民家庭为主的生产方式。这个观点仍然具有巨大的影响。

当然,并非所有的观点都和上面列举的马克思、斯密或者恰亚诺夫的观点相一致。例如,有些学者提出了农业发展的"东亚模式",将其视为一种结合了家庭农业和政府干预的特殊资本主义农业模式,认为其具体代表是日本、韩国和中国台湾地区。在他们看来,中国大陆也符合这种模式(晖峻众三,2011;张玉林,2011)。但正如上一章所指出，中国大陆农业发展的历史更接近印度，而不是日韩和中国台湾地区。从 1720 年开始，日本已经进入了人口增长缓慢的时期，而且，在现代化要素投入开始被引入农业的 1890—1960 年间，日本强劲的工业增长吸收了大量的劳动力，以至于这一阶段其农业人口数量基本保持不变。这与中国有很大的不同。至于韩国和中国台湾地区，它们都经历了 20 世纪六七十年代的"绿色革命"（主要是化肥、科学选种以及机械的应用，这些现代化要素投入在日本殖民统治时期就已经开始了），并由此跃入持续的工业化。而十分不同的是，在中国大陆，现代化投入为农业带来的产出增长几乎都被人口的增加蚕食掉。其后，在东亚模式的典范日本，农业人口缩减到总人口的 10% 以下。虽然家庭农业仍然持续着，但是以雇佣劳动为基础的资本主义农业大规模扩展，远远超过了中国大陆。

在人口压力以及农业负担问题上，中国其实更接近印度。而且，在 20 世纪 50 年代（现代化要素投入即将被引入农业的前夜），中国和印度的人均 GDP 大致相同，比同期的日本、韩国要低得多。本章将主要讨论中印之间的比较，但也会对中国与所谓东亚模式之间的不同作一定的讨论。

摆在我们面前的首先是一个经验的问题。在目前中国，基于雇佣劳动的资本主义农业到底有多大的规模？中国农业正在向着什么样的方向发展？我们如何理解和解释经验研究所得出的基本事实？

第七章 没有无产化的资本化

一、数据

在中国的改革"转型"期,毛泽东时代的旧有修辞和新自由主义的实践与论述糅杂在一起,形成了一种独特的混合。旧有修辞中一切关于"阶级斗争"的话语都(伴随着对"文化大革命"的彻底否定)被清除出去,同时,新自由主义实践及其话语则被安置在"社会主义市场经济"的范畴之下。这种混合的一个结果是,在官方统计数据中,阶级和生产关系几乎被完全忽视。

因此,农业雇工并不作为一个统计指标而存在;庞大的、从事非农业的农民工也同样不存在。统计意义上的工人,仅指那些(正规的)"职工"("职工"这一统计范畴是计划经济时代的一个遗迹,当时认为资本主义阶级关系已经被消除,白领和蓝领工人之间的区别也不复存在)。"劳动"和"劳动者"被限定为工业领域(即"第二产业",以与作为"第一产业"的农业相区分)规范的、正式的职工(经过官方注册,并且享受法律保护和各种福利)。因此,在关于"劳动"的统计年鉴中,没有关于"非正规"的农民工的信息(《中国劳动统计年鉴》,2007)。但我们知道(2009年)约有1.5亿户籍登记为农民身份的人远离家乡在城市工业和服务业中劳动,通常被描述为"离土又离乡"的农民。此外,还有约1.5亿(农民户籍和"农转非"之前原户籍是)农民在家乡附近从事非农劳动,通常被描述为"离土不离乡"的农民。这些劳动者一般承担着最重、最脏的劳动且获得最低的报酬。和正规职工相比,他们基本不享受法律保护,没有或者只有较低的福利。上述的事实,不是来自官方常用指标的统计,而是来自它们之外的研究(中华人民共和国国家统计局,2009;一个总结性的讨论参见 Huang, 2009b;亦见黄宗智,2010d)。

今天,"农民"仍然是职工和/或劳动者之外的一个独立和分开的统计范畴。早前,农民曾被概念化为村庄集体的成员;现在则主要指那些被政府正式登记为农村居民的人——即使社会现实是这些人中存在巨量非农就业人员。对于那些仍然留在农村中劳动的人,官方将其标示为"农村从业(就业)人员"。农业雇工,和城市与乡镇中的农民工一样,并不作为一个统计范畴而存在。

在一定程度上,统计数据的缺失导致了农业雇工研究的匮乏。对于学术文献的搜索表明,国内基本没有关于这一主题的研究。在 2011 年 8 月下旬,我们通过中国知网(CNKI)对"农业雇工"这一关键词进行检索,共得到 38 条项目。其中大部分是历史研究。只有 6 项在某种程度上涉及当代,其中没有一项研究对某地农业雇工的规模进行数量估计,更不用说区域性或者全国性的数量估计了。

然而,通过田野研究,和通过书刊文献的间接描述,以及通过个人的生活经验、观察和记录,我们知道,今天中国存在着相当数量的雇佣农业劳动。至于准确数字,则很大程度上取决于个人的想象,往往受到意识形态的影响。经典马克思主义和自由主义的支持者倾向于夸大雇佣劳动以及"资本主义农业"在目前中国的比例。有些观点和列宁勾勒出的那幅图像非常接近;而有些观点则甚至认为,大型的、资本主义化的农业企业(跨国公司或是本土企业),正在席卷全国。那些质疑正统马克思主义或者新自由主义观点的人,则倾向于走向另一个极端——低估或是干脆无视资本主义农业。

那么,我们怎样才能得到一幅更为系统的图像呢?通过对现有统计资料的检阅,我们认为较为可信的数据是存在的,但我们需要从中国庞大的统计机构所积累的大量统计信息中去挖掘这些有用的数据。其中,一种较为有用的资料是一年一度的全国农产品成本收益统计,它们是基于全国1553个县的68 000户农户定点调查所汇编而成的(《全国农产品成本收益资料汇编》,2010:"编者说明"第二条)。该资料包含调查户的用工信息,在各类农产品的成本收益栏目中,以播种面积或产量的"平均"雇工费用(元)或劳动日投入形式出现,与家庭劳动投入并列。①

利用这些数据,我们能够得出调查户在各种农产品的生产中的雇工投入占全部劳动投入的比例,进而可以估计在全部农业劳动投入中雇佣劳动可能占到的比重。表7.1和图7.1给出了五种主要农产品的生产中雇佣劳动在总劳动投入(以天数计算)中的比重。这五种有系统数据的农产品包括:谷物(三种主要谷物水稻、玉米和小麦的平均值;2009年粮食[即谷物+薯类和豆类粮食]的播种面积占全国农产品总播种面积的68.7%),蔬菜(占总播种面积的11.6%),花生和油菜籽(占7.4%;油料作物一共占8.6%),棉花(占3.1%),苹果(占1.5%,作为所有瓜果的一种近似物)。

---

① "成本"栏目下的雇佣劳动力投入的数据可以见于较为广泛使用的《中国农村统计年鉴》,见第十章。

表 7.1 雇佣劳动占全部劳动投入的比例(以天数计算):
五种主要农作物,2000—2009 年

年份	谷物(水稻、小麦、玉米)	蔬菜	花生和油菜籽	棉花	苹果
2000	4.1%	2.9%	2.1%	3.1%	3.0%
2001	4.2%	0.7%	2.1%	2.7%	5.0%
2002	4.3%	1.4%	2.4%	3.1%	2.6%
2003	4.5%	1.6%	3.1%	3.0%	5.0%
2004	5.3%	4.5%	2.0%	5.2%	15.8%
2005	4.6%	7.5%	2.6%	4.9%	17.7%
2006	4.5%	7.7%	1.3%	5.9%	17.4%
2007	4.8%	8.8%	1.5%	7.0%	31.6%
2008	4.7%	8.2%	1.1%	6.9%	20.6%
2009	4.4%	8.5%	1.3%	6.7%	39.6%

资料来源:《全国农产品成本收益资料汇编》,2006,2010。

上面的图表显示,对于谷物而言,雇佣劳动还不到总劳动投入的5%,而且在过去的十年间没有表现出任何实质性的增加。对于蔬菜(第二大类农作物,占总播种面积的11.6%),雇佣劳动在过去十年间有明显增加,很大程度上这是因为在城市和交通线附近,"劳动—资本双密集"的温室(多是塑料拱棚)蔬菜种植有较大的发展(黄宗智,2010e),但其在全部劳动投入中所占比重,也仅有8.5%。这是因为蔬菜生产仍然主要是由家庭经营实现的,这种生产需要高密度的、细腻的、不定时的劳动投入(黄宗智,2011c;亦见下文)。典型的使用雇佣劳动的经营模式是,夫妇二人雇用一两个

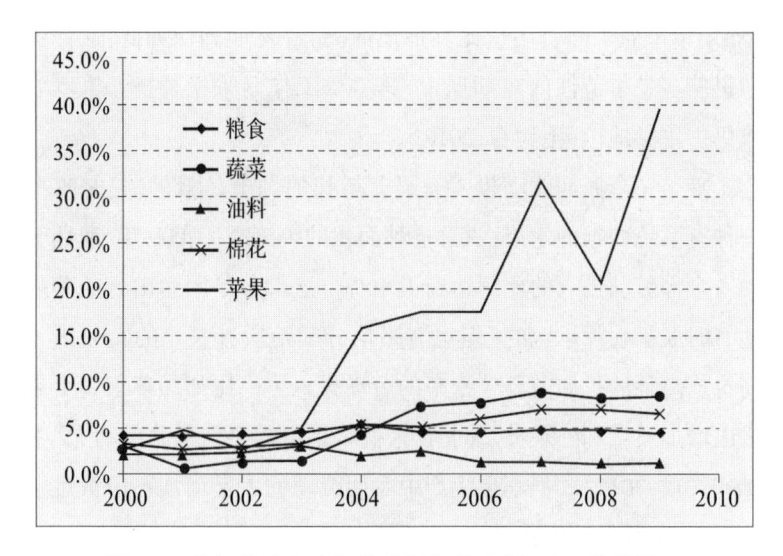

图 7.1 雇佣劳动占全部劳动投入的比例(以天数计算)：
五种主要农作物，2000—2009 年

资料来源：同表 7.1。

短工。对于油料作物(第三大类农作物，占总播种面积的 8.6%)，雇佣劳动占总劳动投入的比例同样很低，在过去十年里维持在 1%—3% 的水平。

对于棉花(第四大类农作物，占总播种面积的 3.1%)，过去十年里雇佣劳动占比有显著上升。调查户种植棉花所投入的雇佣劳动现已占全部劳动投入的 7%。部分原因可能是最近几年新疆新棉田的大开发——从 1996 年占全国棉花种植总面积的 24% 扩增到 2006 年的 41%(《中国第二次全国农业普查资料综合提要》，2008:7-2-8)。因为在新疆土地相比人力更加富裕，所以足足有 1/4 的农场规模在 100 亩以上，同时有较大数量的雇佣劳动存在

(雇用单个雇工的费用也比其他地区高)。然而即便如此,雇佣劳动仍然多是季节性的短期雇工,其主要工作是采摘棉桃。家庭农作仍占主导地位(毛树春,2010)。

唯一一个雇佣劳动投入有显著增长的例子是苹果(这是唯一一种有系统数据的水果,占总播种面积的1.5%)。2009年,雇佣劳动占全部劳动投入的比例达到了40%。这部分是因为山区的苹果地有时候是大片承包的(但也有平均分配给所有农户的),还因为高价值品种的扩展需要较密集的劳动投入——比如为苹果套上果袋以增加质量和外观美。同时,采摘苹果也需要大量的劳动力(参见韩文璞,2011)。但苹果生产中雇佣劳动的大量增加不应被过于夸大,因为其播种面积仅占1.5%。

高价值蔬菜和水果种植的扩展是中国"隐性农业革命"的重要组成部分。这样一场革命(包括肉—鱼—禽和蛋—奶的扩展)在过去30年里使农业总产值增长了将近六倍(以可比价格计算)。它背后的动力,主要是人均收入增长带来的对高价值农产品的消费增长。黄宗智使用"隐性农业革命"这一概念来描述上述现象,以与传统意义上基于同一种作物绝对产量的提高所呈现的"农业革命"相区别。最近的这场"隐性农业革命"并非来自某种特定作物产量的增长,而是来自中国居民食品消费结构的根本性重构(以及这种重构所带来的农业结构转型)——从粮食—蔬菜—肉类之比例为 8∶1∶1 的结构向 4∶3∶3 的转变(参见本书第六章;黄宗智、彭玉生,2007;黄宗智,2010e:第六章;《中国农村统计年鉴》,2011:表6-22)。

日益发展的畜禽饲养是"隐性农业革命"的另一个重要组成部

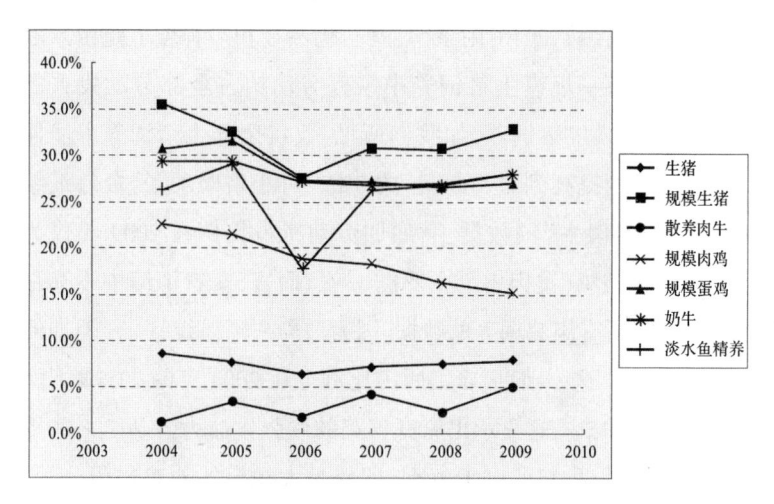

**图 7.2 主要的畜禽产品生产中雇佣劳动占
总劳动投入的比重,2004—2010 年**

资料来源:《全国农产品成本收益资料汇编》,2005,2006,2007,2008,2009,2010:表 1-23-2。

分。图 7.2 给出了几种主要畜禽产品的生产中雇工占全部劳动投入的比例。首先考察三种主要的肉类——猪肉、家禽和牛肉(按重量计各占 2009 年全国肉类总产出的 64%、21%、8%[亦即共 93%],《中国农村统计年鉴》,2010:表 7-38,表 7-40)。对于生猪饲养而言,在有系统的、可比较的数据的过去 5 年间,调查户雇工占全部劳动投入的比重波动于 6%—8%。典型的传统生猪饲养模式是,一个小规模家庭农场以传统的方式饲养一二头猪,利用泔水和残羹剩饭喂猪,近年来则更多使用购买的饲料(下一章有详细讨论)。这种饲养方式叫作"散养"。即使成本收益资料汇编中所谓"规模生猪"(其统计标准为饲养规模在 30 头以上,参见《全国农产品成本收益资料汇编》,2010:附录一、三),仍然在相当程度上是由家庭经营进行的——规模生猪饲养中家庭劳动约占全部劳动投入的2/3。这种规模生猪饲养,如我们所见,仅将全部生猪饲养中雇佣劳动所占比例提高到了2009年的8%。对于牛肉生产,资料汇编中仅有"散养肉牛"的数据,其雇佣劳动所占比例在2009年仅为5%。① 对于肉鸡(禽肉中最主要的一项)而言,资料汇编中不存在不分规模的所有肉鸡饲养的数据,因为散养户不易统计。② 但即便是"规模肉鸡"这一项目,雇工所占比例也从2004年的22.5%下降到2009年的15%,这显示出家庭养鸡的顽强生命力。基于一些零碎的定性资料,我们可以了解到,即使是大规模的养鸡或蛋公司,也在很大程度上依赖和散养农户签订合同来进行饲养,而不是集中于大规模的农场来饲养(《中国农业产业化报告》,2008;亦见黄宗智,2012a,2011c)。总而言之,和农作物种植一样,在肉类生产中,家庭劳动同样占据主导性地位。

另外两种重要的畜禽产品奶类和蛋类(2009年总产量为6500万吨,相较于肉类的7600万吨)(《中国农村统计年鉴》,2010:表7-40,表7-41),因为对标准化生产有着更加严格的要求,资本主义经营有较大的扩展。如图7.2所示,奶牛饲养中,2009年28%的劳动投入属于雇佣劳动。蛋鸡饲养中,2005年雇工投入占到30%以上,但在2009年则下降到27%(这也再次说明了使用家庭劳动

---

① 我们知道散养占全部牛肉生产农户和单位总数的96%,但是规模饲养也有显著的发展,2008年全部牛肉产量的40%是由规模饲养实现的。可惜的是,我们没有获得规模肉牛饲养中雇佣劳动投入的数据。
② 在2006年,成本收益调查放弃了对全部肉鸡饲养进行调查,仅在2004年、2005年和2006年三年有(不可完全置信的)数据。

力的家庭农业的坚韧性)。(成本收益资料汇编里,蛋鸡饲养也不存在散养的数据。与肉鸡一样,成本收益调查在2006年放弃了对这一项目进行调查。)

对于水产品,在2007年(最后一个有成本收益统计资料的年份)总产量达到4700万吨(相较于肉类的6700万吨,奶类和蛋类的6200万吨)(《中国农村统计年鉴》,2008:表7-44),资本主义经营同样有着较大的发展,这是因为水产养殖需要相对更高的资金投入。资料汇编中,仅在2004—2007年有"淡水鱼精养"这一项目。如图7.2所示,在2007年,雇工占全部劳动投入的26%。

综上所述,相比于由资本主义式农业企业进行的大规模生产,家庭农业经营仍占据压倒性优势地位。对于黄宗智称之为"旧农业"(主要是由家庭农户进行谷物、油料作物或棉花的生产)的那部分农业来说,尤其如此。对于黄宗智称之为"新农业"的高产值农产品,尤其是蔬菜、肉蛋奶,很大程度上也如此。后者涉及资本和劳动双密集的投入:一个劳力可以耕种4亩旧式的露地菜,但同样一个劳力只能管理1亩新型的塑胶棚蔬菜。类似地,一个典型的农户利用家里的剩饭剩菜可以喂养1—2头猪,而通过利用生物剂将谷物秸秆转化为饲料则可以饲养10头或更多。水果、奶类和鸡蛋生产则需使用较多的雇佣劳动。

要精确量化所有的雇工在全部劳动投入中所占的比例,目前看来还不容易实现,其实或许也并不可取。这部分是因为各种农产品之间存在巨大差异,像谷物、蔬菜、花生—油菜籽、棉花、生猪—禽类—肉牛这些农产品,家庭经营仍旧占主导地位;另一方面,有少部分农产品比如水果、奶类、养殖的水产品、蛋类,基于雇佣劳动的资本主义式农业已经有了较大的发展。然而,我们仍然可以得出这样一个结论:总体上看来,雇工仍然只在全部劳动投入中占较小比重。对于表7.1中的五种主要农作物(占总播种面积的93.5%)而言,只占5%;对于肉类生产而言只占7%;但是对于需要更密集资本投入的淡水鱼养殖和需要更高标准化操作的奶类和蛋类生产而言,雇佣劳动占比则要高些。总体看来,根据成本收益调查得出的雇佣劳动所占比例应该在5%—8%之间,肯定要低于10%。

二、另一组不同的数据

5%—8%,或者"肯定低于10%"的估计,或许比有些人的预期要小。但其实这很有可能是一个过高的估计。前面我们给出的统计数据均来自针对全国范围内68 000户样本农户的成本收益调查。这68 000户是个有限的样本集,我们因此不得不面对样本选择所可能带来的对真实状况的偏离。确实,这些农户来自全国范围内的1553个县,①这是一个比较大的数目,但必须注意,它同时也意味着平均每个县只有44户调查户。另外,这项调查的主要目的与其说是获取中国农业的基本状况,不如说是通过检测不同生产要素成本间的关系,为国家制定价格政策提供基础。除上述主要目的以外,这项调查也明显意在为官方所期待的农业发展道路树立典型。如国家发展改革委价格司(该司是这项调查的主导部

---

① 2001年全国一共1998个县,包括393个县级市和116个自治县。

门)司长赵小平所说:

"……基层成本调查队和调查人员……注意发挥调查户的示范作用,努力寻找适应本地实际的特色产业,为农民提供看得见的致富门路,以一户带百户、一点带一片,为农民增收做出了实实在在的贡献,受到了农民的交口称赞,得到了当地政府的充分肯定。'要致富,看农调户'成为农产品成本调查为农民增收服务的真实写照。"(赵小平,2004)

鉴于赵小平所说的调查户要发挥"示范作用",我们认为,成本收益调查所选择的调查户,很有可能是那些被认作比较先进的农户。这种具有倾向性的样本选择,很可能会使基于这些调查户的数据所得到的雇佣劳动占总劳动投入的比重高于真实情况。

那么,怎样才能纠正这套被广泛用于学术研究的统计资料(利用这套资料进行研究的最近例子,参见王美艳,2011)所可能存在的偏差呢?在某种程度上也许是为了克服小样本所带来的问题,中国自1996年以来开始进行每10年一度的全国农业普查。农业普查的性质与每10年一次的人口普查类似——后者提供了关于人口的基础数据。迄今为止,我们有两次农业普查的资料——1996年和2006年度。这两次普查分别以1996年和2006年12月31日24:00为准。这个大型的农业普查要求每位调查员对被调查对象进行现场访谈,当面填写调查问卷。调查采用全国统一的标准4页问卷,并且附有给调查员的详细说明。调查问卷包含针对农业雇工数量的项目(标准问卷中的问题10),并且对雇工有受雇时间(6个月以上和6个月以下)和性别的区分。对于6个月以下的农业雇工,调查问卷要求填写确切的受雇天数(《中国第二次全国农业普查资料综合提要》,2008:第八部分,285—339)。

总的来说,10年一度的农业普查的用意和10年一度的人口普查相同。与针对68 000户样本农户的成本收益调查不同,农业普查意在尽可能精确地捕捉到社会实际,而不附带任何试图确立某些农户作为典型的意图。实际上,农业普查被用来给中国的农业统计数据确立新的标准。例如,它被用来纠正关于农业的旧有数据,正如人口普查数据被用来更新旧的人口与就业数据那样(见第五章;亦见《中国农村统计年鉴》,2008,关于畜牧业情况的表7-38)。

农业普查中所使用的主导范畴是"农业生产经营者",它的主要部分是农业生产经营户,亦即我们所谓的家庭农场,在2006年总计达2.00亿户(200 159 127户),它们拥有共3.42亿"本户劳动力"。在这些家庭农场之外则是39.5万个"农业生产经营单位",这一范畴包括"企业""事业单位""机关""社会团体""民办非企业",以及"其他法人单位"。

"农业生产经营单位"中,具有官方注册的"农业法人单位"身份的有23.9万个,这些单位共有627.8万从业人员(平均每单位26人),其中企业共雇用358.3万人(占"农业生产经营单位"雇用的全部从业人员的57%)。也就是说,企业雇用的从业人员仅占全部农业劳动人员(包括家庭农场和农业生产经营单位的全部劳动人员)的1%(《中国第二次全国农业普查资料汇编·农业卷》,2009:表1-5-1)。那些在农业企业中的从业人员,应有相当部分可以被视为"农业雇工",亦即被(资本主义)农业企业全职雇用的农业工人。

如果我们假设所有没有注册的"农业生产经营单位"都是私营的、追求利润的企业(因为别的单位,如事业单位、机关、社会团体,应该多是注册单位),而且进一步假设它们具有与已注册企业相同的平均雇员数量(实际上,这些没注册的单位可能规模要小),则可以得到推论有另外405.6万雇用的从业人员。再加上已知的企业雇员358.3万人,总计可得763.9万雇员,占全部农业从业人员的2.2%。这一数目可作为由资本主义农业企业雇用的农业工人数量的一个上限估计。①

家庭农场(也就是"农业生产经营户")的数据更精确一些。这些家庭农场的"家庭户从业劳动力"总计3.42亿人,其中3.37亿人(98.5%)属于"自营",剩余的少部分属于"雇主""家庭帮工""务工""公职"等范畴(《中国第二次全国农业普查资料汇编·农业卷》,2009:表2-1-14)。

需要指出的是,农民家庭经济活动的多样性增加了这些数据本身的复杂性。现在,大多数农户同时从事多个领域的活动。除农业以外,还有大量的非农活动,比如商贸、运输以及其他服务业。10年一度的农业普查依据全年从事农业的时间在6个月以上和以下对农户进行了划分。依照这种划分,在被如此统计的3.05亿农

---

① 另一种有用的指标是对"离土离乡"的农业工人的统计。2006年,总共有1.318亿"离乡离土"的农民工,其中有360万在农业部门(即第一产业,以与作为第二产业的工业和作为第三产业的服务业相区分)劳动(《中国第二次全国农业普查资料综合提要》,2008:表6-2-14)。这一数字也可以作为"农业雇工"的一个近似数,但问题是它仅包括离乡外出的农业雇工而不包括在本地务工的农业雇工。另外,在"离土离乡"而又从事农业的农民中,有不能确定数量的并不是受雇佣的农业工人,而是(我们可以称作)"客耕佃户"——他们租入当地农民的土地进行耕种。这种客耕佃户主要存在于城郊。

户中,全年从事农业的时间在6个月以上的有2.14亿人,在6个月以下的有0.91亿人。在前者之中,有160万人(0.7%)被认定为"雇工";对于后者,没有直接给出雇工人数,但普查资料指出总计有2.75亿个工日是由雇工完成的。按照一年300个工日计算,这些工日被折算为90万个"年雇工"(《中国第二次全国农业普查资料汇编·农业卷》,2009:表2-1-15)。这二者相加,我们可得雇工数量为250万,这占全部3.05亿农民的0.8%。

然而还需考虑到,按照一年300个工日折算年雇工,虽然对年雇工来说是合理的,但可以肯定,这样的天数比2.14亿每年从业6个月以上的"自雇"农民全年的从业天数要多,也肯定比9100万每年从业6个月以下的自雇农民全年的从业天数要多。更精确的计算雇佣劳动在全部劳动投入中所占比重的方法是,计算自雇农民和雇工的全年劳动天数。如果我们假设从业6个月以上的自雇农民全年平均劳动250天,从业6个月以下的自雇农民平均劳动100天,则可以得到雇佣劳动占全部劳动投入的比重为1.2%,大于前面得到的0.8%。[①] 这些雇佣劳动中,64%是长期雇工(6个月以上),36%是短期雇工(6个月以下)。短期雇工的主体应该是那些自己也有家庭农场的农民,他们只是将部分时间与人佣工。这一类人不属于"农业无产阶级"的范畴,而是更接近"半无产阶级"。对于在家庭经营的农场中劳动的"农业无产阶级"的规模,我们应该使用0.8%的数字。

之前我们为农业企业雇用的农业雇工估计的上限是2.2%,那

---

① (250万×300天)/[(2.14亿×250天+0.91亿×100天)+2.75亿]=1.2%。

么加上刚刚估计的0.8%,得到3.0%,这就是全部农业劳动投入中,"农业无产阶级"所占的比重。如果我们把同时自己经营家庭农场的短期雇工也计算在内,这一数字将是3.4%。

第二次农业普查的数据说明,农业雇佣劳动占全部农业劳动投入的比重比通过68 000个样本户的全国农产品成本收益调查估计的比重要低。这进一步表明,成本收益调查的样本户很可能是各地"致富""示范"者——这是一种有倾向性的样本选择。在获得更加精确的数据之前,基于68 000个样本户的全国农产品成本收益调查所计算得到的5%—8%(或者"肯定低于10%"),可以作为农业雇佣劳动比重的一个上限估计;由覆盖性更强的第二次农业普查数据计算得到的3.0%或者3.4%,可以作为一个下限估计。鉴于成本收益调查的样本户很可能是具有"示范作用"的"先进"农户,我们倾向于认为较低的比重更加符合实际。

三、地方和微观的证据

为了赋予上述数据更确切的现实感,我们现在考察地方和村庄层面的经验材料。

(一)上海市松江县的"绿色革命":20世纪六七十年代

基于黄宗智1982—1995年间在上海市松江县的长期调查,该县在20世纪六七十年代,经历了所谓的"绿色革命",即化肥、科学选种、拖拉机被应用于农业。第四章已经详细论证,这些现代化的农业投入,连同电气化和水利设施的改良一起,带来了单位土地(每播种亩)产出的大幅增加,并进一步推动了该地区农业生产的劳动密集化。以 1955—1959 年的产出水平为 100%,1975—1979 年棉花增长到 316%,水稻增长到 131%,小麦增长到 274%。这些增长在某种程度上反映了中国农业的整体变迁——虽然是放大了的变迁(由于松江地区处于较为先进的长江三角洲地带)(见表7.2)。

表 7.2 松江和全国的农作物产出(斤/播种亩),1955—1959 年和 1975—1979 年的对比:棉花、水稻和小麦

年份	棉花		水稻		小麦	
	松江	全国	松江	全国	松江	全国
1955—1959	45	38	534	341	149	118
1975—1979	142	60	697	502	408	236
变动率%	316	158	131	147	274	200

资料来源:根据黄宗智,1992:226—227,表 11.1;Huang,1990:224。(亦见本书表 4.1)

然而伴随着总产出的增加,劳动投入差不多也增加了相同的幅度。劳动投入的增加主要是因为人口增长的压力,以及更集约化的耕作方式的采用。第四章已经详细说明,在 20 世纪 60 年代晚期,双季稻(早稻和晚稻,随后则是冬小麦)模式的推广,使劳动投入的密集度达到了顶峰。双季稻模式成为可能,则是由于拖拉机的采用——只有利用拖拉机进行机耕,才有可能使每年 8 月非常

紧张的"双抢"(早稻收割、晚稻插秧)得以实现。与总产出差不多同等幅度的劳动投入的增加,带来的结果是劳均产出没有或仅有些许的增加。表 7.3 给出了许步山桥(自然)村每个工日的工分值[该村是黄宗智进行田野调查的 4 个(自然)村之一,有详细的工分值数据]。可以看出,该村村民每工分的现金收入在 1965—1979 年间几乎不变,维持在 1 元左右。

表 7.3　许步山桥的工分值,1965—1969 年和 1975—1979 年

年份	1965—1969	1975—1979
工分值(元)	1.02	0.90

资料来源:基于黄宗智,1992:240,表 11.4;Huang,1990:239,表 11.4。

由此可见,松江地区农业绿色革命所带来的农业总产出的增长,只不过赶上人口的增长幅度。也可以说,现代化投入带来的生产率的提高,大部分被人口增长所带来的进一步劳动密集化(和过密化/内卷化)蚕食掉。这与日韩和中国台湾地区这些第一批引进现代化农业投入的国家和地区十分不同(黄宗智,2010e:5—15;亦见本书第六章)。珀金斯和 Yusuf 令人信服的研究早已指出,在 1950—1980 年间,中国农业的总产出每年增加大约 2.3%,而同一时期人口则每年增加约 2%(Perkins and Yusuf,1984:第二章)。这是一个广为人知的事实。

(二)新发生的隐性农业革命:山东聊城

山东省聊城市是本章原文作者之一高原最近两年来进行田野

调查的区域。该市农业的变迁,曾有过和松江地区所经历的绿色革命类似的阶段。只不过,聊城市的绿色革命要比松江县来得晚一些。该市大规模引入现代农业投入,包括良种、化肥、农药和农用机械,是在1978年农村改革之后。这些现代化农业要素投入在20世纪80年代为聊城农村的主要农作物——小麦、玉米和棉花——带来了产量的明显提高。

松江县在20世纪末经历了非常迅速的城市化,这一地区现在已经被简单地纳入上海市,成为一个区。松江的农业事实上已经不复存在了。与松江不同,聊城的农业则在早前发生的绿色革命之后,又开始了一场更为深刻的新革命。绿色革命带来的是特定作物单位播种面积产量的显著提高,如果仅关注这一点的话,新的革命很容易被忽略掉。这场新的农业革命首先是由改革时期人均收入增加带来的食品消费转型所引起的。

新的消费需求对中国人的食品消费结构以及中国农业的产业结构产生了深刻的影响。上面两章已经说明,旧的食品消费大约是一个8∶1∶1(粮食∶蔬菜∶肉类)的结构,这一结构贴切地反映了旧时中国人典型的膳食习惯——以"饭"(米饭或馒头、面条)为主,佐以"菜"(主要是蔬菜,也有少量肉食)。与此形成鲜明对照的是,已经在中国城市中产阶级(以及更富裕的日韩和中国台湾地区)成为现实的新食品消费结构更接近于4∶3∶3的比例——蔬菜和肉类有着高得多的比例。对于这场食品消费结构及其伴生的农业结构的转型,第五章已经作了细致的论证,分析其过去的变迁轨迹和未来的发展趋势(亦见黄宗智、彭玉生,2007)。

这样一种食品消费结构的转型意味着中国人对高价值农产

品,如肉、禽、鱼、蛋、奶以及蔬菜、水果有更大的需求。高涨的需求也带来了这些农产品生产规模的扩大,尤其是在靠近城市以及交通线路的地方。这就带来了黄宗智所说的"隐性农业革命"。之所以称之为"隐性",是因为这场新的革命并未像历史上那些已经发生的农业革命那样,显而易见地带来某种作物单位面积产量的提高。相比之下,隐性农业革命的突出特点是,它带来的是农业结构的重构——高价值农产品在农业生产中的比重前所未有地扩大了。

从全国范围看,在农业产值的提高方面,这场新发生的隐性农业革命使绿色革命相形见绌。黄宗智在他 2010 年的专著《中国的隐性农业革命》(黄宗智,2010e)中指出,从 1980 年到 2007 年,中国农业总产值增长了 5.1 倍(按可比价格计算)。本书上一章说明,到 2010 年,这一数值已达到 6 倍(表 6.1)。这一速度远比 18 世纪英国农业革命(总产值翻一番用了 100 年)要快,也比 20 世纪六七十年代的绿色革命(每年增加 2%—3%,亦即 24—36 年才翻一番)要快。在 1980—2010 年间,蔬菜种植面积增长了 6 倍;1980—2000 年间,肉类生产(包括猪肉、牛肉、羊肉)增长了 660%。这些农产品生产规模的迅速扩大,构成了隐性农业革命的核心。

通过高原的田野研究,以上论述在两个不同的微观层面得到了证实。一个是聊城市范围的数据。这组数据来源于 2011 年 5—8 月由聊城市农委进行的"百村千户"调查,其中关于雇佣劳动的调查采用了高原设计的问卷。另一个则是在聊城市耿店村进行的已经持续两年的定点调查。这两个层面的资料都包含较为详细的微观数据。

在聊城市的乡村,隐性农业革命是主要由蔬菜种植的扩张构成的。在2010年,蔬菜生产的产值已经占到全市农业总产值的47%,并且涉及全市近40%的农村劳动力。蔬菜生产最典型的模式是利用塑胶膜和其他材料建造温室大棚(需要起土),或者拱棚(不需要起土),进行长年的蔬菜培育。现在,如高原在耿店村的调查所显示,最先进的温室大棚采用钢筋制成的骨架结构,并且装有利用电力带动的自动卷帘机,以升降保温草苦(高原,2011)。

无论是聊城市市一级层面的数据还是耿店村村一级层面的经验研究都表明,蓬勃发展的蔬菜生产主要是由家庭劳动力完成的,只有少量雇佣劳动力参与其中。表7.4是对聊城市"百村千户"调查涉及的2784个农户中2221个以农业为主业的农户的雇工情况的一个总结,它显示,这些被调查农户的雇佣劳动投入是比较低的。这和我们前面分析宏观数据得出的结论是一致的。由表7.4数据可知,对于以粮食、棉花、油类作物为主业的调查户,仅有1.7%使用雇佣劳动。对于以蔬菜、水果、食用菌为主业的调查户,有5%使用雇佣劳动。以畜禽饲养为主业的调查户,13.3%使用雇佣劳动。总体看来,所有以农业为主业的调查户里,仅有3.5%的调查户使用雇佣劳动。在所有农业雇工里面,一年受雇100天以上的要比受雇100天以下的少。①

---

① 调查数据显示,农村地区的非农产业,比如运输、商贸、家庭工业等二、三产业中,雇佣劳动的发生率较高。这方面的农村变迁需要单独的另一论文进行研究。

表 7.4　2010 年聊城市农业雇工情况

主业	户数	有农业雇工的户数	雇工户占比	雇工人数	长工数*	短工数*	雇工总工日数	雇工人均工日数	户均雇工工日数
粮棉油	1592	27	1.7%	45	16	29	1873	41.6	69.4
蔬果菌	382	19	5.0%	42	6	36	1709	40.7	89.9
畜禽	210	28	13.3%	45	30	15	7060	156.9	252.1
林业	37	3	8.1%	8	0	8	43	5.4	14.3
总计	2221	77	3.5%	140	52	88	10 685	76.3	138.8

＊长工指每年受雇 100 天以上的农业雇工；短工指每年受雇 100 天以下的农业雇工。

资料来源：聊城市"百村千户"调查。

耿店村调查的重要意义在于，它通过农户层面的微观数据记录下了这样的事实：在全村 130 户以大棚蔬菜为主业的农户中，仅 11 户（8.5%）不同程度地使用了雇佣劳动。其中半数农户的雇佣劳动使用量，仅占全部劳动投入的 1%—3%（以劳动小时计）。其余的农户，除一户的雇佣劳动使用量达到了 9.9% 以外，剩下的都在 7% 以下。耿店村大棚蔬菜生产所使用的农业雇工主要是临时工，多是中年女性农民从事这些较低报酬（约 30 元每天）的劳动以补充自家的收入。蔬菜生产雇工的这种明显的性别构成，主要是因为男性雇佣劳动者一般优先从事报酬更高的非农劳务。

高原田野调查的详细数据让我们可以计算在耿店村全村的农业生产中，所有的家庭劳动投入和雇佣劳动投入。得到的结果是所有农业生产劳动投入中,雇佣劳动占 5.2%,家庭劳动占 94.8%。

鉴于耿店村是一个蔬菜生产比较发达和成熟的村庄,我们认为,地方和微观的数据倾向于支持根据农业普查所估计出的较低的农业雇佣劳动比例,而不支持根据农产品成本收益定点调查估计出的较高比例。换言之,我们倾向于认为,中国农业生产全部劳动投入中,长期雇工只占 3%(另外,短期雇工占 0.4%)。

表7.5 2010 年耿店村有雇工的农户家庭劳动及雇佣劳动情况

	姓名	雇工数			家庭劳动投入（小时）			雇工劳动投入（小时）				雇工劳动投入占比
		总计	男	女	总计	男	女	总计	男	女	工资	
130	耿传喜	2		2	5853	3109	2744	120		120	478	2.0%
87	商思全	4			8276	4286	3990	550		550	2200	6.2%
23	赵保权	2		2	6000	3000	3000	375		375	1500	5.9%
15	张以生	2		2	4584	2308	2276	280		280	1050	5.8%
48	赵保东	1	1		6260	3230	3030	200	200		450	3.1%
44	耿遵奎	1		1	4432	2216	2216	140		140	700	3.1%
168	耿遵峰	1		1	4950	2479	2471	100		100	300	2.0%
2	张树国	1		1	4440	3660	780	320		320	1200	6.7%
64	商思波	4		4	5328	2664	2664	80		80	300	1.5%
125	耿遵红	3		3	2176	8	2168	240		240	750	9.9%
79	耿立军	3		3	4350	2175	2175	216		216	648	4.7%

资料来源:耿店村调查。

四、没有无产化的资本化

中国农业所涉及的雇佣劳动比重之低,与印度形成了鲜明的对比。上一章已经说明,印度的人口密度以及 20 世纪 50 年代(现代化发轫之际)的人均收入与中国类似。而在今天的印度,足足有 45% 的农业劳动力是无地的农业雇工(Mahendra S. Dev, 2006; Vikas Rawal, 2008)。① 如此高比例的农业无产化带来一个严重后果,即相当比例的人口生活于贫困线之下。如果按世界银行划定的 1.25 美元的贫困线来计算,42% 的印度人生活于此线之下,而中国则是 15.9%(2005 年的数字)(World Bank, 2008)。

我们的问题是,如何理解中国如此之低的农业雇工比例?或者,如何理解中国农民家庭经营的坚韧性?

根据 Ashok Gulati 的研究,印度也发生着类似于黄宗智所说的"隐性农业革命"。印度农业生产中,高价值农产品所占比重越来越大,这些农产品包括蔬菜、水果、奶制品以及肉类。第六章引用 Gulati 的论述,印度"在 1977—1999 年间,农村地区人均谷物消费从 192 千克下降到 152 千克,而蔬菜消费量则增加了 553%,水果增加 167%,奶制品增加 105%,非蔬菜产品增加了 85%。城市地区有着类似的增加"(Gulati, 2006:14)。

---

① 研究者一般依赖于"全国样本调查组织"(National Sample Survey Organization)的调查。但是这些调查通常没有区分宅地和耕地,这样得出的数字只有 11% 的农村人口完全没有土地。Dev 和 Rawal 的数字对调查数字进行了修正,只考虑了耕地的情况。

这样的变化无疑将带来单位土地资本投入的增加，也就是我们在本文中所说的"资本化"现象。发生在中国的农业资本化的例子我们已经列举了很多，比如钢筋骨架塑料大棚的建造、采摘前苹果套用果袋，以及利用生物剂催化粮食秸秆作为饲料。

正如本文开篇所论述，传统理论认为资本化势必伴随农业雇工的扩展——这确实是18世纪英国农业革命时期的经验事实（当时英国经历了租佃农业资本家和农业雇工的兴起），也是亚当·斯密和马克思的理论前提。并且印度现在正在经历这一过程——在1961年印度的农业雇工占农业总劳动力的25%，而在2000年已经达到了45%（Dev,2006；亦见 Rawal,2008）。但是中国的发展道路却大相径庭。

与印度相反，中国农业发展的突出特点可以归纳为"没有无产化的资本化"。这一表述意在突出其与广泛接受的经典理论的区别，并且展示该现象的"悖论"实质（称其为悖论是因为这一现象与通常的理论预期存在矛盾）。①

即使是和日本这一"东亚模式"的典范相对比（"东亚模式"一直被认为是以家庭农业的继续维持为显著特征），我们依然发现中国农业存在明显的不同。为了有可比性，我们选择改革时期的中国（伴随着去集体化和家庭联产承包责任制的实施）与"二战"后美国占领时期之后的日本（占领时期进行的土地重新分配基本消灭

---

① 这里说的"悖论"与黄宗智在长江三角洲地区 1350—1950 年间的农业经济史中所发现的现象是相似的。在长江三角洲，蓬勃的商业化并没有带来农村的实质性发展，而仅导致了"没有发展的增长"。这种情况下，虽然总产出是增长的，但劳动生产率并没有进步。"悖论"意在指出这样一种现象：一对被理论传统认为是相互矛盾的经验事实的反直觉共存（黄宗智,1992；Huang,1990）。

了之前的土地租佃关系)进行对比。为中日双方分别选取这样的时间段,是因为双方在这之前经历了相似的土地平均分配过程。关于食品消费结构和农业产业结构的转型,日本已经在1960—1990年间基本完成了,中国目前则仍处于这一转型的进程之中。

中日之间的不同是日本农业的资本主义化程度要远远高于中国。在1990年,日本占地大于75亩(5公顷)的农业经营单位占全部农户的6.5%,实现了全部农业产出的33%,占去了全部种植面积的21%。而且最重要的是,这些经营单位足足吸纳了全部农业劳动力的25%。这些事实说明,雇佣劳动可能占日本全部农业劳动力的20%以上。当然,日本资本主义农业能够达到如此规模部分是因为其农业劳动力一直在下降,1960年农业劳动力就已经下降到总劳动力的30%,1990年进一步下降到7%(晖峻众三,2011:110,表6-5)。中国至少还需20年才能使农业劳动力占全部劳动力的比重下降到25%—30%的范围。2006年,中国全部2.002亿个农户中,仅130万(0.65%)的农户占地60亩以上。① 我们上面已经看到,长年农业雇工仅占全部农业劳动力的0.8%,短期雇工则仅占0.4%。此外,由资本主义农业企业雇佣的劳动力,最多只占到全部劳动力的2.2%。这样,长期的、全年劳动的农业雇工最多占3%(晖峻众三,2011:128,表6-10;《中国第二次全国农业普查资料汇编·农业卷》,2009:表2-7-1)。

另一组可以清楚展示日本资本主义农业规模的数据:在1990年,75亩以上规模的农场生产了全部奶产品的80%,牛肉的60%

---

① 第二次全国农业普查用的相关统计指标是60—99.9亩地的农户,然后是100亩以上的农户。

(另外,公司和合作社各生产了10%),猪肉的55%(公司24%,合作社6%),鸡肉的35%(公司44%,合作社6%),这远远超过了早前我们所论述的中国"规模生产"的规模(晖峻众三,2011:148,图6-11)。

这一切意味着,为了理解中国近年来农业发展的实质,我们必须把通常的理论预设搁置在一边。我们首先要问的是,怎样才能解释这些悖论现实?一般的理论预期为什么不适用?

五、迈向一个解释

从历史角度来考虑,一个关键的事实是,自革命之前一直到20世纪中叶,中国农业生产日益加深的家庭化趋势。对此,我们可以用高度商品化的长江三角洲和较低度商品化的华北地区之间的不同来加以说明。

(一)"内卷化"和农业家庭化

在上述两个区域,正如黄宗智20年的农村史研究所展示的那样,以雇佣劳动为主的"经营式农场"在历史上曾经有过一定的生命力。在20世纪30年代的华北平原,总播种面积的10%由经营式农场经营。经营式农业的兴起既是因为商品化农作物(尤其是小麦和棉花)的发展,也是因为这一经营方式有着较高的劳动效率——经营式农场可以调整其雇工数量以适应生产需要,而家庭农场的劳动力则在很大程度上是给定的。经验材料揭示的基本事实是,经营式农场每个劳动力耕作20亩以上的土地,而家庭农场的劳动力则只耕作10—15亩(黄宗智,1986)。

而在长江三角洲,大型经营式农场在明末清初时已经开始退出历史舞台,到20世纪差不多已从这一地区绝迹,尽管这一地区的棉花和丝绸经济有着蓬勃的发展。至20世纪30年代,雇佣劳动力缩减至仅占全部农业劳动力的2%—3%,而且仅见于小的家庭农场而不是大型经营式农场。

长江三角洲雇佣劳动衰落的关键在于家庭农场已经发展成为一种极其强韧的生产单位。通过在棉纺、棉织以及养蚕、缫丝中使用便宜的家庭辅助劳动力,它高效率地把农业生产和家庭手工业结合在一起。这些辅助性的手工业活动(被现代汉语形象地概括为"副业")增加了家庭的收入。黄宗智使用农业生产的"家庭化"这一概念来描述这个现象。相比经营式农场,家庭化生产使农民家庭能承受更高的地租,也就是说,更高的地价。因此,家庭农场逐渐排除了经营式农场(黄宗智,1992)。

与西欧"原始工业化"过程中手工业与农业的分离不同,中国的手工业一直和农业紧密地缠绕在一起,构成了黄宗智所说的"两柄拐杖"——农民家庭同时需要这两者才能生存。手工业一直没有像西欧那样从农业中分离开来,没有通过"原始工业化"(以及小城镇的蓬勃发展)而变成一种城市现象(黄宗智,2011c)。

这就是黄宗智提出的"内卷化"概念的部分含义(黄宗智,1992,2011c),所指的是,人口压力导致平均农场面积不断减小(比最低生存所需的10亩地要低约25%),以至于难以维持生存,因此必须依靠基于辅助劳动力(妇女、老人和儿童)的家庭手工业来补贴家计。最显著的例子是棉纺织业,它吸纳了辅助劳动力的大部分,这些辅助劳动力的工资只相当于农业雇工工资的一半到三分之一。

在世界上的某些地区,如美国,拥有充沛的土地资源,通过"宅地法"(1862年美国宅地法允许开垦土地的农户拥有土地所有权,通常为160英亩或960华亩),促使家庭农业成为农业的主要模式。但在中国这一逻辑正好相反:导致家庭农业成为农业主导模式的动力,是高人口密度以及由此带来的对土地的压力。

华北的情况与长江三角洲类似。农业与手工业也是结合在一起的。家庭农业也是主导模式——到20世纪30年代经营式农场仅占全部农业播种面积的10%。除家庭手工业以外,许多贫农家庭为了生存不得不出卖自己的部分劳动力,在农忙季节打短工。(这种与人佣工的行为,实际上正是1950年中国土地改革法对"贫农"阶级的界定。)在长江三角洲,结合了农业与棉—丝手工业的商业化家庭生产有着更高度的发展,从而完全排除了经营式农业。

当然,部分解释必须溯源到中国土地所有制的性质。分家制度导致了大块土地的分散化(大多数100亩以上的经营式农场经过三代就会分解为小家庭农场)。明清以来"上层士绅"(西方学术界之所谓upper gentry,即具有举人以上功名、有资格进入官僚阶层者)大量移居城镇,也促使在村大地主数量的减少。假如长江三角洲和华北平原有更多的大地主(并同时假设是长子继承制而非分家制),那么在革命前这两个地区也许会走上农业无产化的道路。但历史实际是,比较平均化的土地所有状况,促使小家庭农场占据绝大多数,其中"中农"和"贫农"在19—20世纪占据全部农业人口的90%。在人口压力下,这些小农家庭发展出特殊的"两柄拐杖"模式——为了家庭生存不得不同时依赖农业和手工业或者/以及打短工。这一模式排除了依靠雇佣劳动的经营式农业。

(二) 正在进行的隐性农业革命

在目前中国的"隐性农业革命"下,情况当然很不一样。黄宗智和彭玉生在2007年的论文中提出并详细研究了中国当前农业发展的"三大历史性变迁的交汇":出生率的下降在世纪之交终于体现于农村劳动力绝对规模的下降,快速的城市化(大约每年1%)以及农民工数量的迅速增长,中国人食品消费结构以及农业产业结构的根本转型(黄宗智、彭玉生,2007;亦见本书第五章)。这三大趋势对黄宗智所提出的"资本和劳动双密集"型农业及高价值农产品产生了旺盛的需求。其结果则是农业的去内卷化,以及相伴随的农村剩余劳动力的减少。今天,我们可以预测,可能在近、中期内,农业劳动力将不再会就业不足(或隐性失业),农场也将达到更适度的规模。

在上述变化面前,传统方式的"家庭化生产"已经不复存在。最初,20世纪80年代的乡村工业化(不是依赖于手工业,而是普遍利用现代机械生产)冲击了这种生产方式。到2009年,1.5亿农民在"乡镇企业"中工作,旧的"副业"不再像从前那样占据重要地位。其后,农民工"离土又离乡"去城市打工,再次冲击了"家庭化生产",到2009年,这部分人也占了1.5亿。

然而我们必须指出,以"就业不足"形式所呈现的剩余劳动力,

195

依然是目前中国的"基本国情"。恰恰是剩余劳动力的存在导致了农民工的工资低下和有时遭受非人道的待遇。恰恰是剩余劳动力的存在导致了农业生产的低回报。当前对于中国农村剩余劳动力的估计,高的在2亿—3亿,低的在4400万(后者是以蔡昉为代表的新自由主义学者们的估计;他们坚持,中国已经进入了刘易斯拐点——例见都阳、王美艳,2010)。毋庸置疑的是,相当规模的就业不足剩余劳动力仍然存在。我们倾向于一个中间数目,即1亿左右。

即便不考虑剩余劳动力的精确数量,有一点确凿无疑的是,城市和农村人口的收入差距自改革以来日益拉大。我们已经看到,根据2009年世界银行的研究,中国城乡收入已经从1985年的1.8比1扩大到2007年的3.3比1(World Bank,2009:34,图2.36)。同时,城镇正规职工和非正规人员(如农民工以及乡镇企业的雇佣劳动者)之间存在较大的不平等。如果以基尼系数作为衡量指标(0.00标示绝对平等,1.00标示绝对不平等),根据联合国2005年的人类发展报告,中国已经从1980年的0.30变为2005年的0.45——前者属于最平等的国家之一,后者则是较不平等的国家之一(China Development Research Foundation,2005:13)。要实现一个完全整合的劳动力市场,而不是现在城—乡、正规—非正规差别巨大的状况,显然还需要长期的努力。

在目前的情况下,由于大量的非农打工者的存在,简单把农户家庭认作一个恰亚诺夫意义上的家庭农场生产单位已经不再合适。今天,几乎每一个农户都有人在外从事非农劳动,大多是家里年轻的、最有劳动能力的人,他们要么在"乡镇企业"中务工(这一部分人约为1.5亿),要么远离家乡去城市打工。家庭的农业则多由辅助劳动力来承担。

然而,家庭依然是一个基本的经济单位,并且依然带有主要劳动力和辅助劳动力相互结合的传统特点。过去的"农业+副业"的模式转变为现在的"农业+外出打工",过去的"半耕半副"的家庭单位转变为现在的"半工半耕"(详细讨论见本书第十三章;亦见黄宗智,2010e:第四章;黄宗智,2011c;2012b)。不变的是,家庭仍然需要依赖其主要劳动力和辅助劳动力来共同维持生计,两类劳动力仍然分别投入两类不同的生产活动。

与一般意义的个体化工人相比,不同的关键在于家庭单位的辅助劳动力。今天,大部分农业生产是由妇女和/或中老年人进行的,即所谓农业生产的"女性化和老龄化"。这和明清时代的辅助劳动力类似,主要参与那些报酬较低的家庭经济活动(例如,在耿店村,在蔬菜大棚与人佣工的中年妇女,每天收入约为30元,相比之下,一个男劳动力外出务工一天可挣50—100元)。现在,主要劳动力要么"离土不离乡",即在附近的乡镇从事非农劳务,以现金收入补贴农业收入,农忙时回家务农;要么"离土离乡"进城务工,寄钱回家补贴家用和/或在若干年后回家建房(黄宗智,2011c)。"离土离乡"的农民工虽然常年在城市打工,但他们几乎很少有希望在城市购房定居,其价格从最起码的数十万到北京和上海的数百万,大部分只能返回家乡"退休"。①

这种情况下,非农务工和农业生产形成了"两柄拐杖"。家庭农场为农民工在城市提供变相失业保障,和变相老年福利。同时,外出的农民工反过来为在农村的家庭提供现金收入,以补贴辅助劳动力所从事的小规模农业的低回报。否则,小规模农业也难以维系。

只要农村存在大量的剩余劳动力,这种半工半耕的家庭经济单位赖以存在的关键结构性条件就会继续存在。这是城市制造业和服务业能够维持廉价工资的重要原因,也是农村地区低回报农业和面积不足以维持生存的家庭农场能够维持的重要支撑。

这里,土地所有制再次起了重要的作用。中国独特的家庭联产承包责任制,将土地的使用权平均分配给农民,并禁止土地买卖。这是小农农场占绝对主导地位的重要前提之一。目前允许通过转让土地的使用权来实现土地的"流转"。在这种政策下,农业企业有稍微多一点的机会获取耕地,但是土地不能自由买卖的事实仍然是对土地集中和农民无产化的强有力制度性约束。

家庭联产承包责任制的一个重要组成部分是户籍制度。众所周知,在城市打工的农民工仍被官方当作农村居民来对待。农民工的孩子在城市上学,就必须付出高昂的择校费。而且农民工享受不到城市居民的福利,同时要承担高额医疗费。学费、医疗费以

---

① 第二代农民工则是一个不同的问题。大部分1990年后出生的第二代农民工从未种过地,返回家乡务农对他们来说并不是一个可能的选择。除了官方登记的户籍(和没有或只有低于城市居民的福利保障)是农民以外,几乎在所有其他意义上,他们都是城市人。

及难以负担的房价,使农民工依然无法与他们的农村老家分离(详细讨论见本书第十一、十二章)。

这些体制性因素强化了中国农民家庭经营的强韧性(并且遏制了农业无产化)。与之相反,印度对待土地买卖相对宽松(制度经济学者会认为其产权更清晰),导致了更高程度的农业无产化。所谓的东亚模式与之类似。中国的政治经济制度(土地平均分配、城乡户籍划分)和它在高人口压力下形成的独特的农业生产组织模式合在一起促成了"没有无产化的资本化"。这样的经验事实表明,中国更接近恰亚诺夫的,而非列宁、斯密和马克思(描述)的图像。

正如黄宗智过去已经指出(黄宗智,2010a),目前中国农业和农村社会所面对的选择并非"市场经济还是计划经济",也非"集体化社会还是'橄榄型'中产阶级社会",而是要在印度式的农业资本主义和恰亚诺夫设想的家庭农业发展模式之间进行选择。前者有45%的农业劳动力是无地的农业雇工,正如斯密、马克思、列宁所预期的情况。后一路径需要的是市场经济环境中的农业资本化和纵向一体化。这需要依靠公共机构与合作组织的协作来实现农产品从加工到销售的产业链条化,而不是依靠新自由主义经济学家们所提倡的由大型资本主义农业企业主导的发展道路。

过去十年中,中国政府大力推动"招商引资"并大力发展资本主义式的"龙头企业"。各地方政府进行了大量投入,包括现金补贴、低息贷款以及税收优惠等。通过"订单农业",这些龙头企业如今已经"带动"了约1/4的农民进入黄宗智所说的"新农业"(被"产业化"的农户今天占到所有农户中的43.5%,而订单农户的销售总额则占到所有被产业化农户的销售额的60%，即26.1%——详细论证和讨论见本书第十章）。一般来说，由公司提供产品的加工和销售，有时也提供种苗以及必要的技术支持，通过这样的"纵向一体化"来将农民家庭生产和"大市场"相连接。如此，农户可以说是被"半无产化"了，因为他们产品销售的市场利润大部分归于公司而不是归于他们自己。这种做法很有可能最终会演变成"资本化+无产化"的经典模式。

六、结论

总而言之，我们考察可利用的数据发现，农业雇佣劳动虽然相当重要，但长工仅占农业劳动总投入的3%左右（短工占0.4%），这比大多数研究预期的比重都低。农业雇佣劳动如此低的比重表明，一般意义上的"资本主义农业"只构成了中国农业总量中非常小的一部分。家庭农场依然占据主要地位。

但是小农家庭经营并没有排除中国农业的资本化（即资本投入量的大量增加）。这一农业资本化的大趋势构成了我们这里所说的"隐性农业革命"——在最近30年里农业总产值保持了每年平均6%的增长，远远超过历史上一般的农业革命。

中国农业发展的悖论在于：资本化并没有带来相应的农业雇工的大规模增加。伴随资本化的不断加深，占据主导地位的仍然是小规模家庭农场。它们才是高附加值农业生产的主体。"没有无产化的资本化"这一悖论现象或许是近来中国农业发展的最显著特点。下一章转入近15年来家庭小农场资本化的具体分析。

第八章
中国农业资本化的动力:公司、国家,还是农户?*

新自由主义经济学家通常假设,农业发展是由市场导向的企业(或者企业性质的家庭农场)推动的,而计划经济的政策制定者则往往认为,只有国家投资(或者补贴)才能够最有效地促进农业发展。这两种观点分别指出了过去几十年间中国农业变迁背后的两种重要动力,但是,还有第三种更重要的动力起着作用,但它却在很大程度上被忽视了。中国农业近年来的发展所必需的资本投入,实际上主要不是来源于企业或国家的投资,而是来源于小农户,而其所投入的资金,主要来源于非农打工收入。这可能是最近十多年来中国农业发展最出人意料的一个特点。

随着中国整体经济的发展,农民外出务工的机会越来越多,工

---

* 本章原稿是黄宗智、高原2013年(载《中国乡村研究》第10辑第1期,第28—50页)发表的论文。原稿由黄宗智执笔,大部分计量工作由高原承担。纳入本书时经过了少量的修改。

资逐渐上升。这就推高了农业劳动的机会成本。一方面,它促使农民期待获得更高的劳动收益。旧农业(或者称为大田农业,主要包括粮食、棉花和油料作物)中,由人工进行播种、耕地、收割以及除草所得到的劳均回报或单位工作日回报要远低于外出务工所得到的收益。另一方面,青年农民外出打工促使农业的"老龄化"——目前农业就业人员多是中老年男女农民。这也加大了农业劳动机械化的需求。农民越来越普遍地购买机械化服务来进行机耕、机播和机收,也使用更多的除草剂来控制杂草的生长(主要是水稻生产),免去除草的劳动投入。在粮食生产中,根据国家发展改革委 68 000 个样本户的成本收益调查(比较偏向被认为是"示范性"的农场),上述流动资本投入在过去 15 年里增加到原来的 5 倍。类似的现象同样见于棉花、大豆、油菜籽和花生等其他"旧农业"作物的生产中。

国家发展改革委成本收益调查所选择的样本户,一定程度上偏重于那些较为先进的农户。关于这一点,接下来我们还会在后文进行详细讨论。然而,即便是基于 1996 年和 2006 年两次农业普查资料所作出的保守估计,也有力地证明,这 10 年间农业机械和塑料薄膜(主要用于控制温度和湿度,有些情况下也用来控制杂草)的使用有显著增加。在 1996—2006 年间增加到原来的 2 倍,到 2010 年估计达到 3 倍。

与此同时,20 世纪 70 年代以来的生育率下降以及大规模的农民外出打工促使农村就业人员数量显著下降。世纪之交以来,先是以每年约 500 万之数递减,2006 年之后更加速减少到每年将近 1000 万人。同时,农村范围内的非农就业也快速扩增。结果是,农

第八章 中国农业资本化的动力:公司、国家,还是农户?

村的农业就业人员在最近10年间每年平均减少了1200万人,从2001年的将近3.2亿减到2010年的不到2.0(1.96)亿。

上述变迁趋势意味着农业生产正在发生一场悄然的革命。相比之下,1995年之前农业的发展,主要是20世纪60年代以来"绿色革命"的扩展,其主要内容是增加化肥使用和采用科学选种以增加产量,并没有太多节约人力的考虑。而过去15年间,农业生产加速使用机械和农药,其目的则主要是节约劳力。因为目前对这一问题的研究甚少,我们必然要给出大量的,甚至繁多的数据。我们整理和计算的数据显示,在2010年,旧农业中流动资本投入上限估计为4073亿元,而下限估计为2440亿元,真实情况可能更接近于后者。这一数据揭示出相当程度的"资本化"(本书定义为单位劳动力资本/现代投入的增加)。而这种"资本化"的趋势已经从根本上改变了旧农业的面貌。

另一主要的农业变迁是新农业(高产值的蔬菜、水果、畜肉、家禽、水产、鸡蛋和牛奶等)的大发展。和旧农业相比,新农业通常需要更多的流动资本投入,以便购买更多的肥料和其他现代投入品(例如蔬菜生产需要更多的肥料,畜禽养殖需要购入商品饲料,高品质的苹果培育需要果袋等)。根据我们的计算,小规模农户生产的八种主要新农业品种(蔬菜、苹果、生猪、奶牛、肉羊、肉牛、肉鸡和蛋鸡),其流动资本投入在2010年达到了12 186亿元。因为这里讨论的是较为先进的新农业,因此不存在前述样本偏向先进农户可能对总量估计造成偏差的问题。

新农业也需要固定资本投入,例如蔬菜生产所需要的塑胶棚(往往被称为"设施农业")、果园、畜禽养殖所需要的房舍、鱼塘等。

农户的固定资本投入在2010年达到了2305亿元。

农户的资本投入(包括固定资本和流动资本,新农业和旧农业)在2010年总计为16 931亿元。这些投入初始阶段主要来自农民的非农打工收入(2010年总计大约50 000亿元),尤其是"离土不离乡"的农民工,之后部分来自新农业的高回报。如此的农户资本投入的数量使国家和企业的投入相形见绌。换言之,农户才是过去15年间推动农业资本化/现代化的主力。

毋庸赘言,以上所说的现象当然在相对高度发展的东南沿海以及各地的城郊地区更显著,而在内地、边远地区、山区等则不那么显著。

不可置疑的是,尽管遭受诸多不公平的待遇——进入城市后大多因身份差异而不得不在非正规经济(即没有或少有劳动法的保护、低工资、长劳动时间、很少或没有城市居民的福利)中劳动,但农民实际上仍是中国近年来农业发展的主要推动力量。这一事实说明,未来的政策应该给予农民更大的支持。

一、旧农业中机械和农药投入的增加

根据国家发展改革委68 000个样本户的成本收益调查,1996—2010年间,粮食生产(我们使用水稻、小麦、玉米作为粮食作物的代表)中机械的使用,急剧增长到了原先的5—6倍(但我们需要指出,这比较偏向"示范"农户)。按照1996年不变价格计,从10—20元/亩增加到60—100元/亩,如图8.1所示。与此同时,除草剂(用来控制杂草生长,以节约除草劳动,主要用于水稻生产)和

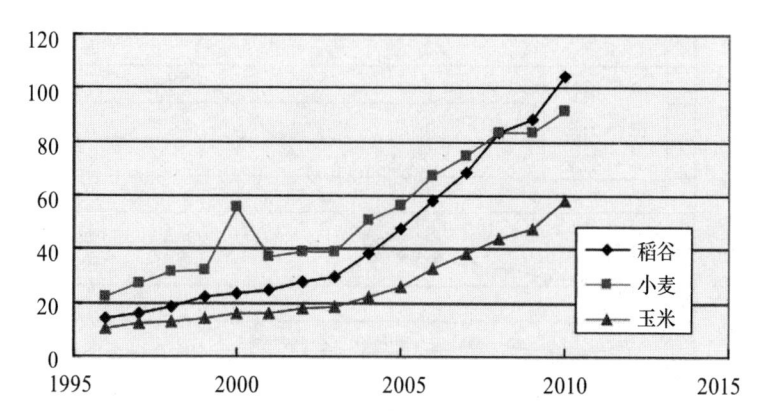

图 8.1　粮食生产的机械投入,1996—2010 年(元/亩,按 1996 年价格计)

　　数据来源:以当年价格表示的机械作业费来源于《全国农产品成本收益资料汇编》(以下简称《全国农产品》),2007,2011:表 1-2-2、1-7-2、1-8-2;为得到不变价格,我们使用"农业生产资料价格分类指数"中的"机械化农具"项目对当年价格进行了平减,农业生产资料价格分类指数数据来源于《中国农村统计年鉴》,1997—1999:表 7-8;2000—2006:表 8-7;2007—2011:表 8-4。

　　杀虫剂的使用增加了 2—3 倍,从 5—15 元/亩增加到 10—45 元/亩,如图 8.2 所示。

　　相比之下,同一时期的另外两种资本投入——化肥和良种,仅有少量的增加。这两类资本是 20 世纪六七十年代"绿色革命"最主要的功臣。(参见图 8.3、图 8.4)这样的结果是 15 年来机械和农药投入占全部投入的比重增加,从 1996 年的 26%(15%+11%)增加到 2010 年的 54%(37%+17%)。

　　类似的变化趋势亦见于"旧农业"的其他主要作物:花生、油菜籽等油料作物,以及大豆(2009 年共占总播种面积的 8.6%)和棉花

205

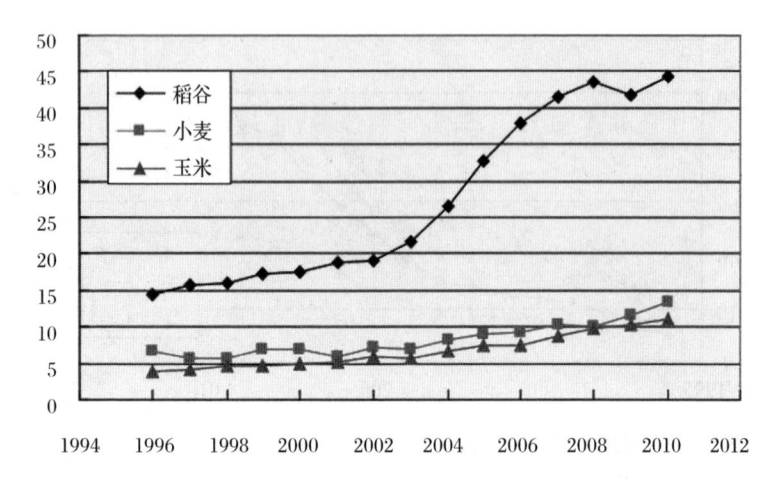

图 8.2　粮食生产的农药投入，1996—2010 年(元/亩，按 1996 年价格计)

数据来源：以当年价格表示的化学农药投入费用来源于《全国农产品》，2007、2011：表 1-2-2、1-7-2、1-8-2；为得到不变价格，使用"农业生产资料价格分类指数"中的"化学农药"项目对当年价格进行了平减，农业生产资料价格分类指数数据来源于《中国农村统计年鉴》，1997—1999：表 7-8；2000—2006：表 8-7；2007—2011：表 8-4。

(占 3.1%)的生产。这些作物生产中机械投入的增加趋势和粮食非常接近。对于棉花和大豆，机械投入从 1996 年的 5—10 元/亩增加到 2010 年的 50—60 元/亩(按 1996 年不变价格)。(《全国农产品》，2007，2011：表 1-9-2、1-11-2、1-12-2、1-13-2)农药投入也有相当的增长，不过不如机械投入急剧。(同上：表 1-9-2、1-11-2、1-12-2、1-13-2)化肥和种子投入的增加同样慢于机械。(同上：表 1-9-2、1-11-2、1-12-2、1-13-2)

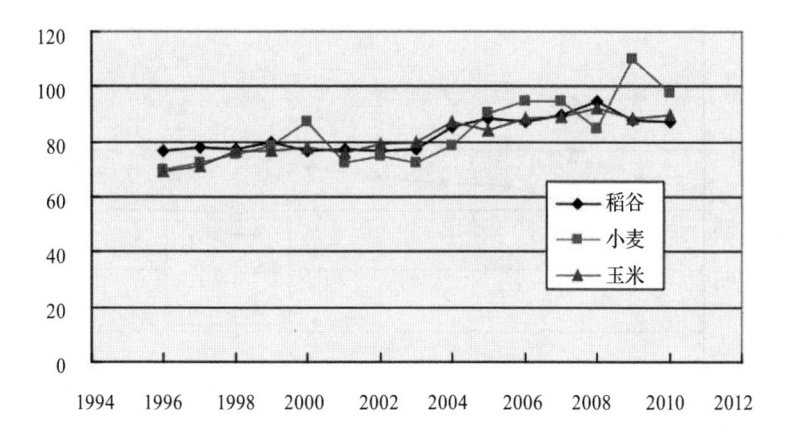

图 8.3 粮食生产的化肥投入,1996—2010 年(元/亩,按 1996 年价格计)

数据来源:以当年价格表示的化肥投入费用来源于《全国农产品》,2007,2011:表 1-2-2、1-7-2、1-8-2;为得到不变价格,使用"农业生产资料价格分类指数"中的"化学肥料"项目对当年价格进行平减,农业生产资料价格分类指数数据来源于《中国农村统计年鉴》,1997—1999:表 7-8;2000—2006:表 8-7;2007—2011:表 8-4。

根据 2010 年成本收益资料,棉花生产中四种现代投入平均为 307 元/亩(机械、化肥、农药和种子合计),大豆(约占总播种面积的 5%)为 146 元/亩,花生(占 2.8%)为 289 元/亩,油菜籽(占 4.6%)为 125 元/亩。

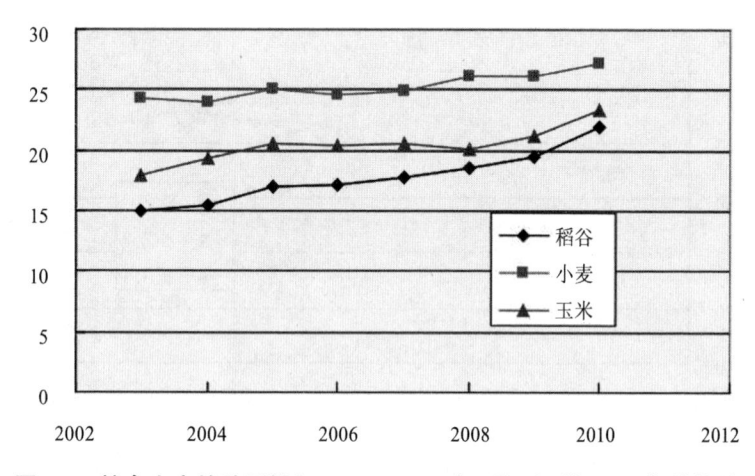

图 8.4 粮食生产的种子投入,1996—2010 年(元/亩,按 2003 年价格计)

数据来源:以当年价格表示的种子投入费用来源于《全国农产品》,2007,2011:表 1-2-2、1-7-2、1-8-2;为得到不变价格,使用"农业生产资料价格分类指数"中的"农用种子"项目对当年价格进行平减,农业生产资料价格分类指数数据来源于《中国农村统计年鉴》,2003—2006:表 8-7;2007—2011:表 8-4(年鉴仅 2003—2011 年份有农用种子的价格指数)。

表 8.1 统计了几种主要的旧农业作物在 2010 年的流动资本投入,包括三种粮食作物(水稻、小麦、玉米)、棉花、大豆和两种油料作物(花生、油菜籽)。这些旧农业作物在 2010 年占总播种面积的 69.6%,其四种现代化投入(机械、化肥、农药、种子)总计为 4073 亿元。该数字可以作为传统"大田农业"总流动资本投入的一个估计。

表 8.1 主要旧农业作物的流动资本投入与播种面积,2010 年

品种	播种面积(亿亩)	占总播种面积比重	机械投入(元/亩)	化肥(元/亩)	农药(元/亩)	种子(元/亩)	四种合计(元/亩)	流动资本总计(亿元)
稻谷	4.48	18.6%	104.9	106.0	43.2	36.2	290.2	1300.3
小麦	3.64	15.1%	91.8	118.5	13.1	44.7	268.1	975.5
玉米	4.88	20.2%	58.1	108.4	10.9	38.3	215.8	1051.9
大豆	1.28	5.3%	58.1	46.4	11.6	29.9	146.0	186.5
花生	0.68	2.8%	42.4	103.2	21.8	121.9	289.3	196.5
油菜籽	1.11	4.6%	28.4	72.8	9.5	14.7	125.5	138.7
棉花	0.73	3.0%	53.8	152.5	56.1	44.6	307.1	223.3
旧农业合计	16.78	69.6%						4072.9

数据来源:《中国农村统计年鉴》,2011:表 7-2;《全国农产品》,2011:表 1-2-2、1-7-2、1-8-2、1-9-2、1-11-2、1-12-2、1-13-2。

二、另一组不同的数据

我们认为成本收益数据需要根据更为全面的农业普查数据(1996 年和 2006 年)来进行修正。农业普查是对全部农户所做的系统调查。正如我们早前所详细论证的那样(黄宗智、高原、彭玉生,2012;亦见本书第七章),这两次普查要求对每一农户进行直接调查,由调查员和被调查者在调查地共同填写标准化的问卷。在设计、规模和细节上,农业普查和 10 年一次的人口普查相似。我们早前的研究发现,根据成本收益资料可以得出,农业雇佣劳动占

全部劳动投入的5%—10%；而根据农业普查得到的结果则要低得多——仅3%。我们最后的结论是，应该采用由农业普查得出的数据。实际上，国家统计局也利用农业普查的数据来矫正《中国农村统计年鉴》中的数据，正如他们使用更为可信的人口普查数据来矫正人口、就业和其他数据那样。

我们之前已经指出，调查样本的选择反映出两种不同的目的和倾向。一种——正如其主导机构的负责人在一次讲演中所说——是为了树立榜样，为其他农民指出一条致富的道路（赵小平，2004；亦见黄宗智、高原、彭玉生，2012:149；本书第七章）。另一种倾向，则可能来自参与调查统计人员的专业意识，意在捕捉全国农业的真实面貌——因此使用了10年一度的普查数据来校正旧有数据。两种倾向间的矛盾看来尚未完全解决。我们因此需要农业普查的数据来修正成本收益调查的数据。

然而，虽然更为系统和全面，农业普查数据却不如成本收益数据那样专注于农户经营的细节。农业普查数据并不和成本收益数据的统计范畴相一致。因此我们只能使用不同范畴的统计数据进行推断。表8.2给出了农业普查和成本收益调查关于机械投入变动的一个比较。农业普查数据统计的是拖拉机的年末拥有量（按照大中型和小型划分），成本收益数据则统计的是单位面积的机械投入费用。

很明显，两组数据所展示的增速是不同的。根据农业普查数据，1996—2006年间农用机械总量大约增加了一倍；而根据成本收益数据，机械投入费用增加了两倍。按照上述趋势，至2010年，则前者增加两倍，后者增加四倍。这样，前者意味着7%的年均增长率,后者则意味着18%。

表8.2 1996年和2006年拖拉机总数(农业普查资料)与机械投入费用(成本收益定点调查)(元,按1996年价格计)的比较

年份	大中型拖拉机(台)	增长百分比	小型拖拉机(台)	增长百分比	小麦、水稻机械投入(元,按1996年价格计)	增长百分比
1996	680 000	—	11 800 000	—	20	—
2006	1 400 000	207.5%	25 500 000	216%	60	300%

数据来源:《中国第二次全国农业普查资料综合提要》,2008:6—7;上述图8.1。①

另一个有用的指标是农用薄膜的使用量。薄膜用来覆盖作物,以控制温度和湿度,一定情况下也可抑制杂草生长。表8.3给出了农业普查和《中国农村统计年鉴》关于薄膜用量的一个比较:

表8.3 使用薄膜的耕地面积,2006年(亩)

年份	农业普查	《中国农村统计年鉴》
1996	无数据	0.98亿
2006	1.20亿	2.10亿

数据来源:《中国第二次全国农业普查资料综合提要》,2008:表3-2-11。

---

① 2010年的统计年鉴(表13-5)给出的1996年数据是671 000台大中型拖拉机和9 190 000台小型拖拉机;2006年1 718 000台大中型和15 679 000台小型拖拉机。我们这里采纳了农业普查的数据,因为它是基于全国所有农户的按户调查,而统计年鉴的数据则来自根据抽样农户的推算。

可以看出,《中国农村统计年鉴》根据成本收益调查的数据,多半夸大了薄膜的使用量,这是因为其样本选择倾向于较先进的农户。①

至于化肥投入和农药投入,农业普查和成本收益资料所揭示出的变化趋势并没有太大差异。(《中国第二次全国农业普查资料综合提要》,2008:表3-2-11;《中国农村统计年鉴》,2008:表3-9)这可能是因为在这两种要素的投入量上,一般水平的农户和较为先进的农户并无太大的差别。这也许是因为这两种水平的农户都接近于实现了在给定生态条件和要素价格下的最优投入。

在目前没有更好数据的情况下,我们可以将农业普查数据作为对现代化投入(机械和农用薄膜)的一个可信度较高的下限估计,而将成本收益数据作为一个可信度较低的上限估计。将1996—2006年的变化趋势延伸推至2010年,根据农业普查数据,现代化投入增加大约2倍,达到原先的300%,而依据成本收益数据则增加4倍,即原先的500%。我们认为,农业普查数据更为可信和准确。这样我们将成本收益数据所得到的2010年旧农业流动资本投入总量按3/5进行折算,得到2440亿元(4073亿元×0.6),作为一个更为可信的估计。

---

① 农业普查还有更重要的"设施农业"(指温室和拱棚蔬菜)的统计数据(《中国第二次全国农业普查资料综合提要》,2008:10,表7),可惜《中国农村统计年鉴》没有给出这样的数据,无从比较。

三、新农业中的资本化

本书将高产值新农业的发展以及由此而来的农业产业结构大转型称为"隐性农业革命"。新旧农业的资本化共同构成了过去15年间中国农业最基本的转型。因为我们在这一节关注的只是农业中较为先进的部分,因此可以依靠成本收益数据,而不用考虑对其进行修正。

(一)固定资本投资

新农业首先涉及固定资本的投入(例如对蔬菜大棚、畜禽养殖舍、果园、鱼塘等设施的投入)。对于这类投入,一个较好的统计范畴是"固定资产投资",它一般进一步划分为"第一、二、三产业",亦即农业、工业、服务业。对于农业的固定资产投资,又按照来源划分为国有经济、集体经济(包括农村集体和非农集体)、个体经济(包括农村个体和非农个体)。

如表8.4所示,国家和农村个体是农业固定资产投资的两大主要来源。国家投资从1996年的100亿元增加到2010年的2400亿元。这显示出国家在农村基础设施建设中作用的增加,其中最大的投资是水利建设。(《中国农村统计年鉴》,2010:表5-2)农户投资的主要用途前文已经具体列出,这一部分投资的增加则是因为从旧农业向新农业的转型。农户投资从1996年的380亿元增加到2010年的2305亿元(如果加上非农村个体投资,则达到3214亿元),增加了约 5 倍。出乎意料的是,农户投资总额和国家投资总额相差无几。

表 8.4 固定资产投资,按来源分类(亿元)

年份	第一产业固定资产投资总额	国有经济	集体经济	集体经济(农村)	个体经济	个体(农村)
1996	589.09	108.39	85.09	81.15	382.5	382.5
2000	859.7	303.8	129.94	122.51	386.21	380.39
2005	2323.66	521.43	505.68	476.11	1115.37	1004.37
2010	7923.09	2440.72	747.84	464.08	3213.84	2305.09

数据来源:《中国固定资产投资统计年鉴》,1997—1999,2001,2003—2011:表"全社会固定资产投资主要指标"。

(二)流动资本投入

流动资本的投入更为显著,它构成了新农业资本化的主体。蔬菜,尤其是温室塑胶棚蔬菜所使用的化肥通常要两倍于粮食作物。如图 8.5 所示,2010 年化肥投入费用,蔬菜超过 200 元/亩,而三种粮食作物的平均值不足 100 元/亩。蔬菜的种子投入也明显超过粮食。2003 年,蔬菜种子投入是粮食作物的 3.5 倍,2010 年大约是 1.5 倍(60 元/亩对 40 元/亩,参见图 8.6)。农药投入方面的差距也很明显。2010 年蔬菜的农药投入大约是 100 元/亩,而三种粮食平均大约是 20 元/亩,前者是后者的 5 倍。(参见图 8.7)

不过蔬菜投入的机械要少于粮食。这也是意料之中的现象,

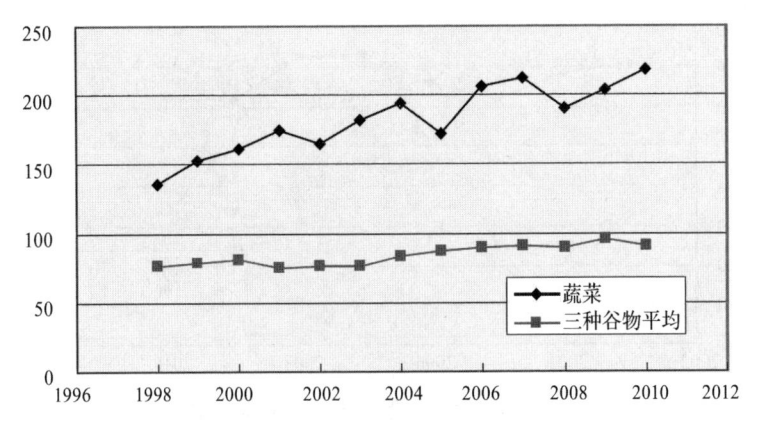

图 8.5 蔬菜生产的化肥投入,与三种粮食(水稻、小麦、玉米)平均的比较,1998—2010 年(元/亩,按 1996 年价格计)

数据来源:以当年价格表示的化肥投入费用来源于《全国农产品》,2007,2011:表 1-1-2、1-21-2;为得到不变价格,使用"农业生产资料价格分类指数"中的"化学肥料"项目对当年价格进行平减,农业生产资料价格分类指数数据来源于《中国农村统计年鉴》,1997—1999:表 7-8;2000—2006:表 8-7;2007—2011:表 8-4。

因为蔬菜培育一般在小地块上进行(相比之下粮食则是"大田"作物),更依赖于手工劳动。蔬菜生产机械一般用于建造大棚时的土方作业,在更先进的大棚上也用于日常操作,例如升降保温帘。

新旧农业流动资本投入总量的一个粗略估计,可见于成本收益资料中"物质与服务费用"栏目(但这一栏目不仅包括前述机械、化肥、农药等现代化要素投入,也包括比较旧型的水费、交通以及电费等项目)。如表 8.5 所示,2010 年蔬菜"物质与服务费用"是水稻的 3.2 倍、小麦的 3.6 倍,是大豆油菜籽的 7 倍以上,以及棉花的 2.7 倍。

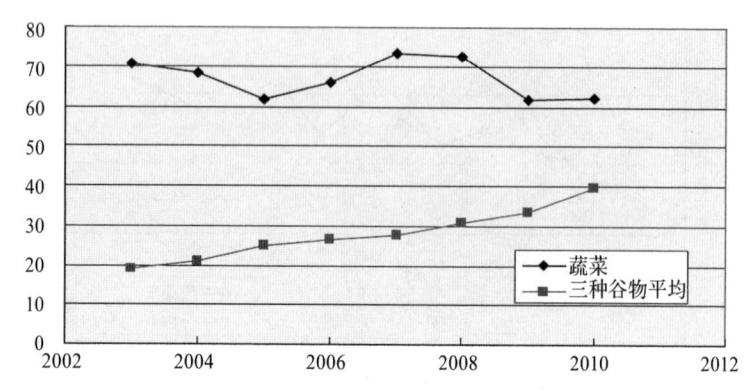

图 8.6 蔬菜生产的种子投入,与三种粮食平均的比较,
2003—2010 年(元/亩,按 2003 年价格计)

数据来源:以当年价格表示的种子投入费用来源于《全国农产品》,2007,2011:表 1-1-2、1-21-2;为得到不变价格,使用"农业生产资料价格分类指数"中的"农用种子"项目对当年价格进行平减,农业生产资料价格分类指数数据来源于《中国农村统计年鉴》,2003—2006:表 8-7;2007—2011:表 8-4(仅 2003—2011 年的年鉴有农用种子的价格指数)。

表 8.5 物质与服务费用投入:粮食、棉花、大豆、油菜籽
与蔬菜和水果(苹果)的比较(当年价格,元/亩)

年份	稻谷	小麦	玉米	大豆	油菜籽	棉花	蔬菜	苹果
1996	232.9	203.2	172.0	107.5	117.1	282.2		658.2
2000	199.2	229.0	158.5	96.5	116.0	260.0	748.7	563.1
2005	242.5	216.4	176.1	113.8	107.9	295.5	877.4	559.2
2010	358.6	318.4	260.5	165.1	162.7	419.9	1133.0	1882.5

数据来源:《全国农产品》,2007,2011:表 1-2-2、1-7-2、1-8-2、1-9-2、1-11-2、1-12-2、1-13-2、1-18-2、1-21-2,按当年价格计。

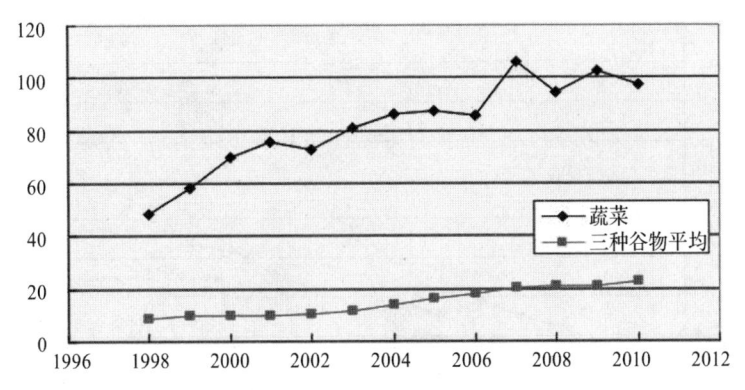

图 8.7 蔬菜生产的农药投入,与三种粮食平均的比较,
1998—2010 年(元/亩,按 1996 年价格计)

数据来源:以当年价格表示的农药投入费用来源于《全国农产品》,2007,2011:表 1-1-2、1-21-2;为得到不变价格,使用"农业生产资料价格分类指数"中的"化学农药"项目对当年价格进行平减,农业生产资料价格分类指数数据来源于《中国农村统计年鉴》,1997—1999:表 7-8;2000—2006:表 8-7;2007—2011:表 8-4。

蔬菜和水果的总流动资本投入,可以用单位面积"物质与服务费用"乘以总播种面积得到,参见表 8.6。

水果中,有详细数据的仅有苹果。如表 8.5 所示,在市场需求的驱动下,苹果生产已经成为一项高度资本密集的活动,在 2010 年需要的流动资本投入是蔬菜的 1.7 倍、水稻的 5.2 倍。

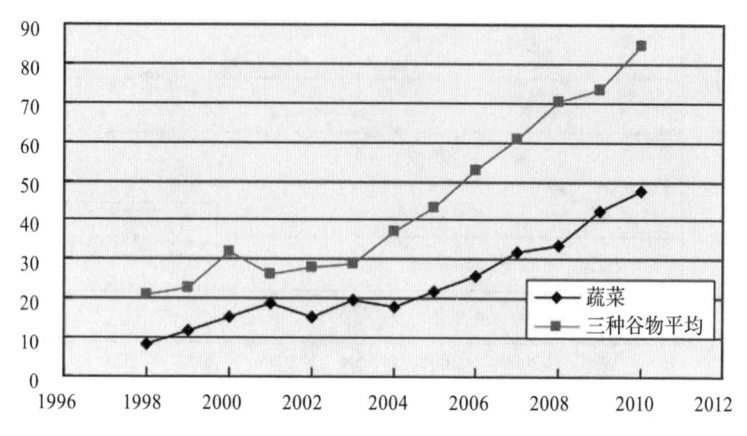

**图 8.8　蔬菜生产的机械投入,与三种粮食平均的比较,
1998—2010 年(元/亩,按 1996 年价格计)**

数据来源:以当年价格表示的机械投入费用来源于《全国农产品》,2007,2011:表 1-1-2、1-21-2;为得到不变价格,使用"农业生产资料价格分类指数"中的"机械化农具"项目对当年价格进行平减,农业生产资料价格分类指数数据来源于《中国农村统计年鉴》,1997—1999:表 7-8;2000—2006:表 8-7;2007—2011:表 8-4。

表 8.6　新农业蔬菜和苹果种植中的流动资本投入,2010 年(元/亩)

农产品	播种面积（亿亩）	单位面积流动资本(元/亩)	总流动资本（亿元）
蔬菜	2.85	888.0	2530.7
苹果	0.32	1882.5	604.2
合计	3.17	2770.5	3134.9

注:计算时,流动资本按照"物质与服务费用"中的"直接费用"计算,而不考虑"间接费用"(包括固定资本折旧和税费)。

数据来源:蔬菜、苹果播种面积来源于《中国农村统计年鉴》,2011:表 7-12、7-30;"物质与服务费用"中的"直接费用"来源于《全国农产品》,2011:表1-18-2、1-21-2、1-23-2。

由表8.6可知,蔬菜和水果这两种主要的新农业种植业产品2010年总流动资本投入达到了3135亿元。

至于肉类生产,猪肉无疑占有最重要的地位。近年来,生猪饲养也发生了根本性的变化。传统的饲养方式,主要是用泔水来喂猪(而猪的粪便形成的厩肥则是主要的有机肥)。现在,生猪饲养已经迅速现代化了,同时也在相当程度上资本化了。这一变化首先体现在大量使用制造的精饲料上。传统精饲料一般指粮食,以与秸秆、植物茎叶等区分。而现在精饲料主要指高品质的、商品化生产的饲料。其次则是饲养越来越依赖购买高价格的仔猪。根据成本收益资料,现在散养和规模生猪饲养都主要依赖于精饲料和高价值的仔猪。数据显示,每100千克或每1.5头猪的流动资本投入约为900元(散养和规模养猪平均),这是旧农业中粮食生产每亩投入的3倍。(《全国农产品》,2007,2011:表1-20-2、1-19-2)

为了对养殖业总体流动资本投入有一个全面了解,表8.7给出了主要养殖项目的流动资本总量(其中,单位产品流动资本使用"物质与服务费用"中的"直接费用"来近似)。为了区分小农户与所谓的"大户"以及农业公司/企业,我们使用统计资料中所采用的规模划分。对于生猪饲养,我们选取99头作为一般农户饲养规模的一个上限。一般小农户完全可以轻易地饲养10头猪,有条件的(例如新型的猪舍)还可以饲养更多。对于小农户来说,饲养几十头猪绝非罕见。如果使用最先进的自动饲养设备,一个劳动力甚至可以管理200多头猪。对于奶牛饲养,我们选取9头作为小农经营的上限,肉牛则定为 49 头。类似的,肉羊定为 99 只,肉鸡和蛋鸡定为 1999 只。这样的规模可以大致作为普通小农户(亦即主要使用自有劳动力的农户)与所谓"大户"和农业企业的一个划分,后两者经常性地雇佣劳动或者主要依靠雇佣劳动进行生产。(各种养殖规模实例见:宜都市扶贫创业项目库,2012)

如表 8.7 所示,2010 年农户养殖业流动资本投入大约是 9051 亿元。这显然是一个不完全的统计(成本收益调查 2007 年之后没有水产数据),[1]但也许可以作为近似新农业中养殖业流动资本投入的一个估计。

加上之前蔬菜和水果的流动资本投入——3135 亿元,我们得到新农业流动资本投入总计为 12 186 亿元。再加上固定资本投入 2305 亿元,得到 14 491 亿元,这是新农业中来自农户的总资本投入。如前所述,因为统计的不完全性,这一数字其实是一个保守的估计。

表 8.7 新农业中农户小规模养殖业的流动资本投入,2009 年

品种	饲养规模	出栏量 (万头/万只)	单位产品流动资本 (元/只、元/头)	总流动资本 (亿元)
生猪	1—49 头	34 061.0	973.7	3316.3
	50—99 头	11 394.7	1008.1	1148.8

---

[1] 2004—2007 年数据显示,"淡水鱼精养"的劳动投入中平均有 26% 是雇工,和"规模肉鸡"与"规模生猪"相似(《全国农产品》,2004—2007:表 1-23-2;亦见黄宗智、高原、彭玉生,2012:14,图 2;15)。

续表

品种	饲养规模	出栏量（万头/万只）	单位产品流动资本（元/只、元/头）	总流动资本（亿元）
奶牛	1—4 头	445.6	8395.0	374.1
	5—9 头	264.1	8395.0	221.7
肉牛	1—9 头	3409.4	4160.7	1418.6
	10—49 头	1124.7	4160.7	468.0
羊	1—29 只	17 277.3	359.3	620.8
	30—99 只	9115.0	359.3	327.5
肉鸡	1—1999 只	134 823.2	18.4	248.0
蛋鸡	1—499 只	53 322.2	69.7	371.5
	500—1999 只	51 292.1	104.5	536.1
总计				9051.4

注：计算时，流动资本按照"物质与服务费用"中的"直接费用"计算，而不考虑"间接费用"（包括固定资本折旧和税费）。

数据来源：不同规模出栏量来源于《中国畜牧业年鉴》，2010；单位产品流动资本来源于《全国农产品》，2010：表5-1-2、5-5-2、5-6-2、5-7-2、5-10-2、5-13-2。

再加上旧农业（向下修正过的）总流动资本投入2440亿元，我们得到2010年农户投入农业的总资本为16 931亿元（包括流动资本和固定资本，涵盖了新农业和旧农业）。这占到了当年农业GDP（40 534亿元）的41.8%，这一数字远远超过了国家和企业的投资。

表 8.8　乡村就业人员数,1980—2010 年(万人)

年份	原数	调整数*	增减	乡镇企业	私营企业	个体	农业
1980	31 836	—	—	3000			
1985	37 065	—	—	6979			
1990	47 708	—	—	9265	113	1491	36 839
1995	49 025	—	—	12 862	471	3054	32 638
2000	48 934	—	—	12 820	1139	2934	32 041
2001	49 085	48 674	−411	13 086	1187	2629	31 772
2002	48 960	48 121	−839	13 288	1411	2474	30 948
2003	48 793	47 506	−1287	13 573	1754	2260	29 919
2004	48 724	46 971	−1753	13 866	2024	2066	29 015
2005	48 494	46 258	−2236	14 272	2366	2123	27 497
2006	48 090	45 348	−2742	14 680	2632	2147	25 889+
2007	47 640	44 368	−3272	15 090	2672	2187	24 419
2008	47 270	43 461	−3809	15 451	2780	2167	23 063
2009	46 875	42 506	−4369	15 588	3063	2341	21 514
2010	—	41 418		15 893	3347	2540	19 638

*国家统计局根据 2010 年的人口普查,对之前(2001—2010 年)的数据作了相当规模的调整、矫正。

+根据 2006 年的全国农业普查,该年有 2.14 亿劳动力全年从事农业劳动 6 个月以上,0.91 亿 6 个月以下(《中国第二次全国农业普查资料汇编·农业卷》,2009:表 2-1-15)。由此可见,后者之中有相当比例被归纳为乡镇企业、私营企业或个体为主业的就业人员。

数据来源:《中国统计年鉴》,2011:表 4-2;2010:表 4-2。

在上述资本投入扩增的同时,近年来,农业就业人员显著递减。如表8.8所示,农村就业人员总数在1995—2000年间一直接近5亿人,来自自然增长的人员数和源自城镇化而流出的人员数基本平衡。但之后,先是以每年平均约500万之数递减,2006年开始则达到每年将近1000万之数。由此,农村总就业人数从2001年的4.87亿减到2010年的4.1亿。在此之上,农村本身的非农就业(乡镇企业和私营企业,尤其是私营企业)快速扩增,总数从2001年的1.43亿增加到2010年的1.92亿。结果是,农业就业人员从2000年的3.2亿极其快速地下降到2010年的2亿以下(19 638万)。

农业就业人员减少三分之一,结合以上说明的资本投入扩增,这当然意味着单位劳动力资本投入的增加,其幅度比上述资本投入增加量还要高出半倍。毋庸说,这本身也是农村劳动力价格上升的一个重要动力。

四、资本投入的工资起源

本章所勾勒的上述变迁,其背后的主要动力是非农就业机会的增加和工资的提高。农民所期待的,不再是每天20—30元的收入,而是50—100元。收入预期的改变,使农民投入越来越多的资本于旧农业,以节约劳动时间;同时其日益转向新农业,以获取更多的收益。

农村居民收入统计中的"工资性收入",主要是0.8亿"离土不离乡"的农民在乡镇企业劳动所得的收入。(《中国农村统计年鉴》,2011:表 11-5)2010 年这些收入总计为 17 557 亿元(平均2341 元/农村居民×7.5 亿农村居民)。这一收入应该和"离土又离乡"的农民工收入相区分。根据《2011 年农民工监测调查报告》,农民工总数为 1.53 亿,平均月收入 2049 元,每年平均工作 9.8 个月,由此这部分收入总计为 30 722 亿元(2049 元×9.8×1.53 亿)。这两部分收入加起来将近 50 000 亿元,这就是 9 亿农村户籍居民全部的工资性收入。

显然,农民的工资收入足以解释农民农业投资的很大部分。正是工资收入促使农民在旧农业中使用机器耕—播—收来替代手工耕—播—收以及借助农药来替代手工除草。这是支付固定和流动资本投入的主要来源。

农民的抉择固然可以用机会成本来理解,但其背后的逻辑也许并不那么简单明了。在选择非农就业来替代旧的农业手工操作(诸如手工耕地、播种、除草和收割)的时候,一个农户等于是在用非农就业的工资来支付节约劳动力和更高劳动回报的投入,亦即农业资本化的投入。有的是"离土不离乡"地把自家工资的大部分投入自家农场的经营和资本化费用,借以达到更高的农业劳动力回报。有的是"离土又离乡"地进入城市打工,把自己所攒的钱的一部分汇回老家,等于是协助支撑老家农场的经营费用。鉴于这些农民工所承受的不公平待遇,我们也许可以把这种资本称作"血汗资本",以此用来区别于普通意义的、由企业或国家来积累的(固定和流动)资本。

五、新型的农业革命

在改革时期,农业总产值以平均每年6%的速度增长(按照可比价格)。这一增速比历史上经典的农业革命(例如18世纪英格兰农业革命和20世纪60年代的绿色革命)增速都要高。

第六章已经详细论证(见表6.2),农业总产值增加主要来源于新农业。种植业达到原先4倍(407%)的增长反映出高产值蔬菜和水果生产的发展。"大农业"(包括农林牧渔全部)达到原先将近6倍(587%)的增长则主要来源于畜牧业和渔业的大发展,前者达到原来的不止10倍(1043%),后者达到原来的19倍(1904%),但这两者分别被纳入"牧业"和"渔业"来统计,在一定程度上掩盖了新农业所带来的变化。

在产值上,菜果每亩产值是粮食的3倍。从第六章的表6.4我们看到,2010年谷物产值所占比例(15.9%)只有其所占播种面积比例(55.9%)的不到三分之一,而菜果在产值上所占比例则与其所占播种面积比例大致相当。至于肉类,我们不能计算其所占播种面积的比例,但其所占农林牧渔业的总产值比例在2010年已经达到30%。加上渔业所占的9.3%,已经达到农林牧渔总产值的39.3%。(《中国农村统计年鉴》,2008:99,表6-13)与1978年相比,当时牧业+渔业才占到(大)农业总产值的17%,这也是非常激剧的变化。综合菜—果(约占"大农业"的26.7%)和肉—鱼来看,2010年达到"农、林、牧、渔"总产值的66%。在30多年前的1978年,菜—果+肉—鱼在(大)农业总产值中占的比例只约1/6,今天则占到将近 2/3。这足够显示"新农业"在中国新时代的农业革命中所扮演的角色。

六、适度规模的农业

基于出生率下降、非农就业增加和农业就业减少、食品消费结构变化这三大趋势，笔者和彭玉生在 2007 年的文章中预测，25 年后(2030 年)，中国农户经营将会达到适度规模。我们可以把后者理解为旧农业 15 亩(包括粮食作物、棉花、油料等)、新农业 3 亩(包括温室蔬菜、食用菌、水果、花卉等)的农场。在当前新旧农业的技术条件下，如此的规模意味着农业从业者的充分就业，同时也会带来收入的提高。(黄宗智、彭玉生，2007)

2006 年，全国的农业普查可以作为我们估算的一个基线。被直接调查的农户总数是 2 亿(200 159 127)户。调查把他们划分为不同土地规模的农户，并没有区分新旧农业。我们如果按照旧农业适度规模的标准(旧农业所占播种面积的比例是 70%)，土地经营规模在 15 亩或以上的农户总数占全部农户数的 7.7%。(《第二次全国农业普查资料·农业卷》，2009：表 2-7-1)此外，农业普查还有"设施农业"的数据，指的是(种植蔬菜的)温室、大棚、中小拱棚，一共约有 1170 万亩(11 655 000)，共约 390 万农户(假设平均每个劳动力种 1.5 亩，每户 2 个劳动力)，这占到农户总数的 2%。(《第二次全国农业普查综合提要》，2008：7)这样，旧农业和新农业(蔬菜水果等)适度规模农户总计达到 10%左右。笔者和彭玉生在 2007 年估计达到适度规模的农业就业农户每年可能增加 2%，这意味着,到 2010 年为 18%,到 2030 年接近 58%。当然这是非常粗略的估计,更准确的估计还有待 2016 年农业普查的新数据。

七、从宏观层面看

我们现在对农业投资做一宏观层面的考察。国家毫无疑问地发挥着重要的作用,其投资包括基础设施的投资、农业科技研发的支出、支援农村生产的支出和农业事业费。这些投资在 2010 年总共达到 8580 亿元(《中国农村统计年鉴》,2011:表 5-1)。但是,如果刨除科研、支农以及事业支出,只考虑固定资产投资,2010 年这一数目为 2440 亿元。而农户对固定资产的投资(主要是新农业中)同期为 2305 亿元,如表 8.4 所述。这样农户的固定资产投资实际上和国家相差无几。

在流动资本投入方面,农户则明显高出国家和农业企业。这是因为农户经营着绝大部分的土地,而国有农场只占全部耕地的 5%(0.9 亿亩/18 亿亩＝5%,见《中国主要年份国有农场基本情况》,2010),基于雇工劳动的农业"经营单位"则仅占全部耕地的 3%。农户的流动资本投入无疑要比国家和私营企业高出很多。

我们已经看到,2010 年,农户的旧农业总流动资本投入达到了 4073 亿元,蔬菜和苹果(新农业最大的两个种植业品种)达到 3135 亿元,养殖业为 9051 亿元,合计 12 186 亿元。

但遗憾的是,对于农业企业的资本投入,我们目前还没有好的可参考数据。从农业部农业产业化办公室 2008 年推出的报告,我们可以得到一些不完全的信息。根据这份报告的附表 4,农业企业的固定资产总值在2000—2004年间每年增长825亿元(固定资产总值从2000年的3070亿元增加到2002年的4690亿元,到2004年增加到6370亿元)。2005年则急剧增加了2340亿元。(《中国农业产业化发展报告》,2008:附表4)如果上述数据基本准确,那么2005年的农业企业固定资本投入与近年的国家和农户的投资相等。但是2008年报告之后未见新报告出版,数据仅截至2005年,更准确的估计还有待新的数据。

根据上述农业产业化数据,农业龙头企业"带动"了相当比例的农户进入产业化农业生产(根据农业部农业产业化办公室的报告,总计达8700万农户,占全部农业户的43.5%)。(《中国农业产业化发展报告》,2008:附表4;《中国第二次全国农业普查资料汇编·农业卷》,2009:表2-1-14)但必须指出的是,龙头企业带动的大部分农业户是通过合同、订单和契约农业的方式来实现的。在这种情况下,主要是农业户而不是农业企业来完成流动资本的投入。只有主要依靠雇佣劳动直接进行农业生产的企业才会自己承担流动资本投入。前文我们已经指出,这一部分企业,劳动投入仅占全部农业劳动投入的3%,国有农场只占全部耕地的5%。农民家庭经营的土地占全部耕地的绝大部分,而我们所估计的农户流动资本投入达到16 931亿元,这明显超出了国家和农业企业。

八、国家对农业的财政支出

如图8.9、图8.10所示,中国政府对农业的支出远远小于西方发达国家(如美国、英国、澳大利亚、加拿大、西班牙和挪威),这些

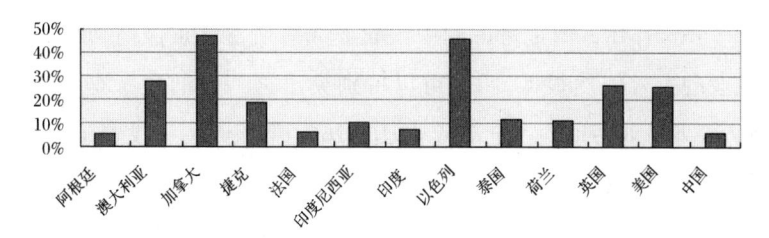

图 8.9　各国涉农支出,作为农业总产值百分比,1996 年

数据来源:引自郭玉清,2006;转引自朱钢等,2000:131(根据其表 5.5 作出)。

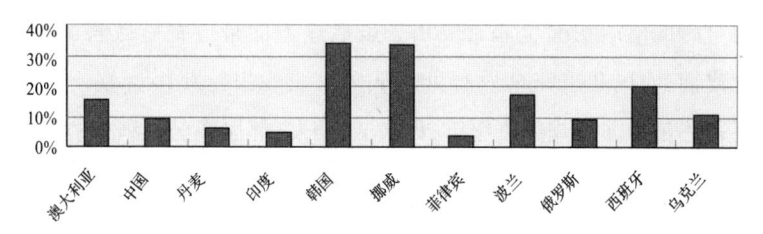

图 8.10　各国涉农支出,作为农业总产值百分比,2006 年

数据来源:Government Finance Statistics Yearbook (GFSY),2008,International Monetary Fund,各国统计表;World Development Indicators (WDI),2008,World Bank,表 4-1。

国家的涉农支出均占农业 GDP 的 20% 以上。无疑,中国政府在农田水利建设和农业科技服务方面相对发达,但对农业的补贴则远少于发达国家。最近几年,中国政府对于农业的投入有显著增长,到 2006 年约达到农业总产值的 10%,已经和泰国、印度尼西亚及俄罗斯相差不多。1996 年,中国的数据还小于印度(大约 7%—8%),而到 2006 年,已经明显超过了印度。同时,中国从 2004 年开始大规模减免农业税费,到 2006 年 1 月 1 日正式免除全部农业税,起了积极作用。但是考虑到中国农业人口所占比重极高,政府对农业的投入依然很低,两个可以特别突出这一点的数字是,2010年,农业从业劳动力占全部劳动力的26%,但该年国家投资于农业的固定资产仅占国家全部固定资产投资的2.8%[中国2010年全社会固定资产投资统计（一）, http://www.bjinfobank.com/IrisBin/Text.dll？db=TJ&no=535213&cs=9946559&str=全社会固定资产投资]。

通过与西方发达国家、中国台湾地区和韩国相比,中国大陆农村金融的落后状况也非常突出。虽然这方面最近稍有改善,但在此之前,农民几乎完全没有可能从国家正规银行获得贷款。他们不得不依靠非正规融资渠道,如亲戚、朋友、邻居甚至高利贷。

然而,中国大陆农业在过去15年里确实经历了快速的现代化。农业总产出每年增长6%,这一增速比20世纪六七十年代的绿色革命要快得多。我们上面的分析指出,农业现代化或资本化的主体是农户的16 931亿元资本投入,其资金来源主要是农民的非农工资性收入（在2010年总计约为50 000亿元）。虽然外出务工的待遇对于农民而言是不公平的,但是它却出人意料地导致了传统人工劳动被淘汰的结果,推动了旧农业中机械使用和农药投入的增加。与此同时则是新农业中现代化固定资本投入的增加（例如塑胶棚、牲畜饲养舍和果园等）,以及新农业的高值农产品生产所需流动资本投入的增加。这一农业革命既出人意料也意义深远。不过,它还有被进一步推进的空间。

九、结论

本章的量化研究得出的最重要的结论是,农业投资的主体其实是农民家庭,其资金来源主要是外出务工收入。这构成了中国农业过去 15 年增长的源泉,同时这也是一个被普遍忽视的资本化来源。

但农业内部却几乎没有发生"无产化",也就是说,农业总劳动投入中雇佣劳动所占份额非常之低——仅仅大约 3%(本书第八章;亦见黄宗智、高原、彭玉生,2012),但"半无产化"的现象却十分普遍——部分家庭成员脱离农业进入第二、三产业而成为农民工。大部分农民家庭处于笔者所说的"半工半耕"状态。如此的农民家庭"半无产化"(部分家庭成员从事非农务工而不是农业雇佣劳动)不仅仅改变了乡村生活和乡村社区,同时也给农业带来了巨大的转变。

农民在农业投入中的地位是如此重要,他们应该被视作推动农业发展最关键的动力。然而我们现在还没有清晰地认识农民和农业,更毋庸说充分支持和发挥农民所可能起的作用了。

现在应该是探寻更充分发挥农村人力资源方案的时候了。虽然是在不公平的城镇就业环境之下,是在城乡差别、正规职工与非正规农民工的差别之下,但农民们已经证实了自己的能动性和创造性。

真正能够彻底改造农村的是一个针对小农户的方案,尤其是针对可能达到适度规模农户(旧农业中经营规模达到 15 亩以上;

新农业中达到大中型蔬菜拱棚规模)的举措。农户已经为中国农业的现代化做出了巨大的贡献,并且还能贡献更多。唯其如此,城乡差距以及城乡劳动者之间的不平等才能逐渐缓解。唯其如此,一个广阔而深厚的国内市场才能真正形成,支撑起中国经济的长期发展。

第九章
舒尔茨《改造传统农业》理论的对错[*]

上一章说明了小农户在1995—2010年这15年间的农业现代化中所起的作用。有的读者可能会觉得如此的论点和新古典经济学家舒尔茨的论点有点相似。为了避免那样的误解,本章集中说明笔者所认为舒尔茨《改造传统农业》一书中哪些论点是正确的,哪些是错误的。笔者从舒尔茨的一个关键性的错误认识出发,逐步延伸到其他方面,把他的误识和他正确的认识区别开来,借此来讨论中国当前的农村经济问题以及可能的出路。

---

[*] 本章原以《中国小农经济的过去和现在——舒尔茨理论的对错》标题刊于《中国乡村研究》第6辑第1—14页(福建教育出版社,2008年)。纳入本书时做了相当幅度的实质性修改、删节、补充和更新。

一、人口问题

首先,舒尔茨整套分析的出发点是他对市场机制的信念,认为它必定会"把生产要素的使用推向最高效率的均衡"。因此,他特别强调,在市场化的传统农业中,不可能存在劳动力的过剩——因为劳动力和其他生产要素一样,乃是一种稀缺资源,在市场的资源配置机制下,不可能会出现低效率的过剩现象。

作为经验证据,他引用了印度 1918—1919 年发生的流行性感冒疫症,该流行病当时使印度农村劳动力减少约 8%,农业生产水平因此显著下降。舒推论说,农业中若真有"零价值"的劳动力,生产应该不会因此受到影响。所以,他认为这个经验证实了他的理论,即传统农业中没有所谓的劳动力过剩。(Schultz,1964:第 4 章;中文见舒尔茨,1999)

但是,这样的推理明显不符合实际。首先,他假定所有农户受到同等比例的影响,即每家每户减少了 8% 的劳动力。他的逻辑链是:如果印度有 10% 的劳动力是"零价值"的过剩劳动力,那么,如果减去 8%,农业生产应该不会受到影响。但是,如果因减去 8% 而下降了,那么,很明显,这些劳动力并非"零价值"过剩劳动力。

但实际情况绝对不会是每个农户都减去 8% 的劳动力,而是有的农户会全家病倒,有的不受影响。如果所有的农场中有 8% 因疫症而全家不能耕作,农业总产出肯定会下降,哪怕剩余的 92% 的农场的绝大部分都有剩余劳动力。此外,农业劳动高度季节化,要看疫病影响是否在农忙季节,而农户在农忙季节中即使近乎全就业,

第九章 舒尔茨《改造传统农业》理论的对错

甚或需要雇用短工,也并不表示他们在农忙季节之外没有剩余劳动力。舒尔茨没有考虑这样的经验问题,因为他主要是个理论家,关心的是纯理论问题,而不看重理论概括与经验实际的严谨连接。

对他本人来讲,关键的不是他的经验论证,因为他对印度所知十分有限,正如他对中国实际所知一样。他真正关心的是理论,而真正支撑他观点的乃是他关于市场经济的一套信念。在他的论证中,关键概念是他所拟造的"零价值"劳动力稻草人。他争论说世界上不会有为零报酬而投入劳动的农民,因此,世界上并没有所谓的劳动力过剩。如此来论证没有劳动力过剩,这其实只是一种辩论游戏,对了解实际问题没有帮助。实际上,劳动力的过剩一般都是相对的,而不是绝对的——这点会在下文中详细说明。

舒尔茨其实完全不关心经济史,对此可以说所知甚少。他把"传统农业"想象、论说为一个没有变化的均衡体系,完全没有考虑到传统农业中的变迁。他认为,只有现代科技才有可能"改造""传统农业"。他似乎不知道英国18世纪的农业革命——它完全是由传统技术(主要是人力与畜力的更佳配合)推动的。更毋庸说,中国战国和秦汉时期进入铁器时代而引起的农业革命(欧洲要到18世纪才达到中国汉代铁犁的技术水平),或拙作《长江》所讨论的长江三角洲在吴越时期(10世纪)所展示的水利革命,或后来明清时期的棉花革命,以及其他众多非常重要的变迁。(见本书第四章;亦见黄宗智,《长江》:第二、五章)

舒尔茨完全没有考虑到经济史理论家博塞拉普(Ester Boserup)在1965年的书中说明的道理:人类农业历史从25年一茬的森林树木的刀耕火种至6—10年一茬的灌木火种,再到固定农场的隔年或一年一茬,而后到一年两茬甚至三茬,都是由人口(相对土地的)压力所推动的,其间每工时劳动生产率逐步递减。(Boserup,1965)

他更没有想象到后来经济史理论家瑞格里(Anthony Wrigley)所说明的道理:使用有机能源的经济与使用无机、矿物能源的经济体系(mineral-based energy economy)的截然不同。前者的劳动生产率充其量只能达到人力的数倍(例如,使用马力),而后者则能达到数百倍(例如,使用煤炭、蒸汽)或更多(例如,使用天然气、石油,甚至核能)。前者的极限在于人力、畜力和土地(我们应该再加上"地力"),后者则似乎无穷无尽(当然,其实也是有限的)。(Wrigley,1988)前者长期以来一直都是以小农家庭农场为主的小农经济,后者则多依赖规模经济效益。两者绝对不能混淆。在前者之中,土地和人口之间的关系是关键(当然技术也起作用),包括劳动力边际效率递减规律;在后者之中,技术更关键,而土地和人口则相对没有那么重要。但舒尔茨则力争,两者的市场和经济逻辑是相同的,在市场机制运作下,同样会达到最佳配置。他坚称,在传统农业中,人口(对土地)的压力是无关紧要的。

由此可见,舒尔茨是位纯理论家。对他来说,经验证据和历史同样无关紧要,起作用的只能是被拼凑来支撑其先行的理论。这样,他把人口因素排除在他的视野之外,结果是完全认识不到中国经济的众多基本特色。这里需要指出,即便是诺贝尔(经济学奖选拔)委员会,也对舒尔茨这个比较极端的意见表示了一定的保留:他们在同一年(1979)把诺贝尔经济学奖也授给了刘易斯(W. Arthur Lewis),而刘的成名作乃是他的《无限劳动力供应下的经济发展》(Lewis,1954),这与舒尔茨的出发点正好是对立的。

(一)明清以来

历史事实是,中国明清以来,因为各主要河流流域的核心地区人口已经基本饱和,人口的持续增加要么导致了向边缘地区的移民,要么是核心地区在按日报酬递减的情况下,农业生产进一步劳动密集化。到19、20世纪,华北平原符合舒尔茨(现有技术条件下的最佳劳动力资源配置)逻辑的只有该地使用雇佣劳动力的经营式农场,它们因为可以根据需要适当调整劳动力,达到了劳动力和土地在现存技术条件下的最佳配置,平均是25亩地一个劳动力。但这样的高劳动效率农场只占该地总耕地面积的10%,其余的耕地则是由主要依靠家庭劳动力的家庭农场种植的,而后者的劳均耕地面积只达10亩。它们一般比经营式农场每亩投入更多的劳动天数,得到的是不成比例的稍高的亩产。按照每劳动日报酬计算,要比经营式农场差得多。(黄宗智,2000a[1986],2014a)

在那样的情况下,家庭农场相当普遍地从粮食生产转向部分棉花—纱—布生产。后者每亩地需要12—18倍于粮食种植的劳动投入,来换取远远不到那样倍数的收入(一亩棉花需要约20天种植、161天纺纱织布,相对于粮食的约10天/亩。江南地区亩产30斤皮棉,可以织23匹布——每匹纺纱4天,织布1天,弹花及上浆等2天,共7天)。(黄宗智,2000b[1992]:84)在江南,也有不少农户从粮食生产转入蚕桑种植,以9倍的劳动力投入换取三四倍的净收入。很明显,无论是棉花—纱—布还是蚕桑—缫丝生产的每劳动日所得,都和粮食种植相去甚远(虽然其按年所得可能会因为每年工作日的增加以及家庭劳动力的更充分使用而有所增加)。因此,大规模地从粮食转入棉花和蚕桑种植,其主要的动力是人口压力。如果没有人口压力,人们不会转入每劳动日较低报酬的种植。这就是笔者所说的"内卷"或"过密"型生产。因为这样的生产也是两地(尤其是江南)农村商品化的主要动力,笔者也称之为"内卷型商品化(或市场化)"。(黄宗智,2000b)

这个现象背后的逻辑是家庭农场的特殊组织性,与舒尔茨心目中的资本主义企业组织不同。家庭成员的劳动力是给定的。同时,一个家庭农场既是一个生产单位,也是一个消费单位。这样,在人口压力下,也就是说在土地不足的情况下,一个家庭农场会为生存需要而在土地上继续投入劳动力,逻辑上直到其边际报酬下降到近乎为零(但绝对不是舒尔茨之所谓"零价值")。而一个资本主义企业则只是一个生产单位,它会在边际报酬降到低于市场工资时,停止再雇用劳动力。这个道理是苏联的恰亚诺夫在俄国农业经济的大量经验证据上提炼出来的。(恰亚诺夫,1996[1925]:第3章)正是因为这样的组织性逻辑的不同,华北、江南的小家庭农场,所得到的单位面积产出是高于经营式农场的,但按照每工作日计算,其劳动生产率则要低于经营式农场。这就是笔者所谓"内卷"的基本含义。

正因为如此,家庭农场能够负担较低的劳动报酬,也就是说能够负担较高的地租,以及较高的地价。这样,在长时段的历史变迁趋势中,家庭农场会比"经营式农场"更具顽强的生命力,能够压倒经营式农场。因此,在20世纪30年代的华北平原,经营式农场只占耕地面积的 10%,其余全是家庭农场(黄宗智,2000a[1986]:78—81,204—208)。在长江三角洲,高度商品化的棉花与丝绸经济促使比华北更高的(笔者称之为)"生产家庭化"(familization of production),由儿童、老人和妇女来承担低报酬的纺纱和缫丝劳动。(黄宗智,2000b[1992]:84—86;黄宗智,2007[2002]:239)到了明清之际,正如《沈氏农书》所详细证明的那样,依赖雇工的经营式农场的纯收益只能达到相当于出租地主的纯收益。因此,经营式农场日趋式微(如果坐收租钱能够达到自家经营同等的收入,何必经营?),在 20 世纪之前便早已绝迹。(《沈氏农书》,1936[1640 前后];黄宗智,2000b[1992]:64—66)这样等于完全排除了最接近舒尔茨所想象的人地关系处于理想状态的、接近于资本主义企业型的农场。

这种内卷趋势在民国时期持续了下去,在中国农业经济"国际化"的趋势下,包括外来资本(尤其是日本在山东)所建立的纱、布工厂,棉花经济进一步扩充,而花—纱—布的分离(原来是由同一家庭农场种花、纺纱、织布,现在则由工厂产纱,再由农村手工织布),大规模提高了农村的商品率(可能达到 40 倍),但内卷化/过密化逻辑基本一致,农村劳力普遍种植少于自己劳动力在理想条件下所能耕种的面积。内卷化依旧存在。

我为什么要强调"内卷"或"过密"?因为人口众多、就业不足的问题正是中国最基本的"国情"之一,也是中国历史的基本动力之一。正因为劳动力相对过剩、土地资源相对劳动力的需求十分短缺,在历代王朝中造成了周期性的社会危机和农民起义。

说到农民起义,分配不均当然也是一个重要的因素,这里应该进一步说明人口过剩与分配不均间的相互关系。很明显,在前现代欧洲的封建制度下,土地分配要比在中国长期的地主制度下更加不平均,封建领主和普通小农之间的身份和收入要比中国的地主和小农之间更加悬殊。因此,如果完全从分配不均程度来考虑,似乎欧洲更应该引起频繁的农民造反运动,但历史事实正好相反。其中的关键原因是人口压力迫使更多人生活于糊口边际,而一个水深及颈的人,对分配不均感受会比一个处于小康状况的人更加迫切。这样,就更可能导致更强烈的造反动机。

我们也可以就近从中国江南和华北的不同来说明这个问题。江南地主占地比例要比华北高得多,达到总面积的一半以上,相较之下华北只达到15%。也就是说,江南的贫富不均状态要比华北严重。从这个角度来考虑,共产党农村革命运动在江南应该比在华北更具号召力(而当时有的革命领导人,根据教条化的马克思主义阶级理论,正是如此预期的),但历史事实正好相反。共产党革命之所以成功,很大原因是其在华北平原获得的广泛的民众支持。而在江南则并没有获得同等的民众支持(Liu[刘昶],2007),其中一个重要的原因是江南土地肥沃、作物生长期较长,运输和商业比华北发达,也因此总的来讲要比华北近乎小康生活水平。这是江南农村人民较不容易接受共产党革命的基本原因。而华北则土地贫瘠、人口压力(相对播种面积和产出)严重,而且天灾频繁,因此当地民众比较容易接受共产党的革命运动。说到底,其中道理是人口压力会扩大、加重贫穷问题。

总体来说,中国近现代最基本的问题之一,无疑是人口过剩加上分配不均。19世纪中叶的太平天国运动要求均分土地,正反映了这个问题。其后的国民党统治时期,天灾人祸频繁,造成大规模的农村人口死亡,这成为中国共产党革命的基本动因之一。而革命政权下推行的土地改革同样也绝对不是偶然的,它对农村土地进行了重新分配,借此来解决了占据不止一半农村人口的"贫下中农"的土地不足问题。其后,通过互助组而后合作化(最终成为集体化)来解决同一基层的农民的农具和牲畜不足的问题(几家农户合用其牲畜和农具,农忙打工季节也可以相互交换或借助劳动力)。笔者说明这些不是要为过去的集体化辩护,当然也更不是想为"大跃进"时期那种"越大越好"的错误决策辩护,而是要说明土改和合作化所包含的经济合理性。我们不能像舒尔茨那样一笔抹杀现代中国革命在社会经济政策上的合理方面。我们更不能把明清和国民党时期的中国农村社会经济实际像舒尔茨那样想象为20世纪初期的美国农业。

(二)集体化时期

但是同时,我们也应该承认,集体化也并没有能够成功地改造中国农村经济。20世纪六七十年代,中国农村和许多其他发展中国家一样,经历了一定程度的所谓"绿色革命"(主要是化肥与科学选育良种,也包括某种程度的机械化),但它在中国大陆并没有像在中国台湾地区以及韩国那样,提高劳动生产率和收入。农村生活水平仍然徘徊于仅可糊口的水平。根据舒尔茨的观点,这主要是因为计划经济废除土地私有并过分控制生产和价格,因此没有允许市场机制发挥其应有作用。(Schultz,1964:第8章)他忽视的是人口因素的历史实际。实际上,集体时期中国经济的主要问题,与其说是"集体经济"或计划经济,不如说是人口压力。

笔者在第六章已经详细论证,人口因素的重要性首先可以用日本和中国的农村发展历史的不同来说明。在日本,从19世纪80年代到20世纪50年代,现代技术的投入是在农村人口基本没有增加的历史情况之下实现的。(Hayami, Ruttan and Southworth, 1979: 11—12)日本在明治维新之前的一个半世纪中便早已进入低人口增长状态。(Smith, 1977; Hanley and Yamamura, 1977)其后,在19世纪80年代—20世纪50年代期间,由于城市工业蓬勃发展,吸收了相当部分的农村人口,因此,农村人口基本稳定,农村劳动力得以吸收现代投入所赋予的产出上的提高,也因此能够实现农村劳动生产率和收入的显著提高,也就是本书意义中的现代型发展。

但是,在中国,在这些投入实现的同时,农业从业人员("第一产业就业人员")增加了将近70%(从1952年的1.73亿到1980年的2.91亿,《中国统计年鉴》,2004:120)。加上集体化下妇女劳动力的动员以及每年劳动日数的增加,大规模劳动投入的增加决定了中国农业现代化的模式:依赖原来劳动量的约4倍的投入,伴随现代生产要素的投入,在已经是相当高的总产量的基础上进一步把产出提高了约3倍。这是可观的成绩,但是,每劳动日的报酬不仅没有提高,实际上是降低了。(Perkins and Yusuf, 1984;黄宗智,2000b[1992]:441)复种指数大规模上升,农业生产进一步劳动密集化,结果是内卷化的持续。这种现象的肇因绝对不简单是违反(舒尔茨所信仰的)市场规律和私有产权的集体化,而是源自舒尔茨所忽视的人口相对过剩因素的结果。

第九章 舒尔茨《改造传统农业》理论的对错

我们如果把中国大陆与台湾地区和韩国相比,差别也相当明显,道理基本一致。中国台湾地区和韩国与中国大陆的一个基本不同是,它们在日本殖民统治下所经历的变化。殖民政府的目的毋庸说是为了日本本国的利益,但是我们也应该承认,其在客观上却也推进了两地农业的现代化。在中国台湾地区,正如美国学者 Samuel Ho 和 Alice Amsden 的研究所证实的,在 1910—1940 年间,日本殖民政府将化肥使用量提高了 735%,同时也推进了科学选种研究和应用,由此做到 1917—1937 年间每年 3.6% 的农业增长率。(Ho,1968;Amsden,1979;Lee and Chen,1979)其同期间的农业人口增长则相当于中国大陆 1950—1980 年间的约 2%。基于此,Amsden 估计,中国台湾地区的农业劳动生产率在日本统治的 50 年间上升了大约一倍,也就是说超过 1950—1980 年的中国大陆,达到 18 世纪英国农业革命的发展幅度,而且是在其一半的时间中达到的。这就为后来中国台湾地区的整体经济发展奠定了基础。

至于韩国,我们也已看到,其经历和中国台湾地区相似(虽然没有达到同样的幅度——1920—1930 年间,0.5%;1930—1940 年间,2.9%。Ban,1979:92—93),在殖民政府统治之下,化肥使用量从 1920 年的每公顷 1.5 公斤上升到 208 公斤(Kang 和 Ramachandran,1999:792,表 6)。同时期,科学选种也起了一定作用。这样,韩国和中国台湾地区一样,在日本殖民统治下已经提早进入后来 20 世纪 60—80 年代所谓的"绿色革命"。

此外,在众多其他因素(尤其是政府所起作用)之外,值得一提的是大量美援(相对于其经济规模而言)。正如韩国学者潘性纳(Sung Hwan Ban)指出,美国军队组织在提供化肥方面起了关键性的作用。(Ban,1979:112)在农业经济劳动生产率的持续上升以及非农经济的蓬勃发展之下,中国台湾地区和韩国都得以进入城乡互动的螺旋式经济发展,在20世纪80年代便已达到发达国家和地区的人均收入水平(详见本书第六章)。中国大陆的人均GDP则直到1980年仍然受困于其劳动力过剩的沉重负担。其中关键,显然不简单是舒尔茨设想的市场机制和计划经济,而再次是人口的相对过剩。

今天回顾,集体化时期的农村政策肯定有其失误之处。对农业经济——尤其是在"大跃进"时期——控制过严并脱离农民实际利益,没有能够充分发挥农民的生产积极性,肯定是一个因素。相对后来联产承包责任制下的家庭化管理制度,集体生产显然在劳动力使用上是过密和低效率的:20世纪80年代,从集体农业释放出1亿劳动力就业于乡村工业,而农业生产水平非但没有下降,反而持续上升,便是最清楚的例证。这是舒尔茨理论所看到、突出的问题。但是,舒尔茨没有看到人口问题。当时农村政策的关键性失误是没有正视人口问题并采取适当措施,以致后来迫不得已地采取比较极端的生育控制。正因为如此,现代技术投入所带来的劳动生产率发展,绝大部分被人口压力所蚕食掉。

(三)改革时期

改革的最初几年,即20世纪80年代上半期,中国农业种植业(主要是本书之所谓"旧农业")得到了相当显著的发展,达到每年5%—6%的幅度。舒尔茨等人将其完全归功于去集体化。(见黄宗智,2000b[1992]:250—251)他们的"论证"其实主要是再次出于其基本信条的推理:中国脱离了他们极力反对的计划经济体系,采用了市场经济,解散了集体农业,采用了个别家庭自主的组织体制,当然只可能导致农业的发展。(至于其发展不足,他们同样根据从市场经济理念出发的推理,认为只可能是因为还没有完全采用美国模式。这一点下面还要讨论。)事实上,把农业劳动力从集体组织中释放出来固然是个重要因素,但80年代初期国家对农产品价格的调整同样重要。此外,因为石油工业达到成熟发展而大规模提高化肥供应量,也是个重要的因素。按照一般化肥对粮食产量影响的比例计算,折纯量乘4.1得出化肥实物量,再乘3得出产量可预期提高量,可以解释很大部分的产量提高。① (见Perkins, 1969:73;参见黄宗智,2000b[1992]:252—253)

事实是,在劳动力过剩的情况下,较高或者较低的劳动积极性只能影响单位面积的劳动投入时间,对其产量所起的作用比较有限。过密的劳动投入会导致边际劳动生产率的递减,而反过密的劳动力释放,除非完全就业,只能导致休闲量的增加,不会显著影响亩产量。这个道理在20世纪30年代的华北农村以及80年代的松江县已经十分明显。(黄宗智,2000a[1986]:第9章;2000b[1992]:251—254)无论是在解放前的市场经济下,还是毛泽东时代的集体生产下,或者改革时期的联产承包责任制下,都是同一道理。

像舒尔茨那样把改革前的农业问题完全归罪于集体化,和其

---

① 再则是品种的作用。譬如,杂交稻。

后的成绩完全归功于去集体化和市场化乃是意识形态的作用,都是不符合历史实际的。事实是,中国农业最基本的问题一直都是人多地少,至今仍然没有能够得到充分解决,但舒尔茨则凭其理论建构而完全拒绝考虑这个关键因素。

我们再看20世纪80年代蓬勃发展的乡村工业化。截至1989年,乡镇企业吸收了将近1亿("离土不离乡"的)劳动力(0.94亿,《中国统计年鉴》,2004:123),再一次带来了可能提高农村劳动生产率和报酬的机会。但是,农村的劳动力是如此丰富,当时自然增长率又仍然是如此之高,"乡村农、林、牧、渔"从业人员在十年乡村工业化之后,仍然从1980年的2.98亿增加到3.24亿(乡村人口则从8.1亿增加到8.8亿,乡村总从业人员数从3.18亿增加到4.09亿)。劳均耕地因此非但没有增加,反而递减(同上:473—474),农业仍然过密,农业劳动力中有三分之一到二分之一处于隐性失业状态中。

再其后,20世纪90年代,中国大规模地参与国际市场,全球资本大规模涌入,城市经济大幅度增长,又吸收了约1亿("离土离乡"的)农民工,再次提供了农业劳动生产率发展的机会和可能,但是乡村农业从业人员数最初只有少量的递减,从1989年的3.24亿到2003年的3.13亿(同上:74),之后才开始比较明显地下降(见本书第五章图5.1)。中国劳动力人数及其自然增长率是如此庞大,以致改革以来到21世纪初期的20多年之中发展起来的惊人的非农就业,总的来说仍然少于农村劳动力自然增长的数量。这就是为什么21世纪初的中国劳均仍然只有7个播种亩的基本原因。到2012年,劳均播种面积已经达到10亩,但农村仍然人口相对过剩,相当部分农业仍然过密,相当部分农业劳动力仍然处于隐性失业状态中。

简言之,回顾中国农村经济历史,人多地少问题明显是中国最最基本的国情之一。正因为农村劳动力大量过剩,中国不可能像舒尔茨提倡的那样,突然采用农村土地私有制,完全依赖市场经济来做分配。按照舒尔茨的方案来做,只会再次导致民国时期国民党统治下的那种大规模社会危机。

二、土地承包制度

正如许多学者已经指出,在中国人多地少的基本国情下,土地承包的均分制度乃是维持社会稳定的一项基本措施。入城打工的农民面对的是不公平的待遇、不稳定的就业,但一旦失业,其仍可以回到家乡种口粮地、承包地糊口。在今天的制度下,承包土地制度所起的作用在没有社会保障的农村中等于是一种替代性的社会保障,能够保证3亿农民工有家可归。这个事实,正如中国由农村包围城市的革命运动一样,是舒尔茨等人所不愿正视的事实。其中关键,仍然是他们没有正视中国劳动力过剩的基本国情。

当然,这并不是说承包土地乃是一个普适的理想制度。中国历史上的"男耕女织"是个非常牢固的经济体;如今,小块土地的承包地制度已经形成一个可能同样牢固的半工半耕的经济体。整个半工半耕制度的逻辑是:人多地少的过密型农业因收入不足而迫使人们外出打工,而外出打临时工的风险反过来又迫使人们依赖家里的小规模口粮地作为保险。这样就使得过密型小规模、低报酬的农业制度和恶性的临时工制度紧紧地卷在一起。正是这个制度替代了原来的集体生产。

上述是比较明显的制度性因素,但是此外还有一个组织性因素。今天的小农农户,仍然(正如恰亚诺夫多年前指出的那样)既是一个生产单位,也是一个消费单位。同时,它的劳动力是既定的。因此,它会做出一个资本主义生产单位不会做出的抉择,会愿意为(低于市场工资报酬的)自家消费之用而种植口粮/承包地,会(像过去那样)为了增加家庭的收入而结合主业和副业,结合主要劳动力和辅助性劳动力的使用。过去,种植业是主业,在农村打短工或在家纺纱织布(或缫丝)是副业。今天,半工半耕的农户则以城市打工为主(主要收入来源),家庭种植为辅。今天中国的半无产化农户之所以同时从事(半就业型)种植业和城市(镇)打工,既是出于这种农户经济单位的组织性逻辑,也是出于国家政策性抉择的原因。

说到底,今天的这个制度的起源还是人口过剩问题。正因为人口过剩,才需要国家的干预来均分土地,避免社会动荡,并解决一半农民耕地不足的问题。舒尔茨等人完全无视中国人多地少以及历史上大规模社会危机的基本国情,意欲把他们设想中的美国农业模式照搬到中国使用,这是错误的。问题是,我们该怎样从舒尔茨的观点中抽出他的正确之处,作出符合中国实际的选择?

三、当前的历史性契机

我们上面已经看到,由于在"全球化"资本投入的推动下,农村劳动力大规模进入城市打工,连同乡村工业化,形成了历史性的将近3亿农民的非农就业大趋势。进入新世纪,这个趋势正好与其他两大趋势交汇。一是国家1980年以来严格实施的生育政策所导致的生育率下降,终于反映于新就业人数的下降。二是伴随国民收入上升而来的食物消费转型,从以粮食为主的模式转向粮、肉—鱼、菜—果兼重模式,并因此形成了对农业生产的不同需求,推动更高劳动投入和成比例与超比例价值农产品的需求。这三大历史性变迁的交汇为中国提供了一个历史性契机。(详见本书第五章;亦见黄宗智,2006a,2006b;黄宗智、彭玉生,2007)

彭玉生教授和笔者在2007年的文章中,试图对这三个趋势在之后10—25年中的可能走向做一个比较系统的估计。首先是根据人口和就业趋势来看去向。事实是,2亿(2006年全国农业普查时的数字)农民的非农就业和人口生育率的降低(及随后劳动力自然增长的减慢),导致长期以来务农人数的第一次持续下降。这是个划时代的变迁。

家庭农场规模也能说明问题。根据我们原来的估计,10年以后劳均播种面积将从2005年的7个播种亩①提高到10亩左右。实际上,这个数字在2012年已经提前达到。因此,中国的劳动力过剩问题已经明显改善。

在上面简述的这三大历史性变迁之中,两个——就业趋势和人口自然增长——直接关联人口过剩问题以及国家控制生育政策,乃是完全出于舒尔茨视野之外的因素。第三个——食品消费

---

① 人均2.4播种亩、户均9亩、劳均7亩。

转型——也完全出于舒尔茨考虑因素之外。但正是这三个因素，形成了中国农业发展的历史性契机。

四、与美国模式的不同

应该说明，我们设想的中国农业发展模式和舒尔茨的有很大不同。首先，我们设想的小规模家庭农场和舒尔茨的完全不同。我们设想的是中国将来的劳均约15亩的家庭农场，而他心目中的归根到底则是美国的家庭农场，是劳均约1000亩的家庭农场（1862年美国宅地法允许开垦土地的农户拥有土地所有权，通常为160英亩或960亩。2007年，美国的平均农场面积是449英亩，即2694亩——"The Average American Farm"，2007）。我们设想的是小规模的多种经营，而他设想的美国模式则多是相对大规模的专业经营。我们设想的是后工业化时期的21世纪的小农场将会越来越多地使用后工业技术，包括实用性的生物技术——例如，农业部从2003年以来致力推广的"秸秆养殖"模式便可能具有相当潜力。配合新生物技术，农村很多被废弃焚烧的农作物秸秆，可以通过使用少量的生物剂而改成高质量、低成本的牲畜饲料。（《论秸秆分解剂在养殖业中的应用》，2006）此外是生物能源。例如，在黄河以北占全国土地面积足足41%的草原地带种植甜高粱，用来生产可供汽车使用的生物能源乙醇燃料以及糖和酒精。（《中国的甜高粱》，2006；朱志刚，2006）。后工业时代的技术，应会发明更多的可能，而使用实用性生物技术的方法一般将会是环保型的生态农业，是绿色产品，是长期可持续的农业，也可以称之为"后工业化的

'小农经济'"。舒尔茨设想的则完全是从传统农业转向工业化技术的农场。

其次,更多的不同在于配套条件。我们模拟的小规模农业还不具备充分发达的融资条件,而舒尔茨心目中的则是根据美国现实把银行贷款等认作既定条件。我们模拟的农场也尚未具备充分的运输、销售等必要的进入市场的条件,而舒尔茨设想中的则是将这些当作既定条件。我们当时确实试图估测未来几十年的情况,尚未具备具体的制度性设施的计划,而他的设想则是把制度性条件当作给定前提。这些不同所突出的是市场化过程中国家关键角色的必要。舒尔茨则把市场和国家视为非此即彼的对立两方。

五、国家的角色

作为一位新古典经济学家,舒尔茨的一个基本信条是,国家干预越少越好。这是美国比较保守的共和党和比较进步的民主党长期以来争论的核心。在 20 世纪 80 年代后兴起的"新保守主义"大潮流下,舒尔茨是一位完全处于(新得宠的)保守主义一方的理论家。新古典经济学的核心信条是把政府干预与市场经济完全对立,认为只有在政府干预最小化的制度环境下才可能充分发挥市场经济的作用,合理配置资源。新制度经济学则特别强调,唯有在产权完全明确私有化的制度下,才可能接近理想的零"交易成本"状态,提高效率,由此促进经济发展。(例见诺斯,1992;详细讨论见本书第十二、十三章)舒尔茨完全认同这套理论。对他和许多中国制度经济学者来说,这套理论的主要含义是削弱国家机器,甚或通过休克治疗消灭现存政治体制。

但实际上,中国近30多年的市场化发展"奇迹"的动力其实主要来自国家,首先是乡(镇)、村(集体)政权推动的乡村工业化,①而后是省、市、县级政府带动的"招商引资"。(详见本书第十三章)在这个经济发展过程中,国家体制的演变与新古典经济学的预测完全相反,非但没有收缩,反而更加庞大。

一方面,在市场化的运作中,国家体制显示出更多令人不满的弊端;另一方面,它也明显呈现了一定程度的韦伯意义中的("理性"或现代性)"科层制化",建立或扩大了许多专业化的合理部门与管理体系,诸如环保、食检、质检、城建、机场、交通等。②

其实,中国今天的政治体制同时包含三种不同来源的成分:历代王朝时期的"官僚"体系、革命时期来自苏联模式的"干部"体系,以及新近提倡的现代西方"公务员"体系。(袁刚,2007)高密度人口自始便是高度集权的历代政治体制下的官僚制度的社会基础(见本书第三章;亦见黄宗智,2014b:第十六章);由此可能形成的动荡则是现代革命所建立的政权的根源;而市场化改革下的模仿西方则是新公务员制度的来源。正是这三者的组合形成了今天中国的国家政治体制。

从经济发展角度考虑,这个"体制"在改革过程中,确实成功地激发了乡村基层和地方党政干部发展经济的积极性,让他们带动

---

① 关于20世纪80年代中后期的乡(镇)、村政权体制改革,见赵树凯(2007):《县乡改革的历史审视》,载《中国发展观察》第7期(http://www.drcnet.com.cn)。
② 例见贺东航2006年对闽南某县(改市)的扎实经验研究。

了全国民经济的发展。这点已是众多国外经济学家的共识。① 我们也可以说,中国的国家体制既是改革以来经济发展的动力,也是其众多弊端的根源(详见第十三章)。②

对于改革30多年经历的理解,新古典经济学的最重要失误在于他们所认为必须削弱甚或消灭的"体制",居然在经济发展中起了关键性的作用。没有旧体制内的村、乡政府,以及后来的省—市—县政府的推动,便不会有30多年的经济发展。与中华人民共和国相比,20世纪30年代的国民党体制更接近舒尔茨的理想图像,它的基层渗透力十分有限,与传统中国的(笔者称之为)"集权的简约治理"模式相去不远。(黄宗智,2007:第十六章)我们可以想象,当时如果进一步放权给地方政府并号召它们推动经济发展,能起到什么样的作用? 又有进者:当前如果没有强有力的国家机器协助,中国的企业怎能在国内外与跨国公司竞争(详细的讨论见第十三、十五章)? 问题是我们该怎样去理解党政体制? 怎样去进一步发挥它的积极性,而又同时改进它的某些弱点? 问题不是怎样(像苏联和东欧那样)通过休克治疗去消灭现存体制。(详细论证见黄宗智,2015)

今天需要的不是硬搬舒尔茨理论的设想,强调要把国家干预最小化。今天需要的首先是认识中国农业的将来应以小规模农业

---

① 如此的分析例见 David Li,1998 的综合、总结性讨论;亦见 Qian Yingyi and Barry R. Weingast,1997。
② 这样的事实也说明,改革时期的发展显然起码一部分是在之前的毛泽东时代建立的党政国家机器的基础上形成的;两个时期的"制度"其实具有一定的连续性。经济上的连续性更毋庸赘述:没有毛泽东时代的基础建设和重工业发展,便不可能有改革时期的多元发展。这一切都不符合新古典经济学的预测和信念。

为主体的现实。舒尔茨认为，应该通过市场机制激发农民的自发积极性来改造农业，不要把农村经济统、卡死，这是正确的。但是，他无视中国人口过多的基本国情，把大规模的美国家庭农场当作中国农业发展的范本，是完全错误的。他更把美国模式构建为一个没有国家干预的纯市场竞争模式，也是错误的。其一，这并不符合美国历史实际，美国政府事实上长期干预、扶持农业（美国联邦政府当今每年补贴全国农场200亿美元）。其二，无干预的农业经济完全不符合当代中国历史实际和农业的需要。事实是，强有力的中央和地方国家机器使改革时期的经济发展成为可能，其生育控制则使中国农业当前的历史性契机成为可能，而今后农业与农村可能改造的责任则非国家莫属。

六、两大国情的相互关联

国家政治体制问题和人口过剩问题——可以说是中国的两大基本国情——其实是紧密相关的。庞大的人口造成大规模的贫穷，导致社会危机，而古代的政权，虽然高度集中，同时也高度简约，对社会基层其实高度放任，由其市场机制自由运作。（黄宗智，2007a；黄宗智，2008）正因为如此，其无法解决第三章所讨论的历代周期性农村动荡问题，以及近现代农村大规模贫穷问题。正是这样的社会、历史背景促成了中国共产党领导的社会革命，以及其后国家对社会的大规模干预。由此，在原有的古代官僚体制之上，形成了现代革命对社会的全面控制"体制"。

面对权力如此庞大、如此高度渗透基层的"体制"问题，毛泽东

第九章 舒尔茨《改造传统农业》理论的对错

时代采用的主要是两种对策:一是通过"开门整党"的群众运动来纠正政治制度的官僚化,最终走向了"文化大革命"的极端;二是由中央的条条放权于地方的块块,赋予第一线的基层和地方更大的灵活性,后者正是改革时期所运用的方法。(详见本书第十三章)

现在回顾,20 世纪 80 年代乡村工业化成功的重要原因之一是在那个基层中的几种重要因素的巧合。首先是毛泽东时代遗留下来的习惯为社区服务的优秀社队干部群体。其次是资源所有权和管理权合于一体的集体制度。中央的放权激发了两者结合下的灵活性和积极性,由此推动了蓬勃的乡村工业化。当然,农业劳动资源过剩和此前的工业化也是关键性的前提条件。最后,在一定程度的经济发展之后,以及在引进国际投资的大潮流下,投资供应和需求规模扩大,已非村—乡级集体所能承载,由此推动了经济主体上移到县—市—省政府。后者不像村—乡那样具有现成的集体所有制,因此导致了从以集体为主体到由官—企/商结合为主体的制度转向。但其动力仍然在相当程度上来自原来的放权到第一线所触发的灵活性,以及地方干部为本社区服务的价值观。不同的是,新官方市场化理论和词汇所制造的大氛围,同时激发了地方的私人牟利动机和行为。在市场主义下,追求一己利益被定义为推动经济发展、提高市场机制配置效率、发动"人力资本"的正当办法和行为。

显然,今天的腐败及其他弊端的根源,不像舒尔茨设想的那样,完全是毛泽东时代革命遗留下来的统治体制,而更多的是市场化下为一己谋私利的资本主义价值观。根据新古典经济学家萨克斯的模式,中国只有通过"休克治疗",方才可能把追求私利的个人

255

主义变成为原教旨市场主义中的那种必然会导致最大多数人的最大利益的机制。① 当然,事实不会如此简单,也不会非此即彼。上面论述的历史经验说明的是:一是放任的市场经济,如国民党时期的农村经济那样,不能处理中国的大规模社会危机问题;二是全能性的计划经济,如毛泽东时代那样,会导致官僚主义化的政治体制和一个僵化的经济;三是中央条条放权于第一线的基层和地方块块,如改革时期那样,能够发动政党—国家体制内的积极性和灵活性;四是从计划机制到市场机制的"转型",尤其是通过市场需求来带动生产,能够搞活经济,但也会导致一定的贫富不均和腐败。总的来说,中国政治体制在改革中所起的作用,说明国家所作的抉择十分关键。

我们需要的是与形式化的新古典经济学(以及其休克治疗药方)不同的另一种学术思维方式,是从实际经验——也可以说实践历史——而不是理论信条出发的学术研究和理论建设。② 中国近30多年的经济发展过程十分独特,需要扎实的经验研究来掌握实际和创新性的理论概念来概括。在此过程中,固然可以,也应该借鉴西方经济学所积累的丰富、缜密的理论概念与方法;但是,也应该同时认识到,它们主要是从虚构的"理性经济人"和虚构的纯市场经济竞争前提出发,通过演绎逻辑而得出的一系列理论。它们的长处是逻辑上的严密性;它们的弱点是无视与理论建构不同的实际经验,以及其概括和理论提炼。我们可以通过与他们对话来建立自己的理论概念,但绝不应局限于他们的理论。

---

① 萨克斯的理论例见杰弗里·萨克斯(Jeffrey Sachs)、胡永泰、杨小凯,2000。
② 黄宗智,2007b;黄宗智,2005 对此有初步的探讨。

七、理论的局限

最后,要说明笔者自己和舒尔茨对经济学与其所谓"理论"的态度的基本不同。显然,笔者自己的所谓"内卷化"/"过密化""理论",以及恰亚诺夫、博塞拉普、瑞格里等的理论,自始便和特殊的历史、社会背景相连。它们是从历史实际提炼出来的分析概念,是一个与经验证据紧密结合的概念。明清以来直到1980年代的历史环境下,中国农业是"过密"的,但在近年的"三大历史性变迁的交汇"下,最近的趋势是"去过密化"的。显然,笔者所谓"过密化""理论"自始并不具有超越历史情况的普适野心,也不可能成为国家意识形态——像新古典经济学那样,成为美国新保守主义统治集团为获取世界霸权而构建的国家意识形态化理论。它从来就"只不过是"一个源自经验实际的理论概括,不能超越时空。

笔者在这里要强调的是,世界上没有放之四海和古今皆准的绝对、普适的经济学理论。任何经济理论都有它一定的历史和社会背景,都得通过当时的情境来理解。我们不要迷信所谓的"科学"。在人文与社会科学领域,我们研究的是有意志和感情的人,不简单是"理性经济人",不应该、也不可能完全依赖对没有意志和感情的物质世界那种数学似的科学方法去理解。前者与外因的关系是双向的、由客观与主观因素互动的,后者才是单向的或客观的。人间世界的运作其实更像生物科学中不同组织部分间的双向相互作用。它不可能带有今日许多经济学家自我宣称的那种类似于数学那样的科学性、精确性、绝对性。

今天，要为中国农业和农村寻找出一条可行出路，我们需要的是从实际出发的思维，而不是任何简单的理论或意识形态的硬套。中国当前的经验和问题是史无前例的，不可能通过任何学科或学派的议定前提来解决。它需要我们从正视经验的严谨研究出发，而不是迷信科学主义的意识形态；它需要我们对经验证据既严谨而又大胆地概括和创新，而不是盲从任何理论模式；它需要的是多学科视野的灵活使用，而不是任何自命为科学的单一学科的方法或观点，更不是对舒尔茨美国模式的盲目照搬。正视中国两大国情的历史性，以及当前的契机，才有可能走出长时期以来农业的过密化困境，才可能认识到中国新型小农经济的悖论实际，并走出一条符合实际需要的发展道路。

下一章我们转入今天中国农村市场经济结构的讨论，指出它与舒尔茨那样的理论虚构十分不同，绝对不是一般美国经济学家所建构的完全自由竞争农产品市场。我们将由此进而讨论政府所需要扮演的角色。

第十章
小农户与大市场*

以上几章证明,小规模家庭农场既是今天中国农业的主体,也是未来中国农业所应选择的道路。既然如此,中国农业和农村的实际便与现有两大主要理论传统的认识和预期都十分不同。

首先是马克思主义理论。它所特别关心的"生产关系"在当今中国农村其实并不十分重要。无论是("封建的")租佃关系还是("资本主义的")雇佣关系,都处于次要地位,因为农业生产主体主要是土地承包权(使用权)所有者的小农户,绝大多数既非佃农也非雇工。比生产关系更重要的是(我们可以称作)"流通关系"。对处于大市场环境中的小农户来说,对其切身利益影响最大的是与市场打交道的流通关系。

----

* 本章是根据笔者《小农户与大商业资本的不平等交易:中国现代农业的特色》(黄宗智,2012)以及之后改写的《小农户与大市场:纵向一体化的不同道路》(黄宗智,2014:第十章)进一步删节、修改、更新、综合而成的。

但是，小农户在市场中所处的地位及其与所交往的中间商之间的关系，其实并不符合传统马克思主义所认识和预期的流通关系。在马克思眼里，前资本主义社会的流通关系是小生产者和小商业者在"小商品"流通中的关系（就像中国明清以来至"社会主义建设"革命前夕那样），而资本主义生产方式中的流通关系则主要是雇佣的大生产者与大商业资本在"商品"流通中的关系。马克思没有想象到的是，在当今中国这样高度发展的经济中，农业生产仍然会以小农户为主体。

其次，中国的实际也不符合今天在中国占据经济学霸权地位的"新制度经济学"的建构。科斯关注的公司是高度发达的市场经济中的（我们可以称作）"横向"和"纵向一体化"的公司，它们组织规模化雇工生产，同时也组织加工（和包装、运输等）以及销售。科斯完全没有想象到中国今天的农村情况，在"大市场"面前没有或极少有"横向一体化"的雇工大农场，而几乎全是小农家庭生产。他的理论系统特别突出发达资本主义国家中（产业）公司与（商业）公司间的"交易成本"的关键性，考虑的主要是对等的、合同化的交易关系。他没有想象到，中国今天的小农户和大商业资本间的不平等交易关系。

虽然如此，小农户依然十分需要科斯分析的公司在生产之后的加工和销售环节所起的"纵向一体化"作用。在过去的十多年中，中国国家（中央和地方政府）的抉择是集中招引、扶持大商业资本公司（即所谓"龙头企业"），借以推动农业的纵向一体化（亦称"产业化"）。在那样的政策下，相对忽视其他组织的可能性。这就意味着越来越多的小农户只能依赖"龙头企业"型的，或大批发商的商业资本公司来进入市场,但这样,他们就只可能处于不平等关系中的弱者地位,只可能被大商业资本摆布,只可能获得自家产品市场利润的较小部分。占据产品利润大头的是大商业资本(包括跨国公司),它们经营的是利润较高的加工和销售环节。小农户从事的则是利润较低的耕作环节。而且,两者权力悬殊,大商业公司可以凭借压价和提价等手段来扩大其利润,甚至与其他公司串通好来控制市场价格,借此牟取暴利。结果是,小农户只获得其生产产品的较小部分收益。今天,中国农村亟需的是大商业资本之外的、不同的纵向一体化渠道。

固然,在中国目前的商业资本之中,我们还应该区别两种不同的运作机制和逻辑:第一种是旧型的商业资本,它主要凭借"贱买贵卖"来营利,与小生产者的利益关系基本是敌对的,因此会形成大商业资本相互串通以控制市场价格的现象,也会出现对小生产者压价、对消费者抬价等行为,并因此使得合同履行率低到仅约20%。我们需要区别如此的商业资本和近年来的新型商业资本,后者更多依赖扩大销售额(而不是简单地尽可能拉大购买与销售的差额)来营利。它们最关注的,不仅是商品交易两端的购买和销售,更重视其间的物流,凭借降低物流成本来为顾客提供品质不错的廉价商品。第二种的典型是沃尔玛(Walmart),其"贱购贱卖"经营模式与以往的"贱购贵卖"模式有一定的不同。"贱购"是凭借外包(主要是在中国)来降低购价,贱卖则既依赖相对廉价的中国劳动力和购价,又依赖公司创建的大规模借助信息技术的新型高效、低廉的物流体系,并由此达到总销售额全球第一。它的经营模式主要凭借大销售量(而不是每件商品的高利润率)来增大其利润总量。再者是借助类似逻辑但主要从事电子商务的大商业资本,其典型即亚马逊(Amazon)。相比来说,旧型商业资本的运作逻辑主要是榨取性的,而新型商业资本则带有一定程度的创业性和开拓性。

在中国迄今的商业资本中,旧型商业资本仍然占据较大比例。其中部分原因是,中国仍然不具备发达国家的充分物流设施,如发达的高速公路网。对生鲜农产品来说,则缺乏良好的冷冻储藏和运输条件以降低损耗率(在中国约25%,在美国则才5%)。同时,其物流还需要依赖无数的零售小商小贩,因此总费用远高于发达国家。根据国家发展和改革委员会公布的数据,2015年,中国物流费用所占GDP比例是16%,相对于美国的8%。(国家发展和改革委员会,2016)即便是沃尔玛公司,其在中国经营的分公司也因此远远没有像其在美国本土那么成功。在农产品纵向一体化的物流体系上,旧型的商业资本及其运作逻辑仍然占据主要地位。新型的模式,则仍然只限于大城市并只占总交易额的较小部分。因此,本章主要聚焦于对旧型商业资本的分析。

一、马克思主义理论

众所周知,马克思政治经济学理论的重点为"生产(阶级)关系"中的"剩余价值榨取(剥削)"。在理论上,一切价值源自生产者的劳动。"封建主义"的核心是租佃关系,地主通过地租榨取佃农生产的、其生活所必需以上的价值。资本主义的核心则是雇佣关系,资本家通过只付给工人其生活所必需的工资,而榨取其生产的剩余价值。在18世纪英国的农业革命中,经济主体是新兴雇工经营的资本主义佃农农场主:他们投入资本、雇佣劳动来获利,由此促使资本主义雇佣生产关系取代封建制度下的租佃生产关系。不仅在城市,也在农村,剩余价值的剥削从封建生产方式转为资本主义方式。这是马克思主义政治经济学的经典观点。

但需要指出的是,这一切是以一定的财产关系为前提的。唯有在土地私有的前提下,才可能有地租剥削的生产关系;也唯有在土地和资本私有的前提下,才可能有农业雇佣关系。但在今天的中国,农民只有土地经营权,没有土地所有权(土地理论上属于集体,国家保留征用权),因此遏制了农村租佃关系的扩展(除亲邻朋友间的使用权流转之外,只有少量的转让,诸如企业公司或城郊客耕佃农等租赁小农的承包地来经营等)。同时,在联产承包责任制度下,均分土地使用权,不允许土地买卖,遏制了大资本主义农场的扩展。我们在本书第七章已经论证,根据2006年的全国农业普查数据(比全国农产品成本收益的抽样调查更系统、全面),农业(全年)雇工的劳动投入只占全部农业劳动投入的3%(另有0.4%的短期雇工)。在如此的客观情况下,农村其实几乎没有古典马克思主义理论中的租佃和雇佣"生产关系"。也就是说,基本没有马克思所说的通过资本主义(或封建主义)生产关系而"剥削"的"剩余价值"。

虽然如此,我们知道,农民一般只获得其产品最终售给消费者的价格的相对低比例,相当部分的可能利润被别人占有。然而所谓的"别人",既非地主也非产业资本家,并不涉及传统意义的"生产关系",他们主要是大"中间商"。后者依赖掌控商业资本的强势

263

以及农户的弱势,从流通中的物流、加工和交易环节获得收益。众所周知,农产品生产后,需要通过产地中间商(的运输和连接,部分产品更需要加工和冷冻储存)才能进入(遍布全国的4000多个)批发市场。这里,有大规模的批发商和公司,也有许多小中间商,包括个体农户(贩子)进行收购。经过他们之后,又要通过出售地批发市场的中间商才能进入零售商或超市,之后才把产品卖到消费者手上。其流通模式是:生产农户→产地中间商→市场批发商→市场中间商→零售商→消费者。

在整个流通过程中,大商业资本举足轻重。大商业资本如果是以(加工与/或销售的)"龙头企业"的面貌出现并直接与小农户打交道,那就能比较简单地体现本章主题的大商业资本与小农户间的关系。如果是以大批发商的身份出现,通过小商小贩与农户打交道,大商业资本的强势则更多地显示在其与小商小贩的关系中(例如2011年在山东金沙县大蒜市场呈现的:大批发商串通好来压低收购价,小中介们因此排队多日而无法出售买来的大蒜;之后,大批发商才炒高出售价)(黄宗智,2012;亦见《大蒜等菜价遇过山车困局 中间商炒作价格翻十倍》,2011)。如果是通过经纪商与小农户打交道,其经纪商很可能会对小农户占据垄断的强势地位。[例如今天日益众多的、为大公司收购牛奶的"奶站"。"面对小农户,基本由他们说了算。"(钟真、孔祥智,2010;亦见黄宗智,2012)]

我们如果简单用"剩余价值"的概念来理解商业资本与小农户间的关系,也许可以说,今天的"剩余价值榨取"形式仍然主要是商业资本通过压低农产品收购价格、拉大收购与销售价格间的差额来获得"剩余""价值"。但是,我们一定要清醒认识到,古典马克思主义"剩余价值"或"剥削"所指的是生产领域中的关系,而不是流通领域中的关系。"商业资本不直接生产剩余价值",只通过流通领域而获得产业资本在生产领域中所榨取的"剩余价值"的一部分。(Marx,1894)简单把商业资本视作与产业资本同样性质的榨取"剩余价值"的"资本",会混淆产业和商业资本,引起众多误解(下面还要讨论)。另外,正如有的反驳意见所指出的,"中间商"不仅是大规模的批发商和公司,也包括众多为薄利而疲于奔命的农民工小中介和贩子。此外,我们还要考虑到政府建设的批发市场欠缺服务和公益观念的因素(下面还要讨论)。

这里应该附带说明:即便是今天的所谓"龙头企业",被称作"带动"了许多农户进入市场化生产的企业,实际上也不是马克思所看到和预期的规模化雇佣劳动生产单位,而大多是与小家庭(承包地)农场主定下销售"合同"或"订单"的公司。有的由公司提供种苗,由小农户种植或饲养,然后由企业负责加工、运输、销售。在这样的生产和交易/销售关系中,企业所起的作用与其说主要是生产,不如说是流通中的加工和销售。其所代表的与其说是产业资本,不如说是商业资本。它的作用主要是连接小生产户和大市场,包括产品加工和运输、销售。

马克思的《资本论》所分析的资本主义经济中的流通是由成规模的产业资本和成规模的商业资本组成的,这区别于"前资本主义"的"小商品生产"。后者要么由小生产者直接销售,要么由(较小规模的)"商人资本"(merchant capital)销售。(Marx,1894)马克思没有想象到的是中国今天的悖论现实:由小农户和大商业资本

(commercial capital)——不是小农和小商人,也不是大农场和大商业资本——所组成的流通关系。这是中国今天农业经济的悖论特点。

由此可见,简单援用马克思主义的"生产关系"及其连带的"剩余价值剥削"概念来理解农户与中间商的关系,是不可取的。马克思分析框架的重点是生产环节中的产业资本下的"生产关系",以及由规模化产业资本和规模化商业资本所组成的流通。但今天的中国小农所面对的既不是马克思分析的产业资本中的"生产关系",也不是其分析的资本主义经济中的"流通"。它主要是马克思没有想象到的小农户与大商业资本间的关系。因此,使用古典马克思主义政治经济学的原理来理解中国今天的农业经济,难免"驴唇不对马嘴"。

如果坚决要使用,则必须先突破上述马克思主义政治经济学的一些基本前提概念。笔者认为,一个可能路径是抛开字面的劳动价值论和生产关系论,而灵活援用其背后的逻辑——源自占有"资本"(包括商业资本和土地)而拥有对直接生产者(劳动者)的强势权力,借此压低对方所得而增加自己所得。

二、新制度经济学理论

我们如果把经典的马克思主义政治经济学理论置于一旁,而改用当前十分时髦的新制度经济学,后果又会如何?

以科斯为代表的新制度经济学理论的核心概念是"交易成本",主要只适用于流通领域而非生产领域。应该明确,科斯心目中的(涉及交易成本的)经济主体是企业公司(firm),绝对不是什么小农户。他指出,此前的经济理论仅关注生产环节,忽视了流通/销售环节。实际上,一个公司必须为其产品的"交易"掌握市场信息、达成并拟订契约以及验收、执行契约等交易环节付出一定的成本。在如此情况下,许多产业企业会直接介入物流和销售领域,直到其所要付出的边际成本大于在市场上通过与别的(商业)公司签订合同来操作同一事情,才会转用中介/销售公司。(Coase,1990[1988])科斯论证的要点是,除非有明晰的产权和法规(他说:我们只需想象一个涉及众多交易而没有法规的交易所,便会理解法规的必要性),交易成本会非常之高。要降低交易成本,需要明晰的产权和交易法规。(Coase,1990[1988],1991)

可以看到,科斯所指的交易者主要是一个资本掌控者,要么是产业公司,要么是商业公司,绝对不是一个任人摆布的小农"弱势"者。这当然和他所认识到的市场经济生产者——主要是资本主义企业公司——主体有关。他没有想象到类似于今天中国农业这样的情况,即面对"大市场"和大商业资本的小生产农户。后者缺乏谈判条件,缺乏自主权,因为他们不掌控资本,习惯被掌握资本者摆布。小农户所要付出的"交易成本",其实主要不是科斯所看到的获取信息和达成、拟订、执行契约的成本,而是因不对等权力关系而受人摆布导致的高成本。对他们来说,更明确的产权和法规并不足以解决问题;他们需要的是建立对等的权力关系。

在科斯分析框架的影响下,研究者很容易把权力不对等的关系想象为权力对等的"契约"("合同")关系,把"霸王合同"想象成平等、自愿性合同,由此掩盖基本事实。有的更会被误导,以至于为不对称的交易作辩护——譬如,片面强调中间商起的完全是正面的(为企业公司)降低"交易成本"的作用,完全忽视其(通过不平等关系获取利益的)负面作用。一句话,即以中国的现实削足适履,塞进西方发达国家的资本主义市场经济理论。

还有一种做法是,将西方的现有框架尽可能修改成可以容纳中国现实的"理论"。例如,刘凤芹(2003)试图以"不完全的合约"的概念来理解中国农户和企业公司之间的极端不对等关系。文章的经验研究其实做得相当扎实,令人起敬。但是,如此的理论使用,最多只能起到协助西方经济学家、用他们的框架来理解中国现实的作用。其副作用之一是:卫护"契约"/合同和交易成本理论。这也许可以说是某种意义的"与国际接轨"。

实际上,这样的分析掩盖了最基本的事实——中国农村现今的流通关系与西方的契约和交易理论并不相符。小农户面对的问题不是由于产权不明确和法规不完全导致的高交易成本,而是由于双方权力不平等而导致的高交易成本。对小农户来说,"交易成本"的组成不是科斯看到的信息获取和契约拟订,而是因缺乏谈判权而受人摆布的成本。在笔者看来,更简洁的理解是,清楚指出双方权力的不对等完全不符合"契约"的基本设想。如此,则更可以指出科斯理论对理解中国的局限,更可以清楚突出科斯理论的实质内涵,并更清楚地说明中国独特的小农户面对大市场的基本实际。否则,只会误导人们想象一个完全类似于美国经济的现状和未来。

也就是说,无论是马克思主义政治经济学,还是新古典(新自由主义)的制度经济学,都没有想象到,在今天的全球化资本主义市场经济中,中国农业"产业"生产主体居然还是人均两三亩地的小农。面对这个事实,我们需要的不是硬搬不合适的理论,而是探索符合这种经验实际的新概念。

硬套不合适的西方分析框架所导致的一个连带问题是,由马克思主义和新自由主义(的微妙结合)所主导的中国统计系统,基本无视农产品的"流通关系"的统计。首先是广为学者们使用的《全国农产品成本收益资料汇编》(例见王美艳,2011),它的总体框架集中于生产领域,计算的成本主要是"物质费用"和"用工(作价)",由此得出"生产成本"(更详细的讨论见本书第八章),而完全不考虑"流通/销售成本",更不用说源自不平等交易的成本。它的"产值"概念是农户出售农产品给中间商的平均价格,完全不考虑中间商因拉大收购和最终销售价格差额所获得的利润。

因此,我们极难从现有统计材料中获得一个关于流通领域的关系的量化概念,很难明确抓住农户因与中介、中间商人"交易"而付出的"成本"。这是因为,现有的经济学源于过去马克思主义遗留的包袱,也由于今天新制度经济学的包袱,这些都已经成为我们认识今天真实情况的一种障碍。统计数字根本就没有关注今天对农户来说最关键的"关系",即其与中间商在流通领域中处于不平等地位的(可以称作)"流通关系"(circulation relations),而不是经典的"生产关系"(production relations)或时髦的、基于理想化竞争市场的平等"交易[成本]关系"(transactional relations)。一句话,我们需要面对中国的实际,方才有可能积累有助于理解现实的数据。

在这方面,武广汉(2012)用农民食品经营收入剔除生产成本,得出农民所获纯利润;另外,用全国城乡食品总消费剔除农民经营收入,得出"中间环节增值",接着减去中间环节成本,得出中间商所得纯利润。再把两个纯利润相比,其历年所占两者利润总和之比例,列图对照,论证农户所得利润相对于总利润,已从1999年的56%下降到2010年的43%。如果剔除农民"家庭用工折价"来计算,农民所占纯利润的部分在1999年只有29%,2010年更降到20%。(武广汉,2012:图2、3)这是个创新性的计量尝试。当然,要充分说明以上问题,我们还需要更精确的计量。譬如,区别小中间商与大中间商的利润;更精确地区别政府积极平抑价格波动的旧农业与价格波动比较激烈的高值新农业(下文还要讨论);区别旧型(主要是)榨取性商业资本与新型(带有一定程度创业性的)商业资本;以及,比较商业资本投资回报率与产业资本投资回报率等。

三、不平等交易的成本与收益

虽然如此,我们仍然可以得出这样的初步结论:当前的实际是,小农户与大商业资本(大中间商/企业)之间权力极端不平等。对农民来说,这种交易带有高昂的(可以称作)"不平等交易的成本"。之所以称作"不平等",部分原因是,它使我们联想到中国鸦片战争之后的"不平等条约"——其在西方当时的意识形态(经济学"理论")中是平等互惠国家关系下的"自由贸易",但实际上是凭战争而强加于中国的不平等贸易关系。中国今天的(国内外)公司+农户的"订单"和"契约"农业,同样美其名曰"自由平等"的"契约"/"合同"农业(或在这个领域的研究中被相当广泛采用的"合同治理"概念),但实质上是不平等的垄断或近乎垄断对弱势的关系。对掌握商业资本的(大)中间商和公司来讲,它获得的是(诸如通过压价的)不平等交易的"交易收益"(一个尤其显著的例子是雀巢公司在黑龙江双城的垄断行为——见郑风田,2011;亦见黄宗智,2012)。

简言之,新古典经济学把市场交易构建为平等自愿的个人间的契约关系,而新制度经济学则将其设想为平等的公司与公司(产业公司和销售公司)间自愿的契约关系。两者显然都不符合中国实际。中国今天的农业生产主体仍然是分散的、人均两三亩承包地的"小农",但其市场流通领域中的主体则不仅仅是小贩子和小中介,而越来越主要是举足轻重的大批发商和大加工与销售(或两者之一)的"龙头企业"。小农户和大商业资本的悖论共存与结合,可以说是今天中国农业经济的基本结构。我们与其从不符合实际的理论虚构出发,再试图把实际硬塞入其中,不如从实际出发,然后由此得出交易双方之间权力悬殊的"不平等交易"的基本事实和概念,由此看到小农户必须付出高昂代价的现实,以及大中间商和大企业公司能够获得超额收益/利润的现实。这就是当前农户和商业资本在流通关系中所呈现的基本"规律"或"逻辑"。这也是我们下文要讨论的规模化资本主义雇工农业不发达的原因之一。

四、小农户+大商业资本 vs. 资本主义规模化生产

目前,我们虽然缺乏系统的统计数据,但如果以上的分析——在日益全面深入的市场化大趋势下,对今天中国越来越多的农户

来说，最关键的"关系"并非生产关系，而是他们在流通领域中与大批发商、大中间商以及大流通公司间的不平等"流通关系"——基本正确，那么，我们面对的下一个问题便是：为什么会如此？资本掌控者为什么会选择这样的商业资本公司+小农户的经营方式，而不是传统的（斯密、马克思、韦伯等经典理论家所假定的）资本主义雇佣劳动的、产业化的、规模化的生产经营方式？也就是说，在市场竞争的环境下，为什么公司+农户模式会有更高的竞争力，将规模化经营遏制于农业生产总劳动力投入的仅仅3%？解答这个问题将有助于我们更清楚地理解今天的现实。

一种思路当然是通过考察土地制度史来理解当前的实际。长期以来，人口压力促使中国农村的人均耕地越来越少，新世纪以来虽然逐渐改善，但今天人均仍然只有两三亩。同时，由于均分土地的革命传统和家庭联产承包责任制的改革"传统"，农村基本没有大土地所有者。而联产承包的所有制（农民只有使用权，所有权归集体，但国家保留征地权力），在制度层面上确立了"小农户"生产的现实。同时，全球化的市场经济导致农产品高度商品化以及规模化商业资本的进入和兴起。两者结合，便产生了今天中国的小农户+大商业资本的悖论现实。

但我们也可以从经济效率角度来理解当今的小生产现实。在笔者看来，此间道理再一次和笔者过去提出的内卷化/过密化和"家庭化"生产相关。明清时期直到20世纪30年代，长江三角洲的家庭化过密型生产完全消灭了雇工经营的资本主义"经营式农场"。其理由是，家庭农场依赖廉价的家庭辅助劳动力（妇女、老人、儿童）来吸纳低报酬的"家庭副业"（长三角地区主要是纺纱和养蚕、缫丝,再加上报酬较高的织布),借农耕"主业"和手工"副业"以及打短工,来作为"两柄拐杖"的经营、生存方式。如此的小农生产单位凭借其更廉价的劳动力,能够支撑比雇工经营的经营式农场更高的地租,即地价,因此完全排除了资本主义农业。(黄宗智,1992[2000,2006])

今天,情况不同但道理相似。很大程度上,农业已经变为副业,呈现出显著的"女性化"和"老龄化";青年劳动力,尤其是男劳动力,大规模外出打工,其所得变成了家庭的主要收入来源。前者的工资一般才30—50元/天(2011年数据),后者则约80—100元/天。(陈锡文,2011;亦见本书第七章)如此的"两柄拐杖""半工半耕"经营模式,再次赋予家庭经济单位比资本主义模式更强韧的竞争条件。在"订单"和"契约"农业模式中,中间商和龙头企业一是能够借助家庭的廉价辅助劳动力,而获得高于雇用全职工人经营的资本主义规模生产的利润;二是能够把生产农产品所不可避免的风险,很大部分转移到小农户身上;三是获得"额外"的、源自"交易"中占据垄断优势的收益。

当然,规模化公司也可雇用价格较低的妇女和老年劳动力,借此来与小农户竞争;但是,即便那样做,规模化公司仍然必须面对另一大问题,即农业生产的特殊激励和监督问题。在生产者与经营者合一的小家庭农场情况下,激励和监督问题基本不存在,商业资本可以依靠农户谋求自身利益的动力。在雇佣经营的情况下则不同,经营者必须面对农业与工业不同的特殊情况,即在广大的空间里监督分散生产——怎样有效监督一个几十亩、几百亩乃至千万亩农场的雇佣人员?陈锡文给出一个生动的例子:一位五十来岁的老乡被一个大公司雇用除草,但他只除掉地表上的草,没有除根。陈锡文问他:"你为什么这样除草?"这位(正在打麻将的)老乡回答说:"我要是把草根都弄掉了,那下个礼拜就没钱挣了。所以我一定要留着草根在那里,它长出来,叫我又去除了。"(陈锡文,2011)

正是在上述两大约束(高劳动力价格和监督难)之下,"资本下乡"在今天的中国仍然不是雇工经营的规模化生产,主要还是(商业)公司+小农户生产的模式。在商业公司+小农户的模式下,资本逐利的行为主要呈现为对农业生产户压低收购价和对消费者提高销售价。其惯用方法是,试图把收购价压低到接近生产户盈亏平衡点,把出售价提高到消费者所能承受的最高点,借以达到最大的商业资本利润。为了追求利润的最大化,如此的商业资本也会参与组织生产,借以更好、更完全地掌控收购和销售额,但其基本经营模式和经济逻辑是商业资本性的而非产业资本性的。作为商业资本,它们更倾向于利用市场的供求关系来压低收购价,并借同样的手段来提高出售价。它们促使交易成本最低化的手段,不是高效率的生产与高效率的合同签订与执行,而是垄断性的价格控制,甚或对小农户的欺压。更有甚者,一旦成为掌控大量资本的"企业",就常常会为了追求资本的更高回报率,而被引入更高报酬的产业,如房地产、电子、金融、医药等,不一定会长期致力于农业。(较详细的论析见杜吟棠,2002)

小农户和大商业资本间的不平等关系,使我们可以理解为什么企业公司和小农户之间"合约"的履行率会如此低——一般低于20%。(刘凤芹,2003;张晓山等,2002)商业资本方既然占据垄断性的地位,在市场价格低于合约价格的情况下,就可以采用多种不同手段和借口(例如,产品不达标或产品低于预期等级而拒绝收购)来压价,而分散的小农户不可能进行有效抗争。当然,在市价高于合约价的相反情况下,农户也会借用一些"弱者的武器",如隐瞒耕作面积或收获量、偷偷卖给另一中介,甚或(像劳工史上的工人那样)采取集体行动来为自己争得多一点的收益。在这样的实际运作情况下,"契约""合同"等概念本身便只是一种虚构。① 这样的关系的实质性内容应该更简洁明白地被称作"不平等交易",而不是基于高度发达的市场经济中的平等交易而建构的合同与"交易成本"理论。对农户来说,"不平等交易"所附带的是更高昂的、处于科斯理论所设想的"交易成本"之外的成本;而对企业公司来说,"不平等交易"所附带的,与其说是成本,不如说是"收益"。

以上的分析,当然不能简单地应用于所有的农业部门。我们虽然缺乏精确的统计,但也许可以初步以此来理解不同的农业部门。一般来说,大商业资本的垄断行为较少见于"旧农业"的粮食、棉花、油菜籽等生产过程,主要是因为国家所采取的措施。在从计划经济向市场经济的转化过程中,政府逐步从直接"统购统销"粮食和棉花退居到间接调控的角色——主要是平抑这些大宗农产品的市场价格波动。其所采用的手段是储备和放出——于价格过低时买入,过高时抛出。2000 年,国家成立专门的中国储备粮管理总

---

① 即便在城市居民的生活中,大家也多曾经历过"卖方市场"环境下的"霸王合同",例如,参与稀缺职位的竞争、争取在所谓的"核心刊物"上发表文章或从大开发商处购买稀缺房子等。

公司。2008年,其总储备量(以最低收购价收购的,加上临时收购的)达到粮食总产量的20%左右。① 国家的总收购量则占到商品粮全额的50%左右。(熊万胜,2011:49) 2003年,国家成立类似的棉花储备公司,所储备的比例和粮食相近。②(《棉花价格突破历史极值　数据失真困扰国家调控》,2010)当然,作为"自负盈亏"的企业型公司,这些机构也会出现资本式牟利行为(谭砚文、温思美、孙良媛,2006),但总体来说,它们所起的主要作用是稳定价格、维护农民最低收入(当然,同时也把上涨幅度控制在一定范围内)。这就为生产这些大宗农产品的旧农业农户制造了与生产高值新农业产品(肉、鱼、菜、果、蛋、奶等)农户不一样的市场环境。一定程度上,这限制了中间商可能的非正当牟利行为。

高值新农业的小农户农场(例如三五亩规模的拱棚蔬菜,五到十亩的种养结合生产,包括"秸秆养殖"、二三亩的果树等)面对的则是比较松散的市场和更剧烈的价格波动。在一致性要求较高的农产品中,如冻藏畜—禽肉、牛奶、鸡蛋、茶、糖、高端水果等,或者可以储存一定时间的产品,如上述产品以及大蒜、烟草、咖啡等,大商业资本具有更多垄断市场的机会,更可以利用小农户的弱势来操纵市场,获取更高的利润。③

---

① 该年收购粮食882亿斤,另外临时购储1170亿斤,共2052亿斤(熊万胜,2011:42,脚注3)。是年,粮食总产10 600亿斤(《中国统计年鉴》,2009:表12-2)。
② 国家也储备(冻藏)猪肉(尤其是在2007年猪肉价格暴涨之后),但其规模远远不及粮食和棉花(所占总产的比例)那样的幅度,仅相当于约七八天的供应,亦即约总产的2%(唐新宇,2011)。
③ 城郊地区的蔬菜,一是一致性要求不那么高,二是可能储存的时间也十分有限,其市场多由较小的中介来运作,较少有大商业资本垄断的现象。

也就是说,我们亟需在概念层面上清楚区分产业资本和商业资本,以分析中国今天的农业,而不是像大部分现有研究那样把两者笼统称为"工商资本",而后要么不恰当地援用经典的"生产关系"理论,要么同样不恰当地套用"交易成本"理论来分析中国新型的小农经济。我们需要的是,聚焦于流通领域中的小农户与大商业资本间的不平等关系来分析中国的农业。

五、纵向一体化:不同层面的不同最佳规模

在发达国家,生产的"横向一体化"以及加工和销售的"纵向一体化"多来自同一"公司"(the firm)组织。这里,科斯的相关理论具有一定的解释力。根据他的分析,公司之所以存在,是为了节省"交易成本"——在市场上订立不同生产和销售合同所需的成本。无论信息、交涉、执行等,都需要一定的成本。一个生产食品的企业,需要分别为储藏、运输、加工、销售等签订不同的合同。农业企业公司之所以存在,便是为了把这些不同部分整合于单一公司,借此来节省交易成本,而其规模则取决于进一步扩大公司规模以及在市场上分别交易间的不同边际成本。① (Coase,1990;尤见第一章)在发达国家,如此由生产到加工再到销售的"纵向一体化"一般都伴随着同一公司的"横向一体化"——组织大规模农场——而进

---

① 笔者认为,科斯的公司理论要比其"社会成本"理论,亦即一般之所谓"科斯定理"重要得多。中国的经济学家们多强调他们所认为的要点,即必须确立私有产权赖以促使交易成本最小化——参见"科斯定理",www.baidu.com。这里的理解,毋庸说和他们很不一样。

行,由此达到斯密型的规模经济效益。

但在中国,这一切都很不同。我们已经看到,小农场仍然是主要的生产单位,部分是因为中国独特的土地承包制度,部分是因为其自身在生产畜—禽—鱼和菜—果所显示的经济优越性(如单一半工半耕家庭结合两者的生产活动、自家劳动力在密集和不定时劳动投入生产中的优越性、无需像雇工那样的监督等)。实际上,已经几乎排除了经典理论中具有"规模经济效益"的"横向一体化"大农场。但是,如此的小农场,如果必须单独在市场上为运输、储藏、加工和销售而分别签订合同,其所需要付出的加工和销售成本无疑会非常之高。也就是说,在加工和销售(而不是生产)层面上,它仍然需要类似于资本主义公司所提供的"纵向一体化"来与"大市场"打交道。这方面,我们也许可以用"不同层面的不同最佳规模"("differential optimums" of different levels)来表述中国新时代小农经济在这方面与资本主义公司的不同。它指的是,在纵向一体化中的不同层面上的不同最佳规模。① 在耕种的层面,现实和相对的最佳规模是小家庭农场,不需要或不可能实现"横向一体化",把它们变为大规模农场来达到规模经济效益。但在加工的层面上,有许多食品加工(以及纺纱、缫丝等)程序可以用工场/工厂式的组织而实现规模经济效益。中国的食品产业在这方面仍然比较落后。最后,也许是最重要的,销售本身也需要一定的规模经济效益。中国消费者和外国消费者的要求都日益苛刻;一个广为人知、

---

① Differential optimums 是恰亚诺夫的理论概念,最新的讨论参见 Shanin, 2009。它也可以用来表达同一生产层面上的不同产品的不同最佳规模。笔者这里突出的是,产、加、销不同层面上的不同最佳规模。

成规模的品牌,必然具有个别小生产者所不具备的规模效益。在这样的需求下,中国的地方政府所采用的方法是想方设法来打造地方性品牌,更甚于推进某公司品牌。有的地方政府在努力创建一村、一镇甚或一县的品牌。以上这种不同层面上的不同规模和组织方式的结合,乃是今天中国农业纵向一体化的特色之一。

六、结论

在目前关于中国农业的思考中,一个被忽视的基本实际是:由小家庭农场所组成的"小农经济"至今仍然是中国农业的主体,占据中国农业整体的绝大比例。而且,在"农民工"非农就业的大潮流下,农业已经成为非农打工的一种副业,具体体现于半工半耕的农户,其主要劳动力在外打工,而作为农村辅助性劳动力的妇女和老龄农民已经成为农业的主要劳动力。这样局面的结果之一是,赋予了如此半工半耕小农家庭的小农经济更强韧的竞争力,凭借使用廉价的辅助性劳动力,从而拥有比使用全职雇佣劳动力的大农场更为顽强的生命力,基本压倒了"横向一体化"的大农场经营模式。

当然,改革期间的家庭联产承包责任制也是个关键的因素。由于比较平均分配的土地使用权,大企业很难获得连片大面积的土地,而必须依赖小农户所有的土地来进行规模化生产。否则,就要负担比一般小农户间(亲邻朋友)高得多的地租。高劳动力费用加上高地租,也是(横向一体化)大农场的重要障碍。涉农资本因此多被引入商业性(流通领域)的经营,而绝少像经典理论所预期的那样，成为创办具有规模效益、雇工经营大农场的产业资本。

虽然如此，由于意识形态化的左右经典理论的深层影响，研究者和决策者多未从上述基本实际出发，而是把中国的实际想象为新自由主义所设想的规模化大农场，或认为中国必须朝那样的方向发展。论者因此多错误地照搬不适合中国情况的理论来硬套中国的实际，如科斯的"交易成本"理论及其连带的私有产权、合同关系（治理）等理论，结果完全偏离了中国的最基本实际。至于马克思主义论者，他们往往也同样把中国新型的小农经济实际想象为类似于西方资本主义兴起中的大资本主义企业，因而没有认识到中国农业中商业资本+小农户（即一般所谓的公司+农户模式，而不是产业资本的大雇工农场）的基本实际。两种观点都严重忽视了中国农业的特征。

决策者同样长期受困于仅凭理论的想象和认识，一直没有认识到新型小农经济这个基本实际，没有认识到新农业的革命以及小农户在其中所起的关键作用，也完全无视小农户家庭的"半工"部分对推动小农场新型投入的"资本化"所起到的关键作用。研究者和决策者多陷于意识形态化的理论前提的错误认识之中，从而导致长期以来既忽视了新型小农经济的基本实际，也忽视了其中的关键动力，并且一直都以为小农户必定是个落后的单位，是个需要消灭的、管制的、最终被"现代化""发展"所遗弃的单位。因此，也把农村村庄社区连带视作需要淘汰的单位。在如此的认识之下，"三农"问题至今仍然是中国社会经济所面对的头号问题。

第三编

非正规经济与社会危机

第十一章
中国的非正规经济再论证:现实与理论*

在中国的户籍制度下,农村人进城打工,使得长期以来的城乡差别凸显为更加尖锐的身份差别。一种身份是城镇正规单位就业的"职工",享有中国革命传统和计划经济遗留下来的劳动法规保护和福利;另一种身份则是进城打工的农民,作为非正规的临时工和城市的暂住者,他们很难享有正规职工所享受的法律保护和福利,也很难享有城市居民的权利,尤其是子女接受义务教育的权利。作为基层的劳动力,他们做的是城市里最脏、最重、最低报酬的工作。伴随城市的蓬勃发展和越来越多的农民工进城务工,中

---

* 笔者在2008年写过一篇关于非正规经济的初步探索(黄宗智,2009b),当时国家统计局还没有建立起农民工统计监测制度,也还没有根据2010年的人口普查做出更精确、全面的就业统计数据,文章的一些部分因此具有一定的不确定性。此章前半部分对之前的文章做了全面的更新和充实,在分析上也做了一些修改。至于后半部分关于非正规经济研究的历史源流和情境,则与之前的文章基本相同。

国一定程度上形成了一个城乡发展、贫富悬殊的社会和经济体。

在过去的计划经济时代,城乡差别虽然存在,但并不那么悬殊。在农村,人民生活水平虽然要低于城市,但差别绝对没有后来经过城市极其快速发展之后那么显著。至于在城镇内部,之前基本所有工作人员都属于正规人员,归属国家或集体单位,受到国家劳动法规和福利制度的保障。但是,伴随大规模的农民入城打工浪潮,越来越多的城镇就业人员变成农村户籍的人员,越来越多、越来越高比例的劳动者变成没有正式城镇身份,没有被正式纳入正规单位的"流动人口"。

中国今天的经济—社会,其实主要由正规和非正规两个层面组成。前者包含国家机关、事业单位以及正规企业的白领职员,以及少数的、具有优厚社会福利条件的蓝领工人;后者则主要包含农民工及其"半工半耕"家庭的其他就业人员。本章详细论证,前者总数只是全社会所有就业人员中的1/6,后者则占到5/6。两个等级间的差别是造成今天中国一定程度的社会经济危机的因素之一,亟须改革。

在世界其他发展中国家,"非正规经济"早在20世纪六七十年代以来便已伴随资本的国际化而高速扩展。发达国家企业之所以进入发展中国家,一个主要目的是寻求低于本国价格的劳动力。而其资本一旦进入发展中国家,不仅意味着企业本身将雇佣当地的劳动力,也导致与其关联和为其服务的本地公司的兴起,更会触发一系列的连锁效果,包括其所需要的基础设施建设、为其产品提供的运输和销售,以及为众多新旧型人员提供的各种各样现代、半现代和前现代服务(例如交通运输、维修、餐饮、娱乐、清洁、裁缝等)。除了新兴的现代经济部门的正规职工之外,还有与其关联的处于正规经济部门之外的众多员工和个体户,而他们也需要各种各样的半旧型或旧型服务。这些员工多来自低收入的农村,而当地农村越是人多地少,剩余劳动力越多,其所能为现代部门提供的非正规廉价劳动力也就越多。这些现象先呈现于中国以外的发展中国家,但在中国脱离计划经济之后,也非常快速地在中国扩增。

正如联合国的国际劳工组织(International Labor Organization)(ILO)、世界银行的"社会保护单位"(Social Protection Unit)以及诺贝尔和平奖选拔委员会等机构所指出的,规模庞大并不断扩展的"非正规经济"是世界上发展中国家的普遍现象。根据国际劳工组织的数据,它在"亚洲"①已经扩展到非农就业的65%(北非的48%、拉美的51%以及撒哈拉以南非洲地区的78%)(ILO,2002)。已有众多的研究一再指出发展中国家的这个现象,其中包括世界银行的社会保护单位所发的多篇论文(例见 Blunch, Canagarajah and Raju,2001;Canagarajah and Sethurman,2001;Das,2003)。

国际劳工组织在1919年组建于国际联盟下,并因提倡社会公正而于1969年获得诺贝尔和平奖。它对"非正规经济"和其就业人员采用了合理和实用性的定义②,后者即缺乏就业保障、福利和法律保护的劳工。在中国,最恰当的例子当然是人数庞大的"离土

---

① 国际劳工组织统计的是印度、印度尼西亚、菲律宾、泰国和叙利亚的数据,未纳入中国的数据。
② 这是因为它在组织上比较强调实践,其管理机关和每年的国际劳工会议由政府人员、企业主和工人代表组成(见 The Nobel Peace Prize,1969,Presentation Speech)。这里引用的2002年的报告是由一组知名研究人员所写,牵头的是哈佛大学的陈玛莎(Martha Chen)和联合国统计部的乔安·瓦内克(Joann Vanek)。

离乡"农民工,包括城镇中新兴的较小规模的"私营企业"员工以及"个体户",更包括农村的"离土不离乡"乡镇企业和私营企业员工以及个体户。此外则是农村的农业就业人员,他们和农民工密不可分,几乎全是"半工半耕"的家庭,其农业收入还要低于打工收入,并且同样很难享有国家劳动法规保护和社会福利。这些非正规经济人员与城镇的正规职工之间,尤其是今天之所谓"白领"的"中产阶级"(下面还要讨论),形成鲜明的对照。

非正规经济人员之中有许多以低报酬、无福利的临时工或承包身份就业于正规部门。① 在 20 世纪七八十年代,国际劳工组织曾经将其注意力集中于当时被认定为可以和正规部门明确区分、处于其外的"非正规部门"(informal sector),但后来,鉴于众多受雇于正规部门的非正规临时工的事实,改用了更宽阔的"非正规经济"(informal economy)这一概念,将在正规部门工作的非正规人员也纳入其中。(ILO,2002)

---

① 根据本书使用的概念,正规部门的非正规人员应该包括承包正规企业工程的非正规私营企业、个体户和未经正式登记的人员,不限于正规部门单位正式上报的在册临时工。如果简单地从正规部门单位上报的在册就业人员数出发,减去正规职工,得出的只是几百万的人数,完全没有考虑到绝大多数实际存在的农民工。例见制造业、建筑业的就业人员数与职工数(《中国统计年鉴》,2007:135,表 5-6; 142,表 5-9)。

第十一章 中国的非正规经济再论证:现实与理论

一、中国的非正规经济

(一)中国现行法律中的正规与非正规经济

这里使用的正规与非正规经济之间的区别大致相当于中国现行法律中的"劳动关系"和"劳务关系"的区别。劳动关系指的主要是具有法人身份的企业"用人单位"和其职工间的关系,也包括"国家机关、事业组织、社会团体和与之建立劳动合同关系的劳动者"(《中华人民共和国劳动法》,1995:第2条),适用国家劳动法。它指的是固定的、全职的劳动关系。按照今天的概念来说,一般也是具有正式的合同关系。劳务关系指的则是其他的雇佣关系,[①]包括不具有法人身份的单位与其员工间的关系,不在册(未经登记的)单位与其员工的关系,没有合同的或短期的、临时的、非全日制的或以某项"劳务"工作为目的的关系。[②]

前者由国家立法规定,每周总工作时间不得超过44小时,起码休息一天,每天工作时间不得超过8小时,加班(延长劳动时间)要支付工资的150%,并且每日不得超过3小时,每月不得超过36小时。休息日加班要支付200%的工资,法定休假日则要付300%。工资须超过国家规定的最低标准,工资之外须附带退休、医疗、工

[①] 刘琦(2009)初步涉及这方面的不同。
[②] 2008年的《中华人民共和国劳动合同法》则初步试图把"劳务派遣"和"非全日制用工"也纳入国家劳动法规的监督和适用范围之内。但是,根据2011年的农民工监测报告(见下一节),截至2011年,其对非正规工人所起作用不大。

伤、失业、生育("五保")福利(《中华人民共和国劳动法》,1995年1月1日起施行:第36、38、41、44、70、73条;亦见《中华人民共和国劳动合同法》,2008年1月1日起施行)。

这里需要明确指出,国家法定的"劳动者"(即被纳入正规"劳动关系"范畴者)不仅包含"蓝领"的工人,也包含"白领"的职员,以及国家机关和事业单位人员。如果仅从狭义的"劳动者"一词(或传统马克思主义中的"无产阶级"或"工人")来理解劳动法规,便会引起严重的误解。一定程度上,当今中国的法律话语继承了革命遗留下来的对"劳动者"和"职工"的表述。工人被定义为领导阶级,是国家的主人翁;在理论上,伴随革命的胜利,蓝领(工人)和白领(职员)间的差别已经消失,"职工"成为一个统一的范畴,受到同样的国家劳动法和社会福利制度的保障。劳动法所保护的因此不仅是蓝领工人,也是白领职员。所谓的"工会"代表的不仅是蓝领工人,也是白领职员,而国家正式统计的"劳动者"都是这样的正规"职工"(例见《中国劳动统计年鉴》2007年所统计的平均工资和工作时间等)。

非正规人员则基本没有被纳入国家统计的正式指标。其中很大部分是农村户籍的农民工,其中较高比例根本就没有在国家机构登记注册。他们不属于国家规定的"劳动关系"范畴,他们只被笼统纳入"劳务关系"或"雇佣关系",只适用《中华人民共和国民法通则》,遇到纠纷,只能在"侵权""伤害"等范畴来追求补偿,不能获得劳动法律的保护。

2012年4月的一起案例特别能够说明问题。有两位老农在一个化肥厂打工,每日工资50元。半年之后,工厂获得正式法人身份,成为法定的正式"用人单位"。两位老农要求成为该工厂的正规工人,但却被厂主解雇了。二人向当地"劳动争议仲裁委员会"申请仲裁,要求劳动法律保护,但没有得到支持。理由是,他们在工厂工作的那半年,工厂尚未获得正式的"法人""用人单位"资格,因此他们与工厂的关系只能算是劳务关系,不能算是正规劳动关系。所以,不适用国家的劳动法和劳动合同法(《劳务关系不是劳动关系诉讼难得仲裁支持》,2012)。

当然,即便是属于正规"劳动关系"的蓝领工人,也不一定会得到法律的充分保护。譬如,企业可以与地方政府(作为"招商引资"的显性条件或隐性默契)不严格执行国家劳动法规。即便不是这样,企业职工如果需要维护自己的权利,也面临重重障碍。在劳资争议中,一般的程序是,先要通过工会调解,调解不成,方才可以申请当地"劳动争议仲裁委员会"仲裁。如果是劳动保障方面的纠纷,可以要求当地劳动与社会保障局出具意见。而在这两个层面上,都可能会遇到当地招商引资的地方政府对公司的庇护。不服仲裁裁决,才可以向地方法院提起诉讼。即便是在最后这个环节,仍然可能受地方的阻挠(具体案例和说明见《劳动争议纠纷案件现状及情况分析》,2012;《劳动纠纷起诉书——劳动纠纷案例一》,2010;《媒体公告解除劳动关系引出的诉讼》,2007)。

但是,一般来说,国家机关和事业单位以及较大的正规企业会更遵守国家法规,而较小规模的"私营企业",即便是在册的单位,并不具备正规"法人"身份,不被国家法律认定为正规的"用人单位",并不适用劳动法。为了节省劳动费用,两者一定程度上都会依赖临时的、非全日制的属于劳务关系的人员。毋庸说,这种在大城市也绝不罕见的现象(例如餐馆服务员、社区保安,即便是大学的清洁工也常常如此——见李干,2008),在乡村的"乡镇企业"和"私营企业"更加如此。至于未曾登记的小规模企业或只有一两名员工的"个体户",就更不用说了。

(二)中国的农民工

2006年之前,因为农民工一直没有被纳入国家正规统计系统的指标,我们只能依赖2000年人口普查所显示的该年在城镇就业人员数,和国家登记的在册正规单位就业职工人数之间的差额,来推测未被登记的非正规农民工人数。这个方法虽然没错,但因为没有更直接的经验材料,结论含有一定的不确定性。2006年发表的《中国农民工问题研究总报告》(以下简称《总报告》)初步填补了这方面的空缺。那是在国务院总理指示下,由国务院研究室牵头,召集有关部门和研究人员所做出的报告。但它也仅是在31省(市、区)、7000个村庄的6.8万农户的尚未充分精确化的抽样问卷调查基础上形成的研究,其中难免含有不甚精确的部分。[①]

之后,2008年年底,国家统计局终于正式建立了农民工统计监测制度,于2009年和2011年发表了关于农民工的监测调查报告。这些报告仍然来自根据6.8万户的抽样调查所做的研究,但在2006—2009年间,关于农民工的抽样调查已经高度精确化——譬

[①] 《总报告》对"城镇"范畴的定义是和国家统计局就业人员统计一致的,即限于县城关镇及以上的城镇,不算其下的镇,但人口普查则纳入所有的镇,两个口径的统计因此有所不同(《中国统计年鉴》,2007:123,180)。

如,系统纳入了外出还是本地、各行业、参保、教育背景、地区分配等数据。当然,由于农民工依然未被确立为一个正式的统计指标(而作为流动人口,也确实不容易统计),数据不是按户或按人的直接调查或登记,而是凭借抽样的推算,因此难免带有抽样调查所不可避免的误差幅度,但是其精确度和可信度已经比此前要高得多了。

表11.1列出了2006—2011年的农民工数据。可以看到,2006年报告的数据推测和估计多于系统估算,而2009年和2011年的数据则明显比较精确,依据的是更细致的抽样调查,然后按照系统的统计方法估算而得。

表11.1 农民工人数、工作时间、参保率(万人、%)

调查年份	总数	外出农民工	本地农民工	工作时间	养老	医疗
2006	20 000	12 000	8000	平均11小时/天	15%	10%
2009	22 978	14 533	8445	89.4%多于44小时/周	7.6%	12.2%
2010	24 223	15 335	8888	90.7%多于44小时/周	—	—
2011	25 278	15 863	9415	84.5%多于44小时/周	13.9%	16.7%

资料来源:《中国农民工问题研究总报告》,2006;中华人民共和国国家统计局,2011,2010。

据此,我们可以看到,2011年的"离土离乡"农民工约1.59亿人,占城镇非正规就业人员的绝大部分。而"离土不离乡"的农民工则有0.94亿人,其中绝大部分是农村"乡镇企业"和"私营企业"

就业人员。外出和本地农民工两者加起来的总数是2.53亿(25 278万)人。

根据2006年的《总报告》,农民工中有30.3%(0.364亿)在制造业工作,22.9%(0.275亿)在建筑业工作。此外,约0.56亿就业于"第三产业",其中10.4%(0.125亿)从事"社会服务",如保姆、清洁工、清运垃圾人员、社区保安、理发店员工、送货人员等;6.7%(0.08亿)是住宿餐饮业服务人员;4.6%(0.05亿)是批发与销售业人员,如小商店、摊位人员和小贩等。

农民工不具有正规城镇户口,与城镇居民在身份上存在一定差异。他们从事的是低报酬和低福利的工作。根据2006年的《总报告》,2004年他们平均工资只有780元/月,每日平均工作11小时。也就是说,他们的工作时间比正规职工多将近一半,而获得的报酬仅是后者的60%。当时的调查者推测他们中只有12.5%签有工作合同、10%有医疗保险、15%有退休福利(根据后来更精确的数据,这些推测其实偏高——见表11.1)。大多数要么承包大企业的工作或在小规模的非正规企业内工作,要么就是自雇的个体户,一般都归属"劳务关系",不会得到国家劳动法规和工会的保护。因为不具备城市居民身份,他们只能负担更高的医药费用和子女的"择校"教育费用。在全国每年70万工伤受害者中,他们毋庸说占

第十一章　中国的非正规经济再论证:现实与理论

了最大多数。这些基本事实也可见于众多较小规模的研究。①

以上事实在一项国际调查中得到进一步证实。这是由国外学者和中国社会科学院研究人员共同进行的(1988年、1995年和2002年三次调查中的)第三次"中国家庭收入调查"(Chinese Household Income Project)。该项调查是以国家统计局的抽样调查为基础,根据经过修改的范畴而抽样进行的。② 2002年的调查覆盖了120个县的9200户农户以及70个城市中具有城市户口的6835户居民,同时对"农村移民"(rural migrants)进行了次级样本调查。该项调查发现,农民工的工作报酬比城市居民平均要低50%。③ 而这个数字尚未将两者之间在工作时间、医疗保障和教育费用等方面的差别考虑在内(Gustafsson,Li and Sicular,2008:12,29;Khan and Riskin,2008:76)。

从表11.1我们可以看到,在参与社会保障方面,2009年到2011年间有一定的进步。农民工在养老和医疗保险的参保比例方

---

① 例如,北京市丰台区2002年的一项有关调查显示,被调查的城市居民平均工资是1780元/月,而农民工则只有949元/月。他们之中有1/3的人员每天工作时间超过12小时,1/6超过14小时。(李强、唐壮,2002)另一项关于合肥市的研究,基于836份有效问卷,发现80%按月报酬在800元以下,86%每天工作10—14小时。(方云梅、鲁玉祥,2008)另一个2007年关于武汉、广州、深圳和东莞等城市的研究,根据765有效问卷发现,农民工工资在2004年以后有显著的增长(49.5%月薪在1000元以上),但他们平均每周工作65小时。如果按小时计算,他们的工资只达到2005年全国正规职工平均的63%。(简新华、黄锟,2007)当然,《总报告》是目前最为全面的调查。
② 比如,加上了在自家所有房子居住人的房租等值估算,但是仍然没有纳入城市居民在医疗和教育上所享有的"暗补"的估算(Gustafsson,Li and Sicular,2008:15—17)。应该指出,也没有考虑到工作时间的差别。
③ 这是按每就业人员计算的。如果按人均计算,则低35%。

面有一定的提高,从 2009 年的 7.6%和 12.2%提高到 2011 年的 13.9%和 16.7%,但客观上仍然很低。工资方面也有一定的提高,但我们缺少可比价格的数据。虽然如此,可以确定的是绝大多数依然超过国家劳动法律规定的每周最多 44 小时的工作时间,2009 年是 89.4%,2010 年是 90.7%,2011 年仍然高达 84.5%。中国的农民工虽然在其家乡具有大部分其他国家的"非正规经济"人员所不具备的平等的承包地权,但在其他方面(少有国家法律保护和只有低等社会保障)是和其他发展中国家基本一致的。

(三)城镇的正规与非正规就业人员

国家统计局根据 2010 年的全国人口普查更精确的统计数据,对之前的就业人员数据做了全面的调整。结合上述农民工数据,我们今天可以获得比较完整的关于城镇农民工和非正规经济就业人员的数据。由此,我们可以比此前更有把握地论述城镇农民工和中国非正规经济的规模和演变过程。

表 11.2 是根据最新调整的就业人员数据所列的中国历年城镇正规和非正规经济就业人员数(2000 年及其之前的数据没有变动)。这里的"正规经济"范畴纳入了统计局惯用的正式登记的、具有法人身份的国有单位、集体单位、股份合作单位、联营单位、有限责任公司、股份有限公司、港澳台商投资单位以及外商投资单位。这些都是国家相对比较严格要求执行国家正式劳动法规的在册单位(虽然有一定比例并没有完全达到国家劳动法规所定标准,也没有达到正规职工所享有的福利水准)。在正规单位之外的是规模

较小的(虽然是经过正式登记的)、不具有法定正规"用人单位"身份的"私营企业"(区别于较大型的民营股份单位和公司及港澳台和外资单位)和个体(户),以及数量庞大的未经登记人员。他们更符合我们这里采用的非正规经济范畴。

表 11.2 城镇历年非正规经济就业人员数(万人)

年份	私营企业	个体	未登记	非正规经济总数	占城镇就业人员(%)	正规经济总数	占城镇就业人员(%)
1978	—	15	0	15	0.2%	9514	99.8%
1985		450	0	450	3.5%	12 358	96.5%
1990	57	614	2313	2984	17.5%	14 057	82.5%
1995	485	1560	1704	3749	19.7%	15 291	80.3%
2000*	1268	2136	8163	11 567	50.0%	11 584	50.0%
2005	3458	2778	10 928	17 164	60.5%	11 225	39.5%
2010	6071	4467	11 384	21 922	63.2%	12 765	36.8%

* 2010年的数据根据第六次人口普查,把城镇就业人数往上做了调整。根据新旧数据并存最后一年(2009年)数据的比较,该年城镇就业人员总数经调整之后增加了0.22亿人,同时,乡村就业人员数减少了0.44亿人,城乡总就业人员数往下调整了0.22亿人。这些调整所反映的主要是比原先数据更快速的城镇化,也反映了相当数量农村人员在城镇化过程中从农业就业变成非农就业以及非就业人员的演变。

资料来源:《中国统计年鉴2011》:表4-2。

所谓的"私营企业",按照国家的定义,乃是"由自然人投资或自然人控股"的单位。因此,它们不具有"法人"身份,与具有此身份的"有限责任公司"或"股份合作单位"或"港澳台商投资单位"以及"外商投资单位"等较大的非国有企业不同(《中国统计年鉴》,2007:138,表 5-7)。我们绝不应像在美国语境中(和有的美国研究中)那样把"私营企业"(private enterprise)按照其英文的字面意义理解为所有的非国有企业。事实上,这些"自然人"所有的私营企业的就业人员在 2006 年只占全国就业人员总数中的 14%,绝对不应被等同于中国"资本主义"的全部或其最大部分(《中国统计年鉴》,2007:128,表 5-2)。

如此定义的私营企业多为小型企业。2006 年全国共有 0.05 亿(500 万)家经登记注册的私营企业,在城镇登记的共雇用 0.395 亿人员(在乡村登记的共 0.263 亿人员),①每个企业平均 13 个员工(《中国统计年鉴》,2007:150,表 5-13)。根据 2005 年对这些企业的第六次(1993 年以来每两三年一次的)比较系统的抽样(每一千个企业抽一)问卷调查,其中只有 1.13%是规模大于 100 位员工的企业。② 绝大多数乃是小型的、平均 13 位员工的企业,包括制造业部门(38.2%)、商店和餐饮部门(24%),以及"社会服务"(11.1%)和建筑业(9.1%)部门。如上所述,如此的非正规员工大多数缺少福利、工作保障或国家劳动法律保护("中国私营企业研究"课题组,2005)。③

---

① 这里的"城镇"再次指县城关镇及以上,"乡村"则包括其下的镇。见前文脚注。
② 2003 年年底全国有 344 万这样的企业。当然,也有极少数符合美国语境内想象的那种中、大规模的资本主义企业。
③ 当然,在私营企业"就业人员"中,也包括那些可被视为小型"资本家"的 500 万企业所有者,以及一些高技术的高薪人员。但其绝大多数无疑是普通员工,也是待遇低于正规经济职工的就业人员。

至于2010年在城镇登记的4467万自雇个体就业人员,他们大多是登记人本身和一两位亲朋的个体经济。(2006年平均2.2人/个体户——数据见《中国统计年鉴》,2007:151,表5-14)这些"自雇"人员包括小商店店主、小摊摊贩、旧的和新型手工业工人及其学徒、小食品商人、各种修理店铺主等。这些人员快速增长的部分原因是新兴现代经济部门对这方面服务的市场需求,部分是新近进城打工农民工对这方面服务的需求。改革以来的城镇个体工商户,包括旧式(类似1949年前)的手工业者和小商业主的大规模复兴(人民公社化之后几乎完全消失),正是出于这样的需求。如此的就业人员有相当高比例经常从事类似于"劳务关系"的工作,当然大多没有福利和工作保障。

从阶级分析角度来说,这些"个体户"符合马克思主义生产关系视角所突出的关于"小资产阶级"的特点,即以自家劳动力使用自家所有的生产资料(土地、工具、资本)的阶级(因此也可以称作"自雇者"[self-employed]——Wright,1997:第4章),因此其既不同于资本家,也不同于无产阶级。同时,也符合韦伯市场关系视角所突出的"阶级情况",即销售自家(部分)产品的农户、手工业者或销售小商品的小商业者,因此其与那些靠占据稀缺资本而具有垄断销售权力的资本家不同,也和在市场上出卖自己劳动力的工人阶级不同(Weber,1978,1:302-307)。正因如此,马克思和韦伯同样把小资产阶级这样的个体生产经营单位当作资产阶级和无产阶级之外的第三阶级看待(详细讨论见黄宗智,2008b;黄宗智,2010:第9章)。

然后是11 384万(2010年)未经登记的非正规就业人员。在技能和工作稳定性方面,他们还要低一个层次,许多是临时性的人员,诸如保姆、清洁工、社区保安、餐馆服务员、运送人员、学徒等。毋庸说,他们绝大部分同样没有福利和劳动法律保护。

总体来说,以上三种主要城镇非正规经济就业人员(私营企业人员、个体户和未登记人员)共同构成一个低报酬、低稳定性、低或无福利、没有或少有国家劳动法律保护的城镇经济体。①

由此可以看到,1985年以来,中国的非正规经济就业人员已经从所有城镇就业人员的3.5%爆炸性地扩展到2010年的63.2%。这部分是由于(小)私营企业和个体户就业人员数的膨胀,2010年分别达到6000万人和4500万人的数目。更主要的则是未经注册人员的大幅度增加,从1985年的0人达到2010年的1.14亿人,其中当然主要是农民工。同时期,正规经济职工2010年的就业人员总数(1.28亿)却和1985年基本一样(1.24亿)(1985—1995年的10年中有所增加,但20世纪90年代后期国有企业改制,其工人大规模下岗,正规职工人数基本回落到1985年的绝对数),而其所占城镇总就业人员的比例已经从1985年的96.5%下降到2010年的

---

① 当然"私营企业""个体"和未登记人员中不仅包括农民工,也包括20世纪90年代后期和21世纪初期数量可能达到5000万的就业于非正规经济的城镇居民。其中许多是下岗职工,在非正规经济重新就业,大部分在服务业(第三产业)就职。我们缺乏全面、可靠的材料,但根据1997年一个相对系统的在17个省55个城市的问卷调查,大部分下岗职工是"中年"人(年龄30—50岁的占64%),只具备相对较低文化水平(其中小学和初中学历的占56%,上过大学或大专的仅有5.7%),绝大部分成为交通运输、批发零售、餐饮和"社会服务业"等部门的非正规就业人员,或在小型的所谓"私营企业"工作,或者变成自雇的个体户,大多只比农民工稍高一个层次。只有很少部分的下岗人员(4.7%)认为国家的各项再就业工程对他们有过"很大的帮助"("城镇企业下岗职工再就业状况调查"课题组,1997;亦见Ministry of Labor and Social Security, n. d.)。

36.8%。这个变化非常巨大。

(四)乡村的就业人员

至于乡村就业人员,2010年人口普查发现,之前根据抽样调查估计的数据有比较严重的误差。国家统计局根据更可靠的2010年普查对乡村就业人员数据做出了相当幅度的调整,下调4369万人,如表11.3所示。

表11.3 乡村就业人员数,1980—2010年(万人)

年份	原数	调整数	增减	乡镇企业	私营企业	个体	农业
1980	31 836	—	—	3000			
1985	37 065	—	—	6979			
1990	47 708	—	—	9265	113	1491	36 839
1995	49 025	—	—	12 862	471	3054	32 638
2000	48 934			12 820	1139	2934	32 041
2001	49 085	48 674	−411	13 086	1187	2629	31 772
2002	48 960	48 121	−839	13 288	1411	2474	30 948
2003	48 793	47 506	−1287	13 573	1754	2260	29 919
2004	48 724	46 971	−1753	13 866	2024	2066	29 015
2005	48 494	46 258	−2236	14 272	2366	2123	27 497
2006*	48 090	45 348	−2742	14 680	2632	2147	25 889
2007	47 640	44 368	−3272	15 090	2672	2187	24 419

续表

年份	原数	调整数	增减	乡镇企业	私营企业	个体	农业
2008	47 270	43 461	−3809	15 451	2780	2167	23 063
2009	46 875	42 506	−4369	15 588	3063	2341	21 514
2010	—	41 418		15 893	3347	2540	19 638

* 根据2006年的全国农业普查,该年有2.12亿劳动力全年从事农业劳动6个月以上,0.91亿6个月以下。(《中国第二次全国农业普查资料汇编·农业卷》,2009:表2-1-15)由此可见,后者之中有相当比例被归纳为乡镇企业、私营企业或个体为主业的就业人员。

资料来源:《中国统计年鉴》,2011:表4-2。

此前,根据全国6.8万农户的抽样调查,国家统计局低估了2001—2010年全国城镇化的幅度,所以要以每年平均485万的人数对这些年份的乡村就业人数进行调整。农民的更快速城镇化意味着农业就业人数以相同幅度比较快速地递减。同时,乡镇企业从业人员在这10年间每年平均增加281万,2010年达到1.59亿,乡村私营企业也比较快速地扩增,每年平均增加216万就业人员,2010年达到3347万就业人员。① 毋庸赘言,农村乡镇企业和私营企业人员大多同样处于国家劳动法规保护和社会保障制度之外。

至于农村个体就业人员,他们在1995—2000年间达到3000万

---

① 这里应该附带说明,中国农村今天越来越多的就业人员同时从事不止一种职业——譬如,部分时间耕种、部分时间在乡镇企业或私营企业就业,或以个体身份从事小买卖、运输、工匠等工作。以上的统计是按照主要业务——每年就业6个月以上——来归纳的(详见《中国第二次全国农业普查资料综合提要》,2008;以及《中国第二次全国农业普查资料汇编·农业卷》,2009)。

人员左右的顶峰之后,下降到2004年的2066万人,之后再次攀升,2010年达到2540万人。和城镇个体户一样,我们当然可以把他们理解为一种"自雇"的"小资产阶级"。但是,应该指出,许多农村的个体户其实经常处于一种"劳务关系"之中(例如工匠、裁缝、理发师、运输者)。他们同样缺少国家劳动法保护。小摊小贩也一样。

这样,在4亿多(4.14亿)的农村就业人员中,今天已有不止一半(2.17亿,其中1.59亿乡镇企业人员、0.33亿私营企业人员、0.25亿个体人员)从事非农就业,其中大多数处于"劳务关系"中。无论从国家劳动法规还是收入水平来考虑,他们也可以被纳入非正规经济范畴,不可简单地用传统的务农"农民"一词来理解。

至于以农业为主业的就业人员,在这10年间平均减少1213万人/年,多于国家统计局过去的估算。也就是说,从每年1个百分点提高到2个百分点。第1个百分点可以根据彭玉生和我在2007年的文章里分析的三大因素(生育率下降、城镇非农就业扩增、农业结构转化)来理解。(黄宗智、彭玉生,2007)第2个百分点则一半来自比我们预测要更快速的城镇化,另一半来自我们没有充分考虑到的乡村非农就业(即乡镇企业及私营企业和个体户就业)的扩增。

结果是,2010年的(以农业为主业的)农业就业人员已经下降到低于2亿人,仅为1.97亿人。而且,即便是以农业为主的人员,根据国家2006年的全国农业普查的定义,也不过是每年从事农业6个月以上的人员(《中国第二次全国农业普查资料综合提要》,2008)。

在我看来,中国的农业就业人员也应该被纳入"非正规经济"

范畴。在总数2.53亿的外出和本地农民工的现实下,当前绝大多数的农村家庭都有人在打工。他们几乎全是"半工半耕"的家庭,也可以说是"半无产化"了的家庭。他们和农民工是同一家庭的不同就业人员,密不可分。

改革之前,我们可以比较清晰地划分工人和农民,前者属于城镇和工业部门,后者属于农村和农业部门。但是今天我们已经不能如此划分,因为大多数的城镇工人已经不再是来自城镇的人员,而是来自农村的农民户籍人员。我们也不再能够简单区别工人和农民,不仅因为大部分的工人属于"农民"户籍,也因为大部分"农民"已经变成"非农"就业人员。中国社会今天的主要差别已经不再简单是工业和农业、非农就业和农业,甚至也不简单是城镇和农村间的差别,而是城镇具有法定身份和福利—待遇的正规经济人员与不具有如此身份和福利—待遇的城镇与农村非正规经济人员间的差别。

当然,"非正规经济"这个概念也不完全理想,因为国际劳工组织等使用此词的出发点也是传统的工人和农民概念,没有考虑到中国这样的工—农特别紧密缠结不分的情况。这是它的局限。我们使用"非正规经济"概念的时候,需要同时认识到中国社会的特殊性,明确把"半工半农"的中国农民也纳入其中。如果我们像国际劳工组织那样,把非正规经济限定为城市经济的现象,便会过分隔离中国的城镇与农村,过分隔离农民工与农民,不符合中国实际情况。

我们固然可以特别突出务农人员之不同于其他非正规经济人员,而继续用"农民""小农""农业就业人员",或"第一产业就业人员"等范畴来概括这个群体。我们也可以用以上提到的"小资产阶级"范畴(黄宗智,2008)。那样的话,我们实际上是在使用一个三元的分析框架——(城镇)正规,非正规,以及务农人员。但是,那样的话,我们继续掩盖了1.53亿户籍农民在城镇就业,以及2.17亿农民在农村从事非农就业这两大事实。它们是改革以来最庞大的社会经济变迁,也是工人和农民之成为一个密不可分群体的主要原因。

在我看来,目前更简洁的办法是把"乡村"的就业人员也纳入非正规经济之内(当然,要加以明确的解释)。这样,更可以突出中国的现实和特征。和其他发展中国家不同,中国绝大多数从农村进入城市打工的农民不会真正完全脱离农村和完全城镇化,部分原因是中国的户籍制度和承包地权制度。他们不容易在城市买房长期居留;同时,在农村的承包地权也是促使他们返回农村的一个因素。另一原因是中国家庭长期以来顽强地持续为一个基本的经济单位——之前是农村的农业+手工业的家庭,今天是跨越农村和城镇界限的农业+打工家庭。改革期间的快速工业发展,并不像西方发达国家经验那样简单依据个体化的城镇工人,而主要是依据既是农村也是城镇的半工半农家庭(详细讨论见Huang[黄宗智],2011c;黄宗智,2011c,2012b)。

在人们惯常用的阶级概念中,其实还是中国革命原来的"工—农"或"劳动人民"概念比较合适。当时,中国处于工业化初期,工人多是来自农村的第一代工人,因此显然与农民密不可分。今天,在改革后期,情况其实同样。在计划经济时代那样可以清楚划分的城镇工人和农村农民其实很大程度上已经不复存在,取而代之的是半工半农、亦工亦农的农村家庭。如果我们进一步考虑到，在今天的蓝领工人中，具有特殊身份的已经为数甚少，并且不一定能够长期保留那样的身份地位，我们更应该使用原来的"劳动人民"范畴。其中的关键概念在于中国工业"工人"必须连同农民来理解，而今天的农业农民也同样必须连同非农业农民工人来理解。今天中国社会的主要差别，除了国家官员和企业家之外，其实在于占据总就业人员较少数的"白领""中产阶级"和大多数的真正的"劳动人民"间的差别。

表11.4按照以上的正规与非正规的定义来划分中国历年的就业人员。可以见得，在大规模市场化和计划经济的社会保障制度全面解体的大潮流下，中国的社会经济体在20世纪80年代从一个基本全是正规+集体经济的体系极其快速地成为一个大部分是非正规、非集体的体系。2005年，全国就业人员中的85.0%是非正规经济人员，基本缺少社会保障和劳动法规保护。到2010年，伴随最近几年正规大"企业"（包括国有和国有控股企业）的扩充以及把部分非正规经济正规化的一些措施，正规经济所占比例稍有增加，非正规经济略有减少。同时，伴随福利制度的初步重建，非正规经济部门的福利情况稍有改善，但是和正规职工的保障差别仍然明显，和集体时代的农村医疗保障制度也有一定的差距（今天的医疗服务对农民来说要相对昂贵得多，虽然比之前现代化）。对农民工来说，农村的合作医疗保险所起作用比较有限，达不到城镇居民的水平，并且，和子女接受义务教育权利同样，基本只在户籍所在地才起作用，在打工所在地并不起作用。该年，非正规经济人员占到总就业人员数的83.2%。

表11.4 全国正规与非正规经济就业人员数和比例,1980—2010年

年份	总就业人员数	正规经济+集体人员数	%	城镇非正规经济人员	乡村非正规经济人员数	非正规经济人员%
1978	40 152	40 152	100%	0	0	0%
1990	64 749	14 057	21.7%	2984	47 708	78.3%
1995	68 065	15 291	22.5%	3749	49 025	77.5%
2000	72 085	11 584	16.1%	11 567	48 934	83.9%
2005	74 647	11 225	15.0%	17 164	46 258	85.0%
2010	76 105	12 765	16.8%	21 922	41 418	83.2%

资料来源:《中国统计年鉴》,2011:表4-2。

上述非正规经济的图像也可以从历史的角度来理解。它有以下的主要来源和组成部分:一是20世纪80年代乡村工业化和乡镇企业的兴起,其人员绝大多数是非正规的;二是20世纪80年代后期开始的农民工大规模入城就业,也基本都是非正规的;三是20世纪80年代农村集体医疗保障制度的全面解体,以及农村非农就业(非正规私营企业和个体户)从20世纪90年代开始的快速兴起;四是20世纪90年代中期以后国有和集体企业职工的大规模下岗以及在非正规经济中重新就业。以上各个组成部分中最关键和人数最多的是小规模的农业+打工家庭。今天,非正规经济及其"半工半农"人员(劳动人民)已经极其快速地成为包含全国绝大多数就业人员的群体。

(五)中国的正规经济

我们最后要检视今天的法定正规经济的组成。上面已经看到,2010年城镇正规工人总数只是全国76 105万就业人员总数中的12 765万人,即16.8%。如表11.5所示,其中有不止一半(6516万)是"国有单位"的职工,包括不止2200万的党政机关职工、将近2200万的"事业单位"职工,以及2000万的国有企业职工。显然,这些职工中的大多数其实是"白领"的职员,只有少数是"蓝领"的工人。他们的共同点是享有国家劳动法律的保护、较高的工资和较优厚的福利。

表11.5 按登记注册类型分的城镇就业人员,2010年

登记注册类型	就业人员数(万人)
国有单位	6516
中国共产党机关	567
国家机构	1326
其他	319
事业单位	2196
国有企业	2108
集体单位	597
股份合作单位	156
联营单位	36

续表

登记注册类型	就业人员数(万人)
有限责任公司	2613
股份有限公司	1024
港澳台商投资单位	770
外商投资单位	1053
总数	12 765

资料来源:《中国统计年鉴》,2011:表4-2;《中国劳动统计年鉴》,2011:表4-1。

此外则是表中所列的具有正规"法人身份"的非国有单位的职工,最主要的是较大规模的民营企业(有限责任公司和股份有限公司),共约3600万职工,以及外资和港澳台投资的单位,共约1800万职工。上面已经说明,即便是这些正规单位职工,也并不一定完全具有国家劳动法规定的社会保障福利(因为企业可能违反或无视国家劳动法的规定),但总体来说,享有的比例较高。

这些就是今天中国正规经济的主要组成部分,也是占据今天所谓的"中产阶级"的大多数的群体。他们多是城市的有房、有车者,消费上的要求和习惯已经越来越趋同国际大城市的中产阶级,和农民以及农民工差距悬殊。

国内有不少学者把中国今天的社会结构想象为一个类似于美国的"橄榄型"结构,区别于"金字塔型"。他们认为,改革期间,中国的"中产阶级"一直在极其快速地扩增,行将像美国那样达到所有就业人员中的高比例,甚或大多数(详见下一节)。这也正是全球化跨国公司的想象,以为中国将会成为全世界最大的中产阶级商品市场。

但事实是,中国今天的社会结构距"橄榄型"显然还很远。我们绝对不该夸大所谓的"中产阶级"的人数和比例。一个比较精确的统计是国家统计局在2005年的一项研究,它对"中产阶级"所采用的定义是,家庭年收入6万—50万元人民币(即当时的约7500美元—62 500美元——按照美国的收入水平来说,其实才处于中下水平),凭借这个定义,中国的中产阶级只占到全人口的5.04%。2007年,这个数字上升到6.15%(《国家统计局称中国有8000万中产,专家不同意》,2007;亦见黄宗智,2010a:198)。他们包含的是国家机关(事业单位、社会团体)、企业、体育娱乐、科技、研究和文化教育等单位和领域的较高薪人员。之后,我没有看到同样精确的统计。

即便是2005年的5.04%之数,已经占到当时所有正规经济职工中的1/3(11 225万人中的3762万人)。我们如果取10%来作为2010年的相应之数,那就意味着中产阶级已经占到全正规经济人员中的60%,即12 765万人中的7655万人,而蓝领工人和较低工资的白领职员则只是5106万人。这样的估计意味着正规经济人员中高薪人数多于蓝领和低薪白领总数,很可能偏高。但无论如何,还是距"橄榄型"的想象很远。

可以完全确定的是,我们需要纠正人们对国家劳动法以及其所使用的"劳动者"和"劳动关系"等词的理解。劳动法所保护的其实只是劳动人民中的较小部分。在蓝领工人中,它所保护的其实只是在改革和"转型"中保留了优越社会福利条件的少数职工;同时,它所保护的职工中有相当高比例的正规高薪白领职员。处于基层的打工者则大多被置于劳动法律保护的正规"劳动关系"之外,而被归属于非正规"劳务关系"之下。今天的国家劳动法规实际上把绝大部分的劳动人民——主要是农民工和他们半工半耕家庭的其他就业人员——排除在其覆盖范围之外。这也是我们这里要使用"非正规经济"和"非正规人员"这样的表述的原因。

下面我们要进一步讨论上述误区的起源和非正规经济研究的理论背景。

二、"二元经济"理论和美国模式

20世纪60年代美国的主流发展经济学,也就是今天国内的主流发展经济学,是刘易斯的"二元经济"理论。① 刘易斯着眼的是发展中国家(尤其是亚洲国家)人口过剩的事实。"无限的人口供应"是他"二元经济"论的出发点,他借此来区分传统农业部门与现代资本主义工业部门。前者的"工资"徘徊于糊口水平,后者则相应伴随资本投入加大、劳动生产率提高、利润扩大、信贷增加、更多的资本投入、更大的产出、更高的利润以及更多的劳动力需求而发展。伴随如此的发展,现代部门吸纳越来越多的农村过剩劳动力,直至其不再过剩而达到一个"转折点"(其后被人们称作"刘易斯转折点"或"刘易斯拐点")。此后就会进入新古典经济学所勾画的劳动力(和其他生产要素一样)稀缺状态,工资将随之而快速上升。

---

① 我1958年作为普林斯顿大学本科生曾经选过刘易斯的课(刘易斯几年之后才正式受聘于普林斯顿大学),如今记忆犹新。

因此,经济发展基本是一个减少过剩劳动力而达到整合现代劳动市场的过程(Lewis,1954;亦见 Lewis,1955)。①

刘易斯的分析和一般的古典经济学分析有一定的不同。比如,1979 年和他同时被授予诺贝尔经济学奖的舒尔茨则力争:即便在传统农业经济中,劳动力同样是一种稀缺资源,同样通过市场机制而达到最佳配置。因此,并无剩余劳动力的存在。在这方面,刘易斯可以说更符合实际。但他对市场经济运作以及由其推动的资本主义发展的信赖则是和舒尔茨完全一致的。

刘易斯的分析后来被费景汉(John C. H. Fei)和拉尼斯(Gustav Ranis)数学化("形式化"),并得到进一步巩固和推进。他们两人特别突出了发展中国家的"冗余"劳动力(redundant labor),正因为是多余而无成本代价的劳动力,它能够在发展现代工业部门时起重要的作用——这个论点对近 30 年的中国当然具有特别的意义(Fei and Ranis,1964;亦见 Lin,Cai and Li,2003[1996])。刘易斯的模式后来又被托达罗(Michael P. Todaro)延伸,加上了"城市传统部门"(traditional urban sector)的概念,认为许多面对城市高失业率而仍然迁入城市的移民,其动机不在于实际的高收入,而在于对高收入的预期。这样,他们的行为仍然是"理性的",来自合理的收入概率估算,虽然是未来而不是眼前的收入。其间,他们会在"城市传统部门"工作,暂时接受低于现代部门的待遇。(Todaro,1969;亦见 Todaro,1989:278—281)

---

① 人们多称刘易斯 1955 年的著作为他的经典之作,但事实上他 1954 年的论文《劳动力无限供应下的经济发展》才是他真正影响最大的著作(Lewis,1954,1955;亦见 Tignor,2006:273 及其后)。

第十一章 中国的非正规经济再论证:现实与理论

鉴于中国劳动力的相对过剩,以及由国家从1958年以来确立的城乡二元户口制度,人们认为二元经济论特别适合中国实际乃是意料中的事。我这里的讨论仅以蔡昉先生一篇分量较重的(《中国社会科学》主题)论文为例(蔡昉,2007)。①

在这篇文章里,蔡昉对刘易斯模式提出两点补充,但基本上接受其核心观点。首先,他加上了"人口红利"的概念,即在人口从高生育—低死亡到低生育—低死亡的转型中,在一段时期内,不从事生产的消费人口(儿童和老人)相对生产性人口比例会降低,形成刘易斯所没有考虑到的特殊有利条件。其二,中国的二元户口制度,过去反映了"二元经济"的事实,但今后亟须改革,以便促成中国向整合的现代劳动市场转型。但这两点并不影响刘易斯的基本论点,蔡本人也没有否定的意图。蔡实际上完全接受刘易斯的模式,特别强调中国其实已经进入了刘易斯从"二元经济"到整合劳动力市场的"转折点"。

吴敬琏先生差不多完全同意蔡昉的观点。和其他"主流"经济学家们一样,他特别强调中国"三农"问题只可能通过城市化和市场机制来解决,由现代工业部门来吸纳农村过剩劳动力。和刘易斯与蔡昉一致,他把农村经济视作一个基本是停滞的部门,认为发展只可能来自城市现代部门(吴敬琏,无出版日期;Wu,2005;第3

---

① 蔡昉和林毅夫、李周多年前合写的《中国奇迹》则提出了比较简单化的论点,认为"传统"计划经济没有恰当利用中国劳动力丰富的"比较优势"乃是关键因素(其实,费景汉和拉尼斯早已更精确地突出了这一点)。(Lin,Cai and Li,2003[1996])张曙光(2007)的书评指出,该书过分单一地强调发展策略,也没有充分考虑制度经济学理论,并且比较极端地完全否定计划经济(就连其对20世纪50年代国家确立主权的贡献都没有予以考虑)。

章)。此外,吴强调中国需要依赖中小型私营企业,脱离过去计划经济思路下的那种大规模生产单位(吴敬琏,2002)。[1]

作为上述分析的延伸,蔡昉还引用了库兹涅茨(Simon Kuznets)的理论。库兹涅茨在他著名的 1955 年对美国经济学会的主席演讲中提出,在早期的经济发展过程中,社会不平等会加剧,要等到发展的微波外延,才会导致进一步的平等(Kuznets,1955)。蔡昉没有提到的是,库兹涅茨的经验证据来自美国、英国和德国,并且,库兹涅茨本人当时便指出,他的模式乃是"5% 数据,95% 推测"(蔡昉,2007:5,10—11;Kuznets,1955:4,26)。蔡昉想要强调的是,中国已经进入库兹涅茨所预期的后期经济发展,即趋向进一步的平等,进入了刘易斯拐点之后的社会经济状态。

以上这些美国 20 世纪 50 年代和 60 年代的主流发展经济学观点当时还引用了所谓"三个部门理论"(three sector theory),来充当现代化模式的另一理论支撑。该理论始于早期新西兰经济学家费舍尔(Allan G. B. Fisher,1966[1935]:32—34)和澳大利亚经济学家克拉克(Colin Clark,1940:337—373),两人率先强调发达国家中"第三产业"(服务部门)兴起的重要意义,认为伴随经济发展和收入的提高以及基本物品需要的满足,人们消闲时间会上升,对私人服务(例如娱乐)的需求将会持续扩展。这条思路最为通俗、简洁明了的阐述来自法国经济学家富拉斯蒂埃(Jean Fourastié)。他认为,经济发展都是从以农业为主,到工业为主,再到服务业为主的

---

[1] 吴先生关于具体问题的讨论则多同时采用不同理论视角,并紧密连接经验。最近的一个例子是他和张剑荆的访谈(吴敬琏,2008b;亦见 Wu,2005)。但他无疑基本同意"二元经济"论。

线性演变。在"传统文明"(诸如欧洲的中世纪和后来的发展中国家)时期,"第一产业"(即农业)占就业人员的 70%,工业占 20%,服务业占 10%;在"转型时期",农业所占比例下降到 20%,工业上升到 50%,服务业 30%;最后,在"第三文明"时期,农业进一步降低到 10%,工业 20%,服务业则上升到就业人员的 70%(Fourastié,1949)。

这个"三个部门理论"及其观点也被许多中国学者接受。例如,中山大学的李江帆先生和他的中国第三产业研究中心,几乎完全接受了富拉斯蒂埃的概念框架,大力主张"第三产业"乃是中国当前和未来发展的关键(李江帆,1994,2005)。国内主流经济学相当普遍地引用了这个观点(例见吴敬琏,2005)。

以上主张并不限于经济学,也出现于社会学领域。它集中体现于把"现代社会"等同于"橄榄型"社会结构的概念。其理论来源是美国社会学家米尔斯(C. Wright Mills)1951 年的经典著作《白领:美国的中产阶级》(Mills,1956)。其核心观点很简单:当时的美国社会正戏剧性地向一个以"新中产阶级"为最大多数的社会演变,尤其显著的是在 20 世纪上半叶大规模扩展的"白领"阶层。在众多使用这个观点来研究中国的著作之中,由陆学艺先生牵头的《当代中国社会阶层研究报告》(2002)尤其突出。陆争论,中国社会已经走上了这条轨道,正在迅速地从传统和不平等的"金字塔型"社会结构向"现代""橄榄型"结构转型。中产阶级正在以每年(所占社会就业人员比例的)1%的速度扩增。到 2020 年,陆预测将达到 38%—40%的比例(毋庸说,正是这样的好几亿中产阶级消费者的想象在促使跨国公司在中国大规模投资)。其结论很明显:

伴随经济发展,中国正沿着必然美国化的道路前进。(陆学艺,2002,2003,2007)这也是吴敬琏(2008a)和蔡昉(2007)的基本观点。他们共同强调的是,中国已经像美国那样形成由庞大的"中产阶级"所组成的"橄榄型"社会。

现今中国的"主流"经济学和社会学观点可以说基本就是美国化或"美国模式"。它预测越来越高比例的人员将从传统部门转入现代部门,从农村进入城市,从贫穷阶层进入中产阶层,亦即社会必然向美国模式转型。这正是20世纪60年代在美国学术界占主流地位的观点,也是当时组成所谓"现代化理论"(modernization theory)的核心。它从西方经验的抽象化出发,伸延到发展中国家,容纳了一定的修改,例如农村劳动力过剩,以及短期的耽搁,例如刘易斯的"二元经济"和托达罗的"城市传统部门"。但它的核心概念一直没变,即由市场推动的资本主义发展必然会导致全面"现代化",最终和美国一样。

但在美国,这个现代化模式,连同新古典经济学的一些基本理论前提,在20世纪60年代之后受到广泛的批评,直至美国学术界几乎完全否定了现代化模式,甚至把它等同于头脑简单的观点(下面还要讨论)。但是那个发展经济学的"革命"后来将被20世纪80年代和90年代的"反革命"所取代,而新古典经济学将因美国"新保守主义"(Neo-Conservatism)的兴起而在经济学界取得霸权地位,几乎被等同于经济学全部。其后则明显伴随美国在伊拉克战争中的失败、其国际声誉的下降以及2008年的金融海啸而衰落。[①] 然

[①] 笔者从1966年到2004年在加利福尼亚大学执教38年,这些变化可以说是亲眼目睹和亲身经历。

而这些观察已越过了我们叙述的时间排序。下面,我们首先回顾20世纪70年代和80年代西方社会科学界对上述现代化理论的批评。

三、"非正规经济"

对二元经济模式和现代化理论的批评最初不是来自理论家而是来自应用经济学家和经济人类学家的经验研究。事实是,大多数的发展中国家(第三世界)在20世纪60年代和70年代所经历的城市化规模要远超过其现代工业部门所能吸收的新就业人员,由农村流入城市的人口其实大部分没有进入现代部门而是进入了传统与现代部门之间。我们看到,托达罗曾经试图用所谓"托达罗模式"来概括这个事实。但后来在第三世界国家做实地调查的研究者们提出的"非正规经济"概念,才更精确、贴切地概括了这种在城市中的低层次就业。

首先是国际劳工组织1972年的肯尼亚报告(ILO,2002)。它是一个动员了48位研究者的大规模研究,由辛格(Hans Singer)和乔利(Richard Jolly)两位英国著名的发展经济学家主持(两位都在英国萨塞克斯大学发展经济研究所就职,后来分别于1994年和2001年得到英国伊丽莎白二世女王的封爵)。当时肯尼亚的现代企业多是资本密集、带有外国投资的企业,所雇人员十分有限(虽然其经济是以每年6%速度增长的)。在城市就业的人员,其实大部分不是在正规现代部门就业的工人,而是在非正规部门就业的(被调查者称作)"穷忙人员"(working poor),包括小规模的、不经国家管理甚或是被国家法规压制的企业中的人员、小贩、木匠、修理工、厨师等,区别于受国家管理和支持的大企业中的人员。此外,很多非正规人员从事的是"现代"而不是"传统"的经济活动,诸如机器维修、现代建筑、销售、家具制造、开出租车等。这些事实都不符合"二元经济"模式假设的传统与现代两部门对立和由此到彼的简单转型。为此,报告的作者们没有采用当时影响极大的"二元经济"模式,而改用了正规与非正规相区别的框架。他们强调政府不应压制非正规部门,应该为其对发展和就业的贡献而给予积极的支持。

此后是经济人类学家哈特(Keith Hart,后来执掌剑桥大学非洲研究中心)对加纳的研究。和国际劳工组织的报告一样,哈特使用了"非正规部门"这一范畴,特别突出其中的自雇者,强调要区别于受雇的领工资者。他收集的数据和国际劳工组织的报告同样突出了此部门的人员数量和低报酬(Hart,1973)。

此后有很多类似研究,这里要特别提到的是荷兰经济人类学家布雷曼(J. C. Breman)关于印度的研究。布雷曼一方面进一步确认上述研究,同时也指出其中一些概念上的问题,尤其是前面已经提到的在正规部门中就业的非正规人员问题(Breman,1980)。其后的社会经济史研究则证实,即便是在欧洲,城镇工人的增加也造成了对廉价物品和服务的需求增长,多由旧"小资产阶级"提供,其中"自雇"的"个体户"居多。另外,传统与现代经济的连接也推动了小商业、手工业、服务业、运输业等在城市的兴起(Crossick and Haupt, 1995; Mayer, 1975; 黄宗智, 2008b)。

国际劳工组织在整个过程中起了重要的作用,它一方面在全球范围收集了基本数据,另一方面鲜明地提倡要为非正规劳工争取"有尊严的"(decent)待遇。上面已经看到,关于第三世界这方面的经验信息和数据积累是如此的强劲有力,甚至连世界银行这样的组织都建立了"社会保护部"(Social Protection Unit,归属于其"人类发展网络"[Human Development Network]),以及"社会发展部"(Social Development Department),完成了众多的研究报告。它们的目的,正如其组织名称所显示,乃是"社会保护""人类发展"和"社会发展"。此外,尤努斯(Muhammad Yunus)之所以在2006年获得诺贝尔和平奖也绝非偶然:他的孟加拉乡村银行(Grameen Bank)一直为非正规经济中最底层、弱势的人员——孟加拉农村从事非农就业的妇女——提供关键性的金融服务。

中国目前对非正规经济的关注仍然比较欠缺。在之前的研究中,值得特别一提的是胡鞍钢和赵黎(2006)的文章,虽然比较简短,但相当精确地整理出了一些基本的可用数据。此外,中国在1998年设立的劳动和社会保障部,于2002年召集了一个国际劳工组织的会议,并积极创办了一些为提高就业人员的技术和教育水平,以及帮助安排下岗工人重新就业的项目。但是,和问题的规模相比,他们所做的仍然远远不够。同时,劳动和社会保障部(的规划财务司)主管的统计工程也仍然没有正视非正规经济。在他们所使用的概念中,"劳动关系"只包括正规职工,不包括临时工和合同工等被纳入"雇佣关系"或"劳务关系"范畴的劳动者,更不要说未经正规登记的人员。

四、意识形态化的理论争执

国际劳工组织提出的"非正规部门",以及后来的"非正规经济"范畴,其实具有重要的理论含义。它指出发展中国家与发达国家现代社会形态的不同,也就是说,其从(一般西方)理论视角来看的悖论性。但是在理论界的争执中,最抢眼的位置很快就被马克思主义和新古典经济学间的论争所占领。对"二元经济"提出挑战的影响较大的一位理论家是弗兰克(André Gunder Frank)。他试图把现代化理论颠倒过来,争论帝国主义非但没有给后进国家带来发展,非但没有缩小城市与乡村间的差别,反而给它们带来了"一国之内的殖民结构",体现于"中心城市"与乡村"卫星地区"之间的关系。乡村的经济绝对不像"二元经济"理论构建的那样与城市隔绝,而是成为城市的"依附"(dependency)地区,与拉丁美洲成为美国的依附卫星地带一样。帝国主义的借口是现代化,但其引发的结果实际是依附性和发展不足。对弗兰克来说,其中关键的经济逻辑是马克思主义的"剩余价值"剥削,即从劳动者所创造的价值和付给他们的工资间的差别所掠取的"剩余"。"依附性"说到底就是剩余价值的剥夺和流出,从农村到城市以及从卫星国家到发达国家(Frank,1973)。

如果弗兰克对新古典经济学以及由其衍生的"二元经济"论的批评显得有点意识形态化,甚或是控诉化,华勒斯坦(Immanuel Wallerstein)的"世界体系理论"可能显得比较客观。与弗兰克不同,帝国主义对华勒斯坦来说不是出于某些国家或某些人的恶毒意图,而是源自 16—18 世纪一个世界体系的形成。这个"世界资本主义体系"(world capitalist system)结果分化成为三个地带,即"中心"地带(core)、"边缘"地带(periphery)和"半边缘"地带(semi-periphery)。剩余价值由边缘地带流向中心地带(而半边缘地带则既是剩余的抽取者也是被抽取者,它在该体系之内起到了免除两极分化的功能,由此协助维持整个体系)。华勒斯坦指出,如此的剩余流动并不一定意味着第三世界的劳动者越来越贫穷,事实上他们的经济状况多有提高,但是从全球视野来看,中心地带与边缘地带间的差别没有缩小,而是在持续扩大(Wallerstein, 1979)。

弗兰克和华勒斯坦这种来自马克思主义经济学的理论带动了发展经济学界在 20 世纪 70 年代和 80 年代的"革命",但是在 80 年代之后,则被新古典经济学的"反革命"(这里又一次使用托达罗的用词)取代。这一学术界的"反革命"当然受益于苏联和东欧共产党政权的瓦解,以及在里根(及其下的"里根经济学"[Reaganomics])、老布什和小布什总统任下的原教旨市场主义扬扬得意的霸权的兴起。其间的一个关键差别是对廉价外国劳动力使用的理解:前者认为是剥削,后者认为是导致经济最优化的市场机制的作用。

新制度经济学是伴随新古典经济学的"反革命"而兴起的,并对其起了重要的支撑作用。其主要理论家包括哈耶克(Friedrich A. Hayek)、科斯(R. H. Coase)(都是芝加哥大学的)以及诺斯(Douglass North)。哈耶克从对新古典经济学的强有力批评入手,指出它当作前提的完美理性、知识和信息都不可能在真实世界的个体间存在(哈耶克,1948:第1、2、4章)。但是,在此书后面几章我们能看到,哈耶克的最终目的其实并不在于对新古典经济学的批评,而是对社会主义计划经济的攻击。他认为,后者才真正把"科学主义"的弊病推到了极端。他的结论是,不完美的个人,通过价格机制而作出自由抉择,乃是最贴近理想状态的经济制度。劳动力的合理配置当然是其中的一个方面。(同上:第6章;亦见汪晖,2004,下卷,第2部,1438—1492的讨论)当然,如此的视角完全排除用剥削概念来理解(非正规经济中的)廉价劳动力的使用。

至于科斯,他也是以批评新古典经济学的姿态来立论的。他认为,最佳的资源配置不可能像新古典经济学假设那样,只依赖个别"理性经济人"和价格机制来达成。他特别突出了经济活动涉及的"交易成本"问题,认为"公司"(the firm)和产权法律的兴起正是为了要把这些成本极小化。(Coase,1988)诺斯则争论新古典经济学忽视了"国家"和"制度"。对他来说,"制度"所指最终其实只不过是清晰的排他性的产权法律。在他对经济史的理论性回顾中,只有西方国家的那种私有产权法律才可能导致真的经济发展。(North,1981)科斯和诺斯同样排除剥削劳动者的概念。

他们三人——哈耶克、科斯和诺斯——都毫无保留地反对国家干预市场和提供福利。他们虽然似乎是在批评新古典经济学,但每一位都保持了对市场机制的信念——认为唯有在自由市场下,个人追求效率最大化以及公司追求利润最大化,才可能做到资源的最佳配置而赋予最大多数人最大利益。他们对此所做的改动只不过是另加了唯有排他性的产权才可能降低"交易成本",由此提高经济效率这样一个概念。最终,他们只不过进一步强化了新古典经济学的核心信念:国家对市场运作干预越少越好。

对许多追随新制度经济学的学者来说,这套理论要比简单的新古典经济学更具说服力,因为它似乎考虑到了政治(法律)制度。对中国许多经济学家来说,出于历史原因,新制度经济学自始便具有特殊的吸引力。正因为它强调市场经济的创新力,也因为它提倡私有产权,并要把国家角色最小化,许多"主流"中国经济学家都把它认作改革中国的灵丹妙药,其影响在中国可能要大于任何其他经济学流派(例见 Wu[吴敬琏],2005:18—20)。有的固然把"制度"理解为广义的政治"体制"和国家政策,不限于其原来狭窄的产权含义(例见樊纲,2008;樊纲、陈瑜,2005;樊纲、胡永泰,2005)。有的更可能是在有意识地利用其理论来讨论比较敏感的政治改革问题。

但是,今天回顾起来,原来在美国的马克思主义和新古典经济学(以及制度经济学)间的争论,相当部分其实关涉政治和意识形态多于学术研究,因为双方都可能被卷入冷战时期的意识形态斗争。为此,哈耶克对古典经济学原来极有说服力的批评——它设想不符实际的完美理性和知识,它对平衡分析过分痴情,它以理论设想替代实际,它对数学技术过分依赖——最终完全被他对计划经济的意识形态化批评所掩盖。他批判的火力最终完全转移到计划经济上。我们可以看到,对国家干预——哪怕只不过是凯恩斯主义那样的干预——的攻击,才是他最关心的目的。同时,弗兰克、华勒斯坦对资本主义—帝国主义的合理批评,指出其对第三世界廉价劳动力的剥削(和对其原材料的榨取),最终无论有意还是无意,都被等同于完全拒绝市场经济而采用集权的计划经济论点。

计划经济的众多弱点早已被前社会主义国家转向市场化的事实所充分证实。毫无疑问,这种计划经济导致了庞大而僵硬的官僚体制的产生,更不用说结构性的"预算软约束"和"短缺经济"等问题。(Kornai,1980;进一步的讨论见本书第十三、十五章)至于马克思主义基于其劳动价值论的核心概念"剩余价值",看来无法更充分地考虑资本和技术以及市场供需对价值所起的作用。其实,对马克思主义经济学和计划经济的否定今天可能已经走到了极端,有的论者甚至完全否认计划经济在重工业发展、有效医疗与教育服务和对劳动者的公平待遇等方面的成就。

今天,在新保守主义霸权衰落之下,以及使人们联想到20世纪30年代经济"大萧条"的金融海啸之后的经济衰退现实面前,也许我们能够更加清醒地看到新古典经济学的盲点和缺失。哈耶克多年前提出的学术性批评部分是十分中肯的。此外,无约束的利润追求和市场机制显然引发了许多越轨行为,无论产权清晰与否都如此。① 新古典经济学所理想化的理性行为,明显不能解释市场资本主义在历史上多次显示的贪婪和剥削、畏惧与恐慌(尤其是19—20世纪的帝国主义、20世纪30年代的经济大萧条以及2008年的金融海啸)。制度经济学在新古典经济学上附加了产权论点,

---

① 譬如,美国证券与交易委员会(Securities and Exchange Commission)主任考克斯(Christopher Cox)公开承认该委员会的监督计划"自始便具有基本问题",因为它允许"投资银行自愿从被监督退出"。(《纽约时报》,2008年9月26日)而联邦储备银行前主任格林斯潘(Alan Greenspan)则十年多以来"都猛烈地反对任何关于金融衍生品在国会或华尔街的检视"。(《纽约时报》,2008年10月9日)在2008年10月23日的国会听证会上,格林斯潘承认他过去可能确实过分信赖市场的自律能力。(《纽约时报》,2008年10月24日)

但它起码在其主流理论传统中,同样教条性地完全反对国家干预市场和提供福利。

回顾起来,马克思主义和新古典经济学的论争双方都有失于意识形态化偏颇。在冷战的氛围中,两者真正的洞见都被自己的意识形态立场所模糊。新古典经济学以及制度经济学指出,市场经济和私有产权能够激发企业创造力和竞争力,远胜于计划经济,这无疑是正确的。马克思主义经济学则指出,放任的资本主义利润追求会导致越轨行为、不平等以及对劳动者的剥削,帝国主义的过去如此,全球资本的今天也如此,这无疑也是正确的。

五、对经验现实的误导

中国主流经济学无保留地接纳了新古典经济学和美国模式,这不仅影响了有关数据的表述,也决定了什么样的数据被收集和不被收集。非正规经济中对劳动者的不公平待遇几乎被认作不存在。比如,2007年《中国劳动统计年鉴》给出的"城镇单位就业人员平均劳动报酬"和"全国平均职工工资"数,一是20 856元,二是21 001元,因此,给人以正规和非正规人员报酬十分接近的错误印象。(《中国劳动统计年鉴》,2007:52,表1-28;82—83,表1-43)实际上,这些数据主要只关乎正规职工,也就是当时2.83亿城镇就业人员中的1.15亿,只考虑到少量的(总共才几百万)由所在单位正式上报的临时工,并不包括承包正规企业工程的非正规(经过登记的)私营企业或个体户的人员,更不用说未经登记的农民工和城镇非正规人员。(《中国劳动统计年鉴》,2007:2,表1-1;24,表1-14;

《中国统计年鉴》,2007:135,表5-6;142,表5-9)我们已经看到,2004年,农民工的平均劳动报酬才780元/月,亦即9360元/年,和《中国劳动统计年鉴》报道的该年16 159元"全国""平均报酬"相去甚远。

《中国劳动统计年鉴》报道的每周工作时间数据也一样。根据被列出的数据,各年龄和教育水平组的每周工作时间全都介于平均40—50小时之间。(《中国劳动统计年鉴》,2007:119,表1-68)这当然遮盖了农民工《总报告》所得出的平均每天11小时、每周6—7天的事实。后者为一般中国公民所熟知,也是众多小规模研究所得出的结果(见前文脚注所提到的关于北京、合肥和武汉等城市的研究)。

有关"第三产业"的统计数据也同样具有误导性。在概念上,国家统计局把这个指标定义为"第一、二产业以外的其他行业"。其下的划分是:交通运输、仓储和邮政业,信息传输、计算机服务和软件业,批发和零售业,住宿和餐饮业,金融业,房地产业,租赁和商务服务业,科学研究、技术服务和地质勘查业,水利、环境和公共设施管理业,居民服务和其他服务业,教育,卫生、社会保障和社会福利业,文化、体育和娱乐业(原来的教育、文化艺术和广播电影电视业,现把教育分列)、公共管理和社会组织(即原来的国家机关、党政机关和社会团体)。(《中国统计年鉴》,2007:135—137,表5-6;131,表5-4)这些听来差不多全是相当"现代"的范畴,尤其是信息企业(IT)、房地产、金融、大学和研究机关、电视和电影从业人员以及党政机关,其就业人员也差不多全符合"白领""新中产阶级"的图像。因此,难怪李江帆(1994,2005)等经济学家会毫无保留地把"第三产业"整体认作最先进的产业。①

这些统计数据再次被限于正规经济,2006年其中约0.60亿属于服务部门(约0.50亿属于第二产业,主要是制造业和建筑业),完全忽视了0.56亿在服务业工作的农民工,以及大多在服务部门工作的0.50亿非正规就业城镇居民。这样把保姆、清洁工、垃圾清运人员、社区保安、送递人员、餐饮和住宿服务人员、小贩等与信息技术人员、高级研究人员和公务员等混为一谈,便很容易把"第三产业"从业人员全部想象为"白领"或即将变作白领的中产阶级人员。

时至今日,国家也许应该更系统、更正规地收集有关这个庞大并在继续扩展的非正规经济的数据。那样,才有可能使中国的社会经济实际在其统计材料中得到体现。

系统统计材料的欠缺,结合来自原教旨市场主义和现代化主义教条的理论,乃是以理论企望来替代实际的一个重要起因。如此才会使社会学界的部分领军人士,虽然掌握了相当翔实的农民工研究成果,仍然坚持中国社会已经进入了"现代"的"橄榄型"结构,并预测白领新中产阶级将于2020年达到全人口的38%—40%。如此的预测完全忽视了非正规经济已经从微不足道的数量爆发性地达到了城镇就业人员的60%还多,其扩增率要远比他们模拟的"中产阶级"快速。我们已经看到,在全国范围内,非正规经济中就业人员占所有就业人员中的绝大多数——2005年是85.0%。

---

① 国家统计局从1985年开始采用了一个四层次(等级)的划分,以流通部门的运输、商业、饮食业等为第一层次,金融、保险、房地产、居民服务等为第二层次,教育、文化、广播、电视、科研等为第三层次,国家党政机关为第四层次。2003年改用以上讨论的新划分。(李江帆,2005:14)

这里可以简单地考虑一下刘易斯转折点问题。2010年,中国正规部门就业人员总数不过与1985年的绝对数(1.2亿)相等。要真正达到刘易斯的转折点,即正规和非正规部门的整合,正规部门尚需要纳入城镇的2.2亿非正规人员以及同年乡村的4.1亿非正规就业人员,真是谈何容易。让全体就业人员在短期内能够完全进入一个整合了的单一现代正规经济部门,实在是在拟造一个神话。

中国今天的社会结构距"橄榄型"显然还很远,其实更像个"烧瓶型",已经不是简单的"金字塔型"。但是,我们绝对不该夸大精英阶层或所谓的"中产阶级"的人数和比例。我们上面已经看到,2010年"中产阶级"充其量只是所有就业人员中的16.8%。

中国社会的基层部分则包含2.2亿的城镇非正规经济人员以及4.1亿的乡村就业人员,总共占全国就业人员的83.2%(见表11.2、11.3、11.4)。中国面对的难题是,这样的结构可能会成为长期的社会模型,其中占少数的高收入现代部门长期处于占大多数的低收入非正规经济之上。

中国的人口在近年的经济发展中固然是个有用资源,但它也是个沉重负担。其规模是如此之大,和美国是如此地不同,在中短期之内农业就业人员比例根本就没有可能会像美国那样缩减到总就业人员的1.6%(2004年)。庞大人口所导致的大量务农人员和剩余劳动力相当长时期内将是中国的基本国情。

有的读者也许会问,所谓"东亚模式"和"四小龙模式"呢?日本、韩国和中国台湾地区在人口密集性(和文化)上,不是和中国大陆基本相似吗?但它们不是已经成功地转型为发达国家或地区和

"橄榄型"社会了吗?这里要再次指出,问题是它们的规模是完全不同的。出于特殊的历史原因,今天日本务农人员只占其就业人员全数的4.5%,这与美国相似,和中国完全不同。即便是中国台湾地区的6.6%,或韩国的8.1%也和中国大陆相去甚远(更不要说像新加坡和中国香港那样的城市了)。(《中国统计年鉴》,2007:1020,1002)从人口负担的规模和经济大小来看,中国台湾地区和韩国其实更像上海市及其郊区,实在不能和全中国相提并论。真正合适的比较是中国台湾地区或韩国与上海市,而不是它们和中国大陆。

毋庸说,劳动力的供应量乃是决定非正规经济所占比例以及其长期性的一个关键因素。从这个角度来说,国际劳工组织所研究的印度和印度尼西亚对中国要远比美国和"四小龙模式"都更具可比性。当然,中国未来或许能够真正完全去内卷化/过密化,解决其劳动力过剩问题,但目前我们需要的是直面真实问题,而不是想象其不存在或必定会很快消失。

这一切绝对不是想要贬低非正规经济。它无疑为许多没有就业机会的人提供了机会,它赋予农民提供非农就业的收入来源,因此提高了农民的总收入;同时,农民工以及其他的城镇非正规人员毋庸说对国民经济的发展做出了十分重要的贡献。此外,我们也可以看到,在最高度发展的城市中,非正规就业报酬已经有一定的提升,其参保比例也略有增加。我们没有理由否定以上任何一个论点和事实。其实,国际劳工组织、世界银行"社会保护单位"以及胡鞍钢和赵黎等人的研究,都已经强调了非正规经济的这些积极方面。

但这并没有改变非正规经济就业人员所受不平等待遇的事实，他们大多数是在达不到标准的工作条件下，为较低的报酬（而且大多数缺乏福利）而工作。正因为如此，国际劳工组织和世界银行社会保护单位同样把提高非正规人员工作条件定作主要目标。他们提出的是个简单的要求，即有尊严的就业条件。这是一个既是出于社会公正，也是出于可持续发展考虑的目标。一定程度的社会不平等，以及对这么多劳动者的相对不公正待遇，既不合理也不经济。提高非正规就业的待遇既能赋予劳动者利益，也会提高其生产率，并可以扩大国内消费需求，由此推动国民经济发展。

六、抛开意识形态

新古典经济学的美国模式最基本的教条乃是原教旨市场主义：国家对市场的监督和干预越少越好。自由市场的机制本身会导致最优化和最高效率，推进经济发展。它会给最多的人带来最大的利益。在"二元经济论"里，这一切都没有受到质疑，它只附加了发展中国家会因为传统部门劳动力过剩而稍微滞后这样一个小弯儿。发展会按农业到工业到服务业顺序演进的"三个部门理论"，以及社会结构将从"金字塔型"进步到"橄榄型"的理论，只不过是对同一模式的进一步阐述。

新制度经济学，起码在其主流理论中，基本上重新确认了这个模式对国家制度的看法。国家应该通过法律建立清晰和高效率的私有产权，为市场经济制造"制度"环境；此外则不可干预市场运作，尤其不可将社会公正掺入其中。它的基本信念仍然是新古典的,即通过市场机制而理性地追求个人效益最大化以及公司利润最大化,是最佳的经济模式并会为大多数的人带来利益。

但非正规经济的现实不符合这样的逻辑。在大多数的发展中国家里,尤其是中国和印度这样的国家,劳动力无疑是(相对)过剩的。在那样的情况下,市场和利润最大化的逻辑,肯定会使企业公司试图把工资尽可能压到市场机制所允许的最低限度,并把工作时间尽量延长到劳工所能忍受的极限。在劳动力过剩——根据2006年农民工《总报告》的估计,当时中国农村仍有1.5亿过剩劳动力——以及没有国家法规限制的情况下,一个纺织公司或餐馆为什么要支付更高的工资或接受较少的工作时间?一般情况下有更多的后备人员愿意接受现有的工作条件。这正是为什么非正规经济中的就业人员平均工作时间是正规人员的1.5倍,而获得工资只有正规人员的60%(这是没有考虑两者的不同福利的差别)。对拥有庞大剩余劳动力的中国来说,问题是这样的情况很可能会长期延续。

今天我们应该把理论双方真正的洞见和其意识形态化的偏颇区别开来。新古典经济学和制度经济学认为市场和私有产权可以激发企业创新动力和竞争,那无疑是正确的;但新保守主义坚信市场是一切社会经济问题的万应灵药,则肯定是错误的。市场主义的极端趋向事实上已经再次把世界经济推到了大萧条以来最严重的危机中。中国非正规经济中不合理的工作条件也源自同样的趋向。正如尤努斯指出的,新古典经济学把企业家构建为利润最大化的追求者,并且不仅是事实如此,而且是应该如此,因为唯有如此才能配合市场机制而把经济推向最高效率,这其实鼓励了贪婪

行为,几乎等于是一种自我实现的预言。(Yunus,2006)

同时,马克思指出资本主义对利润的追求会造成严重的不平等和剥削也无疑是正确的;但社会主义国家过去完全拒绝市场经济,完全依赖计划,造成了庞大沉重的官僚制度以及僵化的经济,这当然也是应该承认的事实。

中国的非正规经济是对两者的不同的很好说明。自由市场主义者赞扬非正规经济提供就业机会的功能,以及它所显示的创新力和企业潜能,这无疑是正确的。他们认为国家不应压制或过分控制非正规企业也是正确的。但他们之中意识形态化的论者反对国家采取社会公正措施,认为放任的市场机制乃是达到最大多数人的最大利益的最好途径,这无疑是错误的。至于马克思主义者,他们指出非正规经济使农民工遭受了不公平的待遇,这无疑是正确的。他们之中有不少人认为国家应该提供公共服务和社会福利,这也是正确的。但他们之中的高度意识形态化论者完全拒绝市场,要求严格控制或取缔非正规经济,甚或回归官僚经营或计划经济,这无疑是错误的。

为非正规经济采取社会公正措施,当然并不意味着为公平而牺牲经济发展。正如众多学者早已指出的,社会公平是社会—政治稳定性的一个关键因素,因此也是可持续发展的一个关键因素。(社会—政治不稳定的经济成本该如何核算?)恰当结合国家的社会公正干预和市场的创新动力可以被理解为国际劳工组织和尤努斯获得诺贝尔和平奖的真正意义,即为全世界的劳工争取"有尊严的"工作条件。这也许也是"社会主义市场经济"所应有的含义。

第十二章
中国发展经验中的非正规经济实践：历史与理论*

　　以往关于中国发展经验的理论和分析，大多忽视了改革时期形成的庞大的非正规经济。而要从理论和实用层面理解非正规经济，我们必须把它置于整个国民经济中来分析。本章从理论梳理切入，然后论证20世纪90年代中期以来，中国经济发展的主要动力其实既不单是国内外的私有企业，也不单是地方政府，而更多的是两者之间的微妙关系，主要在于地方政府为"招商引资"而执行的众多非正规实践，其中关键在于利用廉价非正规经济劳动力来吸引外来投资。这是近年经济发展的"秘诀"。

　　目前，以科斯为代表的所谓"新制度经济学"仍然是对怎样理

---

* 本文原载《开放时代》2010年第10期，第134—158页。纳入本书时做了些许修改。

解中国经济改革影响最大的理论。它所强调的主要是市场环境下的私有公司组织和相关法律所起的作用,没有真正考虑到地方政府所扮演的角色。因此,社会学家魏昂德(Andrew Walder)和经济学家钱颖一等人特别指出这个缺点,论证中国地方政府及其所办的乡镇企业的行为其实类似于市场经济中的公司,乃是改革早期经济发展的主要动力。

但以上两种意见都不能解释20世纪90年代中期以来的演变。中国经济发展的"火车头"从乡镇企业变为地方政府在"招商引资"的竞争下积极配合与大力支持的外来企业。后者变成此后中国国内生产总值快速增长的主要动力。在"招商引资"中,地方政府普遍为外来企业提供低于自家开发成本的廉价土地和配套基础设施,以及各种显性和隐性的补贴乃至税收优惠。如此"非正规"实践的广泛运用,为新建立的市场经济以及旧计划经济所遗留的官僚体制起到了协调作用,是中国发展经验的关键。同时,也产生了上一章所论证的极其庞大的、处于国家劳动法规和福利覆盖范围之外的"非正规经济"。

过去的分析要么强调民营企业的作用,要么强调地方政府的作用,但忽视了更为关键的两者之间的关系。结果不仅忽视了两者的协调机制,也忽视了中国发展经验的社会维度。本章采用的是具有理论含义的历史分析,既指向对中国发展经验的新的理解,也指向对当前问题的不同对策。

一、现有分析与历史经历

(一)新制度经济学

以下三位经济理论家对中国改革经济和中国的主流经济学影响至为重要：对计划经济的理解，主要是哈耶克（Friedrich A. Hayek）和科尔奈（Yanos Kornai），而对市场经济的理解则主要是科斯（R. H. Coase）和他代表的"新制度经济学"。他们的影响可以见于代表中国主流经济学的吴敬琏的著作。

首先是哈耶克，他在这个问题上的主要论点是，从批评新古典经济学切入，论证人并不像新古典经济学所假设的那样，并不是纯理性的，所掌握的信息也不完全，但即便如此，他们在不完美的市场中凭价格做出的抉择，仍然远远优于计划经济。他认为，如此的认识才是"真正的个人主义"（true individualism），不同于新古典经济学所假设的那种具有完美"理性"的个人主义。市场价格包含的是不完美但"真正的知识"，远远优于科学主义的经济学家们所追求的"假知识"。经济学家们常犯的错误是把理念等同于实际，并沉溺于数学模式。如此的意识延伸到极端便成为计划经济的错误，它试图以少数几个人的计划来替代由无数人组成的市场及其价格信号。（Hayek，1980；尤见第1、6章；亦见Hayek，1974）

在个人主义和拒绝国家干预市场的观点上，哈耶克显然是一位"古典自由主义者"——他的自我称谓。因此毫不奇怪，他在西方会成为新保守主义意识形态浪潮最推崇的经济学家之一，获得美国里根总统、英国首相撒切尔夫人、美国总统（老）布什等授予的各种荣誉（"Friedrich Hayek"，http://www.wikipedia.com，根据Ebenstein，2001：305等各处）。在中国改革的政治经济环境中，哈耶克作为20世纪30年代计划与市场经济大论战中的主角，自然具有极大的影响。

科尔奈则是详细论析"社会主义"计划经济的主要理论家，提出了对其内在逻辑的完整分析模式。其中，最关键的是两个概念："短缺经济"和"软预算约束"。科尔奈认为，社会主义体系是建立在国家统制之下的，其财产所有权属于国家（Kornai，1992：75）；其经济协调机制来自官僚体制（bureaucratic coordination）而不是市场；其企业不遵循市场规律——即使亏本也不会倒闭，仍然会为官僚体系所支撑。正因为这些企业并不遵循市场供求机制，不遵循由无数销售者和购买者在其"横向连接"（horizontal linkages）中组成的价格信号，而是取决于由官僚体系中的上级和下级间的"纵向连接"（vertical linkages），它们不会提供消费者所真正需要的物品，因此导致惯常性的"短缺"（及不需要的多余）。如此的"短缺"被科尔奈称作"横向短缺"（horizontal shortage）。此外，在社会主义体系最关键的官僚体制上下级的连接中，下级惯常追求上级拨发的最大化及自己生产指标的最小化，而上级则反之，结果导致惯常性的"纵向短缺"（vertical shortage）。和哈耶克同样，科尔奈认为唯有市场机制才能解决计划经济的这些弊端。（Kornai，1992：尤见第11、15章）

至于对市场经济的论析，科斯的"公司"（the firm）理论影响最大。科斯认为，新古典经济学特别强调理性经济人的个人行为，忽视了公司组织的关键性。在市场经济中,"交易成本"至为重要:信息、交涉、合同、执行、验收及解决纠纷等都需要一定的成本。公司组织之所以兴起,是为了降低用合同与转包来组织个别生产者的交易成本。因此,一个公司的大小取决于其进一步扩大公司组织的边际成本相对于通过合同来组织同样活动的边际成本。前者大于后者时,公司组织便会停止扩张。在广泛的交易成本的现实下,法规成为不可或缺的条件。科斯解释说,要明白其中道理,我们只需想象一个不具备法规的证券或物品交易所,它们不可能顺利进行交易,交易的成本因此将高得不可思议。(Coase,1988,1991)以上是所谓"新制度经济学"的核心概念。① 它的主要贡献在于,突出公司和法律在经济发展中的关键作用。

对中国主流经济学影响巨大的新制度经济学理论家,还包括舒尔茨(Theodore Schultz)和诺斯(Douglass North)。前者在他1979年的诺贝尔获奖词中特别突出"人力资本"对经济发展的关键性(Schultz,1979)②,后者则特别强调法律制度,尤其是清晰、稳定的私有产权(North,1993,1981)。以上讨论的五位中有四位获得诺贝尔经济学奖(哈耶克,1974年;舒尔茨,1979年;科斯,1991年;诺斯,1993年),其中三位执教于新制度经济学的大本营——芝加哥大学。

以上总结的哈耶克—科斯—科尔奈的核心概念和洞见构成中国主流经济学家吴敬琏关于中国经济改革的代表性著作的分析框

---

① 其名称1975年首创自科斯的学生威廉森(Oliver Williamson)。
② 舒尔茨影响很大的1964年的著作《改造传统农业》,其实没有如此清楚地突出这点。对舒尔茨理论对错的详细讨论,参见黄宗智,2008b。

架。(Wu,2005)①在讨论各种理论传统和论争的第一章中,吴敬琏明确表示认同哈耶克的观点,特别强调哈耶克(及科尔奈)的概念,即价格信息虽然不完美,但包含无数人在使用无数资源时的反馈,而计划经济②则拒绝依赖价格信号,试图凭借少数几个人通过计划来得出完美的信息以替代市场价格机制。(Wu,2005:第1章,尤见13—14,18—20)

科尔奈是吴敬琏赖以分析计划经济弊端的主要理论家,尤其是他的"软预算约束"和"短缺经济"两大概念。我们可以从吴书众多部分看到这些概念的影响。(例见 Wu,2005:29—30,71,73,141;下文还要讨论)

吴敬琏虽然没有直接引用科斯,但他书中对交易成本、私有产权的法律保护、公司组织及民主等都十分称道。(Wu,2005:尤见第1、2章)他争论,计划经济附带非常高的信息成本,以及非常高的交易成本,这是因为计划经济可能导致对经济实际的歪曲和错误认识。此外,与哈耶克和科尔奈一致,吴认为自由民主政治制度乃是经济发展不可或缺的政治条件。③

一个略为不同的说法是林毅夫等的分析,其焦点是"发展战

---

① 这里引用的是2005年的英文版,是他1999年中文版教科书(吴敬琏,1999)的增订版。
② 至于科斯理论的其他部分,国内倡导者很多。比较强有力的著作是周其仁的文章(2010)。他强调,产权私有化引发"人力资本"的发展,也降低了"交易成本"。计划经济则等于是一个过分庞大的公司,其组织/制度成本非常之高。
③ 吴敬琏的理论认同虽然非常明确,但应该指出,他的许多分析具有一定的实用性,这点可见于他的一些具体观察和建议,例如关于小农家庭农场的分析(第3章)、金融制度的讨论(第6章)以及社会保障改革的意见(第9章)。

略",表述的是市场经济绝对并完全优于计划经济的主流意见(虽然并没有引用哈耶克或上述其他的主要制度经济学理论家的观点)。林认为,中国向市场化和私有化的转轨主要意味着转入更符合中国要素禀赋的经济政策,即从重工业转到轻工业,从资本密集生产转到劳动密集生产,由此充分利用中国极其丰富的劳动资源,合适地借重中国的"比较优势"。所以林(及其书的合著者蔡昉和李周)指出,这是中国经济发展的决定性因素。(Lin, Cai and Li, 2003)

以上这些来自哈耶克—舒尔茨—科斯—诺斯—科尔奈,以及在吴敬琏—林毅夫等著作中得到回响的思想,相当程度上获得了决策者的认可并得到实施。我们在改革期间看到的是稳定扩展的市场化和私有化、频繁的立法、科斯型公司的迅速扩增、企业人才的蓬勃兴起和被歌颂等。

(二)魏昂德—钱颖一的批评

在经验层面上,以上分析的主要问题是忽视了地方政府所扮演的角色,因此才会有另一种理论解释的兴起,即社会学家魏昂德的论析。该理论是在政治学家戴慕珍(Jean Oi)的"地方政府公司主义"(local state corporatism)概念(Oi, 1992, 1999),以及谢淑丽(Susan Shirk)的地方分权乃是"中国经济发展的政治逻辑"论点(Shirk, 1993)的基础上形成的。魏昂德特别针对科尔奈的理论提出商榷。其后是经济学家钱颖一的"中国式联邦主义"(Chinese federalism)概念。魏和钱的论析是对上述主流意见的最主要经验与理论性挑战。

魏昂德直接挑战科尔奈对"社会主义体系"的分析。他论证,在中国改革的行政体系中,伴随管辖权从中央下降到地方(在其分析中,地方政府包括乡村权力机构),企业的"软预算约束"会变得越来越硬,信息越来越完全,福利负担越来越轻,政府对来自企业的利润和税收的关心越来越强。他强调,乡村层级企业的运作其实是遵循"硬预算约束"的。(Walder,1995)

魏昂德的分析被经济学家钱颖一进一步用纯经济学词语和数学模式来说明。钱把地方政府表述为一个类似于公司的组织,和公司一样为激励和竞争机制所推动。与魏昂德同样针对科尔奈的理论,钱争论改革期间的地方政府的性质其实是"维护市场"的。这个论点的关键概念是,科尔奈的"软预算约束"为分权治理下地方政府对企业收入和税收的关心所克服。财政收入竞争使得地方政府不愿维持亏本的企业,因此导致对企业的硬预算约束。为了和他的西方(美国)同行沟通,钱拟造了"中国式联邦主义"一词,把中国的地方政府比作美国联邦主义下的州政府(下文还要讨论)。(Qian and Roland, 1998; Qian and Weingast, 1997; Montinola, Qian and Weingast,1995)

魏—钱的论析可视作对科尔奈理论的一个重要纠正。科尔奈的目的是要论证"社会主义体系"(及"共产主义的政治经济")中的"常规现象",并将其置于和资本主义市场经济完全对立的非此即彼的二元框架之中。魏—钱则以中国的地方分权,以及中国与苏联/俄国高度中央集权的不同,来论证国家行为可以维护市场而非反市场。未经明言的是,市场和政府、资本主义和社会主义未必是非此即彼二元对立的。我们甚至可以说,他们的论点讽刺性地点出,哈耶克—科斯—科尔奈的主流新制度经济学虽然十分强调其所谓制度,其实具有很大的盲点,使他们忽视了中国地方政府及其企业的相互竞争制度在中国发展中所起的关键作用。

同时,魏—钱的论点也显示,这个辩论其实仍然是在主流制度经济学锁定的框架内进行的。计划经济被全盘否定,市场机制不容置疑。魏—钱所论证的其实最终只是价格机制、竞争、牟利等市场原理也能适用于政府组织,而不是说市场原理并不足以解释中国的发展经验。

我们可以说,以上两种观点分别点出了同一故事的两个重要方面。科斯理论突出民营公司及其企业家们在日益扩展的经济中的角色,以及国家法规在日益复杂的经济中的作用;魏—钱则突出地方政府扮演的角色——在"维护市场的联邦主义"下,充分发挥分权和税收激励的作用,对企业实行硬预算约束,为自身的地方利益而竞争。

合并起来,这两种意见对改革早期的实际似乎掌握得相当完全。两者的弱点要在改革后期的经济发展及其经验研究中才会呈现。

(三)改革后期的经验

新的经验实际呈现于20世纪90年代中期之后。发展的关键因素变成不单是地方政府,也不单是民营企业,而是两者之间的关系。发展的前沿从地方政府发起、经营或控制的企业转到外来投资企业(包括"外资"和"港、澳、台投资")及快速扩增的(较大的)民营公司和(较小的)"私营企业"(2006年平均雇用13人)。地方政府的角色则从兴办和经营企业者,一变而为招引和支持外来企业者。伴随投资规模的扩大,地方政府经济活动的主要所在地也从基层的村、乡上升到县、市和省。

表12.1 按登记注册类型划分城镇就业人员数(万人)

年份	总数	国有	集体	其他*	公司**	港澳台	外资	私营***	个体	未登记****
1980	10 525	8019	2425	0	—	—	—	—	81	—
1985	12 808	8990	3324	38	—	—	6	—	450	—
1990	17 041	10 346	3549	96	—	4	62	57	614	2313
1995	19 040	11 261	3147	53	317	272	241	485	1560	1704
2000	23 151	8102	1499	197	1144	310	332	1268	2136	8163
2005*	28 389	6488	810	233	2449	557	688	3458	2778	10 928
2010*	34 687	6516	597	192	3637	770	1053	6071	4467	11 384

注:国家统计局根据2010年的人口普查对之前的就业人员数据做了较大幅度的修改,但所作修改不在正规登记单位人员数,而在暂住农民工人员数,尤其是未登记人员数以及乡村就业人员数。之前根据抽样户调查的数据,较为严重地低估了实际的未登记农民工人员数。

*联营单位("两个及两个以上不同所有制性质的单位")+股份合作单位("由企业职工共同出资入股单位")(《中国统计年鉴》,2008:29)。

**有限责任公司("有两个以上、五十个以下的股东共同出资")+股份有限公司("其全部注册资本由等额股份构成并通过发行股票筹集资本")(《中国统计年鉴》,2008:29)。"有限责任公司"包含"国有独资公司",但后者只占"有限责任公司"所有从业人员的17%(《中国统计年鉴》,2009:表13-1)。

***"由自然人投资设立或自然人控股,以雇佣劳动为基础的营利性经营组织"(《中国统计年鉴》,2008:29)。

* * * * 得自(来自人口普查的)总数减去上列各种登记类型单位所填报的就业人员数。

数据来源:《中国统计年鉴》,2011:表4-2。

表12.2 按登记注册类型划分城镇就业人员数(%)

年份	总数	国有	集体	其他	公司	港澳台	外资	私营	个体	未登记
1980	100	76.2	23.0	—	—	—	—	—	0.8	0
1985	100	70.2	26.0	0.3	—	—	—	—	3.5	—
1990	100	60.7	20.8	0.6	—	—	0.4	0.3	3.6	13.6
1995	99.9	59.1	16.5	0.3	1.7	1.4	1.3	2.5	8.2	8.9
2000	100	35.0	6.5	0.9	4.9	1.3	1.4	5.5	9.2	35.3
2005	99.9	22.9	2.8	0.8	8.5	2.0	2.4	12.2	9.8	38.5
2010	100	18.8	1.7	0.6	10.5	2.2	3.0	17.5	12.9	32.8

数据来源:《中国统计年鉴》,2011:表4-1。

表12.3 按登记注册类型划分乡村就业人员数(万人)

年份	总数	%	乡镇企业	%	私营企业	%	个体	%	农业*	%
1980	31 836	100	3000	9.4	—	—	—	—	28 836	90.6
1985	37 065	100	6979	18.8	—	—	—	—	30 086	81.2
1990	47 708	99.9	9265	19.4	113	0.2	1491	3.1	36 839	77.2
1995	49 025	100	12 862	26.2	471	1.0	3054	6.2	32 638	66.6
2000	48 934	100	12 820	26.2	1039	2.1	2934	6.0	32 141	65.7
2005	46 258	100	14 272	30.9	2366	5.1	2123	4.9	27 497	59.4
2010	41 418	100	15 893	38.4	3347	8.1	2540	6.1	19 638	47.4

* 得自乡村就业人员总数减去乡镇企业人员数、私营企业人员数以及个体人员数。

数据来源:《中国统计年鉴》,2011:表4-2。

新的实际可见于表 12.1、12.2 和 12.3。在 20 世纪 80 年代和 90 年代上半期,最显著的发展部门是乡镇企业,其绝大部分最初是由地方政府创办的。一个能够说明经济演变内容的指数是各种不同登记类型单位的就业人员数和比例:在城镇,包括国有、集体、公司、外来投资单位、私营企业和个体户;在"乡村"(按照国家统计局所定指标,包含县城关镇以下的乡镇),包括乡镇企业、私营企业和个体户。正如表 12.1、12.2、12.3 所显示,这段时期发展最快的是乡村的乡镇企业。到 1995 年,它们的"离土不离乡"就业人员已经达到 1.28 亿人(表 12.3),而该年城镇总就业人员为 1.90 亿人(表12.1)。

虽然如此,迟至 1995 年,在城镇就业人员中,国有企业仍然占到全就业人员数的 59.1%(表 12.1、12.2);民营企业所占比例仍然较小,其中民营公司 1.7%、私营企业 2.5%,而外来投资企业也仅仅为 2.7%。①

但其后则转变非常快速。到 2005 年,规模较大的民营公司和规模较小的私营企业及外来投资(包括港澳台地区)企业的就业人员总数达到 0.71 亿,相当于城镇就业人员总数的 25.1%(表 12.2),2010 年更达到 1.15 亿,相当于城镇就业人员总数的 33.2%。而 20 世纪 90 年代后期国有企业就业人员大规模下岗(共约 5000 万人),其后则进入 21 世纪后国有企业的大规模改制。到 2005 年,国有和集体单位就业人员减少到 7300 万人,只占城镇就业人员总数

---

① 但未经登记的人员于 1990 年已达到 2300 万之数,亦即城镇就业人员的 13.6%。这是后来农民工爆发性增长的序幕。

的25.7%,2010年更降到20.5%(表12.2)。

与此相比,乡镇企业远远没有像早期那样蓬勃扩增。它们在就业人员总数中所占比例于1995—2000年间停滞不前,徘徊于乡村就业人员的26%。① 进入21世纪后才再度快速上升,2010年达到乡村就业人员的38.4%(表12.3)。

民营企业所占数量和比例的快速扩增,当然会被人们用来支撑主流制度经济学和市场主义的正当性。私人资本在发展中确实起了与日俱增的作用。但是,我们要问:中国的发展是否真的可以简单地用科斯的资本主义公司理论来理解？是否确实可以用主流制度经济学的凭借私有产权加法律保障来降低交易成本的理论框架来理解？

(四)现有分析的盲点

主流新制度经济学再一次不能解释地方政府所扮演的角色,正如魏—钱对改革早期的发展经验已经证实的那样。但是,魏—钱的分析也不能解释改革后期的经验。魏—钱的关注点是地方政府自己创办、经营或控制的企业,他们的分析是在20世纪90年代前期形成的,明显是基于改革早期主要由乡村企业推动的发展经验。他们分析的缺陷是90年代中期以后,地方政府的活动重点已经不是直接建立、经营或控制企业,而在于一种配合性的招引民营

---

① 但在2000年之后再次上升,2010年已达1.5亿之多。此时的乡镇企业,大部分是私有的(国家统计局未提供按照所有制区分的数据)。同时,乡村私营企业也快速扩增,人数于2010年达到3347万(见本书表12.3)。

和外来资本。

在中国的制度环境中,地方政府和新的企业之间的关系可以说是真正关键的因素,在近15年中比民营企业在市场上的交易成本和地方政府企业都更重要。它们之间的关系体现在"招商引资"一词之中,它已经成为地方政府的头等大事,也是地方官员考核的主要标准。(王汉生、王一鸽,2009)我们需要知道:招商引资的具体内容是什么,它是怎样运作的。

科尔奈没有认真对待这个问题。在他看来,社会主义和资本主义分别是自我连贯一致的体系,所遵循的逻辑是截然对立的:计划经济是一个集权的体系,而资本主义则是一个自由民主的体系,两者互不相容。两者的混合只可能导致矛盾和冲突:集权和公民社会权力只可能对立;官僚管理只可能和资本主义企业相互矛盾;软预算约束只可能和硬预算约束对立;计划生产只可能和价格机制相互矛盾等。在矛盾和冲突之下,其结果只可能是唯利是图的价值观和官员的贪污。(Kornai,1992:尤见第15章;亦见第21章,509—511;亦见570—574)科尔奈这个分析所不能回答的是:中国的经济体系果真如此充满矛盾和冲突,我们又该怎样来解释改革期间举世瞩目的经济发展?

资本主义和社会主义、市场经济和计划经济的非此即彼二元对立,对过去关于中国经济改革的理解影响深远。我们已经看到,哈耶克—科尔奈,以及他们之后的吴敬琏—林毅夫都把如此的对立看作给定前提(科斯的公司理论则把高度发达的市场及高度规范化的合同与法律当作给定事实)。使我们感到诧异的是,反驳他们的魏—钱,或许是无意的,并没有对如此的对立提出明确的质疑。他们的辩论最终没有指出这样的对立所导致的错误认识,而仅仅争论中国的地方政府行为其实与资本主义公司组织相似。

在他们对地方政府和乡村企业的分析中,所强调的因素是和主流经济学一致的,即市场竞争、激励以及硬预算约束。我们可以说,哈耶克—科尔奈—科斯所强调的是资本主义型公司对经济发展的推动,而魏—钱所强调的则是和资本主义公司相似的地方政府行为对经济发展的推动。双方同样认为资本主义型的市场机制效应最佳,都没有考虑到中国改革后期政府与企业、计划与市场的新型关系。

今天回顾,我们可以看到辩论的框架和条件其实完全是由新制度经济学及与之志同道合的新保守主义(亦称"新自由主义"或"古典[放任]自由主义")所设置的。双方都以计划经济的全盘错误和失败作为给定前提,都以为唯有纯粹的市场机制才能理性地配置资源。魏—钱反驳的焦点不是如此的二元对立,而是要说明即便是政府也可以遵循资本主义和市场逻辑来运作。双方都把"转型"理解为从计划到市场、从社会主义到资本主义的完全转变,却都没有从两者并存的角度来考虑"转型",因此也没有考虑到两者之间关系的动态演变。

当然,改革中呈现了民营企业的广泛扩增,但是,它们和地方政府之间的关系在实际运作中到底是怎样的?当然,改革中呈现的是地方政府之间的竞争,但那样的竞争相对新兴的企业来说到底是什么?地方政府在改革后期的"招商引资"竞争中,到底为那些企业做了什么?要精确掌握中国的发展经验,我们必须回答这些问题。

二、非正规实践与非正规经济

从历史视角来考虑,改革期间的中国经济体系明显是一个混合体,同时具有旧计划经济和新市场经济的特征。科尔奈指出其间的"不协调性"(incoherence),虽说是对的,但我们需要进一步问:两者又怎样协调而产生中国改革中的戏剧性发展?

在笔者看来,关键是实际运作中的高度伸缩性,亦即国内惯称的"变通",主要体现于规避、绕过甚或违反国家法规的非正规经济实践。以下首先是对20世纪90年代中期以来地方政府和企业在实际运作中的关系的简单总结,主要来自新近的经验研究,其后讨论这个发展经验的理论、方法和实用含义。

(一)地方政府和企业在实际运作中的关系

计划经济的一个不容否认的弱点是,极其沉重的官僚管理体系对企业人才和创新的压制,但同时,正因为政府的高度集权,它能够在短期内动员大量的资源。这首先意味着对一个企业来说,政府的支持是不可或缺的条件,只有获得其支持才有可能从众多部门和层级获得必需的许可证和资源,才有可能顺利运作。用制度经济学的话语来表述,与官僚体制打交道的"交易成本"非常之高,甚或根本就不可能克服,除非同一官僚体制为了招引其投资而特地为之铺路。这是我们所说的地方政府变通行为为旧体制和新经济起到协调作用的第一层含义。

但这只是其一小部分。高度集中的权力被用于发展(在改革早期创办乡村企业的时候已经展现)在改革后期一再展示,尤其可见于地方政府为经济建设而大量征用土地。它们之所以能够征用土地,部分原因是中国不清晰的土地产权制度:其使用权属于农民、所有权属于集体,但国家保留为建设而征用土地的特权。① 中央政府虽然多次声称要严格控制土地征用,防止滥用,但实际上,到2007年,至少已有四五千万农民的土地被征用。② (天则经济研究所,2007:7;陶然、汪晖,2010)

地方政府征地所付给农民的补偿一般都比较低,相对开发后的市价更显得如此(下文还要讨论)。这是地方政府之所以能够招引投资的一个关键因素,也是地方政府收入的一个重要来源(下文还要讨论)。

当然,光靠土地还不行,其开发需要能源、道路、运输等配套基础设施。那些也是地方政府为招商引资而提供的"一揽子"条件中的重要部分。正因如此,基础设施早已成为地方政府特别关心的头等大事之一,是招引投资工作不可或缺的部分。

使人感到诧异的是,地方政府居然能够并愿意以低到自家成本一半的价格来为外来企业提供土地和配套基础设施。一项关于土地比较紧缺的浙江省的研究指出,该省有1/4的土地是以不到

---

① 这方面,物权法和土地管理法之间有明显的矛盾(参见黄宗智,2010a:第4章)。
② 我们缺乏精确的数据。陆学艺(2005)给出一个比较高的估计:1.5亿亩,涉及9000万农民。北京天则经济研究所中国土地问题课题组得出的则是4000万—5000万失地农民(天则经济研究所,2007:7),被征土地总数可能介于4000万亩—8000万亩之间。我们知道,耕地总面积从1996年的1.951亿亩下降到2006年的1.829亿亩(同上:10),但这个数字包含来自其他原因的耕地流失。

成本的一半价格出让给外来商人的。平均折扣是86%,即征地和配套基础设施成本10万元/亩的土地的平均出让价格是8.6万元。在土地资源更加短缺的苏南地区,例如苏州,成本(征地加配套设施)20万元/亩的工业用地,平均出让价是15万元,与其竞争的邻近地区则有价格低达5万元—10万元/亩的。陶然和汪晖在这个题目上发表过多篇研究,他们认为,以每亩亏本10万元的价格出让土地来招引投资是常见的现象。(陶然、汪晖,2010;陶然、陆曦、苏福兵、汪晖,2009)

地方政府也常为引入的重点企业提供现金补贴。一个例子是农产品重点企业,在原农业部发表的关于农业"产业化"(亦称"纵向一体化")的首篇长篇报告中有比较详细的材料,我们在第十章已经据此论证,2000—2005年间,中央政府投入共119亿元来扶持国家级的"龙头企业"。地方政府亦步亦趋,比较发达的山东、江苏、浙江、上海等省市,每年投入5000万元来支持龙头企业(有的直接扶持企业资金周转,有的是贴息贷款)。此外,以山东省为例,该省内的市、县政府更在此基础上每年投入共1亿元。另外还提供税费减免优惠,每省市年1000万元或更多。这样对农产品重点企业的扶持已经是地方政府竞相招商引资的重要组成部分,并且是在中央政府领导下进行的(与此形成鲜明对照的是,自发兴起的农业合作社则等于被排挤,既基本得不到那样的政府补贴也很少能得到银行的贷款)。(《中国农业产业化发展报告》,2008:219,194,179,199,188,236;本书第十一章;亦见黄宗智,2010a)

地方政府愿意不惜成本来招商引资主要是为了其后的回报。首先是企业增值税和所得税的财政收入(虽然中央政府要拿走前者的75%和后者的50%)。更重要的是之后的一连串财政收入,因为从连带兴起的服务业和小企业可以征得营业税和所得税,而那些是100%归属地方政府的。(陶然、汪晖,2010)

更重要的是,之后必定会发展的房地产及其在市场上的升值。地方政府可以从开发商处挣到十分可观的利润,远远超过其征地所付出的成本。2007年的一项经验研究说明,长江三角洲地区的地方政府征地平均付出的代价是2.5万元—3万元/亩,他们从开发商处获得的出让价则平均是14万元—35万元/亩,而土地最终的市价是75万元—150万元/亩,即原来征地成本的30—50倍。(天则经济研究所,2007:8)正因如此,较发达地区的地方政府的预算外收入有足足60%—70%来自土地开发的收入。(天则经济研究所,2007:10;亦见黄小虎,2007:46)事实是,征用土地乃是地方政府经济建设经费的最主要来源。这就是一般所谓的"土地财政"。

从企业的视角来考虑,它们获得的不仅是补贴和支持,也是其后(当然,要与地方政府维持良好的关系)的保护,可以借以免去众多的可能收费、摊派和行政约束。

即便地方政府对企业施加压力让它们遵循国家法规(大型的内外资企业更可能受到这样的压力),企业仍然可以廉价利用处于法律保障之外的非正规工人,也可以利用非正规的小企业和大量的个体户(亦即"新"和"旧"的"小资产阶级",详见黄宗智,2008b)。这种在廉价的"非正规经济"(下文还要讨论)中转包的成本远低于企业公司扩大自己正式的组织,对跨国公司来说尤其如此(下文还要讨论)。

可以见得,这一切使外来的企业处于十分有利的地位,因为它们得益于地方政府间的激烈竞争(想象一个有众多不同地方政府竞相招商引资的交易会),因为它们可以获得廉价的土地、能源等配套设施,税收优惠、直接和隐性的补贴,以及庞大的廉价非正规经济的支撑。

以上是中国之所以能够招引比任何其他发展中国家更多的外来投资的重要原因。这是为什么中国的商品交易占 GDP 的比例(即出口加进口产品作为 GDP 的百分比)高达 64%(2005 年),远远高于美国、日本、印度的约 20% 及巴西的 25%(Naughton,2007:377)。这也是为什么中国 1996—2002 年的外国直接投资(FDI)年平均占到 GDP 的 4%,远高于日本、韩国(Naughton,2007:404—405)。正如许多经济学家指出的,中国的经济发展在相当程度上乃是"出口带动"的。

(二)体制性成本与收益

地方政府和企业间的关系是如此重要,因此会有众多相关研究,包括对政府前官员加入民营企业的研究(例如吴文锋、吴冲锋、刘晓薇,2008),甚至统计企业董事会上的全国政协委员和人大代表,然后试图研究这种"政治资本"与企业绩效的关联(例如胡旭阳,2006;胡旭阳、史晋川,2008)。此外更有详细分析企业需要什么样的策略和行动来建立和维持其所需要的政府关系的研究(例如张建君、张志学,2005)。诸如此类的研究,对我们以上总结的经验实际的了解有一定的帮助。

有的研究者把上述现象等同于美国各州招引外资的竞争,试图仿效美国的"公共部门经济学"(public sector economics)研究。他们引用最多的例子是1994年阿拉巴马州(Alabama)为招引奔驰汽车公司在该州建厂,以及1989年肯塔基州(Kentucky)为招引丰田汽车公司在该地建厂而提供的高额补贴。① 但这两个例子对美国来说其实是反常而非一般的现象,局限于其处于衰弱时期的一个经济部门。正如克鲁格曼(Paul Krugman)等指出的(Graham and Krugman,1995;Glickman and Woodward,1989),美国对外资的态度主要是"中立"的,对外来和国内的资本基本一视同仁;投资的落点其实更多取决于"集聚效应"(aggregation effect,即某一部门工业的公司都聚集在那个地方,因此我们也要在那里),而不是特殊补贴。在美国公共部门中惯行的是用"游说"(lobbying)来影响立法,而不是像对奔驰和丰田案例那样的补贴。(Grossman and Helpman,1994;Biglaiser and Mezzetti,1997)

在中国,美国公司的那种游说经济行为比较少见,它的实际更在于中国特殊的国家体制及混合(计划与市场)的经济制度。在中国惯见的在美国是反常现象,我们不应把两个体制等同起来。

中国体制的特殊性在于高度非正规化的运作。如此的非正规性存在于任何体系,但很少有像中国那么高的程度。正规制度在

---

① 1994年,奔驰公司计划投入250万—300万美元建立一个预计雇用1500人的工厂。阿拉巴马州(Vance市)以价值330万美元的补贴赢得这场竞争,包括税收优惠、建厂用地和配套基础设施,甚至一个德语的学校(消息是《经济学人》杂志1994年1月报道的)。另一个有名的例子发生在1989年,丰田公司计划投入800万美元建厂,预计雇用3000人。获胜的是提供价值126万美元的一揽子补贴的肯塔基州(Biglaiser and Mezzetti,1997;Black and Hoyt,1989)。

改革后期的中国经济整体中所占比例是比较低的,常常只是一种姿态(或者代表某种理想),但其眼前的实际运作主要是非正式而不是正式的。

在这样的体系内,来自与其政治经济制度打交道的(也许可称作)"体制性收益"其实要高于"体制性成本"(即为了与体制打交道并与之维持良好关系而花费的成本)。结果是,在一个对投资者非常有利的制度环境中,与地方政府的良好关系不仅可以大幅度降低企业的"交易成本",也可以为它带来高额的显性与隐性补贴。这是科尔奈所强调的体系性矛盾和贪污的反面。它可以解释2006年钱颖一等对在中国投资的回报率研究的结论:"中国投资回报率总额在1979—1992年间从25%降低至1993—1998年及其后的约20%。如此的回报率(用同样方法来计算)要高于大多数的发达国家,也高于包含众多处于不同发展阶段国家的样本。"(Bai, Hsieh and Qian, 2006: 62)[①]这样的结论当然和中国吸引了比其他发展中国家要多的外来投资的事实一致。2005年联合国贸易和发展会议(UNCTAD)的一项对专家和跨国公司的问卷调查发现,作为投资目的地,中国在世界上排名第一,远高于其他国家(高柏,2006:表7)。

这一切意味着,在中国的改革经济体系中,(我们所称作的)"体制性成本/收益"是个关键因素,比科斯理论强调的市场正规合同交易成本更加重要,也比科尔奈和魏—钱所强调的地方政府企

[①] 此文的图10(第83页)展示中国在52个国家的样本中所处地位。大部分的国家处于2%—10%之间,而中国则高达16%(这是作者们按照样本所用指标的重新计算)。

业到底处于软预算约束还是硬预算约束下的问题更加重要,起码在最近15年间如此。它们对一个企业能否创建、良好运作及有多高利润几乎起到决定性的作用。

(三)非正规经济

非正规经济是上述经济体系中一个极其重要的组成部分。上一章已经详细论述,中国从计划经济传统中继承的虽然是高度官僚化和正规化的经济,但在改革期间的非正规经济实践下,已经极其快速地形成了一个极其庞大的非正规经济。首先是城镇(指县城关镇及以上的城镇)部门未经登记的人员(主要是"离土又离乡"的农民工,区别于此前"离土不离乡"的乡村企业就业人员),2005年已经达到1.1亿人之数,即城镇就业人员总数的38.5%(见表12.1、12.2)。本章之所以把他们称作"非正规经济",在于他们接受的是低于正规经济中职工的工资及不附带正规经济中职工所享受的法律和福利保障的工作(这也是联合国国际劳工组织所采用的定义)。我们已经看到,根据2006年由国务院研究室牵头的、比较权威性的调查报告,农民工平均每天工作11小时,每周6—7天,即比一般正规职工要高出约一半的时间,而其获得的报酬则只是正规职工的60%,而且是没有考虑到福利差别的比例。(详见本书第十一章;《中国农民工问题研究总报告》,2006;黄宗智,2009b:53)

如果加上小规模私营企业的员工和个体户(大多是农民工或下岗工人),他们一般也没有法律和福利保障,2005年非正规经济

353

人员总数达到城镇总就业人员数的 60.5%，2010 年更达到 63.2%。①（见表 12.2）

这个非正规经济及其近几十年的快速扩增乃是发展中国家的普遍现象，但在发达国家及前计划经济国家则占较低比例。在一定程度上，它是全球化所导致的，是全球资本跨越国界而探寻比自家便宜的劳动力所导致的。非正规经济的扩增是为了给外来资本提供廉价劳动力，也是为了给新的经济产业提供各种廉价服务。它是 20 世纪 60 年代以来兴起的现象。中国是较晚进入全球化体系的国家，较晚呈现这个在其他发展中国家已经具有半个世纪历史的现象。

事实是，中国改革的历史相当程度上是此前正规经济的非正规化的历史。正如表 11.2 已经显示的，2010 年正规职工所占比例已经从计划经济时期城镇就业人员总数的将近 100% 下降到 36.8%。

我们在上一章已经看到，非正规经济在全世界的爆发性扩增如此显著，联合国的国际劳工组织早已将其作为工作的聚焦点，特别突出其人员所忍受的在法律保障范围之外的工作条件，呼吁要为这个庞大的人群——包括在正规经济中工作的非正式工人，以及为正规经济提供各种各样廉价服务的人员，他们几乎全是在正规法律和社会保障范围之外，甚或是受到法律制裁的贫穷工作人员——争取到"有尊严的"（decent）待遇。（ILO, 2002）为此，国际

---

① 当然，其中少数人员享有福利或部分福利，但我们要把他们和正规经济部门中的非正规临时工和半正规合同工以及集体部门的职工和小型外来投资单位的职工等（其中许多人员不享受正规法律和完全的福利保障）放在一起来考虑。

劳工组织在 1969 年便已获得诺贝尔和平奖。(亦见黄宗智,2009b)

中国非正规经济的特点,除了其市场化较晚出现之外,首先是其庞大和几乎无限的规模,主要是因为极其大量的剩余劳动力。这种情况只可见于个别其他的发展中国家——例如印度。

更加特殊的是,中国通过一个地方政府激烈竞争的体制,积极地把其非正规经济当作"比较优势"来争取外来投资。和众多其他发展中国家一样,中国为全球资本提供了廉价劳动力,以及为新兴的经济部门提供各种非正规和半正规的服务。但和其他发展中国家不同,中国是一个在高度集中的中央政权的领导下,地方分权为追求外来投资而相互竞争的政治体系。(更详细的讨论见黄宗智,2009a)在那样的(我们也许可以称作)"(中央)集权的(地方)分权主义"①体制下,中国将其非正规经济变成一个更加强有力的招引外资的工具。这种非正规性我们也许可以称作"有计划的非正规性"。我们已经看到,其结果是远高于其他发展中国家的外来投资,以及全世界最快速扩展和最庞大的非正规经济。

这个其实在一定程度上是隐蔽的,因为官方没有正式统计这个部门。② 在国家统计局于 2008 年建立农民工统计监测制度之

---

① 李磊(Pierre Landry)把这个现象称作"分权的威权主义"(decentralized authoritarianism)(Landry,2008;亦见黄宗智,2010a)。
② 比如,国家统计局给出"城镇单位就业人员"的"平均劳动报酬"和"全国平均职工工资数",以及平均工作时间数,但这些都只包括经过正式登记的单位上报的人员,不包括未经登记的就业人员(2008 年达到 1 亿)(见表 12.1)。上面提到的 2006 年的《中国农民工问题研究总报告》才是比较可靠的材料(黄宗智,2009b:63;《中国农民工问题研究总报告》,2006)。

前，它的就业人员数只能从来自人口普查所计算的、真实的就业人员总数减去各种登记类型单位所上报的人员数而得出。上一章我们已经看到，实际是，非正规经济人员在2010年占据城镇3.47亿总就业人员中的2.19亿，也就是63.2%（见表11.2）。

如果加上"乡村"（包含县城关镇以下的城镇）的非农就业人员，即乡镇企业的1.59亿人、①乡村私营企业的0.33亿人及0.25亿人的个体户，非正规经济人员还要再加上2.17亿人（表11.3）。最后，如果再加上1.96亿务农人员（因为他们大多也是缺少社会保障的人），非正规经济人员的总数将高达6.33亿，即占2010年国民经济（城镇+乡村）的7.61亿就业人员的83.2%。（表11.4，亦见黄宗智，2010a；第8章；黄宗智，2009b）

整个非正规经济都没有受到主流经济学家的正视。即便是讨论到，例如蔡昉引用刘易斯的"二元经济"理论（即一个具有劳动力"无限供应"的传统部门及一个现代的城市部门）（Lewis, 1954, 1955）的论文中，将非正规经济当作一个很快就要消失的部门，给出的理由也是在中国刘易斯论证的"转折点"已经到来：中国的"二元经济"体系很快将被整合为单一的、现代化的全国劳动市场。（见第十一章；蔡昉，2007；黄宗智，2009b）

事实上，非正规经济非但没有减缩到即将消失的地步，甚至一直在爆发性地扩增，正如上一章已经论证的今天占据中国绝大多数的就业人员。我们如果考虑到正规经济的职工（即主要是表12.1和表12.2从国有到外资的六个登记类型），在1978—2010年的30

---

① 当然，乡镇企业中有的规模颇大也比较正规化，但我们要把这些和正规部门中的不少非正规工人一起来考虑，正如第354页脚注指出的那样。

多年间,只增加了0.33亿人(从0.95亿人到1.28亿人),再把这个数目和非正规经济的6.33亿人相比,就能看到,宣布刘易斯"转折点"的到来是多么远离实际。事实是,非正规经济之整合于正规经济只可能是未来的一个艰巨和漫长的过程。

主流制度经济学,正因为它把法律和产权认作经济发展的关键条件,自然把注意力集中于正规经济部门,因此忽视了非正规经济在发展中所起的作用。另外,魏—钱的分析虽然突出地方政府所创办、经营或控制的企业,但同样忽视了改革后期快速膨胀的经济体中的既非民营公司也非政府企业,而是在其间起关键作用的地方政府非正规行为,以及因此产生的非正规经济。

对非正规经济的忽视也意味着对发展的社会维度的忽视,不仅是当前的,也是历史上的。说"历史上的",是因为不会与之对比也就因此看不到计划经济为大多数人提供的有效医疗、教育和福利保障(正如诺贝尔奖得主阿马蒂亚·森多年前指出的,改革前的中国在"社会发展"的关键指标上,即人们的寿命预期、教育水平及婴儿死亡率,其成就远远超越当时人均GDP和与中国基本相同的印度)。(Drèze and Sen,1995;亦见本书第六章;黄宗智,2010a:第1章)我们可以补充指明,如果比较两者的重工业发展水平,又何尝不是如此?至于当前的情况,同样会忽视中国的经济发展"奇迹"所附带的社会问题,看不到非正规经济既是中国经济发展的根源,也是社会和环境问题的根源。

（四）中国发展经验的理论与方法含义

这一切并不否定过去分析的正确部分。新制度经济学强调私有化和市场化能够激发企业家们和民营公司的积极性，这点在中国经验中是得到证实的。同时，反对其原教旨市场主义（以及"古典自由主义"和新保守主义）内涵的论者，正确指出了地方政府及其乡镇企业所起的重要作用。

正如哈耶克多年前已经从内部人的视角指出，许多经济学家过分依赖理论前提，倾向把实际等同于理论构想。（Hayek，1980［1948］：尤见第2章）主流经济学的论析，多从计划经济与市场经济在理论上的非此即彼二元对立及计划经济的全盘错误出发。它们对计划经济的批评，例如沉重的官僚体制、过分的意识形态化及对创业和竞争的压制，显然是正确的；但同时，它们忽略了改革前的计划经济的正面成绩，例如其快速发展的重工业、覆盖大多数人民的公共服务和福利，以及强大的组织能力。我们也许可以客观公正地说，哈耶克—科斯—科尔奈的制度经济理论其实主要是一种理论性的理想类型，而不是历史性—经验性的理论分析。

笔者认为，真实的历史更多寓于本书提倡的从实践到理论再回到实践的研究进路。也就是说，要依赖历史视野并扎根于经验证据，但又要具有理论关怀与含义。正是如此从实际出发的研究进路，才可能挖掘出被理论和意识形态所遮蔽的维度。这里强调的是地方政府的非正规实践及由此产生的非正规经济。

应该可以清楚看到，中国之所以能够成功吸引外来投资，不仅

第十二章　中国发展经验中的非正规经济实践:历史与理论

是因为具有丰富的劳动力资源,也因为得自计划经济所建立的教育和医疗方面的基础,快速的重工业发展和基础设施建设,以及组织能力(这点特别容易因过去极端的群众运动而被忽视)。但中国发展经验最突出的特点并非以上这些,而是当前集权的分权主义政治经济体系,其中地方政府为招引外来投资而激烈竞争,所依赖的是非正规的补贴和支撑及庞大的非正规经济。正是这样的组合,才能同时解释中国的经济发展和社会与环境问题。

具有讽刺意味的是,哈耶克—科斯—科尔奈等的主流制度经济学,虽然名义上特别强调被(新古典经济学)忽视的制度和经济史维度,但实际上完全忽视了中国发展经验中这个巨大的制度—历史实际。

总的来说,我们可以从四个层面来理解中国的发展经验。首先,与其他结合前工业与工业、传统与现代的发展中国家一样,非正规经济实践占据不容忽视的位置,正如国际劳工组织所强调的那样;其次,与其他后社会主义的国家一样,非正规经济起到协调旧计划经济和新市场经济的作用;再次,其庞大和看似无限的规模再次突出中国人口巨大这个基本国情,也是唯有印度等个别国家才能与之相比的国情;最后,它所突出的是中国改革的独特性,是其特殊政治经济体制与其非正规经济的结合。

在一定程度上,那样的结合也可见于改革前期,比如我们可以把地方政府在建立乡村企业过程中的众多非正规行为也纳入其中,并把乡村企业的"离土不离乡"员工纳入非正规经济来考虑。但城镇部门真正大规模的变迁则有待于改革后期:在各种补贴和政策的招引下而涌入的外来投资,以及为新兴的城镇企业打工和服务、部分缺少法律和福利保障的"离土又离乡"的农民工之爆发性扩增。正是后期的那些主要发生于城镇的现象,才真正符合国际劳工组织所使用的"非正规经济"一词的原意。

正是改革后期的地方政府竞争和非正规经济行为,把不清晰的产权和不成熟的市场变成比较优势,把政府对重点企业的非正规支持变成提高它们收益而借此招引外来投资的手段,把非正规经济变作招引外资竞争中的比较优势等。结果是近年来惊人的 GDP 增长,但也带来了一定程度上的社会不公问题。正是计划经济和市场经济的结合,而不是以往分析中的两者非此即彼二元对立,才能解释中国发展经验的成功之处与问题所在。

三、中国发展往哪里去?

最后,我们要问:以上讨论具有什么样的实用意义?

用于当前的实际,以上讨论适用于地方政府,正因为它们过去起到如此重要的作用,对未来的经济发展也十分关键。眼前的问题是:怎样应对非正规经济在推动 GDP 快速发展的同时所附带的部分社会与环境问题? 也许解铃还须系铃人。

这不是一个有关社会公正还是经济发展的非此即彼问题。事实是,近 30 多年来的发展取得了巨大成就,但同时我们也已看到随之产生的一些问题。在成为"世界工厂"的大趋势下,中国相当比例的"国内生产总值"是为外来资本和出口而生产的,比如根据 2004 年的统计,出口加工生产占据总贸易的 53%。(高柏,2006:119)在低工资和依赖非正规经济的现实下,这意味着大部分盈利归属外来的投资者而不是中国的工人或中国的经济。① 正如高柏指出的,在这方面中国和日本此前的发展经验很不一样,后者从未如此程度地依赖外资和国际贸易,其进出口占 GDP 的比例从未超过 30%。(高柏,2006)上文已经指出,2005 年日本的进出口占 GDP 比例才 20%,和美国相似,而中国则是 64%。

显然,也是 2008 年全球经济危机对中国经济的冲击所更加鲜明地凸显出的,即要推进为大多数人民利益的和可持续的经济发展,中国必须扩大国内的需求和消费。这已成为一个跨越左右分歧的共识。

这一切所指向的是另一种发展道路,即用社会发展来推动可持续的经济发展。显然,低收入人群生活水平的提高会比富裕人群收入提高更直接、快速地影响消费,这是因为低收入群体的消费所占比例较高。因此,无论从社会公正还是经济发展的角度来考虑,目前的情况迫切呼唤着要提高占据中国人民大多数的下层和中下层社会群体的收入。中国政府从世纪之交以来,在这方面已经做了不少工作(如取消农业税和提供九年义务教育),但显然需要做的还有很多。

可以见得,中国政府今天所面临的战略性抉择,不是林毅夫等强调的资本密集重工业或是劳动密集轻工业的问题,也不是科尔奈强调的简单的社会主义还是资本主义、计划还是市场的问题,也不是一般所争执的社会公正还是经济发展的问题,而是怎样在支持大型公司的现实和支持低收入人群的改革之间探寻适当的调

---

① 一个较多被引用的新闻报道估计,跨国公司所得利润的 70% 是被拿出中国的(高辉清,2005;亦见高柏,2005)。

整。从中国人口数量巨大的这个给定事实来看,政府在这方面干预是必须的,不然很可能再次陷入18世纪以来的那种社会危机——推动20世纪中国革命的基本原因。

总而言之,我们首先需要精确掌握近30多年历史的教训。中国的经济发展并不简单地来自从计划到市场的转型,而是来自两者的不同特征的结合。改革前15年的发展不仅得助于市场化,也得助于计划经济下培养的能干的地方干部之利用农村剩余劳动力来建立乡村企业,以及计划经济下建设的重工业和基础设施。其后是同样可观的15年的发展,再次利用丰富的劳动力资源,除了外来投资和国内民营企业浪潮的推动,还得助于一个独特的体制——为招商引资而竞争的体制。在那样的竞争之下,地方政府广泛采用非正规的变通运作,利用显性和隐性的补贴及廉价的非正规经济招引外来投资。如此的历史实际显然和哈耶克—科斯—科尔奈那种制度经济学理论所强调的非此即彼二元对立不相符。

我们看到,非正规经济实践的结果既是快速的经济发展,也是一定程度的社会不公和环境污染。今天往前瞻望,我们应该抛弃主流经济学过去的错误认识,抛弃把市场和计划、经济和政府、资本主义和社会主义构建成非此即彼的二元对立的错误。经验实际的历史视野使我们看到,民营企业、地方政府行为、非正规经济的结合才是中国经济发展的动力之一,同时也是部分社会和环境问题的来源。

第十三章
小农家庭与非正规经济 *

　　中国的非正规经济所展示的是与西方理论十分不同的社会结构。中国今天已经成为世界第二大经济体,但中国的非正规经济仍然极其庞大,并且依然是一个以家庭而不是以个体化的职工为主的经济体。三代家庭在西方早已消失,但在中国的非正规经济中,它仍然是家庭组织的主要形态——在独子家庭里明显如此,在多子家庭里也多以变通的形式组成一种多户的家庭。赡养老人仍然是个绝对性的要求,在社会习惯和法律方面都如此,形成费孝通(1983)之所谓"反馈模式",和现代西方的"接力模式"十分不同。无论是纯农业户还是部分家庭成员在城镇打工或者经营个体小生

---

* 本章根据笔者之前的两篇文章(《中国的现代家庭:来自经济史和法律史的视角》,载《开放时代》2011年第5期:82—105;以及《中国过去和现在的基本经济单位:家庭还是个人?》,载《人民论坛·学术前沿》2012年3月第1期(创刊号),第76—93页)综合、修改、补充而成。

意的农户,家庭仍然是个基本经济单位。其经济抉择方式和高度正规化、个体化的现代西方明显不同。

这些简单但基本的经验和社会实际,和几乎所有来自西方的主要经典理论预期都不相符。本章从理论梳理切入,说明西方理论在这方面的基本预期。进而论证中国今天非正规经济的历史渊源和经验实际,说明其在沉重人口压力下所形成的结合主业+副业(农业+非农业)家庭生产方式的强韧持续,突出其前后一贯的经济逻辑。同时,指出这个逻辑在今天的顽强竞争力。再详细检视今天家庭依然作为非正规经济中的基本单位的方方面面,包括三代家庭组织和法律条文与实践。最后是对两大理论传统的简单总结性评论。

一、两大经典理论与中国历史经验

回顾明清以来的中国经济史,家庭作为一个基本生产单位,其实一直在和依靠个体化雇工的规模化生产进行顽强竞争。首先是小农家庭农场和雇工的经营式农场的竞争;其次是结合农业和手工业的家庭生产,与分化出的农村农业与城镇工场手工业的抗争;再则是结合农业和工业的小农家庭,与分化出的农村大农场和城镇大工厂的抗争。本章首先回顾以上各个阶段的历史,比较其与英格兰和西欧的不同,由此分析其所包含的经济逻辑。

亚当·斯密开宗明义地讨论规模化生产和劳动分工,用的例子是编织针制造中的 18 个不同环节。他指出,由个体化的劳动者分工承担的话,10 名工人一天可以生产 48 000 枚针,而一个人单独工作,没有分工的规模经济效益,一天绝对不可能生产20枚,甚或一枚都不能。(Smith,1976[1776]:8)这是现代资本主义制造业较早的,也是影响最深的一幅图像,所反映的是英格兰进入"早期工业化"时的状况。其后,马克思则更细致地指出,在如此的"工场的分工"(division of labor with in the workshop)①之前,有简单的工场"合作"生产,即集合多人共同进行同一生产(他举的例子是20名织布工人在同一工场工作),带有一定的规模效益;其后则是使用现代动力和机器的大工厂的分工(例如纺织工厂)。(Marx,2010[1887,1967]:第一卷,第13、14、15章)

作为上述认识的一部分,斯密和马克思都认为,进入资本主义工业生产,雇工经营的大农场将取代以家庭为基本经济单位的家庭小农场。马克思对在18世纪英格兰发生的这个过程做了详细的论述(Marx,2010[1887,1967]:第一卷,第27章,第5—10节),而斯密则只简单提到,资本进入农业,将会导致更多农场"佣人"(servants)的劳动投入(Smith,1976[1776]:384—385)。列宁的《俄国资本主义的发展》便直接继承了马克思的认识。(Lenin,1956[1907])但是,中国经济史的实际与斯密、马克思及列宁所看到和所预期的十分不同。

---

① 同时,马克思非常清晰地指出,在斯密所描述的"工场内的劳动分工"之外,还有"社会的劳动分工"(division of labor in society),即不同产业、部门和地区的劳动分工。(Marx,2010[1887,1967]:第一卷,第14章,第4节)

(一)明清到现代的农业:小家庭农场战胜雇工经营的大农场

首先,明清以来,中国的小家庭农场几乎完全战胜了雇工经营的大农场。20世纪30年代,华北农村只有10%的耕地是雇佣劳动的经营式农场,90%是小家庭农场。(黄宗智,2004[1986,2000])在更高度商品化的长江三角洲,则完全没有雇工经营的经营式农场,主要是依赖家庭自身劳动力的小农场。(黄宗智,2006[1992,2000])

笔者早已详细论证过其中的逻辑。长江三角洲和华北的小家庭农场主要的不同是,长三角的小家庭农业生产要比华北的更加高度"家庭化",即更高度依赖家庭辅助劳动力来从事手工业"副业"生产,主要是纺纱、织布和养蚕、缫丝。如此结合农业和手工业、主业和副业的小家庭农场,能够比雇工经营的大农场支撑更高的地租,即更高的地价,因此最终完全消灭了雇工经营的大农场。这个道理在明末清初的《沈氏农书》及其后的一些农书中,表述得已经相当清楚:自己雇工经营的大农场的纯收益已经与出租土地的地主没有什么分别,久而久之,几乎所有占有相当规模土地的地主都选择了出租土地的经营方式,而放弃自己雇工经营。(黄宗智,2006[1992,2000]:63—69;亦见《沈氏农书》,1936[1640前后])

以上描述的长江三角洲小家庭农场的农业主业+手工业副业的经营形式,不仅决定了农场组织,其实也决定了中国后来与西方的"早期工业化"的不同。

(二)"早期工业化":小农户的农业+副业战胜城镇化手工业

在英国和西欧的"早期工业化"过程中,手工业与农业逐渐分离。前者逐渐成为独立的工场生产,即由个体化的工人集合在一起共同生产,主要在城镇进行。这也是上述斯密和马克思所指出的过程。其后的学术研究证实,在这个过程中,仅凭手工业就业,青年人就能维持生计,不必待在家里等继承家庭的农场后才能够自立,因此推动了(比之前要)早结婚(和更高的成婚率)和人口的加速增长。如此的手工业发展和人口行为转型,也推动了"早期城镇化"。我们也可以说,后两者乃是前者的很好佐证。(黄宗智,2006[1992,2000]:265—266;亦见 Mendels,1972;Medick,1976;Levine,1977;Wrigley and Schofield,1989[1981];De Vries,1981,1984;参照 Huang,2002:517—520)

但在中国,手工业则一直非常顽强地与家庭农业结合在一起,密不可分,直到20世纪中叶仍然如此。简单地说,在人口/土地压力之下,农村户均耕地严重不足(平均只有基本生存所需的10—15亩地的3/4),"贫下中农"的农场更是如此。正如小农经济理论家恰亚诺夫在20世纪20年代已经说明的,在如此的情况下,小农户生产单位,作为一个既是生产又是消费的单位(这是其与资本主义生产单位基本的不同,后者的生产与消费是完全分开的),为了消费需要,会忍耐一个资本主义单位所不会忍耐的劳动密集化(即在劳动边际报酬低于市场工资时,仍然继续投入更多的劳动力,而在相同的情况下,一个资本主义雇佣劳动的经营单位则会停止雇工,因为它会得不偿失)。(Chayanov,1986[1925])由此导致了(笔者称之为)内卷化(或过密化),即以"家庭化"的农业+副业模式来自我维持,前者由主劳动力承担,后者则由家庭辅助劳动力——妇女、老幼承担。这是明清时期长江三角洲小农经济的普遍现象。(黄宗智,2006[1992,2000])其中,占时间最多和报酬最低的是纺纱——当时,一亩地能生产约30斤皮棉,要用91天纺为棉纱(另加23天来织成布匹,46天弹花与上浆等),它只给农户带来农业1/3到一半的收益。(黄宗智,2006[1992,2000]:46,85)

这里,熟悉关于18世纪中国和英国生活水平相同或比英国水平更高的论说的读者可能会问:以上的分析不是受到彭慕兰(Kenneth Pomeranz)、李中清(James Lee)、王国斌(Bin Wong)和李伯重等的挑战了吗?应该说明,早在2002年,笔者已经撰长文(黄宗智,2002)论证他们在经验研究层面上的基本错误。今天,经过中外经济史领域将近10年的论战和研究,这个议题已经接近最终定论。首先是计量比较经济史家麦迪森(Angus Maddison)关于中英人均收入的比较合理的估计——中国1700年和1820年是600"国际元",不列颠则在1700年是1405元,1820年是2121元——直接否定了彭慕兰等的论点。(Maddison,2007:44,表2.1;2001:47,90,304,表2-22a,表C3-c;亦见本书第六章)在最新的研究中,特别值得一提的首先是苏成捷(Matthew Sommer)对李中清、李伯重和王丰关于长江三角洲具备有效生育控制(堕胎)论点经验依据的全面检查。这是他们的总体论点——中国的人口压力并不比英国严重——的重要部分,也是彭慕兰、李中清、李伯重等全组人赖以立论的根本依据。苏成捷证明,他们的论说其实连一个真实的案例都没有,并且,鉴于当代更完整的材料和数据,甚至是极其不可能的。(苏成捷,2011;英文版见 Sommer,2010)其次是一组国际学者的最新研究,使用了多种新材料,证明在 18 世纪中叶,伦敦(和牛津)一个普通工人的工资和生活水平要比北京(及苏州、上海和广州)高出 3 到 4 倍。(Allen, Bassino, Ma, Moll-Murata & van Zanden,2011)

这种农业+副业、主劳动力+辅助劳动力的生产模式形成之后,逐渐展示了其高经济"效率"及强韧的经济竞争力。上面已经提到,作为一个基本生产单位,它可以承担比个体化雇工的"经营式农场"更高的地租,即更高的地价。因此,明末清初之后,经营式农场基本消失,家庭小农场占到绝对优势。到 20 世纪 30 年代,长江三角洲农业雇工所占农业劳动力总额的比例只有 2%—3%,而且不是受雇于大经营式农场的雇工,而是受雇于小家庭农场的长、短工,实际上只不过是小农经济的一种补充,而绝对不是资本主义农业的"萌芽"或"转型"。也就是说,小农农场,在与经营式农场长时段的市场竞争之下,占据了绝对的优势。这个状况一直维持到革命前夕。(黄宗智,2006[1992,2000];亦见黄宗智,2011)

同时,农村家庭手工业生产作为农业的副业,一直顽强持续,排除了英国和西欧发展经验中那样的分化、人口行为转型及城镇化。即便是在 20 世纪 20 年代兴起的现代纺纱厂和织布厂的强烈冲击之下,农村手工业仍然顽强持续:由于机器纺纱的劳动生产率远远高于手工纺纱(40∶1),许多农户放弃纺纱,但他们仍然织布(机器织布与手工织布劳动生产率之比仅为 4∶1),由农户购买机纱(有的用"洋经土纬")来织成比工厂生产要耐用的土布。(黄宗智,2006[1992,2000]:123—124,130—131;黄宗智,2002:519,523;亦见徐新吾,1992)小农户的农业+手工业基本模式顽强持续,因此也谈不上西欧那样的人口行为转型和"早期城市化"。

基于马克思的经典观点,国内过去曾有"男耕女织"乃是"封建主义""自然经济"的特征之说。但这完全是来自马克思理论的建构,并不符合中国的历史实际。(黄宗智,2004[1986]:200—201)这里要指出的是,明清时期长江三角洲的"男耕女织"绝对不是所谓的"自然经济",而是高度商品化的经济。正是家庭化的农业与手工业的结合,推动和支撑了当时农村经济的蓬勃商品化(笔者在《长江》一书中称之为"过密型商品化")。之后,其进一步阻碍了手工业与农业的分离,没有形成斯密和马克思所描述的那种规模化城镇工场生产。再之后,与(使用现代动力和机械的)工厂进行顽强抗争,例如土布生产的顽强持续。而斯密和马克思则都以为,商品化会导致手工业工厂取代小农户生产,最终完全消灭小农户生产从而形成资本主义工业工厂生产。

长江三角洲和华北的不同主要在于长江三角洲的小家庭农场生产更加高度"家庭化",但其同时依赖农业主业和手工副业的基本道理则是一样的。在华北,小家庭农场在一定程度上同样依赖纺纱织布来支撑家庭经济(贫农农场则更依赖打短工为支撑家庭生计的另一柄"拐杖")。(黄宗智,2004[1986]:第11章)在那样的组织基础上,家庭农业也同样比雇工经营的农场具有更强的竞争性,因此占到总耕地面积的90%。其与长江三角洲的不同是,农业+副业的家庭生产结构没有达到同等高度的"发展"(其纺织业没有松江府那样"衣被天下"),因此,也没有能够完全消灭经营式农业。

(三) 集体时期与没有城镇化的农村工业化

以上历史的根本逻辑其实不仅呈现于明清至近现代的中国经济,更非常顽强地持续至今天。与西方国家相比,中国现代经济发展的最大特点之一是农村的工业化,亦即(笔者称之为)"没有城镇化的工业化"。和西方的早期工业化不同,中国20世纪80年代的农村工业化基本没有把工业从农村中分离出来,而是自始便与农业紧密结合,自始便是以半工半耕的农户家庭为主体的工业化。最好的具体例证是村庄所办的工业,以及"离土不离乡"的、住在村庄家里而在村办或乡办工厂打工的早期农民工。

第四章已经详细论证,毛泽东时代的家庭农场虽然让位于集体化生产(即基本经济决策单位从家庭转为生产队),但农业和副业仍然紧密结合。在集体的小队和大队中,手工业如以往那样没有从村庄分离出来,而是仍然顽强持续地作为村庄经济的重要拐杖,并没有像英国和西欧那样分化为农村从事农业、城镇从事手工业的形式。集体化生产虽然不再是家庭生产,但其基本组织规律同样——它也同时依赖农业与副业生产,并由此形成了当代中国汉语中"副业"一词的广泛使用。在20多年的集体化组织下,集体的村庄经济和家庭农场一样,仍然同时依赖农业和副业。(黄宗智,2006[1992,2000]:第10章)与以上的事实相对应,当时中国国家统计局一直都把副业纳入"大农业"指标之内(农、林、牧、副、渔)。

其后,在家庭联产承包责任制下,均分土地,中国农村经济再次返回到人均才两三亩地的小家庭农场。去集体化的一个重要结果是提高了劳动效率。例如松江,在总产出没有下降的基本状态下,从农业中释放出了约三分之一的劳动力,由此导致了(笔者称之为)"没有(产出)增长的(劳动生产率的)发展"。随着三分之一劳动力的释放,20世纪80年代在(国家号召的)基层干部的积极领导和城镇工厂的扶助下,兴起蓬勃的农村工业化,最终取代了手工业在之前所占的位置,成为农业的主要"副业",后来更成为农户的主业,转而使农业成为副业。

在全国范围内,从1993年开始,国家统计局取消了过去的"副业"统计指标。其后,(大)"农业"统计指标只包含"农、林、牧、渔"。如此的统计指标调整也说明,此前的家庭和集体手工副业已被新兴农村工业取代。① 而养猪、自留地蔬菜等家庭"副业",以及集体种、养"副业"等则被纳入"农、林、牧、渔"范畴,农村工业则划归工业范畴。

(四)"离土又离乡"的打工浪潮

其后,在上述的20世纪80年代蓬勃的"离土不离乡"的非农

---

① 应该说明,在集体时期,"副业"这个统计范畴含义甚广,"家庭副业"不仅包括手工业,也包括养猪和自留地(蔬菜)种植。此外,还有"集体副业",在华阳桥包括梨园、温室蘑菇、花木苗圃、奶牛、兔毛等。1984年前,就连村办工业也被纳入"副业"统计指标(黄宗智,2006[1992,2000]:203—207,215—218)。但是,"副业"所指的核心是手工业,而手工业之所以被农村工业取代,乃是统计局取消"副业"指标的基本原因。

就业之上,加上了20世纪90年代开始的"离土又离乡"的大规模城市打工浪潮,非农就业逐渐在越来越多的地区变成农村家庭的主要收入来源。进入21世纪,非农就业逐渐成为主业,农业已经越来越妇女化和老龄化,成为许多农户的次要生产活动(笔者原来调查的华阳桥则已完全城市化,被纳入上海市区)。

与20世纪60年代以来在世界发展中国家快速蔓延的"非正规经济"一样,中国新兴的农民工经济的一个基本特征是,缺乏社会保障和国家劳动法的保护,而这正是国际劳工组织对"非正规经济"的基本定义。(详见本书第十一章)

今天,总数2.5亿(2011年数字)的本地和外出农民工,相对于不到2亿(见本书表11.1、11.3)的农业就业人员,意味着在全国大部分的农村家庭都有人从事非农就业。而城镇打工的收入,虽然比城镇居民低得多,但一般仍要高于农村农业的报酬,因此对许多农户来说,非农收入已经成为其主业(即主要收入来源),而农业已经成为其"副业"(即次要收入来源)。

在以上所有变迁之中,没有变的是,农民生产仍然由两种生产所组成,仍然是主业+副业的基本结构,由主要劳动力从事主业,较廉价的辅助劳动力从事副业。所不同的是,原来的农业主业+手工业副业转化为工业主业+农业副业(笔者称之为"半工半耕"——黄宗智,2006)的结构。今天,这是中国农村比较普遍的现象。

至于农业领域,改革以来展示了深远的(笔者称之为)"隐性农业革命",但它的主要生产单位仍然是人均才两三亩地的小家庭农场。根据对现有数据的系统梳理,我们论证,截至2006年(根据最可靠的《中国第二次全国农业普查资料汇编·农业卷》),雇(年)

工经营的农业仍然只占到总农业劳动投入的3%（另有0.4%的短工）。小家庭农场则占到将近97%，再一次明显压倒雇工大农场。（黄宗智、高原、彭玉生，2012）

正是工业主业+农业副业在农村家庭的紧密结合，促使今天中国经济结构与斯密和马克思在西方所看到和所预期的截然不同。农业主体没有成为雇工经营的规模化大农场；同时，城镇工业没有变成完全脱离农业的个体化工人所组成的工厂生产，相反，如今其大多数的人员是来自与农业紧密结合的"农民工"。

二、三代家庭的顽强延续

从家庭结构的角度来理解，三代的"家庭户"（即不仅是在财产方面合一的家庭，也是在居住方面合爨的户）直到革命之后一直都是中国农村的普遍模式。正如20世纪30年代受访农民所解释的那样，绝大部分的独子家庭都在结婚后仍然和其父母亲一起组成三代家庭户，这是因为在独子的情况下，儿子赡养老人的惯习和法律是无可置疑的，只有在多子的家庭才会出现问题。（例见《中国农村惯行调查》（1952—1958），第4卷:189—190；第3卷:79,93；亦见黄宗智，2007[2001]:26—27）传统的由多个已婚儿子同居而组成的复合家庭理念，其实是个不符实际的设想，因为，正如受访农民所说的那样，已婚兄弟家庭之间很难避免矛盾和冲突。因此，复合家庭老早在革命之前便只占很低比例，例如：在18世纪的刑科题本案例中才7%；一个资料比较完整的革命前的浙江村庄中才5%；费孝通调查的开弦弓村中才3.3%。（王跃生，2006:130；亦见

Cartier,1995)实际存在的是一些经过变通的三代家庭组织。有的具备条件的家长们可以选择一个儿子来和自己一起生活,有时在分家的安排中便对其予以特殊的照顾。另一种方式是,由儿子们轮流赡养,父母亲轮流和不同儿子一起吃饭,有时同时由儿子们平分负担耕种父母亲的养老地。(黄宗智,2007[2001]:26—27;黄宗智,2007[2003]:第八章)结果形成的是一个部分合爨的三代家庭户,即便只是轮流合爨。

在集体化时期,三代家庭仍然强韧持续,虽然多子家庭的情况比较复杂。因为终止了耕地私有、弱化了家长的权力而使复合家庭几乎完全绝迹。(王跃生,2006;曾毅、李伟、梁志武,1992)同时,由父母亲从几个儿子之中选一个来和他们同住的养老方法也减少了,原因也是父母亲权力的下降。根据王跃生经过实地调查而"重建"的一个冀东地区的村庄(唐山市丰润区B村)案例,在2008年调查的多子家庭男子中,年龄80岁以上的,也就是在1950年已经是20岁以上的,大多数(70%)都期望自己老年会和一个孩子一起生活;而69岁以下的,也就是在革命之后的1960年才达到20岁成年年龄的男子中,则只有少数(28%)抱有这样的期望。实际上,80岁以上的男子中有38%这样做了,而69岁以下的男子之中只有9%这样做。(王跃生,2012:表26、27)①同时,和儿子们轮流吃饭的

---

① 这些亲子关系中较为细致的变化不容易从宏观的数据来掌握,王跃生所做的微观历史人口工作是比较能够接近这些细节的研究。它能帮助我们理解曾毅和王政联的似乎不好解释的经验发现,即1990年到2000年间65岁以上的父母亲和子女同住比例的显著下降。王跃生的研究所提示的是一个简单合理的解释:1990年时65岁以上的人口在1950年已经达到25岁成年年龄,而2000年时65岁以上的人口当时才15岁。两组人正好处于解放前后的社会期望分界的两边。

办法也明显减少:80岁以上者中,有46%这样做,而69岁以下的则只有17%。(同上)也就是说,从20世纪60年代开始,比较普遍的模式变成由父母亲和儿子们分户生活。

虽然如此,即便是在多子家庭中,亲子关系仍然具有顽强的韧力。即便已经分开成立自己的核心户,儿子们仍然必须负担赡养老人的责任,由每个孩子为老人定期提供一定的粮食和/或金钱。当代法律无条件地如此规定(下面还要讨论)。像这样的家庭组织,我们也许可以用"多户家庭"来描述,因为儿子们虽然已经分家分爨,但在财产上仍然和老人有千丝万缕的关系。无论从法律还是习俗来说,他们都必须赡养老人,当然也同时具有继承老人财产的权利。正是财产上的相互关联说明了为什么还要使用"家庭"这个词来概括这样的多户组织。

当然,"多户家庭"的增加证明家庭结构一定程度的"核心化"趋势,正如王跃生所一再强调的那样(王跃生,2008:尤见96—97),虽然如此,我们必须同时认识到三代家庭的顽强延续,在独子家庭中仍然几乎是普遍现象(即便是城镇中也占据多数)。这个事实可以清楚地见于以下的证据:1990年到2000年间,三代家庭在农村所占比例竟然从18%上升到25%(在城镇则维持在17%)。这是王跃生和曾毅等根据1990年和2000年的人口普查所得出的发现。(王跃生,2006:120,表1;亦见曾毅、王政联,2004;曾毅、李伟、梁志武,1992:表1、4)[①]这个比例上升的缘由主要是20世纪70年代以来的计划生育政策和措施,它促使20世纪90年代中期以来的结婚

[①] 应注意,曾毅、王政联(2004:4,表1)给出的数字稍有不同。

青年中独生儿子比例的上升,而我们上面已经看到,独生子几乎都会和父母亲同住组成一个三代家庭户,由此导致该比例的上升。①

三代家庭在1949年前所占比例的确切数据不容易获得。王跃生搜集的数据(分别来自18世纪刑科题本、革命前的一个浙江村庄和一个湖北村庄)中低的是20%,高的是36%。(王跃生,2006:130—131)看来,像王跃生"重建"的冀东村庄那样,这个比例多半在集体化制度下有所减低,但具体什么幅度则不容易明确。② 即便如此,在独子家庭中,三代家庭组织之强韧持续是没有疑问的事实。其实,早在1995年,法国学者贾永吉(Michel Cartier)已经根据1982年和1990年的人口普查材料有说服力地指出,三代家庭足足占中国家庭总数的25%。(Cartier,1995)其2000年所占的比例是当年美国同比例的5.2倍。(曾毅、王政联,2004:4)

三代家庭在独子家庭中顽强持续的根本原因是和农业与副业的紧密结合密不可分的。首先,在土地不足的约束下,得自农业的收入不足以完全支撑家庭生计,所以必须借助副业收入。同时,劳动力过剩压低了非农就业的工资,使其一般也不足以支撑家庭生计,所以形成了"半工半耕"的生计模式。(参见黄宗智,2010e:第四章;1992:第十四章)如果"离土不离乡"的就业收入超过农业,那么农业可以说已经成为一种家庭副业,但它仍然是必需的,即便不是简单为了糊口,而是作为一种应付非农就业不确定性的保险。

---

① 对于这个变化,曾毅、李伟、梁志武在1992年的论文中已经预期到(1992:12);王跃生2006年的文章中也提到(2006:135),但曾毅、王政联2004年的论文的分析反倒不那么清晰。

② 一个问题是怎样看待轮养家庭,把它们算入三代家庭,还是像王跃生争论的那样,把它们看作"虚拟"的三代家庭而排除在其外(王跃生,2010)。

当然，在乡村农民和其制造业人员都缺乏退休福利的现实下，这样的"两柄拐杖"更加必要。于是，非农就业和农业相互缠结的程度，远远超过在西方国家那样。在西欧，原始工业化明确促使三代家庭消失及被核心家庭取代；在中国则没有显示同样的变化，三代家庭仍然顽强存留。①

换言之，那些认为是必然的、普适的、来自西方社会科学理论的"现代化"模式，使我们错误地把注意力集中于家庭的"核心化"趋势。其实，在全球的比较视野下，真正应该引起注意的是三代家庭的延续。当然，伴随集体化和家长权力的衰落，核心户所占比例确实有所增加，但这并没有改变赡养父母的基本要求，亦即费孝通之所谓中国家庭组织的基本的"反馈模式"，与西方的"接力模式"十分不同（费孝通,1983）。

三、小农家庭与新法律制度

以上讨论的现象当然也可见于法律制度，虽然有的要在正式条文层面之下的司法实践中方可得见。

（一）赡养和土地产权

最清晰的是法律条文中关于赡养老人的规定和西方的法律十

---

① 实际上，生育行为并没有受"自然"因素主宰，而更多地取决于国家的政策，诸如20世纪50年代到70年代的集体化、70年代的晚结婚运动以及70年代以来的独生子女政策。（王跃生,2005）

分不同。1900年的《德国民法典》,虽然在其他方面毋庸说是国民党1930年民法典的楷模,但在赡养父母亲方面则是这样规定的:"只有在没有谋生能力的情况下,一个人才拥有被人赡养的权利。"(第1602条)而且,对赡养人来说,"赡养他人的义务,考虑到本人的其他义务,如果会因此危害到维持适合自己社会地位的生活,则不须赡养"。(第1603条)(*The German Civil Code*,1907[1900];亦见黄宗智,2010c:725)也就是说,一个儿子唯有在父母亲没有谋生能力和自己本人仍然能够维持习惯的生活水平,这两个前提条件下,方才需要负赡养父母的责任。

对现代中国的立法者来说,这样的规定是不能接受的,甚至是不可思议的。因此,国民党民法典在上述没有谋生能力的条文之后,立刻加上了"前项无谋生能力之限制,于直系血亲尊亲属不适用之"。(《中华民国民法[1929—1930]》,1932:第1117条)至于上述第二条,则改为"因负担抚养义务而不能维持自己生活者",方才可以"免除其义务"。(《中华民国民法[1929—1930]》,1932:第1118条)这样,把赡养父母亲的义务改成基本无条件的义务,其精神和传统中国法律是一致的。

中华人民共和国的立法者则进一步把赡养义务和继承权利连接了起来。1985年的继承法规定,赡养老人的子女可以多分财产,不赡养者少得。(《中华人民共和国继承法》,1985:第13条;亦见黄宗智,2010c:725)这样,立法者既确认了赡养义务,也提供了保证其实施的具体方法。如此的法律原则适用范围当然超越农村而兼及城市。这为基于双亲—子女紧密关系的三代家庭提供了强有力的支持,其力度远远超过西方法律(当然,近年来有许多关于个别子女忽视甚至虐待老人的案例和报道,但是,全社会所展示的对这种现象的深层反感,同时也说明旧赡养理念仍然具有强大的生命力)。

土地产权法律也说明亲子关系仍然紧密。农村宅基地是家庭的财产,由儿子继承,法律虽然规定男女继承权利平等,但在实际运作中,一般都由赡养父母的儿子继承。至于承包地权,虽然有的村庄是按人分配的,实际上也是家庭财产。2008年,承包权在国家政策中已从原来的"30年不变"改作"长久不变"(《中共中央关于推进农村改革发展若干重大问题的决定》,2008年10月12日),成为更加长期和稳定的财产权利。2002年的农村土地承包法早已规定"承包人应得的承包收益,依照继承法的规定继承"。(《中华人民共和国农村土地承包法》,2002:第31条)这样,承包地和宅基地的继承权基本同样由继承法支配。

如此的土地产权法律规定对暂留城市的农民工影响深远。在外打工的农民工(以及其中的核心户)仍然和家里的第一代保持紧密的关系,他们是家里土地产权的继承人,也是家里老人的法定赡养人。这是他们每年春节回家的部分原因,也是他们攒钱之后回家盖新房子的重要原因。这样,土地产权强有力地把城市暂住的农民工和他们老家扩大家庭联合在一起,把第二代和第一代紧密联结起来。在外的农民工,哪怕长年在外工作,仍然既是老家扩大家庭的一部分,一定程度上也仍然是原来村庄社区的成员。

(二)非正规经济和司法实践

毋庸说,农民工是城镇非正规经济的主体。2009年,他们之中享有养老保险的只占7.6%、医疗保险的占12.2%、失业保险的占3.9%。(中华人民共和国国家统计局,2010)即便是那些进入社会保障网络的极少数,他们只享有低于城市居民正规职工的福利。2009—2011年的医疗改革并没有改变这个基本局面。这方面相对先进的重庆市区,正如时任重庆市市长黄奇帆所说明的,规定一个企业需要为城镇居民支付其工资的20%作为养老保险,但只需为农民工支付12%,医疗保险的差别则是每年1400元对480元。这种分为两个等级的制度也许最清楚地体现于两种户籍的死亡抚恤金的差别:城市居民是20万—30万元,农民工则只有8万—10万元。(黄奇帆新闻发布会,2010.11.4)

这个非正规经济的事实当然是和当今许多社会科学研究对立的。我们上面已经看到,关于家庭结构的研究是怎样突出了西方式"核心化"的主题,而没有充分重视中国三代家庭的顽强持续。此外,本书第十一、十二章已经详细论证,社会学界的陆学艺等领军人物一直特别强调,中国社会现今已经达到"橄榄型"的状态,近乎美国的那种中产阶级占大多数的社会结构。主流经济—人口学家蔡昉等则坚持,中国已经进入"刘易斯拐点",即现代和传统部门、城市和农村部门的差别已经或行将消失而形成一个统一整合的劳动力市场。诸如此类的分析都源自影响极其强大的现代化主义意识形态。它诱使我们忽视非正规经济的庞大规模和现实。

在这个非正规经济中,家庭关系依然十分关键。国家正式的劳动法律多借鉴自国外,而且是以个人为基本单位的法律,但非正规经济的实践则多以家庭为基本单位。这在农村的农业中尤其明显,在城镇的个体户中也同样(不少小规模的"私营企业"也会部分依赖夫妻和子女的劳动力)。这样,许多在法律条文中确立的权利(例如8小时的工作日、44小时的工作周、每周至少休息一天以及春节和国庆等假期、最低工资等——《中华人民共和国劳动法》,1994:第36、38、40条;亦见《中华人民共和国劳动合同法》,2007),在非正规经济中常常不起很大作用,甚或完全不搭界。城镇中的个体户其实本质上更像个家庭农场。事实是,非正规经济的很大部分是在法律管辖范围之外运作的。这里,法律实践多和条文迥异。

在非正规经济的金融领域,家庭也占据主要位置。个体户和家庭所办的企业(包括小农农场)相对较难从执行正规金融制度的国家银行贷款。理论上这是因为他们不具备提供抵押品的条件,因为银行一般只接受容易在市场上销售的不动产。这样,城市的土地开发商很容易获得银行贷款,而个体户与家庭农场则必须依靠家庭成员和亲邻朋友等非正规的途径来融资。

来源于此的非正规债务的纠纷,一般也多由非正规的法律制度来解决。这里,调解所起的作用远大于判决。笔者在另一著作中已经详细论证,调解的运作原则和正规法律很不一样:它的主要目的是通过妥协来调和,同时也是为了减少正规的诉讼,而不是要求对错的判决和侵权的补偿。在家庭、族群和社区中,调解是普遍存在的纠纷解决机制。它来自长期以来的传统,即坚持民间纠纷应该由宗族和社区通过调解而不是判决来解决,国家则尽可能避免掺和其中。① 这个基本治理原则一直持续至今,可见于多层次的纠纷解决制度,从纯社会性的(由族群和社区中具有威信者主持的)以及半正式的(例如由社区干部主持的)调解,到正式的法庭调解和判决。(黄宗智,2009:第2章、第7章)

但是,这些涉及家庭单位的非正规法律实践,大多不可见于正规法律条文。移植而来的正规法律多集中于个人与个人和公司(法人)与公司之间的关系,不多考虑家庭内部和家庭单位之间的关系。它们多聚焦于关于权利以及据之判决的法律,而不多涉及调解。(详见黄宗智,2007[2003]:第4章)这是西方现代法律话语的霸权所造成的现实的一部分。其结果是,中国的法律体系在运作之中,同时具有非正规和正规的不同领域(以及其间的连续体)。在前者之中,家庭是主要单位,在后者之中,则主要是个人。

这样的法律体系,是造成实践和条文(与理论)之间的众多背离和矛盾的部分原因。如此的背离具有两方面的含义:一方面,非正规的司法实践允许移植而来的理论和条文灵活适应中国的实际,为家庭化的关系和传统留下一定的法律和经济空间;另一方面,它也允许滥用法律,允许绕开、无视、只在口头上遵循甚或干脆违反法律——例如上面提到的土地法和劳动法。

(三)个人主义和家庭主义之间

在非正规—家庭主义和正规—个人主义之间,存在一个庞大

---

① 但只适用于"户婚田土""细事",涉及"刑法"的重案则要求国家正规制度的介入。

的、充满张力的中间领域,其终结状态还是个未知数。中国的法律和社会是否将会像移植论者所预期和提倡的那样,越来越向西方趋同?不然的话,中国的传统和社会实践,是否将会像对立方所争论那样顽强持续,要么像赡养责任那样呈现于正规法律,要么在实践中偏离正规法律,或者通过司法变通而延续?

离婚法中有关财产分割的部分展示了两者拉锯的中间领域和其所涉及的问题。毛泽东时代的法官们在协助夫妻双方达成离婚协议的时候,一般都会采用家庭主义的观点,不仅考虑到夫妻个人,也会考虑到赡养老人、抚养孩子、照顾弱者等问题(同时,还会考虑到过错,尤其是涉及"第三者"和虐待对方的问题,这方面也和西方从20世纪60年代到80年代全面转化为"无过错"离婚制度不同)。他们的做法可以说代表了中国法律中的现代革命传统,今天仍然可以看到。(黄宗智,2009:第四章)但是,改革时期的正规法律,尤其是2001年的婚姻法(修正)和近十年来最高人民法院公布的第一、二、三次关于婚姻法的"解释",正在一步步走向更完全采纳西方个人主义的原则和实践。

1950年的婚姻法只简单提到"婚前财产",不加阐释,其条文集中于"家庭财产",要求分割起来要"照顾女方及子女利益"(第23条)。1980年的婚姻法基本维持了1950年的框架,但用上"夫妻共同财产"一词来替代之前的"家庭财产"(第31条)。这是毛泽东时代法官们在司法实践中处理离婚财产分割所依据的成文法律。

但是,从2001年的婚姻法(修正)开始,正规法律越来越重视个人财产。它特地给出夫妻个人财产和共同财产的具体例子:共同财产主要包含工资、奖金和经营收益,而个人财产则在婚前财产之上,另外还包含"遗嘱或赠与合同中确定只归夫或妻一方的财产"(第17、18条)。这是从西方移植来的新规定,扩大并加强了个人财产在家庭中的法律空间和依据。

2001年年底,最高人民法院公布了其第一次"解释",规定夫妻的个人财产"不因婚姻关系的延续而转化为夫妻共同财产"(第19条)。2003年年底,最高人民法院公布了第二次解释,进一步说明:"当事人结婚前,父母为双方购置房屋出资的,该出资应当认定为对自己子女的个人赠与,但父母明确表示赠与双方的除外。"("当事人结婚后,父母为双方购置房屋出资的,该出资应当认定为对夫妻双方的赠与,但父母明确表示赠与一方的除外。")(第22条)其后,2010年,在其第三次解释(征求意见稿)中,更进一步规定:"婚后由一方父母出资购买的不动产,产权登记在出资人子女名下的,可视为对自己子女一方的赠与,应认定该不动产为夫妻一方的个人财产。"(第8条)同时,还规定"夫妻一方的个人财产在婚后产生的孳息或增值收益,应认定为一方的个人财产"("但另一方对孳息或增值收益有贡献的,可以认定为夫妻共同财产")。(第6条)这样,更确立了婚后个人财产的法律地位。

强世功(2011)和赵晓力(2011)力争,最高人民法院对待婚姻财产的态度偏向个人主义并把婚姻当作市场契约关系,他们的观察无疑是正确的。他们对此提出尖锐的批评,但我们应该同时承认,归根结底这个争执所展示的是新兴个人主义化的市场经济中部分的社会现实,与长久以来的家庭主义实践两者间的张力。同时,新的关于"赠与"和遗产继承的规定也反映了几种不同因素所导致的新问题,即离婚率的上升、房子价格的快速上涨,以及20世纪70年代后出生的独生子女结为夫妻,夫妻双方的父母间,哪一家将出资帮助年轻夫妇购买房子,另一配偶和其父母亲该具有什么样的要求权。对此,最高人民法院的抉择是,财产的分割应该按照谁出资而定,个人产权要优先于赡养、抚养、照顾弱者等考虑。

最高人民法院的个人主义立场所反映的是一个更大的司法趋势。在个人财产的规定之外,取证程序也实现了改革,从过去需要投入大量时间的法官"职权主义"取证,转为新的"当事人主义"取证。所导致的是一个起码部分是未曾预期的结果,即对离婚案件比较简单和公式化的处理,逐渐排除家庭主义的考虑(以及过错——第三者、虐待——的考虑)。地方法庭越来越倾向惯例性地简单拒绝第一次的离婚申请,批准第二次,不再认真从事过去的实地调查和调解工作,如果离婚,则不再考虑到老人、孩子、弱势方等家庭问题。新趋势的部分促成因素明显是:面对日益扩增的案件数量,最高人民法院试图尽量减轻法庭负担。(黄宗智,2009:第四、五章)关于分割夫妻财产的比较详细的新规定显然也部分出自同样的考虑。

虽然如此,正如本章所论证,原来的家庭主义仍然顽强持续,这不仅体现在社会实践中,也体现在道德观念和法律条文中。强世功和赵晓力对最高人民法院三次解释的强烈批评正反映了家庭主义伦理观的强大生命力。今后,在新兴个人主义市场经济和顽强持续的家庭经济之间,以及移植而来的法律规则和旧家庭主义道德观之间,中国法律到底将怎样平衡是个尚待观察的问题。在相当程度上,核心问题是:中国的现代家庭应该仍然是三代家庭还是应该变作核心家庭。

四、家庭化的经济行为与资本主义—个人化行为的不同

这里我们要进一步问,家庭化单位的经济行为有什么特点?对研究经济行为的经济学又具有什么意义?

(一)家庭与资本主义制度下的个人和公司的不同

迄今,关于家庭经济单位的最好的分析仍然是恰亚诺夫的理论。和一般的经济学理论家不同,他的出发点是一些最基本的经验实际:小农家庭农场,作为一个既是生产又是消费的单位,和一个只是生产单位的资本主义企业(公司)很不一样。它的"会计学"原则完全不同:它的报酬是全年的收成,不是减除劳动工资等费用之后的"利润";按时计算的个别劳动者的"工资"对它来说是没有意义的。正如恰亚诺夫指出的,家庭经济的劳动人员是给定的,不能够像一个使用雇佣劳动力的资本主义经济单位那样,按照利润最大化的需要而调整。在消费(生存)需要的压力下,这样的一个单位能够承担一个按照资本主义会计学原则运作的单位所不愿承担的劳动力使用。譬如,如果一个家庭农场具有比它耕地所需要的更多的劳动力,为了满足家庭消费要求,它会继续投入劳动,即便是到边际报酬显著递减并低于市场工资的程度(Chayanov,1986[1925]:第4章,亦见113)。我们上面已经看到,这个道理在农业中非常明显。它也可见于农业以外的生产单位,例如伴随全球化和市场化而蔓延的"夫妻"服务店。

恰亚诺夫所点到但没有充分强调的是另一种家庭生产单位的基本特征,也是本章所特别强调的特征,即区别于个人化的劳动者,它附带有家庭的辅助劳动力,包括主要劳动力的业余时间,以及妇女、老人和儿童的劳动力。后者是不容易在市场上出售的劳动力。正是那样的劳动力吸纳了低报酬的副业,支撑了农村生产中农业与副业紧密结合的基本特征。上面我们已经讨论过明清时代长江三角洲的"生产家庭化"和"内卷型商品化"是怎样由这样的家庭劳动力所支撑的。①

所以,一个家庭生产单位对劳动力的态度是和一个资本主义制度下的公司和个人很不一样的。首先是因为,在没有其他就业机会的情况下,其劳动力是给定而不可减少的。一个资本主义企业不会在边际劳动报酬低于市场工资的时候还继续雇工投入劳动;而一个家庭农场,如果没有其他就业机会,会继续投入劳动来满足其家庭的消费需要,逻辑上一直到其边际报酬近乎为零。其次是因为,它的辅助劳动力,是不能用简单的"机会成本"概念来理解的劳动力,因为那样的劳动力不容易在市场上出售,但那种劳动力可以在副业生产上起关键性的作用。正是那样的劳动力支撑了明清时代长江三角洲的纺纱、织布和缫丝的副业,组成了"农村生

---

① 此外,还应该提到,恰亚诺夫基于家庭周期(假定其他因素不变的)"人口分化"概念:当生产人员与消费人员达到1:1的比例时(孩子长大后参与劳动),一个家庭将会处于其顶峰经济时期,而在1:2(或更多)的比例时(孩子小的时候或者双亲年老不劳动的时候),则相反(Chayanov,1986[1925]:第1章)。这种现象可以见于集体化时代的中国农村,当时劳动力成为收入的决定性因素,村庄中经济条件最好的家庭一般是劳力对消费人员比例最优越的家庭。

产的家庭化"。①

即使不考虑辅助劳动力而只考虑主要劳动力,并且假定其他就业机会的存在(像今天的中国那样),我们仍然不能简单地只把其所能获得的市场工资与其目前的"工资"相比,即所谓"机会成本",而由此得出所谓的"理性的选择",亦即基于资本主义会计学原则的选择。这是因为,其一,这个劳动力外出打工与否,并不简单取决于其个人的抉择,而常常更多的会是家庭的抉择。譬如,如果家庭的承包地可以用其辅助劳动力来耕种,那么,外出打工就更划得来(因为那样不必牺牲家庭农场的收益)。其二,不可简单等同在外固定时间的打工和在家庭农场上参差不齐的投入。一个在家乡附近乡镇企业就职的"离土不离乡"的农民工,仍然可以在业余时间干农活(例如,在家庭的自留地种菜及在节日和假期帮忙种地),相当于一种副业型的生产工作。同时,他们也会将其工资"投资"于家庭农场的现代投入(如拱棚、化肥、良种、机械服务等)。这样,即便家乡的农业或非农业工资(例如农业短工或乡镇企业的工资)要低于外出打工的工资,其对家庭收入的实际贡献仍然可能高于外出打工。也就是说,一个从个人视角看来是"不理性的选择",从家庭经济单位的视角来看,却可能是十分理性的。

忽视家庭经济单位与个人的这些差别,会导致严重的误解。在农业领域,出于现代主义和资本主义意识,不少研究只着眼于西方式的资本主义型(和资本密集型)的大农场,即高度机械化、使用

---

① 正因为棉花和桑蚕是长江三角洲当时的商品化的主要推动力,所以笔者把整个过程称作"内卷型商品化"(黄宗智,2006[1992])。

雇佣劳动力及达到规模效益的农场。因此,忽略了远比这样的农场重要的劳动和资本双密集化的小规模家庭农场,例如1—5亩的拱棚蔬菜,以及10亩左右的种养结合农场。笔者在第二编中已经详细论证,这些才是中国主要的"新农业",它们组成了近年的"隐性农业革命",一个由高值农产品——诸如鱼、肉、蛋、奶和蔬菜、水果——的市场需求推动的"农业革命"。这些小规模家庭生产单位是高效率的,因为它们适合新型的拱棚蔬菜和种养结合的生产,可以在一个较长的工作日中投入众多零碎和参差不齐的劳动,也可以动用家庭辅助劳动力来承担部分工作。这样,家庭生产常常要比雇佣固定时间和工作日的劳动力合算。(黄宗智,2010)

它们与历史上的"内卷型"家庭农场的不同是,由于新技术的发展,这种新农业的劳动力是比较高度地"全就业"而不是"隐性失业"的。这是因为新农业中的资本化所带来的进一步劳动密集化,比如一个1亩地的蔬菜拱棚需要4倍于1亩露地蔬菜的劳动投入,而使用经过生物剂发酵的秸秆作为饲料,结合种植10亩地与养殖10—20头猪的新农场,也需要数倍于原来只养1—2头猪的旧农场的劳动投入。① 这两种新农场的按亩和劳动单位的收益都要高于旧式的农场。虽然如此,新农场的经济道理是和旧农场基本相同的:它们对劳动力的态度和使用迥异于一个资本主义企业。

这样的农场不是一般经济学所能理解的,因为它们的会计学原则和工厂十分不同,所依赖的不是资本化和规模效益、大型机械

---

① 当然,前者是为了出售牟利,后者是为了自家食用。前者每头猪只需要原来的劳动力的1/3,但它们养殖的数量是原来的10倍(《中国农村统计年鉴》,2008:255,表10-4)。

和雇佣工人。但是,迄今中国改革的农业政策主要被新古典(教科书)经济学主宰,因此导致了对新近的变化和发展的严重误解。2000年以来,国家一直重点扶持资本型的所谓(农业)"龙头企业",相对忽略了新型的资本—劳动双密集的小规模家庭农场,而它们才是新近农业发展真正的依据和动力。

家庭经济单位也挑战科斯的公司理论。根据科斯的分析,一个公司将会扩大到其继续扩大的边际成本高于在市场上通过与别的单位签订合同的成本来做同一件事情为止(Coase,1990[1988],1991)。在一个发达的资本主义市场经济中,我们可以预期一个公司将会同时追求"横向一体化"(因为雇佣100个工人要比与他们分别签订合同的"交易成本"低)和"纵向一体化",借以减低其交易成本(即信息、交涉、签订合同、执行和解决纠纷等成本),直到其边际成本变得高于通过与别的公司签订合同来进行这样的"一体化"。但如果可以使用家庭的廉价劳动力,而不必雇佣工人,这套逻辑便会很不一样。当今的中国实际说明,家庭生产单位生产成本是如此之低,即便是今天的资本主义式的农业龙头企业,也大多依赖分散的小规模家庭来进行生产,而不是"横向一体化"的雇佣劳动生产。

至于"纵向一体化",即生产—加工—销售的一体化,科斯理论也没有考虑到像中国这样的庞大的非正规经济现实。它允许一个公司利用廉价的非正规劳动力来加工、运输、供应和销售,而不必雇佣正规工人,或与使用正规工人的公司订合同。其原因也是家庭组织的特殊性,其辅助劳动力以及其对固定工作时间、假期、正规福利等的无视(或对这种无视的无可奈何)。龙头企业因此得以把自己的相对昂贵的正规员工人数压缩到最低限度。

这些道理用于跨国公司则更加明显。它们(如制造业或建筑业公司)除了能够雇佣廉价非正规的来自半工半耕家庭的工人,还可以在加工和销售方面利用"夫妻店"的廉价服务。这样的承包与转包允许科斯型公司凭借远远小于原来理论预期的规模来运作,它能够避免大部分的正规横向和纵向一体化。要理解如此体系的整体,需要认识到西方的(跨国)公司和中国的家庭经济相互搭配的逻辑,理解依赖正规员工的公司和中国的非正规家庭经济的搭配,而不能简单凭借一个外国的整合劳动市场运作的公司逻辑来理解。

中国家庭经济单位与科斯型公司和个体员工的不同,也意味着不能凭借刘易斯的"二元经济"理论来理解中国的经济实际。根据刘易斯理论的分析,中国经济是由(具有劳动力无限供应的)传统和现代两个不同工资的部门组成,而伴随经济发展,这两个部门即将整合为一个单一的劳动力市场。(Lewis, 1954)但中国的实际则是(西方和中国自己的)资本主义公司与中国半工半耕家庭生产和服务单位的搭配运作,形成了一个顽强持续的结合体。这再次是因为家庭生产单位的特殊劳动力组成和运用,其部分原因是家庭经济的"理性"与新自由主义所建构的市场经济中的个体职工理性的不同。结果是,非正规经济非但没有伴随"现代发展"而快速消失,反而爆发性地扩展到中国城镇就业人员的60%以上,如果加上其家庭的务农人员,则占到全就业人员的83.2%。(2010年数字)

(二)家庭的"理性抉择"

家庭生产单位对资本和投资的态度也和资本主义的单位不同。一个公司会为"资本主义性的获得"(capitalist acquisition, 韦伯的用词——Weber, 1978:381)而追求扩大再生产, 而中国的农民和农民工则会有其他更迫切的考虑。他们的投资决策多会受到其家庭多种因素的影响。农民工在城市抱的是暂住者的心态(也少有可能购买城市的高价房子), 在向自己的生意再投入资本之前, 常会优先在老家盖新房。他们的视野不简单是自己个人, 而是跨代的家庭, 甚或是更长远的时期, 其中包含对城市打工的不稳定性的保险、赡养双亲、自己的养老, 甚至包括家庭世系的未来等的考虑。

婚姻在相当程度上当然也仍是家庭而不是个人的事情。尤其在农村, 婚姻依然是两个家庭而不是两个个人之间的协议, 其规则近似象征领域的礼品交换, 而不是简单的市场交易。(Bourdieu, 1977:4—9, 171 及其后)众所周知, 农村的(以及许多农民工的)婚姻普遍包含聘礼和嫁妆的交涉, ①但一般都在媒人的中介和传统礼仪之下进行。任何一方如果用纯粹经济交易的做法来谈判的话, 很容易会破坏整个交涉过程。

离婚同样牵涉双方的父母亲。在调解人或法庭对双方感情的估计中, 双方的父母是个重要的因素。双方和姻亲的关系如何, 决定了他们是否会被调解人动员阻止离婚, 或者协助改善夫妻关系。

---

① 不同地区对新娘子的"价值"有不同的标准;譬如,据北京一位来自陕西的农民工说,当前陕西农村对恰当的聘礼的概念是 10 万元。

当然,20世纪90年代以来,法庭处理离婚纠纷案件越来越趋向形式化(惯例性地第一次驳回,第二次批准)。虽然如此,调解,即便是在缩减的趋势下,也仍然在法律体制的整体中起着重要的作用,尤其是在庭外的亲邻和社区调解之中。(详见黄宗智,2009:第4章、第5章)简单地只注意到夫妻两人,以及他们的经济考虑,只能导致对整个离婚过程的严重误解。

此外,小农和农民工的家庭经济单位对待下一代的教育也和资本主义社会的核心家庭不同。它的抉择不是由成本/收益的计算所主宰的(即像新古典经济学家贝克尔[Gary S. Becker]所争论的那样,取决于对孩子的"人力资本"的投入和所预期的收益的计算)(Becker,1991:尤见第11章),而是一种达到"非理性"程度的、不遗余力的资源和时间的"投入"。之所以说是"非理性"的,是因为不能只用可能收益来理解。譬如,强迫一个在学习方面天赋有限的孩子去参与竞争极其激烈的高考,导致对孩子心理的伤害,以及对父母亲来说,失望远多于希望的后果。这样的行为只能从深层的文化价值观和惯习来理解。长时期、根深蒂固的"劳心者治人,劳力者治于人"的文化观念,今天已经再次成为社会的普遍观念。同时,城乡差异的体制是大家有目共睹的现实。更毋庸说农村家长们有自己作为"弱势群体"的务农经验,或在城市打工的重重挫折的经验。因此,农村父母亲大多希望自己的孩子能凭借上大学来突破这种分层的身份。计划生育政策下,双亲(以及祖父母)对独生子女的情结等也是相关的因素。这些都不可能用贝克尔的那种成本/收益的"理性抉择"分析来理解。①

五、家庭经济单位的竞争力

换言之,处于土地严重不足压力下的半工半耕小农家庭,由于其"特殊"(即与资本主义企业单位不同)的经济和组织结构,具有比雇工规模化生产更顽强的经济竞争力。

与西方理论预期相悖的是,时至今日,中国在农村改革和市场化30多年之后,小农经济仍然在农业生产领域占绝对优势。这里,新古典和新制度经济学,立足于西方经验,只能看到其建构的所谓"转型"的一面,认为它只可能步西方的后尘,只可能逐步向更完全的西方资本主义大农场"转型"。如此的经济学分析忽视的是,中国家庭作为一个基本经济单位的强韧生命力,以及其所包含的不同于资本主义经济的逻辑。廉价的妇女化和老龄化农业生产,要比雇工经营的资本主义规模化农场更具有市场竞争力。当前的所谓公司+农户生产模式,便是最好的例证。它的秘诀正在

---

① 贝克尔使用新古典经济学来分析家庭行为,所做出的努力有他一定的优点,例如使用了更宽阔的"效用最大化"概念来替代简单的"利润最大化",把经济学延伸到诸如配偶选择、子女教育等非经济议题,并讨论到诸如历史环境、态度、感情、内疚等非经济因素;但是,归根到底他的目的是要证实新古典经济学的个人"理性抉择"理论完全适用于解释家庭行为。他的分析最终是成本/收益的分析,例如把成本/收益看作对子女教育(他称作对"人力资本")投入的抉择是决定性因素(Becker,1991,1992)。因此,他的分析不可避免地忽视了家庭经济单位是如何与个人不同,以及如何影响和约束个人的抉择。他的一套分析尤其忽视了中国家庭组织中的三代家庭和紧密的亲子关系,以及与其结伴的伦理观念。(详细论证见黄宗智,2011)

于,通过"订单"和"合同",一个商业资本公司可以依赖(或部分依赖)小农户的廉价家庭劳动力来为其生产(无论是"旧农业"的粮食和油料作物及棉花,还是"新农业"的高值农产品,诸如蔬菜、水果、肉禽鱼、蛋、奶等)。

这样的劳动力要比使用全职雇佣劳动力的规模化生产便宜。也就是说,可以赋予(商业资本)公司更高的利润,亦即给予掌控资本者更高的资本"回报率"的形式,才会被采纳。目前的组织形式,与其说是向西方产业资本的大农场的转型,不如说是大商业资本+小农户生产展示了比产业资本+雇工的规模化生产更强的竞争力。(黄宗智,2012)在一定程度上,它是中国近一二十年来农业发展的另一"特色"。

当然,在上述的廉价劳动力因素之外,还有其他相关原因。在小家庭农户的生产下,经营者和所有者是合一的,监督和激励问题基本不存在,因为家庭小农场会为自己的利益而积极生产。而规模化大农场则必须面对农业生产与工业生产很不一样的监督问题,即怎样在广阔的空间中高效地监督农业那样分散的小生产(如何在百亩、千亩甚或万亩的农场上监督其雇佣劳动的投入)。(黄宗智,2012a)

更有甚者,商业资本可以在一定程度上把农业生产所不可避免的风险转嫁到小农户身上,由他们来承担歉收的成本,以及因丰收而价格下降的成本。在名义上,"订单"农业制度正是针对价格波动的风险而建立的,但是,在实际运作中,面对"弱势"的小家庭农场,大商业资本(或其经纪人)可以通过各种手段和借口(例如,产品不达标而拒绝收购,或产品低于预期等级)来压价,而分散的小农户不可能进行有效抗争。正因为如此,公司和小农户之间"合约"的履行率一般只达到约20%。(刘凤芹,2003;张晓山等,2002)在畜禽养殖业中,公司违约的占到七成,农民违约的占到三成。(李秀华等,2003:3)

再则是家庭农场在当前的隐性农业革命中新兴的"资本和劳动双密集化"的小农场中所显示的高效率。已经给定的廉价家庭劳动力,可以不计工时夜以继日地投入超额的劳动,其逻辑类似于"夫妻店"。这正是今天正在进行中的"隐性农业革命"的"新农业"的一种主要型式。同时,一个"种养结合"的5—10亩地的玉米种植和(小)规模化养猪农场,明显借助于两种相互辅助的不同生产的"范围经济效益"(传统的广东顺德地区的桑基鱼塘——用桑叶喂蚕、蚕粪喂鱼、鱼粪和塘泥肥桑——是个很好的例子),而不是大农场的"规模经济效益"。(详见本书第十章)当然,中国目前的土地制度毋庸说起了一定的作用。

此外,家庭小农户的顽强竞争力不仅体现于农业,也体现于制造业和服务业。首先是1980年代蓬勃兴起的乡村工业。针对城市的大型企业来说,它们的秘诀乃是廉价劳动力,不仅工资远低于城市职工,也没有城市职工附带的福利。众所周知,乡村工业化使用了大量的农村剩余劳动力。没有被清楚说明的是,这是因为其价格远低于城市的劳动力,而之所以如此,是因为它最初是农业的一种副业,之后逐渐成为依赖农业为副业的主业。其基本逻辑同样:半工半耕的同一家庭借助于两种相互扶持的生产活动,促使两者的劳动力价格都要比从事单一生产的劳动力便宜。

正因为"离土不离乡"的"乡镇企业"工人仍然是农村家庭户的

成员,仍然住在农村老家,仍然吃着农村的"口粮"(其初期仍然分着集体的工分),因此他们要比个体化的工人雇佣成本低。他们仍然是农村家庭经济单位的成员,其收入与其说是个体化的青年工人自己所有,不如说是家庭经济的一部分,也是其提高现代投入的主要来源。这一切都和新自由主义(和马克思主义)经济学的预期相悖。

至于20世纪90年代后蓬勃兴起的"离土又离乡"的农民工浪潮,其廉价劳动力乃是中国所以对全球资本具有如此吸引力的重要原因(中国被广泛认为是资本最好的去处之一)。正因为农民工家有小农场,地方政府和企业更可以不必为他们提供(或更充分地提供)社会保障。因为他们一旦失业,或者到达退休年龄,可以返回家乡种地。地方政府和企业也可以不为他们的子女提供教育条件,因为他们的子女可以在家上学,由爷爷奶奶(或姥爷姥姥)来带。其结果也促使他们的劳动价格更加低廉。这样,也就对追逐最高投资回报率的资本具有更强的吸引力。这也是一般新自由主义经济学所看不到的,其盲点和误解的最终根源正是因为它把基于西方经验的建构,想象为普适的理论真理。它把个体化的工人,而不是家庭,建构为基本经济单位。

另外,随着城市的蓬勃发展,包括大量农民工入迁,又组成、推进新旧和半新半旧服务业的需求,相应兴起的是同样由农民工(和城市下岗工人)提供的各种各样的服务。其中,夫妻(或父母子女、亲戚)店相当普遍。他们一方面是农村家庭的成员;另一方面,自身也常常是由家庭经济单位(家庭主要+辅助劳动力)来经营。这里的经济道理,再一次是依赖廉价的家庭劳动力,再一次是因为家

庭作为基本单位要比全职化、个体化的劳动力来得"经济"。(黄宗智,2008,2011)

正是在这个经济逻辑之下,由农户家庭成员组成的(2011年的)1.59亿外出农民工和0.85亿本地农民工,大规模地进入了中国的制造业和服务业。而农民工的经济秘诀,并不简单在于他们是农村的剩余劳动力,也不简单在于他们是"流动"的"临时工",而更在于他们是农村农户的成员,家里有农场,城里有工作,借助两种互补的活动来维持生计。(黄宗智,2011)对他们来说,家庭而不是个人,依然是基本经济单位。这也是"农民工",而不是简单的"工人"一词的深层社会经济含义。

六、与新古典经济学和马克思主义理论的不同

本章讨论的主要理论问题是新古典和新制度经济学,以及在中国仍然具有一定影响力的马克思主义政治经济学与中国经济实际的相悖。上面已经说明,用于中国,两者都具有严重的误导性。两者都以为资本主义生产必定会取代小农经济的家庭生产。新制度经济学更是从理想化的市场经济前提出发(即私有产权+资本+个体化劳动力在完全竞争的市场中运作),要么把中国现实想象为其理想建构,要么把精力放在如何促使中国实际更进一步趋向符合其理想建构。结果是,两者同样掩盖了中国的经济实情,忽视其庞大的非正规经济及家庭经济顽强持续的基本现实。

新古典和新制度经济学更采用了"理性经济人"的基本建构,将其作为自己所有理论和分析的出发点,由此导致了对非西方经

济体的研究,要么聚焦于如何将其改造为与西方同样的资本主义个体化经济,要么把实际想象为其所建构的理想。两种做法都完全无视当前中国经济运作中的关键性的非正规经济和半工半耕家庭经济实际。我们需要认识到的是,如此的家庭经济既是中国经济发展成功的要诀(借此吸引大量全球资本、提升中国产品在全球市场上的竞争力、推动中国 GDP 的快速增长),也是其贫富悬殊问题的基本来源。它既具有顽强的竞争力,也是城乡差距扩大的根源。新制度经济学只能把中国的现实想象为向理想化的"发达国家"的"转型"和"过渡",既忽视其社会矛盾的一面,也错误地将其经济成效简单归因于产权私有化、市场化和资本主义化。

说到底,马克思主义经济学和新古典经济学所共有的关键盲点是:看不到中国人口/土地压力及劳动力相对过剩的"基本国情",看不到中国小农经济顽强持续至今的基本现实,因此也看不到半工半耕非正规经济的实际。人口/土地问题曾经是 20 世纪西方学者研究中国的核心,其代表人物乃是西方学术界的一些最优秀学者,包括卜凯(John Lossing Buck)和其后的何炳棣(Ping-ti Ho)、珀金斯(Dwight Perkins)等好几代学者,而其当时的理论敌手则是马克思主义的阶级分析。但是其后,伴随美国新保守主义的兴起,经济学转向了比较狭隘和极端的原教旨市场主义(认为市场乃是解决一切经济问题的最终良方),论争的主要敌手被转化为(提倡政府干预市场的)凯恩斯主义经济学。结果先是把人口建构为和资本、土地同样稀缺的"要素",最终则以意识形态化的概念"人力资本"和"比较优势"来取代过去对人口/土地压力和劳动力过剩的研究积累和认识。

在新古典经济学历史中,刘易斯和舒尔茨同年分别获得诺贝尔经济学奖的1979年可以被视作一个关键的转折点。刘易斯特别强调发展中国家具有"劳动力无限供应"的农村,舒尔茨则坚持论争市场经济下不可能存在所谓"劳动力过剩"。当时,经济学仍然相对认真对待人口过剩问题。但是之后,至2008年爆发全球金融危机为止,舒尔茨等的流派始终占据经济学的霸权地位。(详细讨论见本书第九、十一章;亦见黄宗智,2009b)

在那样的环境下,中国的人口负担,被完全转释为新霸权话语中的"人力资本"和"比较优势"。它们几乎完全取代了原有的、更符合实际的简单事实描述,即"人多地少"、"劳动力过剩"、廉价劳动力、"农民工"和"半工半耕"农户。在笔者看来,"人力资本"一词应该被限定于企业创业人才、高端技术人才等实际含义,而不是目前这样宽泛地应用于所有从业人员。把农民和农民工概括为"人力资本",实际上是一种高度意识形态化的话语,是把人口和阶级问题排除于经济学视野之外的意识形态建构。把中国大量的廉价劳动力简单转释为"比较优势"也是一样。因此,在新古典经济学话语中,完全看不到上面论述的基本中国现实。

正因为忽视了如此的基本经济—社会现实,才会有今天争论中国已经进入"刘易斯拐点"(即一个全国统一的劳动力市场)的经济学家论说,才会有中国已经成为一个类似于西方发达国家的"橄榄型"社会的社会学家论说,才会有中国必须完全模仿西方的个人主义法律的"移植论"论说。

毋庸说,如此的新古典/新自由主义经济学观点既看不到中国的家庭经济单位现实,也看不到其所包含一定程度上的社会不公的现实。忽视中国的社会现实,便看不到中国经济的基本动力,看不到中国 GDP 快速增长的实质内容。换言之,既看不到中国经济的实力(即作为其基础的廉价小农家庭单位的劳动力),也看不到其弱点。

纵观现有的经济学理论,最能够理解小农经济的家庭农场经济组织的,今天仍然是当时苏联围绕恰亚诺夫的"组织经济学派"。他们看到了家庭农场和资本主义公司在组织和会计逻辑上的基本不同,也看到小农经济的强韧性。但是,在斯大林统治时期,恰亚诺夫等被杀。其后,在发展中国家的研究中,恰亚诺夫经济学学派虽然仍然具有一定的影响,但在 20 世纪中叶之后,新自由主义经济学日益强盛。尤其是在苏联解体和东欧剧变之后,占到全球的绝对霸权,硬把不符合其理论/意识形态教条的历史经验,全都塞进其理论建构和话语之中,拒绝任何其他的认识。今天,我们需要的是重建并推进恰亚诺夫理论传统的真知灼见,因为它是在经济学理论多种传统中最符合中国实际的传统。

恰亚诺夫所论证的家庭经济组织特征和逻辑,其实是在沉重的人口压力下呈现得最淋漓尽致的,并因此具有最大的强韧性。由于中国人多地少的"基本国情",恰亚诺夫的理论传统比起在其诞生地俄国而言,其实更接近中国实际。可以说,此理论传统未来的进一步建设和发扬光大,其责任非中国自身的经济学和农业研究莫属。

七、结语

简言之,我们要清楚认识到中国经济—社会的现实,看到其非正规经济和家庭作为基本经济单位的强韧性和经济竞争力。认识到人口压力下的家庭经济的特殊逻辑,才能既看到中国经济发展的主要动力,也看到其一定程度上的社会不公。正是部分依赖家庭农业来维持生活的农户和农民工,吸引了大规模的全球资本在中国投资,支撑了其特高的投资回报率;也正是从事低廉报酬的农业从业人员及来自他们家庭的、从事低廉报酬(和缺少法律保护以及社会保障)的农民工,组成了今天中国社会基层的很大部分。

清醒认识中国这个真正的"基本国情",即由于人口压力+家庭经济组织结合所形成的巨大的基层半工半耕非正规经济和社会,才有可能认识并想象到一个与现代西方不同的中国的过去和未来。不仅是它的经济原理不同,也是它的社会结构的不同。由此才能认识到怎样在中国创建具有自己特点和主体性的社会科学和法学,怎样考虑从家庭单位,而不仅仅是从西方现代"理性经济(个)人"的建构出发,并且由此认识到中国社会主义革命的深层历史缘由。这样,才有可能不仅认识到中国的不足(其人均 GDP 仍然远远落后于发达国家,其存在一定程度上的社会不公),也认识到其所含有不同未来的可能。

第四编

中国的发展出路

第十四章
"第三只手"推动的公平发展？*

我们在上面几章已经看到,今天的中国农业和农村问题,不可能只从农业和农村本身来考虑。20世纪90年代以来的新时代农业革命是由城镇经济发展和食物消费转型所拉动的,也是由大量农民非农就业所支撑和改造的。反过来说,城镇的经济发展同样不可能只从城镇本身来考虑。其关键性的土地和劳动力都来自农村,其市场相当程度上也在农村,而在金融海啸后的全球贸易衰退大环境下,更加需要国内的农村市场。说到底,今天农村问题的解

---

* 作者最近几年一直在跟踪重庆的演变和发展,主要依赖的是公开发表的新闻报道和访谈。这里要特别感谢崔之元(2010年开始暂时离开清华大学挂聘重庆任国资委主任助理)引导我关心重庆的经验,发来众多材料,并提出许多很有启发的想法。也感谢白凯(Kathryn Bernhardt)、塞勒尼(Ivan Szelenyi)、汪晖、安德森(Perry Anderson)、王绍光、张家炎以及尤陈俊的反馈和建议。本章来自2011年发表的论文,英文版载 *Modern China*,2011年第6期(11月),中文版载《开放时代》2011年第9期。纳入本书,经过一定程度的修改、更新和压缩。

决出路最终必然不仅在于农村,也不仅在于城镇,而同时在于两者以及其间的关系。

我们可以简单地说,今天中国经济和社会最大的问题是城镇和农村的差别,是城镇正规职工和农村非正规人员间的差别,是城镇中产阶级和农村以及来自农村的农民工间的差别。中国农村和农业的发展出路因此必然在于城镇和农村间的关系的重构。唯有比较公平的城乡关系才有可能解决中国今天一定程度的社会矛盾,唯有比较富裕的农村才有可能扩大内需而使中国经济得以持续发展,唯有城镇和农村间的良性互动,而不是类似于历史上的帝国主义时期那样的一方凭借对另一方的剥削(廉价劳动力使用,原材料的掠夺)而致富,才有可能使中国保持长期发展。

我们当然可以凭空设想不同的重构城乡关系的方案。但是,那样的做法很容易陷入脱离实际的、高度意识形态化的空谈。长期以来,笔者一直都希望能够看到一个实际的案例,可以借此来鉴定符合实际的、可行的方案。2007年,国家发展改革委发出正式通知,批准重庆市和成都市为"全国统筹城乡综合配套改革试验区",明确指示要"……在重点领域和关键环节率先突破,大胆创新,尽快形成统筹城乡发展的体制机制,促进两市城乡经济社会协调发展,也为推动全国深化改革,实现科学发展与和谐发展,发挥示范和带动作用"。(《国家发展和改革委员会关于批准重庆市和成都市设立全国统筹城乡综合配套改革试验区的通知》,2007)之后,重庆市尤其作出了一系列非常重要的、超越左右分歧的实践。其间虽有波折,但重庆统筹城乡方面的一些关键性举措依然得到延续,并且硕果累累,对全国都有一定的启示意义。本编第十五、十六两章试图分析其解决城乡差别主要措施的内容和其所隐含的实践逻辑,借以探索中国农业和农村,以及全国经济的发展道路。

一、超越左右对立的论点

在科尔奈看来,资本主义和社会主义经济是两个截然对立的体系,分别有其自洽的逻辑,也是完全敌对的逻辑。资本主义的关键是其经济抉择来自基于供求规律的市场价格信号,由此而达到资源的最合理配置。对科尔奈来说,资本主义的这个特点和私有产权是不可分割的:正是私有产权,相对于国家所有制度,才会导致市场经济的"硬预算约束"而不是官僚经营制度下的"软预算约束"。与此不同,社会主义计划经济的经济抉择,不是来自市场信号而是来自官僚抉择,因此造成极其不合理的资源配置。为此,社会主义经济下会呈现惯常性的"短缺",这是因为其物品生产并不考虑消费者真正的需求。需要的物品经常短缺,而不需要的则可能过分充裕。对科尔奈来说,两种制度分别遵循其独有的逻辑,两者的混合只可能导致高额的"不协调成本"。(Kornai,1992:尤见第11、15章)

科尔奈的观点影响极其强大,不仅在新保守主义(新自由主义)统治下的西方,在放弃计划经济并接受了市场经济和私有化的原社会主义国家更是如此。科尔奈的一些基本概念的影响是如此之强大,它们在改革时期的中国几乎达到了一种霸权话语的程度,这在经济学领域特别明显,但也可见于其他社会科学(见本书第十二章;亦见黄宗智,2010d)。作为一种霸权话语,它包含的不仅是一种范式,也是作为理论建构基础、被认作不言自明的基本前提和信念。要说明不同的现实和逻辑需要经过一番特殊的努力。

本章将提出,重庆市(2009年人口3300万,其中2300万农民——《重庆统计年鉴》,2010:59)的发展经验,代表的是一个不同的进路,验证了一种既不是市场资本主义也不是计划社会主义经济的,而是经过两者部分特征之重新组合的新颖的可能。它的来源不是任何现存理论体系,而更多的是在特定历史环境下的实践中的创新。它是一个仍然在形成过程中的工程,而本章也是这样,因为它只来自对该试验的初步总结和认识。

简言之,重庆的试验一方面展示敏锐而实用的市场经营策略,另一方面则展示深层的社会公平决心。它使用的是可以被初步概括为"第三只手"的做法,其依据是"第三财政"。重庆的经验提出,科尔奈关于计划经济"短缺"弱点的分析无疑是正确的,但是,科尔奈认为唯有私有产权下的公司才可能利用市场信号的看法则是错误的。重庆依赖的是国有的企业公司和资源,以及它们的市场收益和增值,来为社会公平和基础设施建设提供必要的财政。它证实,国有公司可以根据市场信号和动力来运作,而其目的可以不是私家利润而是公共效益。本章简单总结主要经验证据以及它们所阐明的道理,并将从最普通的经验开始,逐步进入其特殊、反直觉的方方面面。

二、重庆的"龙头企业"

在极力招商引资方面,重庆的行为和其他地方政府性质基本一致,虽然也许更具想象力,也更成功。2010年年中以来有许多关于重庆与国内外企业达成醒目协议的媒体报道,涉及多家公司。我们这里将集中于四个较关键的(赖以带动发展的)"龙头企业":美国的惠普公司(Hewlett Packard),全球最大的笔记本电脑公司;中国台湾的富士康(Foxconn),全球最大的电子零部件公司,是制造苹果iPod、iPad、iPhone的公司;德国的巴斯夫(BASF)公司,全球最大的化工产业公司;以及长安汽车公司——中国第四大汽车公司,包含和美国福特(Ford)公司合资的长安福特公司。它们分别代表重庆的主要不同经济部门,包括在源自国民党政府抗战期间迁都重庆之后兴起的(普通)武器产业基础上建立的汽车产业,与天然气相关的化工产业,以及最新的信息产业。

惠普之前只投资于中国东部沿海,采用的主要是进口零部件加工而后出口的"两头在外"模式,这也是当时中国出口加工贸易普遍的做法。惠普如果投资重庆,等于在两头都要加上2000公里的运输,其物流费用之巨使该做法实在不可考虑。

对此,地方政府设想的是另一种模式,零部件将就地生产,乃是"一头在外,一头在内"的新模式。惠普如果能够下一个2000万台笔记本的订单,地方政府就能够组织其余。

对此,中国台湾的巨型零部件公司富士康乃是关键。地方政府因此去富士康的台湾总部,以惠普的订单为引诱,说服他们在重庆的新信息产业园区建立生产基地,于2009年8月8日签订了协议。(黄奇帆,2010.12.11;亦见2010.10.20)据黄奇帆说,惠普决定投资50亿美元,而相关的零部件生产投资将达到500亿美元。(同上;亦见黄奇帆,2010.9.19)

这里的另一个重要条件是设立简化的高效率出口程序。货物只需在重庆的保税区一次性报批、审检、过关，便可以直接通过深圳盐田港出口，节省了重复手续的高额成本。实际上，货物能够比从上海出口快两天到达欧洲市场。(黄奇帆，2010.10.20)

更加引人注目的是从重庆经铁路运输到欧洲市场的大胆工程。重庆用分享利益来赢得哈萨克斯坦和俄罗斯的支持。经过与铁道部和海关总署的协调，货物从重庆经兰州、新疆以及哈萨克斯坦和俄罗斯运到德国(全程9000公里)，要比从上海或深圳海运到欧洲市场快20天，比从上海经符拉迪沃斯托克用西伯利亚大铁路到德国(10 000公里的行程)要快六七天。2010年10月20日，黄奇帆发表报告说，中、哈、俄三国海关部门已经签订了货物互通便利协议。(黄奇帆，2010.10.20;亦见Lee，2010)2011年5月，黄奇帆进一步报告说，"渝新欧"这条新路线已经运行。(黄奇帆，2011.5.20)到了2012年4月，已经每周通行两个班次，预计年终达到一周三个班次。同时，成立渝新欧物流公司，由重庆市控股，哈、俄、德等参股。目前，每40英尺的集装箱运价不过8900美元，预期可以进一步减低。(《渝新欧铁路：重庆向西，穿越世界心脏》，2012;《渝新欧(重庆)物流公司成立　重庆将成欧亚货物集散中心》，2012;黄宗智，2011b:8)

原来的预测是重庆的新信息产业园区一年后将生产2000万台笔记本电脑，第二年4000万台，2015年可达到8000万台，[①]参与的不仅是惠普，还有中国台湾宏碁(Acer)和其他电脑公司，也不仅

[①] 作为比较，惠普公司2010年的笔记本电脑总产量是6500万台。

是富士康,还有广达(Quanta)和英业达(Inventec)等公司。惠普公司对此项交易的重视,可见于其把自己的亚太结算中心从新加坡迁到重庆的决策,这本身便是对重庆发展金融产业以及建立全球化金融中心的一个重要推动。2012年4月,仅仅在和惠普与富士康在2009年8月签订协议的两年半之后,重庆已经达到年生产不止5000万台笔记本电脑的地步,预期在2014年可能达到1亿台,相当于原来预测的全世界3亿台总销售量的1/3。那样的话,重庆将会成为全世界最大的笔记本电脑生产地。(《重庆今年拟生产5000万至6000万台笔记本电脑》,2012;黄宗智,2011c:7)

在信息产业之外,重庆的另一重要经济部门是化工产业,这与其丰富的天然气资源直接相关。这里的关键是德国化工产业巨头巴斯夫公司。在重庆,它主要生产MDI(二苯基甲烷二异氰酸酯),这是生产被广泛用于冷热保温的聚氨酯的主要原料。2011年3月18日,国家发展改革委公布批准巴斯夫公司在重庆兴建全球最大的氰酸酯生产基地(包含完善的安全与环保措施)。巴斯夫公司投资350亿元。这是重庆化工园区发展的龙头。

为了避免误导读者以为重庆的发展将主要由外商直接投资(FDI)来推动,这里需要指出,FDI所起的只是前沿的作用。其实,黄奇帆明确指出,重庆发展战略的一个主要部分是要扩大内需(下面还要讨论),目标是要做到国内生产总值(GDP)的70%在国内消费、30%出口,最终依赖的将主要是国内的企业而不是外来企业。(Lee,2010)

一个能说明问题的例子是另一个"龙头企业"——长安汽车公司。重庆为惠普、富士康、巴斯夫所提供的激励条件,其具体细节

413

我们不得而知,但长安的案例可以为我们提供比较详细的信息。据报道,众多地方政府为招引长安公司而竞争得非常激烈,最后成为重庆的主要竞争对手的是北京市。发源自重庆本地的长安汽车公司,本来计划要在重庆新区建设新工厂,用地2000亩,投资25亿元。北京的招商计划则打算划出5000亩地,预计投资115亿元,并于2010年6月9日举行了合作协议签字仪式。

但黄奇帆积极投入竞争,他凭借的是"千亿汽车城"的设想。其中的关键是划地10 000亩给长安(1500亩＝1平方公里),两倍于北京的计划,而且每亩地价格才5万元(而重庆在基础设施方面的花费起码相当于这个价格的4—6倍,公开拍卖价格可达几百万元一亩,工业用地也要50万元一亩)。如此的招商引资,当然和许多其他地方政府的招引竞争相似,也是中国20世纪90年代中期以后的发展的关键动力。(黄宗智,2010d)至于其他的可能条件,如税收优惠、低息贷款等,我们不得而知。其中,土地部分至为重要。此次竞争的结果是长安从其与北京的协议中退出,并把在重庆的投资额从25亿元提升到350亿元,预计2015年将在重庆生产80万辆汽车。(《长安汽车城投资两江新区前后》,2011;黄宗智,2011a)

上述都是非常可观的商业交易,也是大家容易从惯常的直觉来理解的交易。除了土地交易方面,上述的信息早就可以在西方媒体的一些报道中看到。(例见Lee,2010;Larson,2010)但是,要充分理解土地及其开发所扮演的角色,我们需要进一步深入探讨。

三、上海和重庆的"土地财政"

和中国其他地方一样,"土地财政"是重庆发展的钥匙,其型式曾被称作"浦东逻辑"——来自黄奇帆曾工作十多年的上海浦东新区的经验。简言之,它所指的是地方政府凭借建设用地的增值来支撑发展所需的财政。我们可以通过上海市发展的历史经验来突出其中的道理:1843年,上海未开发的土地价格才6—10两白银一亩,到1902年上海外滩的地价已经涨到3万两一亩,1906年更达到10万两,1925年17.5万两,1933年36万两。增值的总幅度是3.6万到6万倍。(赵启正,2007:195)

当然,其中另一个重要因素是中国的地方政府相对来说没有受到和一般资本主义国家同等的私有产权的约束。改革时期中国的土地,在理论上最终是属于国家所有的。农民有农地的使用权(下面还要讨论),其所有权则在理论上属于集体,但国家保留为公共用途征用土地的权利。在实际运作中,中国和西方国家的不同在于它改革前是社会主义计划经济体制,因此,私有产权必须经过一番挣扎才可能树立。而西方的情况则相反。在美国,地方政府要援用所谓"政府征用土地权利"(right of eminent domain)必须面对重重的阻力和障碍。[①] 中国地方政府强大的地权是浦东背后的土地财政所以成为可能的一个重要因素。(黄宗智,2010d;2010e;

[①] 关于这方面案例的研究,参见美国"正义研究所"(Institute for Justice)的所谓"(私人)城堡联盟"(Castle Coalition)网站上挂出的众多的专著,见 http://www.castlecoalition.org/about/38。

第 4 章;亦见 George C. S. Lin,2009)

这在实际运作中的含义是,地方政府一旦拟定开发一块土地的计划并投入,通过征地(以及拆迁)而来的土地便可以预期其增值。它可以使用如此的增值来为建设基础设施融资。而"毛地"一旦具备为居住、商业、工业用地所需的基础设施而成为"熟地",地方政府便可以把地按照比其原来征地和建设基础设施成本高出多倍的市场价格"出让"(居住用地 70 年、工业用地 50 年)给开发商——除非,像长安汽车公司的案例那样,它要折价来招引投资。进一步的发展将带来更高的增值,而地方政府可以买回部分已经出让的土地而后"转让"或"出租"给别的商人,或用作抵押来向银行贷款,所得收益再次用于发展。整个过程可以用从土地到发展的"滚动"来描述。(《中华人民共和国城镇国有土地使用权出让和转让暂行条例》,1990;赵启正,2007)

正如众多学者已经指出的,地方政府之所以愿意在这个过程中亏本出让土地来吸引投资,是因为它可以预期获得更多的税收(企业增值税的 25%以及企业所得税的 50%,其余要上交中央),更不要说从这些"龙头企业"所带动的其他企业的集聚,以及为这些大企业提供服务的一连串小型企业和商业的兴起。① 它们将会为地方政府带来营业税和所得税,而那些是全部归属地方政府的。(黄宗智,2010d;亦见陶然、汪晖,2010;陶然等,2009;天则经济研究所,2007)

凭借如此的土地财政,重庆市政府在 2005—2010 年每年平均

---

① 新兴服务业包括数量庞大但多被忽视的新、半新和旧型"个体户",亦即城市"小资产阶级"。详细讨论见黄宗智,2011c,2008b。

为基础设施投入300亿元(2008年380亿元)。在这个面积82 000平方公里的直辖市里总共修建了2000公里的高速公路、5000公里的"高等级公路"、20座大桥、150公里的地铁和轻轨。(《解读重庆模式》,2010)这些是添加在原先基础上的——早在2003年重庆已经完成其"八小时重庆"计划,即在这个山区众多的地方修建各县区在八小时内能够到达市中心的公路系统。新目标是要把八小时减半,到2012年实现"四小时重庆"。(《从"八小时"到"四小时"》,2007;亦见苏伟等,2011:101)

这样的基础设施建设和温州形成鲜明的对照。温州代表了另一个重要的发展模式,它以私营企业为主,其所占GDP比例高达98%,但是,其公共部门则相对落后,在基础设施方面远远不如重庆。据报道,2011年温州下定决心要模仿重庆建设基础设施的模式。(《激活国企,温州复制重庆经验》,2011)毋庸说,重庆的基础设施也是其成功招商引资的部分原因。

笔者已经在另文和本书第十二章中指出,十分有利的投资条件和良好的基础设施与廉价劳动力的搭配,是外资在中国获得高回报率的基本原因。(黄宗智,2010d)根据美国公共政策智库布鲁金斯研究所(Brookings Institute)的一项研究,"中国投资回报率总额在1979—1992年间从25%降低到1993—1998年及其后的约20%。如此的回报率(用同样方法来计算)要高于大多数的发达国家,也高于包含众多处于不同发展阶段国家的样本"。(Bai, Hsieh and Qian,2006:62)在如此的回报率下,中国被广泛认为是全球最理想的投资目的地,譬如,联合国贸易和发展会议(UNCTAD)2005年的一项对专家和跨国公司的问卷调查发现,中国在全球排名第

一。(黄宗智,2010d:145)

上面描述的重庆土地财政和基础设施建设是和上海浦东基本相似的,但是,重庆经验在国内媒体中吸引了比浦东更大、更强烈的关注。我们需要再进一步深入才能理解其原因。

四、重庆的"第三只手"和"第三财政"

重庆经验实际上和其他地方有多方面的不同,初步被概括为"第三只手"和"第三财政"。这两个概念仍然比较含混,是正在形成和变动中的概念,展现于实践多于理论。我们这里只能试图初步勾勒出其轮廓。

(一)"第三只手"

"第三只手"是由黄奇帆首先使用的表达,但并没有予以详细解释。(《国企托底重庆发展 国资成政府第三财政》,2010)笔者的理解是,它是用以区别于亚当·斯密的市场"看不见的手"和与其相对的国家的"看得见的手"的概念。斯密的"看不见的手"是以私有、分工和竞争为前提的,认为市场能够自律并导致最高效率的资源配置。至于"第二只手",我们可以理解为各种各样的政府干预,包括监督与管制市场,宏观调控以及提供公共服务和社会福利。("第二只手"当然也可以被理解为改革之前的社会主义计划经济,但是,在今天中国的现实下,似乎更应该被理解为,国家基于来自土地出让收入的所谓"第二财政"——下面再详细讨论,为发展经济所做出的各种行动。)① "第二只手"的目的不是否定资本主义的市场经济，而是为了促进其更完善的运作。在中国的制度环境中，我们可以在这个范畴下更纳入地方政府积极"招商引资"的行为，以及2008年中国政府为了应对金融海啸所做的（类似于美国的）凯恩斯型的投资和支出。重庆的"第三只手"则不同，在和其他两只"手"共存的现实之上，也是对它们的挑战。

其历史起源，来自在20世纪90年代后期以后的国企改革中，重庆用来处理负有大量"坏债"的国有企业的方法。在计划经济时期无所谓坏债问题，因为当时的国有企业是由不顾盈利和亏损的政府机构拨款来经营的。但是，一旦被置于市场的动力之下，亏本的企业必须向银行贷款来维持经营。许多企业很快就无法负担其债务，而同时，在国企改组程序的众多漏洞中，许多企业领导和国家管理官员非法贪污国有资产，因此造成大量的企业坏债。以重庆的金融业为例，当时其五大银行的坏债高达其总资产的50%。其中，西南证券公司的例子尤其突出。这是一个被黄奇帆引用和媒体报道的例子。据说，该公司资产37亿元，但坏债总量达到33亿元，其中1/3是被侵占挪用的资金，1/3是被抽逃的资金，其余是受到诉讼纠缠的资金。2004年年底，该公司只剩500万元流动资金，而其正常开销每年便需要2500万元。（苏伟等，2011:184；黄奇帆，2011.3.4给出的数字与之稍有不同）

重庆该怎么办？根据严格的"看不见的手"的逻辑，地方政府

---

① 这样的理解要区别于美国企业管理学领域所用的"看得见的手"（visible hand）（Chandler，1977）的含义，它主要突出公司管理那只"手"的角色，区别于斯密古典自由主义经济学中的基于理性经济人的个人抉择的"看不见的手"。

应该简单让这些金融机构破产,但那样的话,将会造成许多存户的严重损失。另一种可能是,地方政府可以根据"第二只手"的逻辑,像美国的"问题资产救助计划"(Troubled Asset Relief Program, TARP)那样,由政府来为它们输入大量资金,但那不一定会导致它们真正的改组。重庆的做法是由政府把这些企业接收过来,而后改组为新的具有活力的国有企业。

第一步是建立国有的渝富资产管理公司,2003年该公司首先从中国工商银行一次性买下涉及1160家国有企业的157亿元"不良资产",买价是资产价值的22.5%。渝富由此从工行接收处理这些坏债的责任。据黄奇帆说,工行如果自己来处理这些坏债,兴许只能收回其5%。最后,渝富总共接收了1700亿元的国有资产,涉及60个集团公司和1700多位法人。(黄奇帆,2011.3.14;《解读重庆模式》,2010;苏伟等,2011:182,数据略有出入)

这些措施是一个整体发展计划和工程中的一部分,其做法是建立以公共利益为目的的国有企业公司。它们主要是八个基础设施和公共服务的国有投资公司,简称"八大投",包括城市建设、高速公路、高等级公路、地产、城市交通、能源、水务(包括水资源开发、自来水供应、污水处理、水力发电)以及水利(灌溉和水资源管理保护等)。①

在中国的政治经济体制下,如此的国有公司所起的作用,首先

---

① 八大投资公司全名是:重庆城市建设投资(集团)有限公司、重庆高速公路发展有限公司、重庆市高等级公路投资有限公司、重庆地产(集团)有限公司、重庆市能源投资(集团)有限公司、重庆城市交通开发投资(集团)有限公司、重庆水务控股(集团)有限公司、重庆市水利投资(集团)有限公司。(苏伟等,2011:183)

可见于重庆国资委主任崔坚所给出的一个例子:中央政府划拨了一笔(100亿元)用国债筹得的专款给重庆用来筹建16个污水处理厂(因三峡水库导致的水流减缓而造成的污染),用意是让重庆自筹100亿元。但是,作为一个地方政府,重庆根本就没有这样的预算可以动用(也不能够像美国地方政府那样靠"市政债券"来为此工程融资),而经过改组的国有"八大投",作为公司,则可以用其所拥有的土地资源作为抵押向银行贷款,借此来启动这项工程。(崔坚,2011)

正是如此的国有企业肩负了重庆的大规模基础设施建设,包括高速公路、高等级公路、大桥、大量的廉价公租房(下面还要讨论)、污水处理厂、自来水和电力供应、商工业区和信息产业园区等。问题是:我们该怎样来理解重庆这方面的经验?这些工程到底是怎样筹得所需资金的?

一种理解是重庆主要得益于其廉价购买的国有资产,尤其是2003年以资产22.5%的价格购买价值157亿元的坏债。根据这样的分析,渝富之所以能够以如此的低价购买资产,是因为重庆1997年以来的(继北京、上海和天津三市而获得的)直辖市地位及其与中央的关系。工行当然是个国有银行,而重庆所购买的1100多家企业也都是国有的。这些国有资产从2002年的1700(1746)亿元快速增值,2009年已经超过1万亿元(10 500亿元)之数,亦即增值不止6倍。(王绍光,2011:图4;亦见苏伟等,2011:182,数字略有不同)①

---

① 王绍光,2011:图4,给出的增长率是每年29.7%。崔之元,2010,用的是每年19%,相对于全国平均的3.7%。

如果从这些事实的表面来看,很容易像许多人那样得出这样的结论:重庆经验是独特的,得助于时机和特殊关系。正因为其以极其低廉的价格购买国有资源,才能获得特殊的快速资源增值。因此,它是个不可复制的经验。

这样的观点所忽视的是土地在重庆"第三只手"中所起的作用。正如重庆国资委主任崔坚指出的,重庆"八大投"组建的秘诀在于重庆市储备了足足30万亩(200平方公里)的建设用地,而许多其他地方政府则把大量的土地出让(或允许管辖下的工厂或其他单位出让)给开发商,放弃了政府对土地的控制权。重庆把这些土地资产全部划给国有的八大投资公司,使它们能够把土地作为抵押来筹资,其后则凭借开发了的土地的增值来还债,而经过进一步的发展和增值,再用来为其他的建设融资,使资产像雪球似的滚动。按照出让给开发商阶段的价格(10万元/亩),"八大投"仅其土地资源便达到300亿元的市场价值。按照完成建设之后的市价计算,则更高达3000亿元或更多(以每亩100万元价格计算)。(崔坚,2011)

与重庆所购买的157亿元"不良资产"相比,土地资源价值的规模显然属于另一层次。相关的另一个例子是2007年重庆钢铁公司的迁移。渝富购入重钢的7500亩地,出价100万元一亩(由此为之提供迁移所需资金),但购入的土地很快便增值到几百万元一亩,最高达到600万—700万元,亦即450亿元以上的总值,为"八大投"提供了可观的利润。(《解读重庆模式》,2010)另外,朝天门长江大桥也是一个相关例子。它连接了三个中央商业区。一旦竣工,其周围的7000多亩土地也被纳入城投的土地储备,同样快速增

值,足够在支付建桥经费之外为"八大投"提供可观利润。(苏伟等,2011:194)

简言之,重庆国资的快速增值,主要来自重庆的快速发展,而不是来自其偶然的廉价购买国资。其中原因主要是"水涨船高"。2010年重庆国资已经从2002年的1700亿元超过10 000亿元,进入北京、上海和天津所在的行列。其中关键显然是"土地财政"。因此,重庆发展是一个具有比较广泛的可复制性的经验。①

那么,我们应该怎样来理解重庆处理国有资产的做法?首先,它明显和旧计划经济下的官僚经营很不一样,因为市场力量起了十分重要的作用,它区别开了盈利和亏本的企业,确定了资产出售和购买的价格,决定了银行融资的数额以及确定了其后的市场增值。

它显然也和在新自由主义经济思想主导下经过私有化的国企不同。后者的前提信念是,唯有私有财产的激励才可能使企业具有真正的竞争性。如此信念下的私有化始末可以用一个具有特别翔实资料的案例,即对西南地区的一个重要国营酒厂(2011年它的高端产品已经达到1000元/瓶的价格)的研究来说明。在国企改组的初期,那个企业采用的方案是由其全体职工来共享该企业的特高利润(在工资方面,管理层和职工的待遇基本相同;住房条件方面也基本相同)。当时的主导改革思想是借用(行政和经营的)

---

① 但正如崔坚指出的那样,也要考虑到直辖市的独特体制——它既拥有土地也有制定法规权力。其他在省政府管辖下的城市则虽然拥有土地但不能制定地方性法规。(崔坚,2010)但如此的制度性约束应该可以通过省政府和其管辖下的城市的紧密配合而克服。

"两权分离"来激活企业,采用承包性的"资产经营责任制"。但是,那样的做法具有明显的弱点,等于是用"企业大锅饭"来替代"国家大锅饭",只能惠及盈利企业的职工。20世纪90年代后期开始,在"市场化+私有化"主导思想的影响下,该企业逐步走向了所有权结构的全面改制。在其后的改革模式之下,酒厂在21世纪初期进入完全的私有化。在这个后期的改制过程中,职工被限于占有股份的13%,其余的归管理人员(以及几家投资公司)。结果酒厂的总经理成为巨富,获得20%的股份和9700万元的巨额股息。①

重庆的国有"八大投"的不同是没有进入那样的私有化。它们运作于市场力量之下,包括供求、盈亏以及市场增值等,但它们追求的是政府决定的公益目的,而不是私家的营利。

在这里,我们可以把重庆的国有企业和美国的一些公共机构略作比较,这也许会有助于进一步说明重庆的特点。重庆的国有投资公司首先应该区别于由美国政府发起的联邦国民按揭联合会(Federal National Mortgage Association, Fannie Mae)以及联邦住房贷款按揭公司(Federal Home Loan Mortgage Corporation, Freddie Mac)。后者虽然具有隐形的政府支持,但实际上股份都属于私人所有。和一般私有资本主义企业一样,它们要服从为私人股份所

---

① 关于企业本身,见 Chan and Unger,2009;关于不同阶段的国企改革主导思想,见天则经济研究所,2011:第1章。

有者争取最大利益的资本主义原则。重庆的"八大投"则是国家所有。① 它们也不同于美国的全国铁路客运公司(National Railroad Passenger Corporation,Amtrak),因为后者虽然在创始之初的原意是要自负盈亏,但近年来实际上每年都要由美国国会拨款10亿美元来支持,在这方面更像中国计划经济时期的国营企业。("Amtrak",2011)重庆的国有投资公司也不能等同于美国国有的公共广播公司(Corporation for Public Broadcasting,CPB),因为重庆的国有公司完全没有像后者的公共广播服务(Public Broadcasting Service,PBS)和国家公共电台(National Public Radio,NPR)那样的私人捐款援助——近年来占据到它们总收入的大部分(2006年是60%)。("Corporation for Public Broadcasting",2011)

重庆的"八大投"也应区别于美国凭借地方(州、市)政府发行市政债券(municipal bonds)来支持建设工程的组织方式。后者依赖的完全是借贷,绝对不是从国有资产所获得的收益和市场增值。它们对投资者的吸引力来自其所得利息可以免税的特征,由此来提高它们的回报率,使它们更具有与(利息率相对较高但必须付税的)美国国库券(U. S. Treasury Bonds)和(利息率更高的)私家公司债券竞争的能力。重庆的国有投资公司所依赖的则不是政府借

---

① 两个按揭公司的困境正来自其双重目的间的矛盾。一方面,当政者为了政治目的,要求它们尽可能降低按揭门槛,以扩大拥有自家房子的人数和比例,由此导致"次级抵押贷款"(subprime mortgages)的广泛使用;另一方面,它们想为股权所有者争取到最大的收益,因此大量投入(以住房抵押贷款证券为依据的)衍生证券。最终在2008年金融危机下临近破产,被置于政府监督管理之下,2010年更因股份价值连续30天降到1美元以下,而被从纽约证券交易所名单上剔除。("Fannie Mae",2011;"Freddie Mac",2011)

贷,而主要是国有资产(尤其是土地)的增值来支撑公共建设工程。

归根结底,主要差别是美国和改革时期中国的不同政治经济环境。在美国,资本主义的利润追求应该被限定于私有单位是一个根深蒂固的信念;政府,作为公共单位,只能征税和带息借贷,不可以从事利润追求活动。如此的公、私截然二元对立是一种基本的信念,可以被追溯到西方现代的资产阶级民主革命。一个可以说明问题的例子是美国的社会保障制度,它完全由税收来支撑,而其基金完全投入政府债券,从不纳入私营公司的证券。即便是在面临破产的压力之下,作为由政府设立的基金,它一仍其旧地不能像一般私有退休基金那样投资于(增值率较高的)私有公司证券。("Social Security",2011)

美国因此绝少有像重庆那样的"第三只手"型单位,有数的几个例外好比汪洋中孤立的几个小岛。一个并不广为人知的例子是创立于1971年的政府所有的海外私营投资公司(Overseas Private Investment Corporation,OPIC),其目的是促使美国私营资本在所谓的"新兴市场"(emerging markets)投资,主要业务是提供贷款、担保和(针对政治风险的)保险,每个项目最高可以达到2.5亿美元。从其建立至今,OPIC总共扶助了4000个项目,所提供资金总额达到1880亿美元。与美国的全国铁路客运公司和公共广播公司不同,在全球化和(美国企业)"外包"(outsourcing)的大潮流下,OPIC作为私营企业在外的投资媒介和伙伴,一直是个盈利的公司。("Overseas Private Investment Corporation",2011)

重庆市政府也扮演过类似于OPIC的角色。一个例子是其为重庆钢铁公司搭桥铺路,在澳大利亚以25.8亿美元购买30亿吨铁矿石的矿山,由此为重钢解决多年未能解决的原材料供应问题。(《重钢收购澳洲铁矿》,2010)另一个例子是协助重庆粮食集团公司在巴西以57.5亿美元购买300万亩(2000平方公里)的大豆产地。(《国企托底重庆发展　国资成政府第三财政》,2010)

其不同当然是重庆钢铁和重庆粮食集团都是国有而不是私有公司。因此,以上的例子所显示的不仅是重庆市政府之像OPIC那样,为中国公司在海外投资铺路,而更是中国的中央和地方政府,与其市场化了的而仍然是国有的公司之间的密切合作。比购买矿山和大豆产地的例子更突出的是其前提到的,重庆市政府带头促成与俄国和哈萨克斯坦联合组成的"渝新欧"铁道运输路线,以及其引进众多"龙头企业"入驻重庆,借以推动别的企业和商业之向重庆聚集等举措。它们远远超越美国OPIC的作为。

毋庸说,政府和国有公司的合作意义巨大,这戏剧性地显示于这样一个事实:2011年有61家中国公司被列名《财富》世界500强公司之中(2001年才12家),其中59家是国有的。("61 Chinese companies make Fortune 500 list",2011.7.9)这些公司在与众多境外国家和公司签订商务合同的过程之中,都享有政府的积极帮助。显然,一个创业性的政府,可以比一个私有公司做得更多,而其企业也因此在全球化的经济中,具有一定的竞争优势。

和重庆"八大投"最相似的,可能是1933年在美国罗斯福总统新政下建立的美国的田纳西河流域管理公司(Tennessee Valley Authority,TVA),其目的是为贫穷和萧条的田纳西河流域推进发展和现代化。它的经验曾经一度被美国政府认为是适用于第三世界(尤其在越南)的一种美国式发展模式。TVA和重庆的情况多有相似之处:它是为扶贫而设立的。重庆的40个县区包含20个贫困县区(其中14个是"国家级"的贫困县,多在三峡库区和与湖北交界的武陵山区)。TVA是为了建设水坝防洪以及利用水力发电来提供公共用电而设立的,重庆成为直辖市的部分原因就是为了协助120万的三峡移民探寻致富之路,也是为了建立水力发电厂。(苏伟等,2011:152—153)(TVA后来更建立了三个核电厂)但两者相似之处仅止于此,因为重庆国资委和"八大投"的经济活动范围要远远大于TVA。即便如此,TVA在美国一直是个争论非常多的议题——(共和党保守派的)里根总统的政治生涯便是从攻击TVA为"社会主义"型单位而起步的。("Tennessee Valley Authority",2011;亦见崔之元,2011.4.19)

美国的OPIC和TVA这两个案例,也许会对理解重庆"第三只手"的性质和逻辑有帮助。它既不是基于官僚经济抉择的计划型"社会主义"经济,也不是基于私有产权的资本主义经济,而是两者特定部分之间的结合。它把高度发展的市场和私有经济当作前提,但它是政府所有的,并以公共利益而不是私人或公司利润为目的。我们几乎可以说,它是处于政府和市场、公和私、国家和社会之间的中间连接体。

(二)"第三财政"

和"第三只手"概念紧密相连的是"第三财政"。黄奇帆是这样解释第三财政的:"我管了七年财政,从来都是把重庆的财政一分为三,预算内的财政'保吃饭',包括政府机关运行经费……[第二财政是]土地出让金等预算外收入……第三财政就是国有资产预算。"(引自崔坚,2011)与此不同,一般地方政府的概念只有预算和预算外两部分,亦即黄奇帆说的第一和第二财政。新鲜的是黄奇帆所说的第三部分。

一份媒体报道是如此表达这个概念的:"黄奇帆把地方税收视作是'第一财政',卖地收入为'第二财政'。他把重庆地方国资称为'第三财政'的原因是:重庆国企每年为各级政府对基础设施、公共设施投入 300 亿元到 400 亿元,重庆市政府的财政因此能够减少在基础设施上的很大一部分投入,更多地把钱用到社会保障、教育卫生事业、公共服务上。"(黄奇帆,2009.9.21)

由此可见,关键概念是用国有企业及其资源的收益和增值来支撑政府工作,尤其是基础设施投入。它源自重庆把计划经济的国企成功地改革为充满活力为公共利益服务的,而不是为私人牟利的国有企业。

崔之元多年来一直强调这个论点,他部分借助于 1977 年诺贝尔经济学奖得主詹姆斯·米德的理论。应该说明,米德之所以得奖,主要是因为他在国际贸易方面所做的研究(Meade,1977),但他自己则认为他最好的著作是他 1964 年出版的书——《效率、公平与产权》。(James E. Meade,2001)崔之元借用的是米德在那本书里提出的重要洞见,米德认为:当前(西方国家)的政府财政都被限定于税收和债务,不能[但应该]借助于政府所有资源的收益和增值。(见崔之元,2010:10,引用米德,1992:54)崔之元把这个观点置于他提倡的"自由社会主义"的核心,把重庆经验看作比较符合他自己多年来为中国提出的理想和出路(并因此从 2010 年开始挂

职于重庆两年,任国资委主任助理)。(Cui Zhiyuan,2005;崔之元,2008a,2008b,2009)

另外,崔之元指出,孙中山的土地"涨价归公"是指向和重庆经验同一方向的思路。(崔之元,2010)孙中山这个概念来自美国政客——政治经济学家亨利·乔治,后者敏锐地看到,美国19世纪后期的土地增值幅度要远高于工人工资。乔治认为,问题来自占有大量土地的私人地主,他们尽量提高地租(以及地价),由此导致技术和经济虽然日益进步,但产业工人普遍陷入贫困的悖论(他的书因此命名为《进步与贫困》)。乔治因此提倡土地归公,认为土地作为自然资源,其性质和一般源自人们的努力所创造的个人财产不同,应该归属全社会。① 他认为,在经济进步中出现广泛贫困的问题应该用单一的土地(增值)税收来解决,把该税收用于公共利益。(George,1879[1912]:尤见 V.II)

乔治的这些概念之所以对孙中山具有特别的吸引力,也许是因为孙中山注意到同样的土地增值(例如上海外滩),同时也因为孙中山的经济思想受到土地最终属于国家(皇帝)的中国传统经济思想的影响。孙中山认为,平均地权和土地涨价归公是中国应该采纳的途径,借此达到社会公平。他甚至还提到运用土地增值来支付地方公益措施的想法。(王昉、熊金武,2010;亦见崔之元,2011.1.28)

但是,新近的研究还指出,在民国时期的战乱和社会动荡中,

---

① 乔治给出的具体例子是一栋房子和其底下的土地。前者是由人的努力所盖成的,因此应该属于私人,后者则原来就存在。两者不应混淆为单一的私人"财产"。(George,1879:Ⅶ.Ⅰ.16)

孙中山和其后的国民党都没有真正的机会来实施关于土地的这些想法。等到最终在上海市试行的时候，已是1948年9月了，前后执行不过8个月，而其效果去孙中山的设想很远，所征到的土地税才相当于同时期税捐收入的2%—3%。（王昉、熊金武，2010:39）

但乔治和孙中山对土地与其他财产不同的认识，确实是对一般主流经济学的一个重要挑战。后者惯于把土地和劳动视作同样稀缺的资源，与资本一起组成最主要的"生产要素"。重庆的经验很好地说明，土地和劳动力十分不同，尤其是在中国，土地是非常短缺的资源，在市场需求动力下，它的价值只可能比其他要素更快速地上升，市区居住用地则更加如此，因为中国对此的要求几乎是无穷的，同时，鉴于中国的劳动力过剩，工资的上升只可能远远滞后于土地。在如此的情况下，一个真正"以人为本"的发展战略，几乎必须对土地的增值进行重新分配而用于公共利益。这也许是我们对亨利·乔治和孙中山关于土地的思想所应有的理解。

对重庆乃至中国来说，土地之所以在改革的实际运作中变得如此重要，是由于几个不同历史趋势的交叉。首先是计划经济遗留下来的大量国营企业的国有资产达到美国政治经济环境中所不能想象的程度。其后是它们市场化的改组（多包括私有化）。在重庆，这个改组主要是通过土地投入及其增值来为国营企业重新筹集资金，而后把那些企业改组为公共服务性的国有企业公司。这一切都发生在其经济最强势的"起飞"阶段，其部分动力来自地方政府通过优惠条件和廉价劳动力而吸引的外来投资。结果是重庆国有企业和经济整体的快速发展，到2010年，其GDP增长率已经连续几年达到每年15%。（苏伟等，2011:113）到2011年年底，根

431

据另一份更系统的研究,重庆做到了五年(2007—2011年)中平均每年16%的GDP增长率。(屈宏斌,2012)伴随那样的发展而来的是重庆所储备的建设用地的戏剧性增值,而市领导把其投入政府所选定的公益用途,而不是让它归入商家私囊。这是重庆经验重要的一面。

但是,以上的分析,仍然不足以把重庆的经验和此前的浦东经验充分区别开来。浦东同样依赖土地财政的滚动发展。浦东政府的"四大开发公司"(分别负责新区的四个不同地区)同样对城市发展起过主导作用。

重庆与浦东的不同部分在于其组织方式。浦东当时还没有2003年以后被广泛使用的以国资委为国有资源的所有"法人"的模式,浦东的政府资源仍然比较含糊地归属地方政府。浦东也没有像重庆的"八大投"那么有明确的针对性,而是根据地区分组开发公司,这些公司更像政府型的组织。在这些方面,浦东也许更靠近国家经营的老组织方式,虽然是在市场化之下运作的,而重庆则可能去旧制度更远一些,更像一个"第三只手"。(赵启正,2007;袁剑,2003;《开发公司的浦东实践》,2010;曾刚、赵建吉,2009)

在一般的经济学家看来,重庆的组织方式要比浦东更接近"现代企业制度"。在他们的眼中,旧制度和新制度的不同,鲜明地体现于"国营企业"这个旧名词和"国有企业"新名词的不同。他们认为,后者更清晰地区分所有权和经营权,因此更加符合"现代"(即资本主义)企业的组织方式。(天则经济研究所,2011:第1章)

但如此的区别在我看来还是比较模糊的。要真正理解重庆的不同,我们下面要讨论其"第三财政"的更出人意料的使用,它不仅被用于基础设施,更被用于社会公平建设。这是一个被国外媒体忽视的方面(也许因为它是如此反直觉)。但是,对中国人民来说,在 30 年的相对不公平的发展环境之下,它是重庆之所以具有极大吸引力的重要原因。

五、公平发展

重庆的试验十分强调社会公平,所用表述是具有悠久古代和现代传统的"民生"一词。① 这对重庆来说特别重要,因为,和其他三个直辖市(北京、上海和天津)不同,它包含 20 个贫困县区。在 3300 万(2900 万常住,余暂住——《重庆市 2010 年第六次全国人口普查主要数据公报》,2011)人口中,农民户籍人口足足占 2300 万(包括在外地以及在重庆城镇打工和居住的农民工)。("China's Chongqing to Reform Household Registration System",2010)2010 年,重庆市政府声称,它已经连续三年把政府支出一半以上用于民生,远远高于全国其他地方。2009 年的投入是 682 亿元,相当于总支出的 51.7%。(《国企托底重庆发展 国资成政府第三财政》,2010;亦见黄奇帆,2011.3.4;王绍光,2011:表 3)2010 年的投入是 887 亿元。(崔坚,2011)

关于农民工问题已经有许许多多的研究。在全国范围内,2009 年在"城镇"(即县城关镇及以上的城市)打工的"离土又离乡"的农民工总数达到 1.45 亿人,2011 年更达到 1.59 亿人。2009

---

① 它是孙中山的"三民主义"之一。它的历史根源被追溯到《左传》,可以被视作儒家"仁政"的一个组成部分。

年的国家统计局的农民工监测调查再度说明,农民工从事的一般是最脏、最苦的工作,平均工作时间每天11小时、每周6天,远高于国家劳动法的规定,但其报酬则仅相当于城镇居民的60%,而且这是没有计算医疗、失业、养老保险和教育方面的差别的比例。(中华人民共和国国家统计局,2010;《中国统计年鉴》,2009:表4-2;黄宗智,2010d:145—147;亦见黄宗智,2009b,2011c)他们受到的差别对待是改革时期中国社会不公平现实的显著体现。长久以来,改进他们生活的呼声已经充满全社会。

重庆市2009年3300万的人口总数中,有400万是农民工,其中330万已在城区工作三年到五年以上(另有从重庆到外地——主要是东部沿海——打工的450万农民工)。(苏伟等,2011:221—222)和其他地方一样,这里的农民工此前普遍租用破旧的房子或地下室,住市区的穷街陋巷或住郊区的农村平房,租用借此机会多挣点钱的房东们的房间/房子。即便在首都北京,他们面对的也是较低等的待遇。缺乏失业保险使他们一旦失去工作便会失去生计。缺乏充分的医疗保险使他们一患重病便可能陷入旋涡而不断下沉。缺乏子女们上公立学校的权利使他们要肩负沉重的择校费,否则就只能自己另组学校。

作为统筹城乡的试验区,重庆市政府是第一个针对农民工问题实施大规模举措的地方政府,其中最突出的是建造廉价公租房。2010年开始,重庆动工建筑4000万平方米的公租房,计划于三年内竣工。以每人居住面积15—20平方米计算,这个工程计划解决200万—300万农民工的住房问题,涵盖了330万已在重庆工作三年到五年以上的农民工的很大部分。租费预期10元一平方米,一家三口 60 平方米房子的租金将为约 600 元/月。为了避免形成公租房贫民区,新建筑被分布于 21 个不同的商品房大组团。那样,公租房将享有与一般商品房同等的社区公共设备和服务。符合条件者可以在租用五年之后购买公租房,但不可以在一般市场上出售来获得高额利润(只能把房子卖还给房管部门,预计利润不可超过 20%)。(黄奇帆,2010.7.30;苏伟等,2011:218,数字略有出入)2011 年春,首期的"民心佳园"已经竣工,共有 17 900 户定期入住。截至 2011 年年底,已有 8.2 万套主城区房子以及 3 万套散布其他各区的房子,经过公开和透明的摇号配租程序,被分配给总共 30 多万人。(《增投资促消费 重庆公租房已惠及 30 万人》,2011)

公租房的建设是由"八大投"中的两大投——地产和城投——负责的,所用的方法和基础设施建设基本一样。政府为主城区的 2000 万平方米的工程划拨了 3 万亩土地。如果出让给开发商,其价值起码 50 万元/亩,也就是说总值 150 亿元。建筑落成之后的价值更高,最起码 300 亿元。这是政府主要的投入。整个 4000 万平方米的工程所需投入是 1000 亿元(约 2500 元/平方米),其余由银行贷款、中央政府拨款等来凑足。所收房租则用来支付利息和物业开销。(黄奇帆,2010.7.3;亦见崔坚,2011,其数字略有不同)贷款本金则除了土地的进一步增值(譬如,通过出租商业空间来实现)之外,可以用房子出售(给租用五年后想要买下房子的租户)所得资金来偿还。(《细剖公租房贷款账本》,2011.5.14)

重庆的做法和其他地方政府不同的是,它不是在完成基础设施建设之后便把全部土地出让给开发商,而是由其国有企业保留相当部分土地并且由它们来建筑这些房子。因此,等于是把后期的土地增值部分投入公益而不是私家钱袋里。如果没有土地增值部分的投入的话，整个工程根本就不可能，因为政府的税收收入总共才1167亿元一年。(苏伟等，2011:219)

国内的土地市场一般被区分为所谓"一级市场"和"二级市场"两部分。① 一级市场指的是政府直接把土地"出让"给开发商(一般是在基础设施建设完之后)，因此也可以说是由政府"垄断"的，但具有一定的市场价格。二级市场指的则是其后(进入为实际使用的建设过程中)在商家们之间进行的"转让""出租"和"抵押"，其价格一般要远高于初级市场。当然，两个市场并不一定可以那么清楚区分——譬如，浦东经验中便有开发商在基础设施完备之前便通过关系廉价购买土地(袁剑，2003)，而在重庆经验中，政府则常把土地保留到后期的建设和市场阶段。虽然如此，两者的区分对我们理解重庆市政府的行为也有一定的帮助：政府没有把自己限制于初级市场，而是保留了土地并自己经手房子建筑，由此获得二级市场的更高增值。

另一例子是上述的重庆市政府在重庆钢铁公司迁出市区的时候从重钢买进7500亩土地，其后土地很快增值。政府所储备的朝天门长江大桥周围的7000多亩土地也是一个例子，大桥串通三个中央商业区之后，其价格最高达到600万—700万元/亩。政府的这些举措，也可以用来说明黄奇帆之所谓"第三财政"的具体含义。

重庆在住房方面的总体战略是建立一个"双轨制"来解决城市的巨大的住房问题。改革时期的中国原来打算主要依赖政府补贴

---

① 初级和二级的区分也许源自美国证券市场：从证券发行人直接购买的被称作一级市场，之后的交易则被称作二级市场。

的经济房来解决这个问题,但是,在新自由主义意识形态的影响下,后来逐步走向了主要依赖商品房的实际。结果是公共住房人口实际上只占到城市人口的3%—5%,而商品房的价格则越涨越高。重庆实施的计划则是用廉价公租房来解决30%人口的住房问题,其余60%依赖商品房来解决,剩下的10%是高端奢侈房,要另外加征物业税。(黄奇帆,2010.7.3;亦见苏伟等,2011:218)①

同时,重庆市政府严密控制了土地市场,把土地价格限定在楼盘的1/3幅度上。2010年年末,重庆房价仍然是合理的6000—7000元/平方米,和北京、上海市区的起码3万元/平方米形成鲜明的对照。(黄奇帆,2011.2.16)2011年年底,政府仍然把市区新盖房子均价控制在2010年的6000—7000元/平方米。这是一个中等收入阶层能够支撑得起的价格。(黄宗智,2011b:18;2011c;亦见《2011年主城九区新建商品住房均价及2012年高档住房应税价格标准》,2012.12.31)这样的情况显示的不是"房地产泡沫",而是一个可持续的、结合私营和国有公司的房地产业和市场。

重庆的公租房工程在全国吸引了广泛强烈的关注,并得到中央的正式认可,作为在全国推行的模式。2010年11月16日,"三部委"(财政部、发展改革委和城乡住房建设部)发出通知要在全国推广廉价公租房的建设,并要求把指标落实到地方官员的"目标责任书"层面上。(《三部委要求全国推广重庆公租房融资模式》,2010.11.17;亦见《三部委:允许土地出让净收益等用于公租房发展》,2010.11.16)

---

① 黄奇帆指出,香港特区政府用其从(填海)土地获得的收益组建了200万人的公共房,相当于其人口的1/3。

此外，在统筹城乡的另一方面，重庆启动了全国规模最大的农民工转城市户籍的改革，目的是要让农民工享受到与城镇居民同等的福利和教育权利。原来的计划是要在三年之内办好 300 万农民工的户籍转换。但从 2010 年 8 月启动以来到 2011 年 3 月，已经办好 200 万人的转户，当时预期在 2011 年年底便可以提前完成计划。（吴邦国，2011）到 2012 年 3 月，国务院发展研究中心的系统研究报告说明，此项工程在一年半的时间里便已经为 322 万农民工改变了户籍，提前完成了原来计划要三年时间的工程。（国务院发展研究中心，2012；亦见黄宗智，2011b）这个数目基本包括所有在主城区工作五年以上以及在其他各区城镇工作三年以上的（本市）农民工。转为市民身份意味着他们现在享有和城镇居民同等的医疗、退休、教育等福利。长远的计划是之后每年吸纳 70 万—80 万（新到的）农民工，到 2020 年完成总共 1000 万农民工的转户。（黄奇帆，2010.11.4）

由于城乡福利的差别，如此规模的农民工转市民工程将需要一定的成本。正如黄奇帆说明的，重庆的企业要为一位城市户籍的职工交纳其月薪 20% 的养老金，但只要为农民工交 12%。其间差别相当于大约 1000 元/年。在医疗保障方面，主城区的企业每年要为市民职工交 1400 元，而为农民工则只交 450 元。差别也约 1000 元/年。这样，300 万的农民工转户在这两项上便需要每年支出约 50 亿—60 亿元。① 此外还有间接的配套成本，诸如公租房、教育、公共卫生等。根据黄奇帆的估计，每年约需 20 亿元。② （黄奇

---

① 黄奇帆给出的数字按 15 年计算。
② 黄奇帆给出的数字是 15 年共 300 亿元。

帆,2010.11.14)

　　这样将近80亿的年支出将从哪里来？黄奇帆解释说,主要将由企业来负担,但重庆市政府将会负担其中的几十亿元。我们可以看到,成本虽然相当高,但对一个2009年为民生支出900亿元的地方政府来说,并非承受不起的负担。其经费的主要来源正是上面讨论的土地收入和"第三财政"。据黄奇帆说,2010年重庆市政府仅出让土地的收入便达到980亿元,远高于2001年(系统储备建设用地之前)的2亿元。(黄奇帆,2011.2.18)

六、经济上可持续吗？

　　我们要问:在社会公平上如此巨大的政府投入在经济上能够持续吗？土地财政是会耗尽的,发展速度是会减缓的,支出成本是会上升的,那样的话,社会保障的支出不是会成为不可肩负的重担吗？抑或,像政府所设想那样,社会公平将成为可持续发展的不可或缺的动力？

　　黄奇帆的设想包含诸多相互关联的方面。首先是这样的社会公平(民生)工程将会扩大中国的内需和市场。他解释说,每一位农民转入城市将会增加起码1万元的消费,300万人就等于300亿元的消费。这将为重庆正在兴起的工业和服务业提供强有力的刺激。(苏伟等,2011:222)

　　此外,城市预期每年添加70万—80万农民工来就业于上面所讨论的由国内外投资建立的新产业(以及其所需的服务)。和已在城区的农民工一起,他们将组成对外来投资具有很大吸引力的廉

439

价劳动力(目前的工资要相对低于较高度发展的北京、上海、天津、广州、深圳等地),这也是今后发展的一个重要动力。

同时,黄奇帆指出,全市农民半数迁入城市,将会为留在农村的农民释放出相当大量的土地。在笔者看来,那样的变化将会允许更多的农民家庭农场接近其"适度规模",尤其是那些邻近交通路线、从事"资本和劳动双密集化"的高值农产品生产(诸如蔬菜、水果和种养结合)的"新农业"。

较难看到的也许是农民城市化将会"释放"一定数量的"农改非"城市建设用地。要说明这一点,我们必须了解中国政治经济体制下的耕地政策:中央政府规定,为了保证中国粮食(和其他农产品)供应,一定要保住18亿亩耕地的红线。因此,中央严格限制地方政府征用耕地来建设城市。但同时,中央政府也立法允许通过农村非农用地复垦来扩大城市建设用地的定额。这个政策叫作"城乡建设用地增减挂钩"(中华人民共和国国土资源部,2008)。农村宅基地(作为"非农"的农村"建设用地")符合政策条件。这样,每亩复垦为耕地的宅基地原则上可以通过"城乡建设用地增减挂钩"来补加一亩的城市建设用地。由于城市建设用地带有高额利润,农村复垦宅基地具有一定的市场价值。据估计,重庆农村居民宅基地平均面积是0.26亩/人。因此,2010—2020年的1000万转入城市户籍的农民,蕴藏着释放出260万亩城市建设用地的可能。(黄奇帆,2010.11.9)

为此,重庆率先建立了一个"土地交易所"制度,其主要目的就是为复垦宅基地所释放出的建设用地组织市场。在原地机关出具复垦证明之后,农民便可以把"地票"投入交易所出卖。每一亩这样的地票相当于一亩建设用地的许可证,因此它具有一定的市场价值。迄今为止,地票的主要购买者是开发商(其中约1/5是大型开发商)和重庆市政府本身(购入约一半的地票)。2010年年底和2011年年初,交易所一亩地票的价格是10万元左右。(黄奇帆2010.11.9;亦见《重庆"地票"继续试》,2011.1.18)2011年7月,更增至15.5万元。2011年年终,全年地票交易5万多亩,均价增至24.4万元一亩(《重庆地票拓宽"三农"收入》,2012)

从重庆市政府的角度来考虑,通过这种途径进一步储备土地,可以补充其原有的30万亩建设用地。不然的话,按照每年3万亩的使用率来计算,10年便将耗尽(这是崔坚给出的数字——崔坚,2011)。市政府如果每年购入被释放的26万亩土地的一半,这意味着其今后10年可能每年补加13万亩土地的储备。这样,市政府将可以在相当一段时期维持其土地开发和土地财政,凭此来支撑其"第三财政"。(《重庆"地票"继续试》,2011.1.18)

从开发商的角度来考虑,这样的购入是划得来的,因为开发完毕之后的土地价值将会是其收购价的许多倍。

至于对出售地票的农民来说,这样的交易也划得来,对远离城市的偏僻地区农民来说尤其如此。如果没有地票交易所,在那样的地方,他们土地市价才约1.1万元/亩(《重庆"地票"继续试》,2011.1.18)。通过交易所,他们能够获得和城郊农民基本同样的价格。对要改变户籍迁入城市的农民来说,这将是可供购买房子支付按揭首付或在城市开创小生意的一笔重要资金。鉴于重庆市政府为"微型企业"提供的特殊条件——政府为投入10万元的微型企业补贴5万元并安排15万元的贷款——这笔资金更加重要。

441

(黄奇帆,2010.7.30)因此,重庆的地票交易所等于把少量城郊农民的"好运气"扩延到全市所有农民,①由此促进了社会公平。这也是重庆使用市场增值(把它转给农民)来促进社会公平的例证。当然,目前地票交易所制度还处于试验阶段,还没有得到中央的最终正式认可。但从重庆的角度来考虑,它是其带有社会公平的经济发展战略的一个组成部分。我们可以把它简单称作"公平发展",与此前30年的相对不公平发展十分不同。

当然,如此的公平发展战略,甚或是用公平来促进发展的战略,到底能持续多久尚待观察。显然,土地财政不可能永远持续,近年来的高速增长也不可能长期持续。但从重庆之可能通过地票交易来补充其土地储备来看,其财政在一二十年的近中期中应该是可以维持的。

重庆的土地财政之可持续性的一个关键因素是,和其他大城市不一样,(上面已经提到)其 6000—7000 元/平方米的房地产价格仍然比较合理,与北京、上海等地的起码三四万元/平方米十分不同。那就意味着,房地产价格的波动(有的人会说"房地产泡沫"的破裂),不会对地方政府的经济发展带来同样的风险,直接威胁其凭借土地增值(以及以土地为抵押的贷款)来支撑的财政。在这方面,重庆的公平发展模式所导致的相对较低的房地产价格,正是其更可持续的一个重要原因。这和人们一般对政府社会福利负担

---

① 譬如,据一位原来住在北京五环以北的洼里乡(邻近奥林匹克公园)的农民说,他获得的拆迁补偿是按照他原来房子每平方米 6000 元计算的。他自己当时的房子面积是 250 平方米,因此获得 150 万元的拆迁补偿,被他用来购置商品住房并买了一辆轿车。

只可能妨碍发展的直觉理解正好相反。

至于在吸引外来投资方面,富士康公司总裁郭台铭同样点出了意料之外的考虑,说明社会公平对外来投资者来说可以是好商机。众所周知,在深圳雇佣50万工人的富士康公司(公司在大陆共有工人100万),在2010年出现严重的劳工问题。公司一直把劳工们组织在军事型的纪律和兵营似的宿舍和社区之下,其超常压力导致一系列的工人自杀事件(全年共14起)。在重庆,面对(时任人大常委会委员长)吴邦国的提问:富士康在东部沿海有许多工厂,为什么要到内地来投资?郭台铭回答说:"一是重庆建设公租房,减少了企业的负担,可以专心做生意;二是推动户籍制度改革,解除了员工的社保、医疗、子女教育等后顾之忧;三是重庆打黑除恶,建设'森林重庆',发展环境好。"(吴邦国,2011)据报道,富士康将从深圳的50万工人中转移20万人到内地。("Foxconn to move 200 000 of its workers",2011)

据此,我们可以返回到重庆的国有企业和上海浦东模式到底有什么不同的问题上来。在笔者看来,前面提到的组织性不同,既可能重要也可能并不重要。新组织形式的用意是进一步分开所有权和经营权,但未知的因素是其是否真会导致更有效的制度化企业监督机制。正如批评者所指出的,目前一个重要问题仍然是政府和企业人员的重叠。另一个问题是在市场化环境下,国有和国营企业同样具有使命不清晰的问题:它的目的到底是获取企业利润,或保护其国资及其增值,还是提供公众服务?不出意外,国内许多新自由主义经济学家都接受了美国的基本信念,认为营利行为应该限于私营企业,唯有公共服务才该让国企负担。(天则经济

研究所，2011：第10章）

重庆经验的特殊性和意义也许正在于此。它是对美国把私与公、营利和服务截然对立的基本思维的挑战。它证实了从市场所获得的收益与增值可以有效地被用于发展社会公平。它也和浦东很不一样，后者虽然同样使用土地增值来建设基础设施，但在社会公平方面的作为则和重庆的大手笔相去甚远。

新古典经济学者的另一个批评意见是，国有企业在资源使用方面占有垄断性的优势，譬如可以免租使用土地，因此歪曲了市场运作。他们坚持国企效率其实要远低于私有企业，因为后者才具备真正有效的激励制度。所以，他们认为国企应被限制于战略性以及服务性产业部门，竞争性领域应该完全归属私有企业。（天则经济研究所，2011：第1章）

这里首先应该说明，重庆的新国有企业其实一直都自我限制于公共服务领域。"八大投"从事的是基础建设和公用事业。黄奇帆一再指出，重庆的国有企业并没有和私营企业竞争，所做的都是私营企业所不愿做的事。同时，重庆国有企业的发展并没有遏制非公有制企业的发展，而正好相反：根据王绍光搜集的数据，黄奇帆就任重庆市长之初的2001年重庆非公有制经济仅占GDP比重的40%，2009年则已达到60%。（王绍光，2011：图5）另外，我们可以进一步指出，重庆国企还积极投身社会公平的建设，而那样的公益事业足可为它们享受资源使用优势提供有力的辩护。主流经济学视角所容易忽视的是重庆最主要的创新，即国有资源的市场增值可以有效地被用于公共利益。这才是重庆的"第三只手"的真正特点。

它显然不同于斯密的基于私有经济个体追求自己最大利益的市场经济的"第一只手"。它也不同于"第二只手",即国家为了完善资本主义市场经济而做出的各种干预。它的经济主体是国有,而不是私有企业,但是它也不同于其前的国有企业,因为它的目的不是为了追求国有企业自身的利润,而是为了追求社会公平和公共利益。

最后,我们要问:从经济效率的角度来考虑,重庆这样的"第三只手",是不是会和一般经济学理论中的垄断企业那样,缺乏竞争动力而因此陷入低效率?

这里需要明确,重庆的"第三只手"后面,显然具有一定的竞争机制和动力。首先,我们已经看到,它的兴起本身便源自第一、二两只"手"的不足。其所产生的"八大投",为了成功地吸引外来投资,必须在基础设施建设方面做得比其他地方更好、更高效。从惠普到富士康到长安汽车,重庆都明显地在和东部沿海地区、深圳乃至北京等地方竞争。如果牟利性的私有企业能够更有效地提供基础设施和公共服务,重庆这样的"第三只手"迟早是会被淘汰的。同时,在中央提倡社会公平目标之下(下面还要讨论),重庆的众多民生政策显然也在和其他地方竞争。如果国家干预这"第二只手"的各种模式能够更有效地提供社会保障,重庆那样的做法也是会被淘汰的。其实,在全球化经济的大环境下,中国每一个地方政府不仅要和国内其他地方竞争,也要和国外其他国家和经济体竞争。我们已经从富士康总裁郭台铭那里看到,重庆的公租房、户籍改革以及"森林重庆",乃至"打黑除恶",都是其经济竞争中的重要条件。其用社会发展来带动经济发展的初步成效,可以见于2011年

7月重庆被《财富》杂志选为全球新兴的15个商务环境最佳城市之一的事实。(《〈财富〉:重庆为全球新兴商务环境最佳城市之一》,2011.7.12)

在近30年来相对不公平发展的大环境中,重庆的公平发展是其所以从媒体吸引了如此广泛和强烈关注的重要原因。事实是,许多中国人仍然从中国革命传统承继了社会公平的理念。过去30年相对不公平的发展固然有它的支持者(主要是既得利益者和接纳了新自由主义意识形态的一些人),但绝大多数的老百姓远远没有获得同等的利益,其中不少人对不公平的发展怀有一定保留。这种左和右的对立可以说是中国民众和知识分子中的最基本的分歧。重庆的吸引力正在于它跨过了这个分歧,而且有可能做到超越两者的综合。

七、结论

作为一个还在进行中的工程,重庆经验还不完全清晰,也具有一定的未确定性,但可以肯定的是,它确实代表一种与以往改革不同的经济发展方式。它把社会公平置于其发展战略的首位和中心。它建立了一整套的新型国有企业,它们与旧计划经济的国企不同,也和经过私有化的国企不同,和当前一般的国有企业也十分不同。它们的资产(尤其是土地)的市场增值和收益,不仅是地方政府收入的重要来源,还明确地被用于推进社会公平和基础设施的公益性建设。

我们也许可以这样来理解:在中国人多地少的"基本国情"下,

一旦市场化和城市化,建设用地的价值只可能比工资上升得快得多。在那样的情况下,一种可能是让土地的增值归属开发商或地方政府,一如改革迄今的实际那样。另一种可能是像重庆那样把土地增值用于民生。从这样的视角来看,从孙中山的"平均地权"和"涨价归公",到共产党革命的土地改革和全民所有企业制度,再到重庆的"民生工程",其中其实具有一定的延续性。在经济发展和社会发展两个方面,重庆经验都非常成功。

国内的新古典经济学家们引用科尔奈的理论来批评计划经济和提倡市场化,这肯定是对的,重庆经验其实已经吸纳了他们的观点。但是,主流经济学家们还坚持要建立绝对清晰的产权制度,全盘私有化以及完全依赖私有企业(有的甚至要将其纳入公共服务部门)。如此的对"市场+私有产权"的信仰使他们容易忽视不清晰的产权在中国发展实际中所起的作用,也忽视地方政府在领导和推进发展中所起的积极作用。最重要的是,他们看不到国有企业可以利用市场动力、利润和增值来推动公平发展。这才是重庆的"第三只手"的核心含义。

同时,马克思主义的学者们指出国外(和国内)资本剥削性地使用中国农村剩余劳动力,因此呼吁要更多关注社会公平,这肯定也是对的。但是,任何教条性的对市场经济的拒绝,或者简单的劳动价值论,把外来投资简单认作只可能是资本主义剥削、把市场经济视作只可能是资本主义性的剥削的观点,都会忽视市场动力和全球化贸易在重庆的公平发展中所起的作用。重庆经验所展示的最重要的一点是:市场动力可以被用于公共利益而不是私人营利。

我们在上面看到,重庆的"第三只手"的运作的背后是有竞争机制和动力的。其兴起本身源自市场的"第一只手"和国家的"第二只手"的运作中的不足,它既挑战又借助其他两只"手"。在三只"手"并存的现实下,"第三只手"是要和第一、二只"手"竞争(以及配合)的。事实是,在当前的中国政治经济体系以及全球化经济的大环境下,重庆的"第三只手"必须不仅和国内其他地方,也要和国外其他国家和经济体竞争。唯有在那样的竞争下成功地推进经济发展,才有可能成为对全国的启示。也唯有那样,才有可能在资本主义占据绝对优势的全球经济中,把公平发展建立为一个实在的选择。由于重庆"试验"的实例,这已经不是一个抽象的理论或意识形态问题,而是一个可供观察和正在演变中的现实。

第十五章
国有企业与中国发展经验:"国家资本主义"还是"社会主义市场经济"?*

国家不应该进入市场追求盈利——这个基本认识前提在西方现代经济和政治思想中根深蒂固。本章将论证,它深深影响了人们对中国改革时期发展经验的理解,把其重要的动力解释为其严重的不足;它也排除了关于国有企业如何能够为中国的社会和经济发展做出贡献的新思考。本章从一些关于中国政府(中央以及地方)在改革中所扮演的角色的基本事实的总结出发,回顾中西方"主流"经济学对它们的理解,然后论证政府以及其下属的国有企业乃是改革期间中国经济发展的重要动力。

同时,(中央和地方)政府的作为也是中国一定程度社会不公

---

* 感谢崔之元、塞勒尼(Ivan Szelenyi)、彭玉生、李放春和汪晖的建设性评论,特别感谢张家炎和白凯的详细阅读和建议。

的来源之一,主要由于其在庞大的"非正规经济"中有意无意地绕过自己关于劳动的法规。这里所谓的非正规经济所指的首先是(根据2010年人口普查数据调整之后的2010年数据)在城镇未经登记的1.14亿人,当然多是农民工。再则是(大多)没有法律保护和社会保障(或只有低等保障的)0.61亿城镇小私营企业员工以及0.45亿个体户人员,他们也多是农民工或下岗工人。然后是同样没有社会保障(或只有低等保障的)的1.59亿乡镇企业员工、0.33亿的乡村小私营企业员工、0.25亿乡村个体户人员以及剩下的1.96亿农村农业就业人员。以上的非正规经济人员总数是6.33亿人,相当于该年(2010年)全国7.61亿总就业人员数的83.2%(详见本书表11.2、11.3、11.4)。大多数人的相对贫穷当然既是一个社会问题也是一个经济问题:它严重遏制内需,迫使中国经济继续依赖不可持续的出口拉动的发展战略。

今天中国面对的大问题是:是继续沿着看似是"国家资本主义"的道路往前走,允许国家和其官员、企业家以及其他"精英"分子继续致富,一如民间"国富民不富"那句话所表达的那样?还是在发展市场化经济的同时,照顾到社会主义的公平理念(但排除计划经济),就像国家话语中的"社会主义市场经济"所提倡的那样?本章最后将探讨一个属于后一条道路的地方上的实验。它所突出的是凭借国有企业来为社会发展提供资金,借以扩大内需、推动可持续的经济发展。

第十五章　国有企业与中国发展经验:"国家资本主义"还是"社会主义市场经济"?

一、一些基本事实

在国家不应该参与市场盈利的基本认识前提下,中国经济发展最突出的一个特点(尤其是从西方资本主义国家的人的视角来说)是政府和国有企业进入市场而积极营利。它从 20 世纪 80 年代乡镇政府所积极创办的营利企业开始,到 90 年代发展为高一级的地方政府(县、市、省)利用廉价土地、政府补贴、税收优惠以及"非正规"的劳动力来"招商引资",而后是 2000 年以来在"抓大放小"政策下进行国企改制,使之成为在市场上营利的国有企业(小的则要么私有化要么由其破产)。

截至 2011 年 7 月,中国共有 61 家公司进入了《财富》杂志的世界 500 强公司行列(2001 年只有 12 家),其中 59 家是国有企业(包括国有控股公司)。根据《财富》的报道,其营业额达到全国"国内生产总值"(GDP)的 47.8%("61 Chinese companies make Fortune 500 list",2011.7.9)。在 59 家国有企业中,有 38 家隶属中央政府,21 家隶属地方政府。38 家中央级的国有企业("央企")在 2006 年到 2010 年的五年中,营业额和纯利润都翻了一番,也就是说每年增长 14%(邵宁,2012)。以如此的绩效跨过 2008 年的金融危机,中国的国有企业已经在全球资本主义经济中占据相当稳固的地位。

在整个改革时期中,中国一直都悖论地结合了高度的中央集权和高度的地方分权。前者尤其可见于人事权力方面的高度集中,后者则可见于各地方政府为促进经济发展的各种积极性。

两者的结合是"悖论"的,因为它们虽然似乎是矛盾的,但实际上是并存的。

在国内外的市场竞争中,中央和地方政府下属的公司享有私营企业所不可能具备的有利条件,在经济发展中起了重要的作用。这首先是因为,即便是在中国今天的制度环境里,政府的许可也依然起着关键的作用。最明显的例子是为城市建设而征用农村土地,其程度和规模远远超出在西方的所谓"政府征用土地权利"(right of eminent domain)下所可能想象的范围。更毋庸说20世纪80年代创办乡镇企业时所克服的众多体制性障碍和所组织的多种资源,90年代在各地"招商引资"竞争中所组织的补贴、贷款、税收优惠等,以及2000年以来政府在大型国有企业转化为营利公司过程中所起的关键作用。

在经验层面上,以上的简单总结是没有什么可争议的。这些事实在现有的学术研究中已被充分证实。笔者也已撰写多篇论文对它们作出详细的论证或讨论(黄宗智,2008,2009a,2009b,2010b,2011b)。在国外的研究中,可以特别一提的是两篇最新的、专为美国国会的美中经济与安全审查委员会写的报告。赫什(Adam Hersh)的一篇特别强调中国地方政府在中国经济发展中所起的关键作用(但没有讨论地方和中央"两个积极性"的微妙组合与悖论关系)。萨摩塞吉(Andrew Szamosszegi)和凯尔(Cole Kyle)写的另一篇则主要论证,国有和国有控股企业占到非农业GDP的至少40%,可能高达50%(Hersh,2012;Szamosszegi and Kyle,2012)。

萨摩塞吉和凯尔更向该委员会报告说,中国在2009年名义上只有120家中央级国有企业,但它们拥有许多子公司,加起来总数可能达到 1.2 万家,而地方政府的国有企业总数则共约 10 万家。现有数据中没有根据 GDP 比例划分中央和地方国有企业的数据,但有按地方区分国有和非国有职工人员比例的数据。① 它们显示,国有企业所占比例在浙江(14%)、江苏(15%)和广东(16%)等省较低,在湖南(32%)、四川(33%)、广西(38%)、江西(38%)等地较高,而在北京(20%)、上海(20%)、重庆(24%)和天津(26%)等直辖市则位于中等。(Szamosszegi and Kyle,2012:27,表4-1)

二、霸权话语

具有争议的不是上述事实而是对它们的理解。在中国(更甚于美国)占据主流地位的理论是所谓的"新制度经济学",尤其是科斯和诺斯的理论。他们强调,唯有清晰的私有产权才可能导致市场经济的高效运作,而唯有市场经济才可能推动经济发展。(Coase,1990[1988],1991;North,1981,1993)这已经成为这个自我表述为"硬"性"科学"的经济学学科的核心前提,几乎占有数学公理一般的强势地位(虽然经济学学科实际上完全没有能够预测,也没有能够很好地应对 20 世纪 30 年代的经济大萧条和 2008 年的金融海啸)。

在那个公理背后是西方现代以来长时期的话语结构,包括一系列被认作理所当然而不用加以解释的认识前提。尤其突出的是源自"古典自由主义"(classical liberalism)及其后的"新古典经济

---

① 也有固定资产投资数。

学"(neo-classical economics)中的市场和国家、私人和公共的二元对立,它们坚持在市场"看不见的手"的运作中,国家绝对不该掺和。

在当代的经济学学科中,市场和国家的二元对立在哈耶克那里获得特别强有力的卫护。他首先从内部人的视角来批评新古典经济学,指出其常常把理念等同于现实,并且过分依赖数学公式。他特别突出他所谓的"伪个人主义",认为新古典经济学错误地假设完全理性和具有完全信息的个人,而人们实际上并不完全理性,也不具备完全的信息。他认为,直面如此的现实,才是真正的个人主义(true individualism)。这是个强有力的批评,但在哈耶克那里,其最终目的不是真要推翻或修正新古典经济学,而是要攻击(苏联的)计划经济。他强调,计划经济的错误正来自其对理性的不符实际的科学主义迷信。他真正的核心论点是,由众多个人所组成的自由市场,其因子虽然不完全理性也不具备完全信息,但仍然是最佳的资源配置机制。(Hayek,1980[1948]:尤见第1、6章;亦见Hayek,1974)哈耶克认为自己说到底其实是个"古典自由主义者"("Friedrich Hayek",引自 Ebenstein,2001:305 及各处)。

对科斯来说,关键点在于过去被忽视的公司(the firm)"黑箱",以及清晰的私有产权对降低其"交易成本"之必要(Coase,1990[1940],1991)。至于诺斯,其核心论点同样是清晰的私有产权。他认为,这是市场经济和经济发展不可或缺的基本条件,也是发达国家和欠发达国家之间的关键差别(North,1981,1993)。

以上三人虽然都从批判新古典经济学的姿态出发,但他们实际上都极力反对国家干预市场"看不见的手"的运作。在最近的30

第十五章　国有企业与中国发展经验:"国家资本主义"还是"社会主义市场经济"?

年中,哈耶克等人的古典和新古典经济学以及新制度经济学获得了(英美)新保守主义意识形态的强有力支持。尤其是哈耶克,他成为美国前总统里根、英国前首相撒切尔夫人和美国前总统(老)布什所最为认可的经济学家("Friedrich Hayek",引自 Ebenstein,2001:305 及各处)。结果是,他们的经济学理论获得了霸权话语的强势——不仅成为有政权支持和宣传的意识形态,更是人们不加质问而使用的语言和修辞。

国家和市场、公共和私人的二元对立是如此的根深蒂固,美国的共和党和民主党同样认为国家绝对不该参与任何牟利性行为。市场盈利应该限定于私有公司,国家可以为公共服务而征税或贷款,但绝对不可盈利,更不用说经营牟利性公司。这个信念被认作是如此的理所当然,它几乎从来没有受到质疑。美国共和党和民主党的理念区别不在于国家可否经营企业,而在于市场的私人行为需不需要受到监督,以及国家该不该采用凯恩斯型的对货币供应量和就业量的宏观调控。共和党人一般认为国家干预越少越好,应该任由市场的"看不见的手"自我运作,而民主党人则认为应该有凯恩斯型的干预。但两者都不会认真考虑国家或国有公司参与营利。一个具体的例证是美国国家社会保障基金,虽然已经接近破产困境,但人们一般仍然认为基金不该被投入私有公司的股票,只能限于国债证券,虽然前者的回报率历来都高于后者。

在近代英国和美国的历史上,这个基本原则只有在帝国主义时期才被置于一旁,并且主要在殖民地如此(例如大不列颠的"东印度公司"[East India Company],起始时获得国王给予的垄断专权,其后成为统治印度的机构,也成为贩运、走私绝大部分鸦片至中国的公司,并为大英帝国政府提供了高额的税收),但在话语层面上当时所引用的仍然是"自由放任"和"自由贸易"等口号。在美国,今天的一个属于政府牟利行为的例子是在1971年创办的(鲜为人知的)政府所有的海外私营投资公司(Overseas Private Investment Corporation, OPIC),其目的是促进美国私营公司在所谓的"新兴市场"投资。它主要提供贷款、担保和保险服务,一直是个有利润的公司,但这只是个例外,在美国庞大的经济整体中微不足道。(黄宗智,2011b:14)另一个例子是美国的田纳西河流域管理公司(Tennessee Valley Authority, TVA),其目的是在该地建设水坝防洪并借用水力发电而提供公共用电,但它同样是个例外,并受到前总统里根(在其政治生涯起始阶段)的猛烈攻击,指控TVA为"社会主义"失误。(黄宗智,2011b:14)

在西方观察家中,新保守主义(新自由主义)所导致的是对中国营利性国企的如下看法:它们是失误或最多是不理想的暂时性"转型"现象,从来不会是经济发展的重要动力。经济发展的动力非私营企业莫属。"主流"新制度经济学的论点是,要达到资源的最佳配置,中国必须进一步私有化,树立更完全清晰的私有产权,最终要消除国有企业。

他们认为,国有企业只可能是低效率的。它们的经营者是官僚而不是企业家。和垄断企业一样,它们不需要面对市场竞争。它们其实是自由市场竞争的障碍,妨碍资源配置的优化。它们绝对不能解释中国的强势经济发展,相反,营利性国企只可能是计划经济遗留下来的渣滓,只可能妨碍中国向真正发达的西式资本主义市场经济转型。"转型"一词本身被人们广泛理解的隐含意义正

第十五章 国有企业与中国发展经验:"国家资本主义"还是"社会主义市场经济"?

是从落后的计划经济向发达的、私有的资本主义经济的转化。

和以上思路紧密关联的是当前的霸权话语的基本结构,即资本主义和社会主义、私有和公有、市场和国家的二元对立。科尔奈便强烈并极具影响力地争论,资本主义和社会主义是两个完全对立的经济体系,各自具有其独自的整合性与逻辑。社会主义体系是个基于官僚管理的体系,资本主义则是基于私有财产和市场信号的体系。前者依据官僚的抉择和决策而运作,后者依据的则是企业家和消费者的抉择。前者的制度结构导致的是"预算软约束"——国家为了意识形态和非经济理由,会继续拨款支撑一个亏本的企业;后者则遵循"预算硬约束"——一个亏本的企业将会因"市场纪律"而失败、消失。前者依赖官僚歪曲的决策来进行生产,因此导致惯常性的("横向")"短缺"——人们需要的商品经常短缺,而不需要的则可能十分充裕。后者则通过市场信号来决定供应与需求,因此会生产人们真正想要的商品。正因为两者都是一个整合的、逻辑上一贯的体系,任何混合都会导致体系的"不协调"以及沉重的成本。(Kornai,1991:尤见第11、15章)

正是这样的思路导致一方只可能完全向另一方转型的观点。貌似中立的"转型"一词的隐喻正是这样的逻辑。两者不可能混合,不可能有"第三条道路"。(关于这方面最新的讨论见 Szelenyi,2011,以及黄宗智,2011c 的回应)这样,根据科尔奈的逻辑,以及哈耶克—科斯—诺斯等的观点,国有企业不可能是中国经济发展的重要动力。上述赫什、萨摩塞吉和凯尔的报告中,未曾明确表述的其实是美中经济与安全审查委员会所真正关心的问题,即中国有没有违反世界贸易组织的基于古典和新古典经济学的规则,而绝不是中国经济发展的成功秘诀。

在反计划经济的大潮流下，上述的意识形态在中国其实要比在新保守主义的美国被人们更完全、强烈地接受。20世纪80年代兴起的乡镇企业后来相当广泛地被私有化，其部分原因正来自这个霸权话语的影响。90年代的"招商引资"则是在私有企业推动发展的意识形态下实施的，并且是在中央采用GDP增长数值作为地方官员目标责任衡量标准的政策下进行的。（王汉生、王一鸽，2009；亦见黄宗智，2009a）最近十年"抓大放小"政策下小型国有企业被私有化也同样如此。

三、不同的理论

在美国的中国研究中，有的学者曾经试图纳入国家扮演的角色，尤其是地方政府在中国发展中所起的关键作用。笔者在本书第十二章中已经比较详细地讨论，其中一条思路来自政治学家戴慕珍（Oi, 1992, 1999）和社会学家魏昂德（Walder, 1995）的"地方政府公司主义"（local state corporatism）论点，其主要经验证据是20世纪80年代兴起的乡镇企业。在他们的概念中，地方政府几乎等于是一个一般经济学意义中的营利公司，其行为几乎和资本主义公司相同。根据魏昂德后来的进一步阐释，在中国的行政体系中，越贴近基层管辖范围，其政府行为的性质越像一个私营企业公司，即福利负担越轻，独立权越大，预算约束越硬。乡镇企业的成功正源于这样的原因。另一条思路则来自经济学家钱颖一。他加上了地方政府间的竞争动力因素，使用"中国式联邦主义"一词来把中

第十五章 国有企业与中国发展经验:"国家资本主义"还是"社会主义市场经济"?

国经验纳入西方话语之中,把其地方分权类比为美国的联邦政府制度(Qian and Roland,1998;Qian and Weingast,1997;Montinola,Qian and Weingast,1995)。

戴—魏和钱的贡献是用西方观察者所习惯的概念,亦即新自由主义的话语来说明中国的发展经验。用一句话来表达,他们的观点是,中国之所以发展是因为其地方政府的行为变得和西方市场化的私营企业基本相似。

戴—魏和钱完全没有提到国有企业在中国的制度环境中所享有的比私营企业优越的竞争条件。笔者认为,在现有的语境中,难以说明的要点不是它们酷似私营企业,而是在一个混合的市场化经济中,它们具有私营企业所不具备的有利竞争条件。戴—魏和钱的论点其实是被占据霸权地位、认为唯有私营企业才可能推动经济发展的新自由主义话语摆布的,因此才会特别强调中国地方政府行为其实和私营企业行为相似。实际上,私营企业固然在中国改革期间起到了非常重要的作用,但同样重要的是,政府和其国有企业也是中国发展的一个重要动力,而这并不仅是因为它们酷似私营企业,也是因为它们具有私营公司所不可能具备的有利竞争条件。不然的话,出发点是国有经济而且至今仍然将近一半是国有的中国经济整体,怎么可能发展如此强劲?后者才是在新自由主义霸权话语下思考的西方观察者所特别难掌握的实际。在笔者看来,要跨越中西方理解间的鸿沟,后者才是真正需要阐释明白的道理。

此外,笔者在另文中已经论证,戴—魏和钱的理论分析不能说明20世纪90年代以来地方政府相互竞争的"招商引资"行为,它们并没有像 80 年代那样直接经营乡镇企业,而是主要起到了支持和推进国内外私营企业的作用。(黄宗智,2010b)至于 2000 年以来被改制为营利型的国有企业则更在其解释范围之外。

至于来自应用经济学的研究,它们与戴—魏和钱的研究不同,一般只关心"是什么"的问题(中国国有企业所占比例是什么),而不是"为什么"的问题(它们为什么成功或不成功)。这在上述赫什和萨摩塞吉—凯尔为美国国会的美中经济与安全审查委员会所作的政策研究中尤其明显。在"为什么"问题的学术探讨方面,戴—魏和钱的研究依然是最好的例子。

四、中国的政治和社会环境

吊诡的是,一方面,新自由主义经济学理论教条使人们较难理解国有企业所起的正面作用,另一方面,中国政府对经济的全能控制的历史背景,又使国家能够比较容易地介入市场而牟利,至少在实践层面上如此。计划经济部分确实已被抛弃,为市场所取代。在中国的语境中,抛弃计划经济意味着(起码暂时)放弃中国革命经济的平均分配原则,由市场自由竞争理念取而代之。而"市场"这个词则长期以来都会使人们立即联想到"商人"、逐利和追求富裕。邓小平常被人们引用的"让一部分人先富起来"所表述的正是这个意思。在这个过程中,国家的角色当然会有所收缩,但鉴于其全能的历史背景,即便是收缩了的角色仍然要远远大于英—美古典和新古典自由主义传统的想象。在中国的观念架构中,国家应该干预经济——无论是否市场化的经济——实在是个再明显不过

第十五章 国有企业与中国发展经验:"国家资本主义"还是"社会主义市场经济"?

的道理,而从那里到营利性国有企业则只需要跨出小小的一步。

在中国,新自由主义固然一定程度上也起了遏制国家干预经济的作用,但它同时更多地赋予了国家营利行为一定的正当性。古典和新古典经济学假设个人逐利乃是发展经济整体的最佳办法,因此也是为全民谋幸福的最佳途径,其实一定程度上为人们的利己行为提供了理性化说词。结果是,在改革时期的中国,不仅是商人甚至是官员们的逐利行为获得了一定程度的正当性,而发展经济则成为其主要借口。

同时,即便教条化的新自由主义经济学家们不能真正了解中国改革时期的经济运作实际,比较实在的人们则完全可以看到其真相,理解到国有企业相对私营企业在市场竞争中所享有的有利条件——诸如克服"体制"/制度性障碍(尤其是层层叠叠的官僚程序,不然便完全不可能启动和运作),组织所需要的资本和资源,更不用说获得特殊的保护和优惠,以及绕过有关法规的特权等。如此的运作实际,也许不太容易被教条化的学者认识,但对实干的官员和商人/企业家们来说则是很明显的事。正如一位在近20多年中成为"大款"的企业家对我解释说,他做生意成功的秘诀很简单,就是"跟着国家走"。

正是在上述的环境中,贪污成为普遍现象,包括乡镇干部从乡镇企业获取私利,地方官员从招商引资获取佣金,或受贿或靠地方GDP增长的"政绩"实现快速的官位提升,以及管理人员从国有企业的私有化中获取私利。在国企的私有化过程中,管理人员由此致富其实具有一定的正当性。一个具有比较翔实证据的例子是西南部的一家国营酒厂(2011年其高端产品价格已经达到1000元/

461

瓶)的私有化,总经理在转型过程中获得公司20%的股份加上(截至2009年)9700万元的股息(Chan and Unger, 2009;亦见黄宗智,2011b:12—13)。这一切都是在遵循国家法规和政策的条件下实现的。

对国家劳动法规的滥用和无视,也是在新自由主义意识形态下进行的。中国农村是自然资源和廉价劳动力的所在地。在众多的借口下,农村劳动力被置于国家劳动法规保护的范围之外,基本无视其自身关于劳动时间、最低工资以及福利等的规定。正是这种做法促使中国处于国家法规保护范围之外的非正规经济惊人地扩张,其增长速度远远超过GDP增长。

根据国家统计局最权威的《农民工监测调查报告》(2009年),中国1.45亿农民工每周平均工作58.4小时,其中89%的工作时间要超过国家规定的44小时,而其人员中只有12.2%拥有医疗保险,7.6%拥有退休保障(国家统计局,2010;亦见本书第十一章;黄宗智,2011a:92)。(最近三年[2009—2011年]的医疗改革,虽然已把基本的低度保障覆盖面扩大到大多数——95%——的农民,但农民和城市居民医疗保障间的差别仍然十分悬殊——具体见下面关于重庆经验的讨论。)在这些方面,2009年的监测调查报告和之前2006年的另一个系统的报告(《中国农民工问题研究总报告》,2006)基本一致。

但2009年的监测调查报告没有系统比较农民工收入和正规经济中职工收入间的差别。在这个问题上,我们仍然要依赖2006年的《总报告》。它证明,农民工的平均工作时间是正规职工的1.5倍,但其每月平均收入只有正规职工的60%。(同上;亦见黄宗智,

第十五章 国有企业与中国发展经验:"国家资本主义"还是"社会主义市场经济"?

2009a:53)另一个与之并行的、由国际学者组成的调查报告同样证明,农民工的平均收入只有正规职工的一半。(Gustafsson, Li and Sicular,2008:12,29;Huang,2009a:53—54)而两个研究的结论都没有把福利差别计算在内。我们可以说,许多地方官员和私营商人之所以能够致富,正是借助于如此廉价的劳动力。

毋庸置疑,廉价劳动力和廉价农村土地乃是外来资本之所以能够获得超额回报的关键,也是一些地方官员赖以致富的关键。在这样的环境中,可以预料的是,部分官员、商人和新自由主义经济学家们会相互联合来给予自己的行为一定的正当性。人们把这样的现象称为"政、商、学(的)铁三角"(洛山愚士,2011)。

严重的贪污行为同时受到左派和右派的抨击,而集体性的抗议事件则是左派的关注和评论尤多。前一种现象可以鲜明地见于众多高级官员因贪污而被判刑的案件,也可见于地方上的非理性形象工程以及对 GDP 增长的盲目追求。后者则可见于群体性抗议事件,主要是源于对征地和拆迁的抗议(于建嵘,2010)。

世界银行历次对全球各国的收入分配不平等度的衡量是关于这些现象的社会背景的比较中立的研究。他们采用的是所谓的基尼系数(Gini coefficient,意大利经济学家基尼发明的方法,0.00 标示绝对平等,1.00 标示绝对不平等)。大部分发达国家处于 0.30 到 0.40 之间,而中国在改革初期(1982 年)的系数是 0.30,乃是全球比最平等的国家之一。到了 2005 年,该系数已经升到 0.45,在 131 个国家中排行第 90,成为世界上较不平等的国家之一(China Development Research Foundation,2005:13)。城乡差别则从 1985 年的 1.8:1 跳到 2007 年的 3.3:1(World Bank,2009:34,and fig.

2.36;亦见黄宗智、高原、彭玉生,2012:25)。

廉价劳动力是中国之所以能够吸引这么多的外来投资的关键。根据美国智库布鲁金斯学会的一个近期研究,中国的外来投资回报率在近二三十年中一直都维持在20%以上。(Bai, Hsieh and Qian,2006:62;亦见黄宗智,2010b:145)在如此的资本回报率下,难怪联合国贸易和发展会议的一项对相关专家和跨国公司的调查发现,中国作为投资目的地在全世界排名第一,分数远高于其他国家。(高柏,2006:表7;亦见黄宗智,2010b:145)这也是中国GDP增长率如此之高的重要原因。

显然,中国社会的贫富不均正是来自以上的因素。它一定程度上也是农村持续贫穷的原因。

同时,农民工报酬被压到如此之低的水平,一个重要的组织性"秘诀"是,家庭作为农村基本经济单位的顽强持续。来自农村的农民工,即便能够凭薪酬在城市维持生活,但很容易被逼依赖其家乡的家庭农场来替代其退休、医疗、失业、教育等"福利"。(详见本书第十三章;亦见黄宗智,2011c)同理,政府可以把农产品价格和农业报酬控制在较低的水平。近年来的做法是国家大规模(高达年总产的20%)储备粮食、棉花、猪肉等基本农产品,在价格低时收购,高时抛出,借以平抑价格波动,将其控制于一定范围之内,一如历史上的国家"常平仓"那样。而农产品价格的相对低廉之所以能够维持,部分原因正是因为农民可以被迫部分依赖其在城镇打工的家庭成员的收入来维持家庭生计。(黄宗智,2011a,2012a,2012b)

五、中国的新自由主义论析

国内的"主流"新自由主义经济学的出发点不是上述的基本事实,而是关于自由市场和私有产权的理论假设。在他们的原教旨市场主义信念下,认为唯有在市场的自由平等竞争下才可能做到资源配置最优化。国有企业违反这个基本规律,因为它们滥用"公权力"来获得特殊的优势,例如无偿的土地和自然资源的使用、特殊的贷款条件、特殊的税收优惠等,等于是一个垄断企业所占据的特别有利条件。他们认为,如果把这些"不公平"的因素计算在内,就会发现国有企业的效率其实远低于私营企业,其成本远高于私营企业。国有企业实际上要么是没有利润的,要么是低利润的,其实是不可持续的。因此,中国必须进一步完全私有化和市场化(这里的循环逻辑显而易见)。这正是国内今天影响最大的"新制度经济学"机构天则经济研究所关于国企的 2011 年研究的基本论点。(天则经济研究所,2011)其所长盛洪教授更于 2012 年 4 月 21 日在凤凰卫视的"世纪大讲堂"总结了如此的观点(盛洪,2012)。

与上述论点略有不同的是林毅夫(此前在世界银行的中国代表、副行长和首席经济学家)的"比较优势"论点。对林毅夫来说,制度经济学家们过分强调私有产权的决定性作用。林认为,更加基本的因素是理性的资源配置。中国"资源禀赋"中的"比较优势"是充裕的劳动力。毛泽东时代无视这个基本经济现实,优先发展了资本密集的重工业,而不是劳动密集的轻工业。正因为违反了基本资源配置经济规律,国有企业只可能是亏本的,只可能依赖国家拨款而不是企业的市场利润来维持,由此导致科尔奈所指出的"预算软约束"。因此,最关键的改革不是树立私有产权,而是遵循比较优势的基本经济规律——也就是说,国家要优先发展劳动力密集、非资本密集的轻工业,而不是重工业。(林毅夫、李志赟,2005;亦见本书第十二章)

显然,林毅夫的论析其实仍然完全来自新自由主义的理论框架。它要比盛洪和天则经济研究所的论析更"古典"。它使我们更多联想到哈耶克的"古典自由主义",而不是科斯或诺斯,而盛洪与天则经济研究所则更多源自科斯—诺斯的理论。显然,对拒绝原教旨市场主义信念的学者们来说,林毅夫和制度经济学学者们间的差别只不过是主旋律的变奏,类似于基督教中的不同宗派。两者都不会质疑最优化市场的基本前提。两者都强烈反对任何违反自由市场"规律"的行为。

笔者之所以反对中国新自由主义经济学家们的论析首先是因为他们对国有企业的估计。当然,在国企的公司化过程中出现了不少贪污、腐败行为,如此的例子很多,说明亟须更严密的监管。但是,国有企业的运作并不是像他们所说的那样没有竞争力;它们其实必须在全球化经济中进行竞争并且已经在那样的竞争中显示了一定的活力。实际上,与发达国家的全球化公司相比,中国的企业和其他发展中国家的一样,是比较欠缺资本和落后的。正因为如此,唯有在国家的积极扶助和参与下,它们才有可能和发达国家的跨国公司竞争。在 21 世纪的第一个 10 年中,它们实际上已经成为中国经济发展的重要动力。不然的话,它们不会如此快速地进入《财富》500 强的行列,也不会展示如此成功的利润绩效(下面还

第十五章　国有企业与中国发展经验:"国家资本主义"还是"社会主义市场经济"?

要讨论)。

国有企业必然是垄断公司的理论假设其实并不适用于改革时期中国的混合经济。正如戴慕珍、魏昂德和钱颖一等已经论证的,20世纪80年代的乡镇企业和90年代的地方政府,都是在与其他企业和其他地方竞争的环境中运作的,之后大型企业则更要与境外的企业和国家竞争。2000年以来的大型国有企业显然也如此。

此外更要指出,国家所有和国家经营本身绝对不是官员贪污和逐利的缘由。显而易见,毛泽东时代的完全国有的企业几乎没有贪污。腐败贪污普遍是在国有企业改制为营利性国有企业过程的空隙中出现的。其实,更进一步的私有化只可能导致更多的腐败,正如在俄罗斯和东欧所显示的那样(Hamm, King and Stuckler, 2012)。

新自由主义经济学家之所以拒绝营利性国有企业,部分原因是他们所依赖的理论的出发点是个完全私有的市场经济。由此才会认为国有企业乃是对经济的一种侵入,所导致的是滥用"公权力"的"不公平"竞争。但中国在改革时期经济的起点实际上不是私有经济而是国有经济,而且今天依然是个将近一半是国有经济的混合经济体。我们如果从现实出发,就会得出不同的看法:正因为国有企业乃是"全民所有",它们的利润和资源可以不侵犯私有经济和利益而被用于公益,远远超出一个私有经济体系所能想象的地步。这样,问题就不是国有营利公司应否存在,而是怎样把它们变为服务于公益的公司。

所以,中国当前正确的经济政策不是新自由主义学者们所提倡的方案。消除国有和国有企业只可能严重削弱而不是强化中国在全球市场中的竞争力。当前需要的不是消除它们,而是要更完全更好地遏制贪污腐败,并把国有企业引导向比营利更崇高的公共服务价值目标和使命。

六、中国银行的案例

在进一步分析之前,我们应该讨论一下国有企业转变为国有营利公司在微观层面上,即在企业内部到底意味着什么样的变化。这是一般的经济学家们不会关注的问题,因为他们注意的主要是理论"规律"和宏观数据。而我们这里要问的是,在公司的微观运作层面,市场化行为是否真的像科尔奈说的那样不可能和国家所有以及国家经营相结合?是否唯有私有化才可能破除官僚行为?如此的问题亟须一位具有洞见能力的经济人类学家来系统深入研究。

在那之前,我们要感谢时任中国银行董事长(和党委书记)肖钢(2011)发表的关于自己近年来领导中行改革的比较细致的回顾和论述,我们可以据此做一些初步的分析。中国银行是一个好的案例,因为它是一个科层制化改革程度比较高的单位,也是较晚执行市场化改革的单位。而且,肖钢的追述不是抽象的理论性探索,而是具有一定说服力的实践回顾。

首先,此书说明的是,国有企业公司化的关键并不简单是或者不主要是产权的改革,而更主要是该单位人员价值观的改革。肖称之为从"官本位"的态度/文化转化为"民本位"。要体会肖钢所表达的道理,我们只需稍微回忆之前国内银行职员的官僚态

第十五章 国有企业与中国发展经验:"国家资本主义"还是"社会主义市场经济"?

度——在等待了一个多小时之后,"顾客"所面对的是一个说话像官员对小民发话的办事员。新的理念是要破除如此的"文化"而建立一个为顾客服务的态度("民本位")。

肖钢的论述会使我们联想到科尔奈理论的某些部分。旧的运作"文化"源自中行的科层制人事制度,其领导职员拥有科层制职位,诸如处长、副处长、科长、副科长,是庞大的科层制等级体制中的一部分。我们可以补充说,如此的管理人员所继承的是传统的官僚文化——人们要经过长年的苦读和考试才有可能成为一名官员,因此很自然地会把自己的官职当作某种报偿,并自然地期待一定的特权和报酬。从而导致肖钢所描述的现象:"员工对企业的'索取'和'依赖'思想,大于对企业的'贡献'和'发展'思想。"(第31页及其后)

同时,"官本位"的企业文化意味着非常稀少的晋升机会。唯一的途径是官职的提升——唯有"升官"才能获得更高的报酬、更大的权力、更高的荣誉。在肖钢的描述中,这个制度等于是"千军万马挤独木桥"(第41—42页)。在烦琐的科层制中,从中央往下每一层对下一层进行紧密的控制。升官意味着要获得上一层官员的认可,因而促使层层官员的一定程度的媚上和任人唯亲。

正如肖钢所说,类似单位的改革关键在于其运作文化。他特别强调需要重视专业技能(第5章),为此,中行努力建立了凭专业技能晋升的途径,使专业人员的薪酬挂钩于专业知识、技术和表现,使其和管理人员能够达到同等甚至更高的薪酬。同时,尽可能促使审核制度专业化,对职员的顾客服务或新业务开发表现进行"科学的"评估。在肖看来,不能像高校审核制度那样只走形式。

肖钢提到几个其他的次级措施。一是尽可能引进青年人才。另一个是在中行内部创办专业培训班,借以提高现有人员的专业水平。再则是聘雇外国顾问公司来协助改造银行的"人力资源",特别是英国的一家翰维特公司(Hewitt Associates),到2011年已经持续八年,对中行的改革仍然起着重要的作用(第34页)。最后是从国外以数百万元人民币的(按照中国水准来说)高薪聘请总行的信贷风险总监。这里,肖特地提到一位在这方面具有丰富经验的美国专家董乐明(Lonnie Dounn)。显然,这是为了更好地避免重犯过去(因关系或政策而导致的)众多坏债的失误。

和以上的一系列措施相比,中行资产的私有化显然并不那么关键。这里肖钢的叙述直接挑战科尔奈的理论。中行固然引进了四家外资伙伴,即苏格兰皇家银行(Royal Bank of Scotland)、瑞士银行(Swiss Bank)、亚洲开发银行(Asian Development Bank)和新加坡淡马锡控股公司(Temasek Holdings, Singapore),但四家的股份加起来总共才16.85%,而作为中行控股股东的中央汇金公司所持股权则仍然占到83.15%。显然,引进外资的目的并不是要终止国有产权,而主要是为了更好地在香港上市(2006年)——一个具有知名国际机构投资的公司对可能的投资者来说,要比中国国家独资公司更有吸引力。对四个外来银行/投资公司来说,其目的其实主要是上市的利润,而不是为了成为中行真正的伙伴。事实上,中行和这四家银行/投资公司的协议中包括中行无条件保证三年之内每年年终每股净资产值不会低于2004年年终签约时候的资产值,并且,如果在这个固定期间上市失败,这些外来机构可以撤回其所投资本(第75—77页)。

第十五章　国有企业与中国发展经验:"国家资本主义"还是"社会主义市场经济"?

从一个"国有企业"转化为一个上市公司(虽然仍然是国有绝对控股的公司)意味着一系列的变化。之后中行的管理层必须以公司的股票市价为重,因此也必须关注利润和效率。同时,股市的法则规定公司在关键信息方面必须要做到一定的透明。由此,也意味着一定程度的投资者的"监督"。私人投资者通过市场而拥有一定的影响力,哪怕只是非常有限的权力。综合起来,正如肖钢所说,这些是改变中行内部"文化"的重要因素。

但是,中行在其他方面仍然维持了中国国家单位的一系列特征。在其28万职工中,足足有10万党员,共分成6000多个小组、支部(第95页)。银行内部具有完全的党组织,包括其最高权力机关——党委,以及宣传、纪律、组织等各部门(第75页)。作为党委书记和董事长,肖钢无疑是全行的"第一把手"。

显然,这家国有公司的支配权是由共产党领导的国家组织所掌握的。银行的董事会固然包含外国投资机构的代表,但控股的中央汇金公司有权委任六名董事。同时,董事会只有权力委任全行行长和副行长,无权委任十分关键的25个组成部门的领导人员。国家政策和银行利益间如果出现矛盾,作为董事长和党委书记,肖钢占据协调和斡旋其间的关键位置。

在科尔奈等新自由主义经济学家的眼里,这一切肯定是过分的国家控制和干预,何况从产权角度考虑,中行仍然处于不可接受的企业基本国有的状态。但是,虽然如此,中行在肖钢的领导下,绩效累累。在2004年到2009年的五年间,其资产值翻了一番,净利润则增加了三倍(第28页)。2008年的金融危机对"保守"(即具有相对高比例的资金储备而且完全不涉足金融衍生产品)的中行来说实际上是好机遇。在世界众多银行亏本的背景下,中国的银行大多仍然赚钱,因此占到全球银行所得利润的高比例。在金融海啸之前的 2007 年,中国银行业的(税前)利润才是全球 1000 大银行的 4.6%,到 2008 年这个比例上升到 10%,2009 年更高达 74%,2010 年仍然高居于 26%(第 23 页,表 1-2)。凭借如此的绩效,中行以及中国的银行业可以说已经稳稳站定于全球经济中。①

这样,肖钢的论述为我们说明,国有企业的改革并不简单是私有对国有、私营对国营的二元对立问题,更重要的是"企业"人员在市场化经济中的目的、价值观和工作伦理的转变。这些才是国有的中国银行改革"转型"为国有盈利公司的真正关键要点。更重要的是,共产党的领导和参与和一个要在国内外竞争的营利公司并不相互排斥,这与新自由主义的预期不同,中国的国有企业似乎完全有能力成为资本主义游戏的赢家。

当前最需要的可能是进一步明确类似单位的使命。如果银行的利润只被少数权贵(例如银行经理和国家股权公司的关键人员)或公司本身所占有,改变单位运作文化而为公共服务只可能是空谈。真正的考验是银行的利润是否真为实现人民的利益所用。

七、社会不公

新自由主义学术的最严重的失误是在对社会问题的思考方

---

① 进入《财富》500 强名单的四家中国银行分别是中国工商银行(第 170 名)、中国银行(第 215 名)、中国建设银行(第 230 名)和中国农业银行(第 277 名)。("List of the Largest Companies of China",2012)

第十五章 国有企业与中国发展经验:"国家资本主义"还是"社会主义市场经济"?

面。在当今中国的城市中,确实已经兴起了一个足可比拟西方和日本"中产阶级"收入水平的阶层。他们拥有西式的公寓型"房子",开的是昂贵的(常是进口的)轿车,并出入于价格上连一个美国"中产阶级"都觉得太贵的百货商店。

这个精英阶层的绝对数固然足可使跨国公司对中国市场的潜力感到兴奋,而具体多少人,主要看对"中产阶级"如何定义。国家统计局在2005年的一项研究中采用的定义是,家庭年收入6万到50万元人民币(即当时的约7500美元到62 500美元——按照美国的收入水平来说,其实才处于中下水平),凭借这个定义,中国的中产阶级只占到全人口的5.04%。2007年这个数字上升到6.15%(《国家统计局称中国有8000万中产,专家不同意》,2007;亦见黄宗智,2010a:198)。今天,我们如果用5%的数字,那就意味这个所谓"中产阶级"的总人数是7000万人左右,用10%的数字,就是1.35亿人,15%的话则超过2亿人。对全球化的跨国公司来说,正是根据中国"中产阶级"行将快速增长到类似美国中产阶级所占比例的想象,认为中国将会成为全球最大的中产阶级商品市场。

但是,应该明确,这个被误称为"中产阶级"的中国新兴阶层实际上只占到全国人口的较小比例,并且将在相当长的时期内仍然如此。上面已经说过,我们只需要提醒自己,2010年全国就业人员中,共有1.14亿未经登记人员(主要是农民工)、1.06亿城镇小私营企业和个人户人员、1.59亿乡镇企业的农民和非农民职工、0.58亿的乡村小私营企业和个体人员。这些低收入非正规经济人员占到全国总从业人员中的绝大多数——83.2%。

新自由主义学者一般拒绝承认以上的事实,试图借用一些源

473

自新古典经济学理论的模式来争论这些低收入人群只占少数甚至并不存在。譬如,新自由主义学者借用刘易斯的二元经济模式的预测——现代经济部门和具有"劳动力无限供应"并因此工资远低于现代部门的传统经济部门,伴随经济发展,将会进入一个"转折点"而整合为单一的劳动市场——来论证中国已经进入了刘易斯拐点。(详细讨论见本书第十一章;蔡昉,2007;亦见黄宗智,2009a:57)其目的是要我们想象一个已经整合于城市"中产阶级"水平的劳动力市场。另一个同样影响很大的新自由主义社会学家们的论点是,中国社会已经形成类似于美国的中间宽阔的"橄榄型"而不是"金字塔型"结构。(陆学艺,2002,2003,2007;亦见黄宗智,2009a:58;本书第十一章)与"拐点"理论同样,它是要我们想象一个和美国相同的、占到人口大多数的"中产阶级"。这些学者都非常认真地坚持这样的论点,基本无视中国83.2%的劳动力是在非正规经济中工作和生活的现实。

后者正是中国发展经验最令人担忧的一面。正是如此幅度的非正规经济使得中国虽然已经成为全球第二大经济体(并且可能行将成为第一),但同时(根据世界银行的测量)也是世界上较不平等的国家之一。以人数来计算,全国13.5亿人中有足足11.2亿是在非正规经济中生活和工作的。而且,总人口中有15.9%,亦即2.15亿人处于世界银行采用的日用1.25元美元(约8元人民币)的贫困线以下。(World Bank,2008;亦见黄宗智,2010a:13—14)

存在一定程度的社会不公是中国发展经验不可持续的关键原因。大多数人民的相对贫穷是遏制内需和迫使中国经济依赖出口的理由。这个问题之所以特别严重和紧迫是因为中国革命传统的

第十五章 国有企业与中国发展经验:"国家资本主义"还是"社会主义市场经济"?

核心理念是社会公平,其自我定义是为劳动人民谋求幸福。在近30年的改革经济实践之中,这个革命传统在实践层面上固然不具有太多实在的意义,但在话语层面上则一直被中国共产党继续沿用(虽然已不谈阶级斗争),而且时不时特别强调社会公平(例如"科学发展观"和"和谐社会")。社会公平理念虽然和社会实际有差距,但作为一个理念,它仍然被民众广泛认可。

不可持续不仅是个社会问题,也是个经济问题。这是因为中国迄今主要依赖的是出口主导的经济增长,通过其廉价劳动力而为世界各地提供廉价商品。但是,经过2008年的金融危机,人们已经几乎都认识到,如果中国要维持其高速的发展,必须更多地依赖国内的需求和消费。而要扩大内需,必须提高其非正规经济中的工农收入和消费——因为他们占据人口的绝大多数,并且是把收入最大比例用于消费的人群。

至于环境污染问题,地方政府的积极招商引资不仅导致了一定程度上对国家劳动法规的漠视,也导致了对国家环境法规的漠视。(Economy,2004;张玉林,2007,2009;亦见黄宗智,2009b:81)无论中央的用意和修辞如何,地方政府在运作中的实践乃是中国今天环境污染危机的一个关键原因。这方面显然同样不可持续。

八、重庆的实验

有的读者可能会觉得本章所隐含的关于社会公正的倡议只是没有实际根据的凭空臆想。为此,我们下面再次转入关于重庆市(人口3300万,在籍农民2300万)2007年以来在中央指定下的统

475

筹城乡实验的讨论。那里,地方政府依赖的正是国有企业的特长来推动快速的 GDP 增长,五年(2007—2011 年)平均年增长率 16%(见屈宏斌[2012]的详细研究),同时,也借助于国有企业的利润而做到特别出色的社会(公平)发展。在重庆,国有企业的利润被称作税收(第一财政)和(城市建设)土地"出让"(给开发商)收入(第二财政)之外的"第三财政"(第十四章;亦见黄宗智,2011b)。

首先,第三财政的收入被用于为在城市打工的农民工提供与市民相等的福利。改变户籍的农民可以在五年期间保留其土地权益(下面还要讨论)。正如国务院发展研究中心 2012 年的系统研究报告所显示的,此项工程在 2010 年 8 月启动,到 2012 年 3 月,才一年半的时间里便已经为 322 万农民工改变了户籍,提前完成了原来计划要三年时间的工程。(于至善,2012;亦见黄宗智,2011b)这个数目基本包括所有在主城区工作五年以上及在其他各区城镇工作三年以上的农民工。转为市民身份意味着他们现在享有和城镇居民同等的医疗、退休、教育等福利。

正如时任市长黄奇帆所说,之前重庆的福利制度含有两个不同"层级"。其间的差别鲜明地体现于因交通事故而死亡的赔偿费:一个城市居民是 20 万到 30 万元,而一个农民则只有 8 万到 10 万元。至于普通的福利,按照重庆市的规定,在主城区的单位要为其市民职工的退休福利支付其工资的 20%,但为农民工则只需要支付 12%;要为其市民职工的医疗保险支付 1400 元/年,而为农民工则只支付 480 元/年。(上文指出,近三年的医改把 95% 的农民纳入基本低等医疗保险,但还没有能够做到城乡同等的医疗保险和服务。)要整合为同一标准,光是这两项福利,市政府便需要在 15

年期间为每个农民工支出约 2 万元。此外,对许多农民工来说,更关键的是教育费:城市居民基本免费,但一个农民工家庭如果要让其子女在城市上学,必须支付数千元/年或更高的择校费(九年义务教育只在户籍所在地生效)。要为农民工提供与城市居民同等的教育、卫生和住处等服务,还需要大约 1 万元/人。(黄奇帆,2010)

另一项为农民工(以及新生代大学生和城市低收入群体)建造廉价公租房的工程同样感人。2010 年开始,市政府动工建造 4000 万平方米的公租房,计划人均约 15—20 平方米,租价每月约 10 元/平方米,也就是说,一套一家三口的 50—60 平方米的两室一厅房子月租价约 500—600 元(远远低于一个北京年轻讲师为一个一室一厅所必须支付的起码 3000 元/月的租金)。这样,可以为 200 万—300 万人提供住房。按照规定,租户可以在五年之后购买其所住的房子,但不能在市场上盈利出售,只能返售给市房管部门。(本书第十四章;亦见黄宗智,2011b:17 及其后)截至 2011 年底,已有 8.2 万套主城区房子以及 3 万套散布其他各区的房子,经过公开和透明的摇号配租程序,被分配给总共 30 多万人。(《增投资促消费 重庆公租房已惠及 30 万人》,2011)在主城区,新盖的公租房被分布于 21 个不同的商品房大组团,这样,避免形成公租房贫民区,让公租房和一般商品房享有同等的社区公共设备和服务。(黄宗智,2011b:17)

资金的主要来源是政府所储备的土地的市场增值以及国有企业的利润。2012 年始,重庆的国有企业需要为公共利益上缴其利润的 30%给市政府(于至善,2012),而重庆市政府则从 2008 年开始每年把其总支出的50%以上用于类似上述的民生工程(《国企托底重庆发展 国资成政府第三财政》,2010;黄宗智,2011b:17)。

对新自由主义经济学家们来说,这样的国家福利开销和计划经济时代不可持续的政策是相同的。但重庆的战略不是像("土改"、集体化和社会主义建设的)革命经济时代那样的为公平而公平,而是借助社会发展来推动经济发展。显然,把农民工转化为城市居民,并大幅度提高其生活水平,定然会扩大国内需求和消费。

此外应该明确,把国有企业的利润用于民生绝对不是什么"不公平"的措施,因为国企自始便是"全民所有"。把国有企业的利润用于提高为中国经济发展付出最多的劳动人民的生活水平,而不是成为少数权贵的私利,乃是再公平不过的事情。这里隐含的设想是把国有企业建设为真正意义的"公共公司"。这样的举措可以有不同的理论根据:譬如,以城市来扶助农村,或以富裕来扶助贫穷,有点像发达国家为发展中国家提供援助那样。但我认为更强有力的论据是促使"全民所有"单位为全民公益做出贡献。

在如此发展战略下的重庆,其经济状况显然相当健康。这个事实的最好见证也许是重庆的房地产业和市场十分不同于中国其他大城市。重庆市政府对住房这个中国头号民生问题采用的是分三个层次的做法,一是占据30%比例的廉价公租房(相对于其他地方的才3%—5%),二是60%的商品房,三是10%要交纳特别物业税的高档奢侈房。此外,政府一直严格控制房产地价,规定不能超过楼盘价格的1/3。结果是,截至2011年底,政府仍然把市区新盖房子均价控制在2010年的6000—7000元/平方米。这是一个中等收入阶层能够支撑得起的价格(相对于北京和上海等地市区的起

第十五章　国有企业与中国发展经验:"国家资本主义"还是"社会主义市场经济"?

码30 000元/平方米)。(黄宗智,2011b:18,2011c;亦见《2011年主城九区新建商品住房均价及2012年高档住房应税价格标准》,2011)这样的情况显示的不是"房地产泡沫",而是一个可持续的、结合私营和国有企业的房地产业和市场。

此外,重庆的国有企业大多数(虽然不是全部)是基础设施建设和公共服务公司,诸如高速公路建设、能源提供、城市交通、水务、公租房建设等。整体来说,这些国有企业并没有妨碍私营公司的引进和发展,其实一定程度上还为其提供了必需条件。事实是,2001年到2009年重庆非国有企业在GDP中所占比例从40%上升到了60%。(王绍光,2011:图5;亦见黄宗智,2011b:22)这是和全国基本平行的发展趋势。(胡鞍钢,2012)

重庆市的例子证明,用国有企业的利润来促进公平发展是条可行的道路。也就是说,超越西方现代经济思想的私与公、资本主义与社会主义的二元对立,而采用一个在中国实际情况下比较实用的做法,即把在官僚经营和再分配政策下不堪重负的国有企业转化为生气蓬勃的市场化国有营利公司,但不是为营利而营利(或为管理层、地方政府或公司本身而营利),而是为了公共利益而营利。而整个经济体系则是个国企与私营公司的混合体。

在经营公司以外,政府在其他方面的积极举措也是这一切之所以成为可能的关键。一个特别能说明问题的例子是渝新欧铁路运输。它创建的目的是把位于内地的重庆建立为一个"口岸",打通它与庞大的欧洲市场的连接。首先是与哈萨克斯坦和俄罗斯,而后是与波兰、白俄罗斯和德国达成协议,让货物在重庆一次性过关,然后通过上列国家直达德国的杜伊斯堡(Duisburg)。全程共需

14天①,要比通过上海或深圳而后海运到欧洲快20来天。2011年5月,距原来和哈萨克斯坦与俄罗斯签订协议还不到一年,黄奇帆报告说铁路已经开通。到了2012年4月,已经每周通行两个班次,预计年终将会达到一周三个班次。同时,成立渝新欧物流公司,由重庆市控股,哈、俄、德等参股。目前,每40英尺的集装箱运价不过8900美元,预期还可以进一步减低。(《渝新欧铁路:重庆向西,穿越世界心脏》,2012;《渝新欧(重庆)物流公司成立 重庆将成欧亚货物集散中心》,2012;黄宗智,2011b:8)

正是那样的物流条件的预期,促使重庆能在与其他地方政府竞争之下,吸引到惠普、富士康、宏碁、广达、英业达等公司,借以创建其新的信息产业园区。2012年4月,仅仅在和惠普与富士康于2009年8月签订协议的两年半之后,重庆已经达到年生产不止5000万台笔记本电脑的地步,预期在2014年可能达到1亿台/年,相当于原来预测的全世界3亿台总销售量的1/3。(《重庆今年拟生产5000万至6000万台笔记本电脑》,2012;黄宗智,2011c:7)

毋庸说,这样和欧洲的物流连接对其他产业也起了关键作用,例如天然气和MDI(是生产被广泛用于冷热保温的聚氨酯[polyurethane]的主要原料)生产,由德国的化工产业巨头巴斯夫(BASF)公司的350亿元投资带头;以及汽车产业,主要是长安汽车公司和其伙伴美国福特(Ford)公司牵头。显然,一个私营企业,甚或一个国有企业都不可能推动如此的投资和发展。只有政府(中央和地方)才有这样的能力(更详细的讨论见黄宗智,2011b:7—

---

① 目标是12天。预期完成重庆—兰州铁路(现在的路线是重庆经西安到新疆)以及哈萨克斯坦新建的铁路之后便能做到。

第十五章 国有企业与中国发展经验:"国家资本主义"还是"社会主义市场经济"?

9)。

可以见得,重庆的发展战略明智地借助/利用跨国公司,依赖它们来推动产业的"集聚效应"。同时,它广泛使用"土地财政",在这点上和中国其他地方基本相似(详细讨论见黄宗智,2011b:9—10)。另外,和其他地方一样,它必须和私营企业、其他地方政府以及国外的企业竞争。

它和中国其他地方的不同是它特别突出社会公正,而且不仅是为公正而公正,而是借以推动经济发展。这个发展战略非常清晰地显示于重庆市政府处理土地的方法。土地收入在全国各处都是政府预算外收入的主要来源,但重庆没有让土地的市场增值(我们可以理解为一个三阶段的过程:从原来的征地到具备基础建设的"熟地",到最终盖好楼盘的地)完全归属于开发商和政府机关,而是把其用于公共服务和社会公平。最好的例子是廉价公租房——这里,政府的"投资"主要是其所储备的土地及其增值,而后用楼盘的租金(包括出租给商店的租金)来支付贷款利息,本金则用楼盘出售收入来支付。其经济战略,正如时任市长黄奇帆所说,是借助社会发展来推动经济发展,借助提高社会低收入人员的生活水平来扩大内需。他们的目标不仅是 GDP 发展,也是公平意义上的社会发展,其衡量标准则是世界银行所用的基尼系数和城乡收入差别。(本书第十四章;黄宗智,2011b:16—19)

此外,市政府大力推动"微型"私营企业的发展,借以扩大就业。一个自身投资 10 万元、解决 7 个人就业的私营企业,可以获得政府 5 万元的资助,另加 15 万元的贷款,由此形成 30 万元的启动资本。这项工程的计划是到 2015 年发展总共 15 万家如此的微型企业,预期为100万人提供就业。(国务院发展研究中心,2012) 2011年年底,此项工程已经促成5万个这样的新兴企业,职工共35万多人。(崔之元,2012)

至于农村,市政府发起了"三权三证"的工程,目的是让农民可以用自己的土地权益作为抵押来向国家正式金融机构贷款,而此前农民都只能向亲邻朋友(或高利贷商人)非正规地贷款。每亩被复垦的农村宅基地,经过证明可以换取一亩地的"地票",而在现有的土地制度下,这样的地票可以允许地方政府在中央严格维持"18亿亩(耕地)红线"的政策下增加一亩城市建设用地,而那些建设用地必然会增值。我们可以用形式化的价格如1万元/亩的未开发的土地、10万元/亩的具备基础设施的"熟地"和100万元/亩的最终具有楼盘的地来概括。因此,对地方政府和开发商来说,每亩地票都具有一定的市场价值。重庆市政府的政策是,让农民用其地权的85%的市值作为抵押向银行贷款。2010年年底,1亩地"地票"(在政府创办的地票交易所)的市价已经达到10万元。2011年,全年地票交易5万多亩,均价增至24.4万元一亩。(《重庆地票拓宽"三农"收入》,2012)对农民的其他两种地权,即承包地权和林地权,市政府采取同样的做法(当然,其市场价格要比宅基地低得多)。此项工程在2011年4月启动,计划到2015年将贷款1000亿元给农民。2011年年底,当地银行共贷出57亿元。这是个创新性的举措,也许能够为不少农民提供融资的机会。(洪偌馨,2012;黄宗智、高原、彭玉生,2012:26—27;亦见黄宗智,2011b)

重庆的实验受到一定的挫折,但是,从长远来看,那并不意味着它的经验因此就不重要了。中国过去的发展经验中的社会不公和内需贫乏(也包括环境污染)显然是不可持续的。重庆的实验提供的是一条新的比较公平的发展道路。它与过去经验的不同在于用公平发展来推动内需和消费,并借助国有企业的利润来为其提供必要的资金。

九、"国家资本主义"还是"社会主义市场经济"?

我们可以用人们惯常用来描述中国改革时期经济的两个对立词——"国家资本主义"和"社会主义市场经济"——来突出重庆实验所提出的问题。

"国家资本主义"一词所看到的是中国今天的经济具有一系列的资本主义经济特征——资本占到主导地位、以营利为主的经济体系、资本家和其雇用的职工收入悬殊等,只不过国家依然扮演较大的角色,尤其是国家对经济的干预及国有企业的分量。与计划经济时代主要的不同是市场和盈利道德观取代了计划和革命再分配道德观。(例见 Szelenyi,2011)

另一个常用词是"社会主义市场经济"。这是中国官方自 1993 年前后开始使用的正式表达。基本概念是这个经济体系是市场主导和市场推动的,在这方面和资本主义经济相同,但其目标则是社会主义的。当然,"社会主义"这个词可以有多种不同的理解,包括计划经济和国有经济,但在本书的使用及在重庆的实验中,它主要代表的是一个带有社会公正的"国有+私营"公司的混合经济体,其理念是"共同富裕"。此词的含义是经济发展("致富"),但是这是带有社会公正的发展,而不是没有社会公正的发展。

正是在如此的背景之下，重庆实验对大多数的民众来说具有特别强烈的吸引力。因为他们知道，在目前的情况下自己没有太大希望能够达到在城市买房、买车的"中产阶级"精英的收入水平。该人群包括农民工和下岗工人的绝大多数，也包括在城市从事各种销售或服务的个体户，以及农村的务农农民和服务业农民，甚至包括一定比例的"中等收入"的城市白领，亦即全部从业人员的大多数。

重庆实验的基本概念简单明了。在城市化过程中，资产尤其是城市建设用地的市场增值，不应该只归属开发商和地方政府（官员私囊或其个人的官位爬升，或政府的形象工程和办公室等），而应该归属人民公益（"民生"）。例如，为城市30%的低收入人群提供廉价公租房、为农民工提供与市民同等的福利，以及为农民提供把其土地权益"资本化"（即用作抵押来贷款）的途径。正是那样的具体措施获得当地人民广泛的欢迎。对许多人来说，重庆经验代表的是占人口大多数的低收入人群能够分享到中国惊人GDP增长所附带的利益的一条道路。

上述两词的对立所捕获的正是中国今天面临的中心问题：如何赋予"社会主义市场经济"更多实实在在的内容？邓小平的改革思路"让一部分人先富起来"所隐喻的最终目标还是"共同富裕"，但是，社会公正的问题被暂时搁置到未来。但在最近的几年中，正因为重庆实验赋予了"社会主义市场经济"具体和真实的内容，社会公正问题再次被提到了人们的面前。在笔者看来，这才是重庆实验对未来的史学家们来说所具有的真正意义。

第十五章　国有企业与中国发展经验:"国家资本主义"还是"社会主义市场经济"?

十、结论

简言之,以上对 30 年来中国发展经验的回顾指出,中央政府和地方政府及其所经营的国有企业,在中国快速的 GDP 增长中起了很重要的作用。理由是,在中国市场化的和混合的经济之中,国家显然比私营企业具备更有利的竞争条件,诸如克服官僚制度的重重障碍,组织和动员资源,获取补贴和税收优惠等,借以扩大公司的利润。我们甚至可以把这些条件称作一种制度性的"比较优势"。和中国的廉价劳动力同样,它们是中国过去发展动力的一个重要组成部分。

这个比较明显的经验叙述之所以如此充满争议,是因为新自由主义意识形态和话语在国内外的强大影响。那套话语享有(英国和美国)新保守主义意识形态的支持,也享有自我表述为一门科学的经济学学科主流的拥护,结果是几乎所有的观察者都坚持突出国有企业的短处并夸大私有产权与私营企业所起的作用。事实则是,中国的国家机器在整个改革时期都起了关键性的作用,而国有企业则已经证实自己能够成功地进入全球市场的营利竞争。这个事实见证于 59 家国有企业成功进入《财富》500 强行列(非国有企业则只有 2 个)。对中国来说,和其他发展中国家一样,在和具有更充裕的资本和先进的技术的跨国公司的竞争中,如果没有国家的积极参与,如此的成绩是完全不可想象的——这是因为国家是唯一具有如此强劲势力的实体。

新自由主义经济霸权话语所坚持的论点,即唯有私有公司才可能促进经济发展,其实把我们的注意力导向了一个伪命题。真正关键的问题不是国有企业应否扮演重要角色,更不是它们应否存在,而是它们的利润的用途和目的为何。迄今为止,其很大比例的利润被资本家、官员和国家机器本身所拥有,而不是被用于全社会和公共利益,因此导致了一定程度的社会不公。新自由主义的经济学和社会学研究试图争论社会不公的现实并不存在,借助的是抽象的所谓"刘易斯拐点"模式,试图论证中国已经进入那样的拐点,其劳动力市场已经整合于城市的"中产阶级"。同时,也借助美国的"橄榄型"社会结构模式,争论中国的中产阶级已经像美国那样占到总人口的大多数。但实际是,总从业人员和人口的85%仍然在非正规经济中工作和生活,被迫接受低等的报酬、超常的工作时间,没有或少有国家劳动法规的保护,没有或只有不完善的医疗、退休等福利,以及其子女没有在城市学校受教育的权利。只要如此的社会现实依然存在,中国的经济就难以具有可靠的内需依据。

新自由主义经济学家不能理解国家和国有企业在中国经济发展中所起的作用,意味着他们也不能理解今天中国的社会—经济(和环境)问题的真正根源。

上文强调的不仅是(暂时还占据着霸权的)新自由主义经济理论的严重失误,也是中国调整方向的紧迫必要。当前要做的绝对不是新自由主义经济学家所一再提倡的消除营利性国有企业,而是要改变它们存在的目的——从赋利给开发商和官员转到造福全人民。鉴于中国经济改革的起点是国有经济,而今天的国有企业依然占据到国民经济的将近一半,国有企业在中国发展经验中的

第十五章 国有企业与中国发展经验:"国家资本主义"还是"社会主义市场经济"?

重要性实在再明显不过了。同时,鉴于国有企业在理论上依然是"全民所有",它们的利润应该被用于全体人民而不是少数权贵也再明显不过。再则,这也是唯一可以有效扩大内需而促使经济可持续发展的道路。

要调整其方向,国家可以从严格控制贪污腐败着手,并明确规定国有企业的利润必须被用于公共利益来改正当前一定程度的社会不公。那样的话,既可以帮助推进国有企业运作文化的改造,也可以为国有企业所享有的一些特殊有利条件提供正当性。关键不在消除国有企业而在促使他们服务于全社会。

最近的重庆经验让我们初步窥见这种做法的潜力。(即便是中国银行的例子也证实,树立比营利高尚的理念对改革银行的运作文化是多么的重要。)这是现有"主流"经济思想所不能理解的要点,也是重新塑造中国未来的要点。它是一条真正能够结合中国革命的社会公正理念和中国改革的经济发展"奇迹"的道路,也是一条能够超越传统资本主义和社会主义、结合私营和国有企业、结合市场经济和社会公正的新道路。

第十六章
从实践出发的经济史和经济学

在因果关系的层面,本书采用的观点是,历史上许多重大变迁,诸如英国的农业革命和其后的工业革命以及中国当今的隐性农业革命,不会来自简单的单一起因,而更多的是来自几个不同的、半独立性的历史趋势的交汇。试图模仿自然科学的社会科学,多倾向于比较简单的单一因素解释。譬如,对舒尔茨来说,只需具备有收益的新技术,传统农业便可向现代化转型。对刘易斯来说,一旦进入现代经济发展,便会导致一个整合的劳动力市场的形成。笔者这里论证的不是那样简单的理论主导的经济史,而是更符合历史实际的从实践出发的经济史,其中充满多种因素的相互作用以及一定的历史偶然性。

本书一贯强调人口因素,目的绝对不是想争论人口是历史的单一决定性因素,而是要直面中国人多地少这个基本国情,强调对市场、资本、技术、社会结构和国家体制等其他经济因素的理解,必须要看到它们和这个基本国情之间的互动。近年来学术界倾向单一地突出市场因素,几乎达到过去单一地突出阶级关系的极端程度。本书论证,无论是市场运作还是社会结构,国家制度还是资本和技术,都得结合人多地少的基本国情来理解。

一、经济学理论和研究

本书已经详细论证,舒尔茨的《改造传统农业》(Schultz, 1964)是个从理论前提出发的论证,不具备严谨的经验根据。它的出发点是理性经济人在纯竞争性市场所作的抉择,必然会导致资源的最佳配置。这是个(可以称作)"理想类型"。由此,舒尔茨争论,如果人都是理性的经济人,包括传统农业的农民,他们绝不会为零报酬而劳动。所以,不可能有"劳动力过剩"。

他的这个理论雄辩所自拟的对手是"零价值"劳动概念,并没有讨论符合实际的劳动力相对过剩问题,更不要说在那样情况下的劳动报酬递减问题。也许是出于对舒尔茨理论(在20世纪60年代广泛被视作右派的经济学,是芝加哥学派的一个支流)的保留,1979年的瑞典科学院经济学诺贝尔奖遴选组在舒尔茨之外,同时也遴选了在人口问题上和舒尔茨完全敌对的刘易斯,让两人分享当年的诺贝尔奖。

刘易斯的成名作是他1954年发表的《劳动力无限供应下的经济发展》论文以及其1955年出版的更详细的《经济发展理论》一书。作为一位具有一定实践经验的经济学家而不是舒尔茨那样的纯理论家,刘易斯比较清晰地认识到许多发展中国家的人口过剩实际,并据此提出他的二元经济理论,试图直面传统经济中"劳动力无限供应"的实际,以及在这种情况下的低劳动报酬。在这一点上,他无疑比舒尔茨要贴近中国或印度的实际,也因此受到不少国内经济学家的推崇。

但是新古典经济学理论在经济学领域中所享有的霸权是如此的强盛,即便是刘易斯那样观察到经验实际的经济学家,最终仍然只能把自己的分析完全纳入其理想类型框架之中。他下一步便坚持,在发展过程中,劳动力过剩的传统经济部门会进入一个"转折点"(之后被称作"刘易斯转折点",亦称"刘易斯拐点"),逐渐被纳入现代经济部门,最终形成新古典经济学所建构的理想前提状态,即在市场机制运作之下,被整合入单一的劳动市场,由此达到生产要素的最高效率配置。刘易斯之所以如此推论,也许是因为唯有如此方才能够得到"主流"新古典经济学的认可,但更可能是因为刘氏本人也正来自这样的学科背景,经历过这样的学科训练。

无论如何,刘易斯完全没有想象到当时以及后来在中国(和印度以及众多其他发展中国家)长期呈现的历史实际,即在劳动力的相对过剩的情况下,在现代经济和农村经济两个部门之外,还形成了一个新的部门——规模极其庞大的低收入"非正规经济"。伴随经济发展,这个新兴部门并没有逐渐被现代正规部门吸纳;相反,依赖大规模农村过剩劳动力的支撑,它在近几十年来日益扩展,吸纳了远远多于现代正规经济部门的就业人数。

我们这里要问:像舒尔茨这样的诺贝尔奖经济学家,怎么会完全没有正视中国或印度劳动力相对过剩的实际呢?像刘易斯这样的诺贝尔奖经济学家,怎么会在观察到劳动力过剩的现实之后,对中国或印度的发展状况作出如此离谱的预测呢？

在笔者看来，我们只能从新古典经济学本身的思维习惯来理解。它从理论前提信念出发，要求把一切知识凭演绎逻辑纳入其自我封闭和整合（即形式主义的）的体系之中。它坚信自己学科对市场经济运作的前提/理念是科学的、普适的真理。它完全没有考虑到如此的信念的历史背景，没有理解到它其实是西方现代主义的一个建构，好比类似的法学学科的权利论一样，其实乃是一种理念或期望，最终产生于西方现代主义价值观（人是"理性人"），并不是什么科学的客观普适真理。它其实既是西方中心的，也是唯现代主义的。

长期以来，那样的信念引导许许多多优秀的经济学家把终生的精力投入到单一问题中，即从信念出发来观察一切经验，把怎样促使现实变得更接近于理念作为思考的中心问题，把信念视作现实的必然终结，甚或简单地把信念等同于实际。诺贝尔奖得主哈耶克便从内部人的角度对新古典经济学这种倾向作过精辟的批评，认为它错误地相信"伪个人主义"，惯常把现实等同于理想，过分迷信数学、科学、均衡模式。（Hayek, 1948：尤见第2、3章）舒尔茨正是把理念等同于现实的典型例子，而刘易斯则是把理念当作现实的必然终结的例子。在其对金融海啸的反思中，美国联邦储备银行前主任格林斯潘（Alan Greenspan）在2008年10月23日的美国国会听证会上，承认他过去可能确实过分地信赖市场的自律能力，也就是说，把理想建构等同于现实。（《纽约时报》，2008年10月24日）这些顶尖的经济学家都没有考虑到，如果市场经济实际上并不完美，或者并不一定是经济演变的终结点，历史经验能否

491

有别的含义和指向？在笔者看来，新古典经济学这种思路其实类似于西方文化在现代之前对上帝和天堂的信念。进入现代，上帝在人们思想中的位置多被科学和理性取代，但人们对后者的宗教性信仰本质则一仍其旧。我们或许可站在宗教的视野之外来问：如果没有上帝和天堂，或者只有另一种神和天域，人世的经验事实又该怎样来理解？

在信念因素之外，还有学科变迁的历史因素。我们如果回顾西方前工业化和早期工业化时期的政治经济学，例如，略晚于亚当·斯密的马尔萨斯（Thomas Malthus, 1766—1834）和李嘉图（David Ricardo, 1772—1823），他们其实都同样把人口置于自己学术研究的中心，对人口因素有比较清晰的认识，因为在农业社会中，人口和土地显然是关键性的经济因素。要到此后的资本主义工业化时期，经济学方才逐步把主要注意力转移到后来的资本（例如，马克思，1818—1883）和技术（例如，熊彼得［Joseph Schumpeter］, 1883—1950）因素上去。再之后，在20世纪后期的全球化（资本流动和贸易）的大趋势下，经济学界方才像新古典经济学和新保守主义意识形态那样特别突出市场和贸易的动力。

其实，比以上的理论家更有助于我们理解中国农业历史的，首先是丹麦的农业经济理论家博塞拉普。在她1965年出版的《农业增长的条件：人口压力下农业演变的经济学》（Boserup, 1965）一书中，她极具洞察力地论证，农业发展从25年一茬的树林刀耕火种到五年一茬的灌木刀耕火种，再到几年一茬（例如，隔年休耕或种植饲料作物），而后一年一茬，一年两茬或更多，劳动的边际生产率随之递减，其背后的关键动力是人口压力。这是一个适当突出人口和土地关系(以及农业劳动力相对过剩)的理论,特别有助于理解农业时代的演变。

再则是英国经济史学家瑞格里(Anthony E. Wrigley),他在1988年发表的《持续、偶然与变迁:英国工业革命的性质》一书中(Wrigley,1988),非常清晰地区别前现代的"有机经济"(organic economy)和现代的"基于矿物能源的经济"(mineral-based energy economy)。前者的生产受土地的限制,其劳动力能源充其量只能借助畜力而达到数倍于一个人力的幅度,后者则可以达到数百倍或更多(例如,一个劳动力一年可以挖掘200吨煤炭,即相当于自己劳动力的许许多多倍的能源。当然,之后的电力、天然气、石油甚至核能更不用说了)。前者面对的是非常有限的能源,会快速地进入劳动生产率边际报酬递减的状态,后者的劳动生产率扩增空间则要大得多。这就点出了两种经济间的关键差别。舒尔茨那样的理论家则把农业和工业经济想象为具备同一性质、遵循同一规律的经济。

毋庸说,本书多次引用的俄国农业经济理论家恰亚诺夫的理论,则更揭示了两种经济在组织原理上的不同:一种以家庭和其自家劳动力为基本生产单位,另一种则以资本主义企业和个体化的雇工为基本单位。这就点出了农业经济实质与斯密和马克思两大理论传统对资本主义经济认识的不同。

博塞拉普、瑞格里和恰亚诺夫等人和当前占"主流"的经济学理论学者在思维方式上的关键不同在于,他们的理论是从基本事实或历史出发的(人类农业史中的劳动密集化、传统和现代经济使用能源的不同、家庭组织和资本主义企业的不同),亦即本书之所谓从"实践历史"出发的理论,而后者则是从建构或理念出发,如(虚构的)"理性经济人"在(虚构的)"纯竞争市场"所作的抉择必然会导致(虚构的)"资源最佳配置"——三者都是理想化的建构,无一是事实。前者的思维方式是从经验到理论再返回到经验/实践,而后者则是从理论建构到经验再返回到理论。前者允许逻辑上不整合于形式(演绎)逻辑,而后者则要求严格地整合、统一于形式化演绎逻辑。正是鉴于此,笔者多年前在《华北》一书里便已提出"从最基本的事实中去寻找最重要的概念"研究进路的设想。(黄宗智,1986[2000,2004,2009]:"中文版序",2)

在笔者看来,面对西方现代经济学学科的偏重抽象理论建构的趋势,我们需要坚持从基本事实出发的研究进路,避免以论带史、歪曲中国实际的理论倾向。侧重实践是本书所要提倡的研究方法。笔者已从这个角度对中国法律历史作出三卷本的详细分析和论证(黄宗智,2001,2003,2009)。在经济史领域,从中国经济史中的农村土地(相对)不足、劳动力(相对)过剩、当前非正规经济的超巨型存在、小规模农业的顽强持续以及家庭作为基本经济单位的强韧持续等事实出发,便不会错误地照搬西方的时髦新古典经济学或现代化理论而套用于中国农村,不会简单认同舒尔茨的中国没有劳动力过剩问题的理论,或刘易斯的传统部门必然会整合于现代部门的二元经济理论。也不会坚持中国必定或已经像美国那样迈向"中产阶级"占绝大多数的"橄榄型"社会结构,不会想象一个完全个体化的经济或完全核心化的家庭结构,更不会坚持中国农业必然要走向美国资本主义大农场的那种规模经济效益的道路。

要抛开西方从启蒙运动时期以来对理性的核心信念所演绎出的现代社会科学理论,以及其话语霸权,我们首先需要抛开其从理论前提信念出发和依赖演绎逻辑的认识方法。本书提倡的是把这种研究进路倒过来的方法——从基本事实出发,由此来建立理论概念。也可以说,要从人们的经济实践/经验实际而不是西方的经济理念出发,在扎实的经验研究和认识之上,来建造符合中国实际的分析概念,进而将其提升到概念和理论层面。在这个过程中,不妨与西方经典理论对话,并借助演绎逻辑,作为推进自己创建新分析概念的手段。但最后必须回归到中国实践来检验所建造的概念/理论的正确/合适与否,避免陷入以西方理论理解中国实际的盲区和误解中。

当前的中国经济,在实践层面上已经做出举世瞩目的成绩和创新,虽然在纯理论层面上还谈不上什么世界级的创新,起码谈不上能够得到西方理论界认可的理论创新。今天,我们需要的是从中国的实践和其实际创新出发,将其提高到理论层面,并与西方现有理论对话,再于实践中检验,由此来创建具有中国主体性的社会科学和理论。

二、经济史研究

经济史本来应该是一门十分贴近经验实际的领域,也应该是充分考虑到中国特殊性的领域。现代中国有优良的经济史传统,一开始便比较重视踏实的经验研究。在那些早期的研究中,人口一直是研究人员关心的核心课题,这是符合中国以农业为主的经济体实际的研究进路。但此后,在国家意识形态化的马克思主义—毛泽东思想下,研究者逐渐轻视人口因素,形成比较简单和偏激的认识。即便是在马克思主义的框架内,在其原来考虑的生产关系和生产力互动的框架中,也开始偏激地强调生产(阶级)关系一面,忽视其与生产力(技术和人口)之间的相互关系。在意识形态和宣传机构的推动下,一直没有好好采用生产关系—生产力相互作用的、比较综合性的认识和研究进路。

在改革期间,主导意识形态从唯生产关系论一变而为唯生产力论,并且很快就基本采纳了西方新古典经济学的原教旨市场主义,以西方的市场主义来取代过去的马克思主义政治经济学。在这样的大潮流下,研究者不仅不再考虑生产关系,也基本不再考虑人口因素,转而完全偏重西方新古典经济学(以及其背后的新保守主义意识形态)所特别强调的资本主义市场因素。但同时,对"理论"的态度则基本和过去一样,一仍其旧地倾向于把理论当作信条而不是方法,把其简单化、绝对化。在"与国际接轨"的口号下,全盘引进西方新古典经济学理论,作为取代马克思主义政治经济学的新意识形态。在高等院校中,"经济学"越来越被等同于美国(新保守主义下的)新古典经济学。其中,研究生课程完全采用了他们的教科书,而抛弃了过去的马克思主义政治经济学。法学界同样,完全抛弃了中国革命中的法律思想(以及中国传统的法律思想),以西方形式主义法学取而代之。在这个过程中,也忽视了美国自身的另一主流传统,即法律实用主义。其他的社会科学学科也显示了类似的倾向。

美国的中国经济史研究者,尤其是20世纪50年代之后的两代研究者,例如最著名的何炳棣(Ho,1959)和珀金斯(Perkins,1969),则继承了中国民国时期的研究,一直把人口问题置于中心地位。何炳棣做的是奠基性的人口史研究,珀金斯则更把人口与耕地间的相互关系作为其研究主题(Perkins,1969,1984)。但之后,中国经济史研究领域逐渐受到伴随美国国家化新保守主义意识形态而占据到主流地位的新古典经济学以及所谓新制度经济学的经济史研究的影响,学者试图把这种经济学理论引入中国经济史领域。其中影响较大的一股潮流是新古典经济学的原教旨市场主义。另一股潮流则是新制度经济学,尤其是1991年诺贝尔经济学奖得主科斯(Coase,1988,1991)以及1993年诺贝尔经济学奖得主诺斯(North,1981,1993)的理论。后者在新古典经济学的理论架构和前提之上,添加了产权理论,特别强调产权因素在经济史上所起的作用,争论明确的产权乃是市场机制优良运作的关键。他们认为,唯有在清晰的产权下,才可能降低"交易成本"(市场运作需要信息、交涉、合同、执行等交易成本),不然的话,会引起众多争执,提高交易成本。(亦见 De Soto,2000)在那样的分析之下,中国经济的滞后原因变成要么是市场发育不足,要么是产权不清晰。其最近发展的原因则在于其初步的市场化和私有化,其不足则来自其尚未充分建立完整、健康的市场和产权制度。

在如此的理论之下,中国的劳动力过剩问题被基本排除在理论视野之外。经济史领域也伴随如此的潮流而转向,拒绝了上几代对人口因素的认识,试图用西方的时髦经济学理论来硬套中国实际。

同时,在旧意识形态的影响全面崩溃之下,爱国主义一定程度上代之而起。知识界普遍重新发现传统文化，重新引以为豪，一反过去对传统的否定。加上中国近年来的经济蓬勃发展，激发了民族和国家的优越感，形成了强烈的爱国主义感情氛围。

在这样的思想和感情氛围下，在经济史学界呈现了美化清代的潮流。其中一种有一定影响的论点是：坚持中国前现代人口行为与西方没有分别，坚持中国并没有特别沉重的人口问题。我们在第二章已经看到，相关学者使用"产后堕胎"的怪论，扭曲经验证据，力图证明中国人口行为无异于西方，其人口压力并不比西方严重，借此来把大家对基本国情的常识性认识排除在中国经济史考虑的因素之外。在美国偏重创新立异和赶时髦的学术氛围中，这种自我包装为全新的、完全否定马尔萨斯理论的论点得到了一定的认可。同时，其完全否认18世纪以来中国在人口压力下所出现的社会问题，以及完全否定相应而起的20世纪的由共产党领导的革命，也在美国新保守主义意识形态下获得一定的认可。在排除了人口压力问题之后，这股学术潮流，从原教旨的市场主义出发，坚持中国市场经济发展无异于西方。由此，坚持18世纪中国经济其实经历了和西方同等的发展，并没有面对更沉重的人口压力。其后则被帝国主义的榨取和中国革命的反市场意识形态所拖累，直到改革时期方才再次走上正确的市场经济道路。

以上的分析概念多来自美国学者，但在国内获得了一定的响应。有不少人认同以上的观点，把它转释为一种"去西方中心化"的论点。那样，既能满足民族情绪的要求，也可以自我表述为与"国际接轨"，满足当今国内学术管理机构的意识形态要求。有的人则在此上更借助西方"后现代主义"的一些时髦概念和话语，利用西方思想界对现代主义认识论的反思,来树立基于中国历史的优越感。由此,便形成了一股颇具影响力的国内外联合潮流。

读者明鉴,事实是中国从18世纪以来人口相对土地来说已经饱和,人均耕地只有英国的1/100,与当今的美国农业相比,则是农场平均不到10亩相对美国平均2700亩耕地的比例。如此的基本事实,难道真对中国和英国或美国的农业经济演变没有造成巨大的差别?中国农业经济史真的与西方无异?在中国自明清以来经济史中大规模劳动力过剩、农村人均耕地严重不足、农村居民大规模隐性失业的现实下,坚持中国经济史中没有人口压力问题到底意味着什么?这股学术潮流借用当前的民族感情和"去西方中心化"的情绪来歪曲中国经济史和现实,到底为的是什么?只是为了标新立异?还是为了得到美国新保守主义意识形态的认可?抑或是时髦的后现代主义潮流的认可?更可能是陷入了主流经济学的思维方式,难以自拔。无论如何,对中国的9亿(户籍)农民来说,如此的论调只可能导致对农村人民实际问题的完全忽视,与中国现实问题完全脱节。

我们今天不能在西方现代社会科学的科学主义话语霸权和意识形态下,放弃自己的现实感和历史感。中国真的没有人口压力问题?中国真的在市场机制运作下已经走上了像美国那样快速变为一个中产阶级占大多数的橄榄型的社会和经济结构的道路?中国真的在83.2%的人口仍然处于低报酬的(城镇和乡村)非正规经济之中时,就已经进入了"刘易斯拐点"?中国真的很快就会变成和美国一样?

这里提倡的是要拒绝现代主义下的科学主义,排除自以为是

499

普适的但实际是来自西方前提信念的社会科学,拒绝其从理论信念出发而后回到理论的研究进路。我们需要的是对中国实际的清醒认识,从中国实际出发,逐步建立符合中国实际的认识、分析概念和理论。在经济史和经济学领域,需要的方向也许可以被称作实践的经济史,即从最基本的事实和人们实际经济经验出发,由此提炼分析概念,而不是从得自西方理论的信念出发的研究。笔者之所以提倡实践的经济史,是要拒绝这种归根结底是高度意识形态化和情绪化的研究,走向提炼一种新型的、基于中国实践经验的经济学,区别于西方根据其现代科学主义、形式逻辑和资本主义历史经验所创建的社会科学。

  实践经济史和经济学与当前主流经济学的不同在于,它不从属于(韦伯认为是西方现代文明核心的)"形式理性"(formal rationality)。也就是说,它不要求自己成为一个形式主义的(即自我封闭和整合的)体系,也不企图树立普适的理性,更毋庸说从属由两者合并而产生的偏重演绎逻辑的形式理性。它不会是西方(或东方)中心主义的,也不会是现代主义的。它之所以侧重实践,是因为实践更贴近生活实际,且不要求具备完美形式理性。它不会是中西方非此即彼的二元对立,而允许西方现代和中国传统的并存、拉锯和融合。它不会要求不符实际的非此即彼抉择。它并不拒绝西方的演绎逻辑,而是要求在掌握其威力之后(好比核武器)而超越之。在对待理论和经验、理念和现实、价值和实用的关系上,它也更符合中国历来文化传统的核心精神。

三、中国新时代农业发展的实践历史

中国新时代的农业发展是来自一种新型的历史动力的农业革命,和过去"英美模式"和所谓"东亚模式"的农业革命都很不一样。中国农业的人口/土地沉重压力排除了英美型的借助畜力(由此导致工业化时期以马力来计算机械力度的习惯)来提高劳动生产率的那种农业革命。其后,又蚕食掉了"东亚模式"那种凭借化肥和科学选种来推动劳动生产率发展的农业革命。因此,从现存的理论来说,它是"悖论"的,也因此才会是被主流经济学家和经济史学家忽视的"隐性革命"。

它的特殊动力与其人口/土地沉重压力有一定的关联。在耕地严重短缺的实际下,中国(和印度)的农业只可能更长期地陷入劳均土地不足的困境。它们不能借用像英美农业那样的大农场规模效益。它们不能只靠农业本身来克服人多地少的困境。它们要依赖强大的非农经济发展来吸收较高比例的农村过剩劳动力,借此来缓解人口压力,由此方才可能借助于技术和资本来推动农业劳动生产率的提高。日本是第一个具备如此历史条件的东亚国家。其后是"绿色革命"时期的中国台湾地区和韩国。但是同时期的中国大陆和印度,其人口压力是如此沉重,以致其非农发展没有能够提供如此的条件。为此,劳均耕地继续收缩,劳均产出徘徊不前。它们要等待更好的、更蓬勃的非农经济发展,方才有可能提高农业劳动生产率。

当前的历史性机遇来自伴随收入增长而来的食品消费结构转

型。伴随强劲的国民经济发展所带来的人均收入的增长,中国(和印度)的民众近年来比较普遍地食用更多的高值农产品,尤其是肉—禽—鱼和菜—果。由此,为农业结构向高值农产品转型提供了需求和机遇。而在新技术和资本的投入下,如此的转向也提高了土地对劳动力的容量,因为肉—禽—鱼和菜—果生产,相对粮食,都更体现劳动和资本双密集(例如,一亩拱棚蔬菜需要相当于四亩露地蔬菜的劳动投入),由此缓解了土地严重不足的问题。同时,它为务农人员提供了增加收入的可能。在这样的动力之下,中国农业总产值已经多年持续增长,在1980—2010年间达到年平均6%的增长率,上升到原先的6倍。劳均产值则上升得更多,因为在世纪之交之后,农业劳动力人数已经显著递减。而这给中国提供了农业劳动生产率发展的历史性契机。

以上这个历史性变化可以被视作长期以来在人口压力下所形成的农业和食品消费的传统模式(即越来越以粮食为"主食",少量肉—鱼、菜为副食的单一化农业模式)的相反动向。它既展示了中国的人多地少和大规模劳动力过剩传统,也展示了近年来城镇非农就业大规模增加以及在计划生育下的生育率下降两大趋势的交汇;它既来自其非农经济的快速发展对高值肉—禽—鱼、菜—果需求的影响,也来自近几十年来的新技术发展(更大规模的化肥、农药、机械和良种供应,也包括实用性的生物技术)以及小家庭农场的顽强延续及其内在的潜力;既来自改革时期的市场化,也来自继承土地革命传统的承包地制度。作为以小规模家庭农场为主的农业体系,中国的新农业所展示的不是古典概念中的大规模经济效益,相反,是(我们可以称作)小规模经济效益,依赖的是劳动和资本双密集的小农场和其(同一单位经营两种或更多的相互辅助的生产活动而带来的)范围经济效益。这一系列的历史因素,尤其是其相互关联以及其多种趋势的交汇,都是在舒尔茨(以及近年来的中国经济史研究)市场主义视野之外的因素,也因此才会既是(对西方理论来说)"悖论"的,也是"隐性"的。

一句话,中国新时代农业革命的创新在于它的(可以表述为)"小而精"模式,特别展示于蔬菜、水果和种养结合的小规模农业。近年来,中国已经越来越明显、越来越多地走向以劳动和资本双密集型的新型小农业来替代"大而粗"的土地密集型旧农业(主要是粮食、棉花、大豆和油料的"大田"生产)的道路。这个变化特别鲜明地体现于近年来新农业的菜——果和旧农业的大豆间的经济关系的演变。中国越来越多地依赖于以出口小而精的高值农产品,来换取进口大而粗的农产品,甚至于在国外大规模购买土地来进行大豆生产(例如,重庆在巴西购买300万亩大豆产地)。2010年,进口大豆的总量达到5480万吨,3.6倍于国内自家的总产,而出口的蔬菜、水果和水产则超过1000万吨。(《中国农村统计年鉴》,2011:表7-5,表9-1,表9-2)

但这不是简单的以廉价劳动力换取资本/土地的模式。我们已经看到,中国的小生产已经不仅是劳动密集化的生产,而且也是资本密集化的生产。拱棚和温室的高值蔬菜种植展示,小规模农业可以在劳动和资本双密集化的条件下提高劳动生产率和收益,一反过去的劳动生产率和收益递减的内卷化/过密化生产。这可以说是中国新时代农业革命的重要创新。如此数量的资本化程度相当高的小规模生产是史无前例的。它为我们展示了与两百多年来经济学所特别强调的(大)规模经济效益相反的道理。

而且,这个创新是在国家相对轻视小规模生产的实际下做到的。我们已经看到,多年来国家政策一直向规模经济倾斜,偏重"龙头企业"而不是小农业。其基本认识正是来自斯密和马克思的规模经济效益理论。

本书论证,如果政府能够从当前的基本放任进入到积极与农民合作来建立真正的农业合作社,既借助农民的自主性和创新性,也借助政府的引导性、资源和组织力量,中国是完全可以走上恰亚诺夫当年只隐约窥见的、依据小家庭农场生产为基础的成规模合作的纵向一体化道路的。在生产层面上,这样可以避免资本主义的"横向一体化"雇佣劳动组织,避免农业人员的"无产化";而在纵向一体化层面上,可以建立成规模的、高效率的加工和销售模式。如此,便可以走出一条完全是中国特色的新时代农业经济发展道路,一条超越过去的"左"的计划经济和当今"右"的主流新自由主义经济学理论的道路。它会彻底挑战之前的经济学,在实践层面上把中国的农业经济学推向真正具有创新性和自主性的经济学。

四、中国国民经济发展的实践历史

当前的中国农业、农民、农村问题显然不仅关乎农业经济,更关乎整个国民经济。本书因此在第三编和第四编集中讨论了中国国民经济的发展经验。

根据科斯、舒尔茨和诺斯等人的新制度经济学理论,明晰的产权乃是经济效率和发展的关键。从这样的角度来考虑,印度的产权制度要比中国相对明晰,没有中国这种个人、集体、国家混淆的承包地制度。同时,按照新制度经济学理论来说,印度市场化程度更高的经济以及其民主的政治体制也应该会导致比中国更高效率的经济发展。但事实是,与印度相比,改革时期的中国经济发展更加成功、快速。至于产权制度,在中国改革时期的经济发展中,地方政府利用国家对土地的特权,广泛征用农民土地,开发各种各样的经济建设特区,以及推进房地产业发展,从而提高了地方政府收入并带动了整体经济的发展。从 GDP 增长来考虑,国家的征地特权(也就是说,私有产权的不清晰、不确定),正是地方政府所推动的中国经济发展的秘诀之一。如此的实践经济史和诺斯等人的新古典与新制度经济学理论完全相悖。(其前的集体化时期的经济史同样和他们的理论相悖。按照他们的理论,中国的计划经济和政治体制只可能导致经济滞后,而印度的政治经济体制应该比中国的优越。但是,改革前的中国实践的经济史也和他们的预期和分析相反,其增长率要高于印度将近一倍。)

上面已经提过,即便是刘易斯的比较重视人口因素的"二元经济理论"也明显和中国经济史实际相悖。按照刘易斯的理论,市场经济下的现代经济发展必定会导致整个国民经济向现代经济部门的整合,把所有要素市场纳入整合的单一市场,或者起码必定会朝着这样的理念转型。但事实是,中国和印度的城镇非正规经济快速膨胀,其中就业人数的增长要远远超过正规的现代经济部门。两个国家在经历了 30 多年的蓬勃经济发展之后,其城镇非正规经济不仅没有收缩,反而日益扩增。

既然主流经济史和经济学对中国过去的理解充满盲点和误

识,那么在中国今后的出路问题上,当然也如此。根据他们的理论信念,中国应该进一步确立私有产权并建立更完全、更放任的市场经济,政府则对经济干涉越少越好。在社会问题方面,他们提倡的是依赖自由放任的市场经济发展来回应市场化中所引起的阶级分化和社会矛盾,相信市场经济发展必定会导致庞大中产阶级和橄榄型社会结构的形成。但事实是,在最近的 30 年中,中国和印度都形成了一个贫富悬殊的社会结构,其城市的现代经济部门和乡村经济以及半工半耕的非正规经济间的鲜明差别,造成了两国共同的社会危机。

面对这样的现实,一个可能途径是印度型的资本主义制度,基本也是舒尔茨等人所提倡的模式。但事实是,在沉重的人口压力之下,印度的社会危机只会比中国更加严重。近 40 年来,其最贫穷的无地农业雇工所占比例快速扩增,从农业从业人员中的 25% 增加到 45%。其处于(根据世界银行最新计算)贫困线下(每日消费在 1.25 美元之下)的人口比例在 2005 年仍然高达 42%。而中国的农民,正因为产权不明晰的承包土地制度,则还都是占有一定土地权益的自雇或半自雇的"小资产阶级"或半无产阶级,没有产生像印度那样大量的无地农业雇工。这是同年中国只有 15.9% 的人口处于世行所定贫困线下的一个重要原因(当然,中国更快速的经济增长也是个重要因素)。

今天回顾,中国的发展经验其实与印度的截然不同。一个特别突出的经验是 20 世纪 80 年代兴起的"农村工业化",称得上是中国在全球范围内的重要实践创新。其主要内容首先是乡村的就地工业化,亦即"没有城镇化的工业化"。这是它"悖论"的第一方面,和斯密与马克思的预期,即伴随城镇化的工业化完全不同。同时,它主要是由基层政权组织发起、带动、经营的(后来方才进入相当高比例的私有化)。这也和基于资本主义经济发展的经济学理论十分不同。我们已经看到,中国的农村工业化是西方一个理论支流——魏昂德的地方政府公司主义和钱颖一的"中国式联邦主义"——的经验根据,是和经典新自由主义与马克思主义经济学相悖的。

其后的创新也主要来自政府所扮演的角色。20世纪90年代地方政府"招商引资",借助廉价劳动力和廉价土地吸引外来投资,已经不再是简单的地方政府公司主义,而更是地方政府和非政府资本的搭配。再其后,则是国有企业的改制,它们被转化为营利性的国有(或国有控股)公司。

新的制度环境不是简单的经典理论的市场经济,而是一个混合经济体系。进入新世纪,国有和非国有经济两者基本是"平分天下"的。在那样的体系中,两者并存于市场机制之中,而国有企业毋庸说占有一定的有利条件,在资源动员和资本积累方面如此,在税收优惠等方面更是如此。

问题是,这样是否会造成新自由主义经济学家科尔奈理论(Kornai,1992)所预测的一系列的低效效果,如微观层面的职工福利负担过重、官僚化运作和低效、软预算约束等,以及宏观层面上的垄断性、排除非国有企业、低效资源配置、不平衡经济结构等。

实际上,科尔奈理论的经验根据是完全没有市场机制的计划经济,不符合中国当前的混合经济实际。在中国当前的经济体系中,市场价格和资源配置机制都起到了很大的作用,不仅对非国有企业如此,对国有企业也是如此。同时,竞争机制也起到了一定的作用,有的国有企业要和非国有企业竞争,有的则要和国内其他地方的政府和其管辖下的国有企业竞争,有的更要和国外的政府和公司竞争。这就造成了和之前的体系很不一样的运作实际。

正是在这样的混合经济体系下,中国实现了举世瞩目的经济发展。今天回顾,中国的政治体制已经证明它可以像革命时期的政党—国家体制那样是一个集中、统一、高效的体制,也能够高效地组织、动员资源。

中央于2007年指定的重庆统筹城乡的试验说明,在招商引资、融资、动员资源、开辟市场、基础建设,甚至房地产经营等方面,政府和政府企业能够起到远大于非政府企业的作用,由此来推动经济发展。更有甚者,它启示,在经济发展中,政府和国有企业所掌控的资源的市场增值以及在市场经营中所获得的利润,其幅度和可能力度要远大于政府的税收(预算内财政收入),也大于民营公司。这笔超巨型的财富一旦真正用于民生,它有力量解决改革以来积累下来的社会不公问题,能够为处于基层的农民和农民工提供其在改革时期所失去的社会保障,也可以为远离家乡的农民工后代提供其所亟需的(工作所在地的)义务教育。

而这些极大数量的基层公民收入的提高,能够为中国经济解决其高度依赖出口的问题。在全世界经济萧条给中国所带来的困境中,能够为中国经济提供其所欠缺的内需,来支撑可持续的发展。然后再通过发展所带来的国资增值和国企利润,来为更多的人民提供福利和公共服务。

正是这样的发展机制,在重庆促成了该地经济快速和健康的发展,在连续5年中既做到年均16%的经济增长率,也做到全国首位的社会发展,大手笔地处理了城乡差距方面的社会问题。而其经济健康性最鲜明的证据在于其房地产业,在经历了5年的极其快速的经济发展之后,商品房仍然徘徊于6000元/平方米的(新盖房)均价。(《2011年主城九区新建商品住房均价及2012年高档住房应税价格标准》,2011.12.31)这是一个大部分中等收入人群所能承担的房价,和全国其他主要城市的房地产泡沫状况十分不同。

重庆经验所包含的经济逻辑迥异于资本主义经济。两者同样是市场经济,同样依靠经济发展中的市场增值来推动经济发展。所不同的是,资本主义经济由于其组织逻辑(私有财产和资本),也由于其意识形态,只能把这样的市场增值归属于资本所有者(资本家),从而导致严重的社会不公。同时,资本家的无限利润追求和扩大再生产,也导致自然资源的无限耗损和当前的环境危机。而中国的混合经济则完全有可能走上像重庆所启示的那样的不同道路。它的国有企业的市场盈利可以变成为公平而不是私利的盈利,而它的社会公平可以同样变成为发展而公平,而不仅是为公平而公平的公平。

它与过去的计划经济的不同关键在于,计划经济因为拒绝市场,不可能借助市场的增值力量来推动公平,只能靠国家的行政手段和再分配来做到(相对)公平,结果是贫穷的公平而不是小康或富裕的公平。而重庆的经验所启示的是,国家及其企业可以借助市场力量来为公平而营利和发展,然后反过来再借助公平推动的内需来推动发展,如此螺旋式地循环。这样的方向如果真能走通,会是个了不起的实践创新。中国如果真能走上(我们可以称作)

"为公平而发展、为发展而公平"这样公平和发展相互推进的道路,这将不仅是对中国而言的划时代实践创新,也是对全人类而言的划时代创新。

那样的话,过去来自资本主义发展经验的经济学理论对理解中国来说都将显得薄弱无力、不攻自破。正是如此的实践经验可能真正包含具有中国和其革命历史传统的主体性。我们可以由此看到一个既与今天西方主流截然不同的,也与过去的马克思主义主流截然不同的社会科学。如此才说得上是具有中国主体性和特色的现代文明。

引用书刊目录

中、日文

薄小莹(2008):《历久弥新的记忆——写在敬爱的父亲薄一波百年诞辰》,载《百年潮》第10期,第23—31页。

蔡昉(2007):《中国经济面临的转折及其对发展和改革的挑战》,载《中国社会科学》第3期,第4—12页。

蔡昉(2006):《21世纪中国经济增长的可持续性》,载蔡昉主编《中国人口与劳动问题报告No.7》,第212—227页,社会科学文献出版社。

《〈财富〉:重庆为全球新兴商务环境最佳城市之一》,(2011.7.12),载《重庆日报》,http://www.cq.xinhuanet.com/business/2011-07/12/content_23214797.htm。

曹树基(2000):《中国人口史(第五卷):清时期》,复旦大学出版社。

曹树基、陈意新(2002):《马尔萨斯理论和清代以来的中国人口——评美国学者近年来的相关研究》,载《历史研究》第1期,第41—54页。

曹洋(2010):《北京外来农民个体户经营现状的调查研究》,载《劳动保障世界》第6期,第41—43页。

《"唱读讲传"红遍重庆》(2010.11.19),载《人民日报》。

《长安汽车城投资两江新区前后》(2011.4.16),载《中国经营报》,http://www.liangjiang.gov.cn/ljxqtzlj/ljxqtzrzqy/2011416/2011416101543.htm。

陈恒力校释,王达参校、增订(1983):《补农书校释》(即《沈氏农书》[无出版日期]以及张履祥的《补[沈氏]农书》[1658]),农业出版社。

陈金陵(1995):《洪亮吉评传》,中国人民大学出版社。

陈锡文(2011):《当前农业形势与农村政策》,载三农中国网站,http://www.snzg.cn/article/2011/1117/article_26276.html。

"城镇企业下岗职工再就业状况调查"课题组(1997):《困境与出路——关于我国城镇企业下岗职工再就业状况调查》,载《社会学研究》第6期,第24—34页。

《重钢收购澳洲铁矿》(2010.10.24),载人民网,http://cq.people.com.cn/news/20101024/2010102402720.htm。

《重庆"地票"继续试》(2011.1.18),载《财经》,载文化纵横网,http://www.21bcr.com/a/shiye/zaiminjian/2011/0415/2615.html。

《重庆地票拓宽"三农"收入》(2012.2.19),载中国国土资源报网,http://www.gtzyb.com/yaowen/20120219_3510.html。

《重庆今年拟生产5000万至6000万台笔记本电脑》(2012.3.23),载http://news.sina.com.cn/c/2012-03-23/192524164939.shtml。

《重庆启动城乡户籍改革》(2010.7.29),载《人民日报》。

《重庆市2010年第六次全国人口普查主要数据公报》(2011.5.3),载《重庆日报》,http://news.163.com/11/0503/01/733HTAIV00014AED.html。

《重庆20万机关干部下乡驻村与农民同吃同住同劳动》(2011.3.21),载《人民日报》。

《重庆市市长黄奇帆:推动科学发展 提升百姓幸福——重庆市市长黄奇帆回顾"十一五"展望"十二五"》(2011.2.24),载《人民日报》。

《重庆市统计年鉴》(2010),中国统计出版社,www.cqtj.gov.cn/tjnj/2010/yearbook2010.pdf。

《从"八小时"到"四小时"》(2007.12.30),载中国新闻网,www.chinanewc.com/gn/newc/2007/12-30/1119610.shtml。

崔坚(2011.2.3):《重庆第三财政:国企经营和地方土地收益捆绑》,载《财经国家周刊》,http://finance.sina.com.cn/g/20110203/13589343299.shttm。

崔之元(2012.1.18):《独家专访崔之元:肯定重庆经验而非重庆模式》,载http://business.sohu.com/20120118/n332512019_2.shttm。

崔之元(2011.4.19):《美国田纳西河流域管理公司与重庆"八大投"》,载www.czy.caogen.com。

崔之元(2011.3.20):《两江观察:公平可以促进效率》,载《重庆时报》,http://wen.org.cn/modules/article/view.article.php?a2491。

崔之元(2011.1.28):《亨利·乔治定理启示:土地财政两重性》,载《重庆时报》,www.cui-zy.cn。

崔之元(2010):《"重庆经验"进行时:国资增值与藏富于民并进,地票交易促城乡统筹发展》,载www.lishiyushehui.cn。

崔之元(2010.9.16):《重庆"十大民生工程"的政治经济学》,载《中共中央党校学报》第14卷第5期,第5—10页。

崔之元(2009.2):《从重庆领悟"社会主义市场经济":国资增值与藏富于民携手并进》,载《文化纵横》,www.cui-zy.cn。

崔之元(2008.11.27):《"社会主义"市场经济的丰富经济学含义》,载 www.humanities.cn。

崔之元(2008):《重庆经验:国资增值与藏富于民携手并进》,载 http://www.lishiyushehui.cn/modules/topic/detail.php?topic_id=335。

党国英(2007):《中国农村改革——解放农民的故事还没有讲完》,载 www.zhinong.cn,2007.1.30。

《德国化工巨头巴斯夫在重庆建基地》(2011.4.12),载《重庆日报》,www.cq.xinhuanet.com。

邓英淘、王小强、崔鹤鸣、杨双(1999):《再造中国》,文汇出版社。

都阳、王美艳(2010):《农村剩余劳动力的新估计及其含义》,载《广州大学学报(社会科学版)》第9卷第4期,第17—24页。

樊纲(2008):《改革三十年——转轨经济学的思考》,载 http://money.163.com/08/0612/20/4E8VD08V002510BF.httm。

樊纲、陈瑜(2005):《"过渡性杂种":中国乡镇企业的发展及制度转型》,载《经济学(季刊)》第4卷第4期,第937—952页。

樊纲、高明华(2005):《国有资产形态转化与监管体制》,载《开放导报》第2期,第8—11页。

樊纲、胡永泰(2005):《"循序渐进"还是"平行推进"?——论体制转轨最优路径的理论与政策》,载《经济研究》第1期,第4—14页。

方云梅、鲁玉祥(2008):《农民工生存状况调查》,载《中国统计》第3期,第25—27页。

方行(1996):《清代江南农民的消费》,载《中国经济史研究》第3期,第91—98页。

费孝通(1984):《小城镇大问题》,载江苏省小城镇研究课题组编《小城镇大问题:江苏省小城镇研究论文集》,第1—40页,江苏人民出版社。

费孝通(1983):《家庭结构变动中的老年赡养问题》,载《北京大学学报(哲学社会科学版)》第3期,第6—15页。

冯开文(2009):《印度农村合作社的发展及其与中国的比较》,载《历史视角中的"三农"》,www.guoxue.com。

傅勇、张晏(2007):《中国式分权与财政支出结构偏向:为增长而竞争的代价》,载《管理世界》第3期,第4—12页。

甘阳(2007):《中国道路:三十年与六十年》,载《读书》第6期,第3—13页。

高柏(2006):《新发展主义与古典发展主义——中国模式与日本模式的比较分析》,载《社会学研究》第1期,第114—138页。

高辉清(2005.10.6):《警惕外资带来的虚假繁荣》,载《亚洲周刊》。

高原(2011):《小农农业的内生发展途径:以山东省聊城市耿店村为例》,载黄宗智编《中国乡村研究》(第9辑),福建教育出版社。

顾炎武(1966[1662]):《天下郡国利病书》,收入《四部丛刊》,台湾商务印书馆。

国家发展和改革委员会价格司编(2004):《全国农产品成本收益资料汇编》,中国物价出版社。

《国家发展和改革委员会关于批准重庆市和成都市设立全国统筹城乡综合配套改革试验区的通知》,发改经体〔2007〕1248号(2007.6.7),载www.sdpc.gov.cn/rdzt/gggj/zywj/t20080414_249619.htm。

《国家统计局称中国有8000万中产,专家不同意》(2007.12.27),载星岛环球网,http://www.stnn.cc:82/china/200712/t20071227_702070.html。

《国企托底重庆发展 国资成政府第三财政》(2010.12.10),载《重庆日报》，http://www.cs.com.cn/cqzk/05/201012/t20101210_2703802. html。

国务院发展研究中心（2012.3.21）:《统筹城乡的若干工作方法》，载《中国经济时报》，http://www.chinareform.org.cn/area/city/Report/201203/t20120321_137271.htm。

郭玉清（2006）:《中国财政农业投入最优规模实证分析》，载《财经问题研究》第5期，第68—72页。

哈耶克（2003）:《个人主义与经济秩序》，三联书店。

韩文璞（2011）:《2010年烟台地区苹果生产与销售情况》，载中国农资人论坛，http://www.191bbs.com/simple/? t219223.html，2012年1月10日访问。

贺东航（2006）:《中国现代国家的构建、成长与目前情势——来自地方的尝试性解答》，载《东南学术》第4期，第42—51页。

胡鞍钢（2012.4.20）:《"国进民退"现象的证伪》，载www.chng.com.cn/n31531/n647245/n805672/c829547/content.html。

胡鞍钢、赵黎（2006）:《我国转型期城镇非正规就业与非正规经济，1990—2004》，载《清华大学学报（哲学社会科学版）》第21卷第3期，第111—119页。

胡锦涛（2008）:《胡锦涛在党的十七大上的报告》，载http://news. xinhuanet.com/newscenter/2007—10/24/content_6938568.htm。

胡如雷（1979）:《中国封建社会形态研究》，三联书店。

胡旭阳（2006）:《民营企业家的政治身份与民营企业的融资便利——以浙江省民营百强企业为例》，载《管理世界》第5期，第107—114页。

胡旭阳、史晋川（2008）:《民营企业的政治资源与民营企业多元化投资——以中国民营企业 500 强为例》,载《中国工业经济》第 4 期,第 5—14 页。

黄家亮(2008):《通过集团诉讼的环境维权:多重困境与行动逻辑——基于华南 P 县一起环境诉讼案件的分析》,载黄宗智编《中国乡村研究》(第 6 辑),福建教育出版社。

黄奇帆(2011.9.2):《重庆共富的战略考虑与路径选择》,载中国新闻网,http://www.chinanews.com/gn/2011/09-02/3301663.shtml。

黄奇帆(2011.5.20):《黄奇帆向日企推介重庆:"模式创新"增添重庆吸引力》,载《重庆日报》,www.cq.xinhuanet.com/zhengwu/2011-05/20/content_22813167_2.htm。

黄奇帆(2011.3.4):《黄奇帆在 2011 年重庆国资工作会上的讲话》,载《中国经济时报》,http://www.chinasoe.com.cn/theory/eco/2011-04-07/448.html。

黄奇帆(2011.2.18):《重庆土地收入:如何从 2 亿到 980 亿》,载《第一财经日报》,http://cq.focus.cn/news/2011-02-18/1197488.html。

黄奇帆(2011.2.16):《双职工家庭 6—7 年收入能买房》,载博客中国,http://www.360doc.com/content/11/0227/11/36151_96531059.shtml。

黄奇帆(2010.12.11):《黄奇帆谈重庆发展:让一切先活起来》,载凤凰卫视,www.ifeng.com。

黄奇帆(2010.11.9):《农地交易的重庆经验》,载《瞭望新闻周刊》,http://news.xinhuanet.com/politics/2010-ll/09/c_12753378.htm。

黄奇帆(2010.11.4),《重庆市户籍制度改革的政策体系、政策措施以及三个月的实践情况》,载中国宏观经济信息网,http://mcrp.macrochina.com.cn/u/60/。

黄奇帆(2010.10.20):《加工贸易在内陆地区发展的模式探索》,载

《经济日报》。

黄奇帆(2010.9.19):《以改革开放为抓手推动又好又快发展》,载 http://bbs.city.tianya.cn/tianyacity/content/45/1/1213979.shttm。

黄奇帆(2010.8.24):《专访重庆市市长黄奇帆》,载土豆网。

黄奇帆(2010.7.30):《用创新的智慧破解民生课题》,载《重庆日报》,http://cq.cqnews.net/sz/zwyw/201007/t20100730_4505073.htm。

黄奇帆(2010.7.3):《重庆公租房为百万人而建不是摆噱头》,载凤凰网,http://news.ifeng.com/mainland/detail_2010_07/03/1713021_0.shtml。

黄奇帆(2009.9.21):《打造"第三财政"》,载 http://cq.people.com.cn/news/2009921/200992124931.htm。

黄小虎(2007):《当前土地问题的深层次原因》,载《中国税务》第2期,第46—47页。

黄宗智(2012a):《国营公司与中国发展经验:"国家资本主义"还是"社会主义市场经济"?》,载《开放时代》第9期,第8—33页。

黄宗智(2012b):《小农户与大商业资本的不平等交易:中国现代农业的特色》,载《开放时代》第3期,第89—99页。

黄宗智(2012c):《中国过去和现在的基本经济单位——家庭还是个人?》,载《人民论坛·学术前沿》第1期(创刊号),第76—93页。

黄宗智(2011a):《重庆:"第三只手"推动的公平发展?》,载《开放时代》第9期,第6—32页。

黄宗智(2011b):《对塞勒尼点评的简短点评》,载《开放时代》第9期,第80—82页。

黄宗智(2011c):《中国的现代家庭:来自经济史和法律史的视角》,载《开放时代》第5期,第82—105页。

黄宗智（2010a）:《中国新时代的小农场及其纵向一体化:龙头企业还是合作组织?》,载黄宗智编《中国乡村研究》(第8辑),福建教育出版社。

黄宗智（2010b）:《中国农业的现实与前途》,凤凰卫视世纪大讲堂,2月6日播出。

黄宗智（2010c）:《中西法律如何融合？道德、权利与实用》,载《中外法学》第22卷第5期,第721—736页。

黄宗智（2010d）:《中国发展经验的理论与实用含义——非正规经济》,载《开放时代》第10期,第134—158页。

黄宗智（2010e）:《中国的隐性农业革命》,法律出版社。

黄宗智（2009）:《过去和现在:中国民事法律实践的探索》,法律出版社。

黄宗智（2009a）:《跨越左右分歧:从实践历史来探寻改革》,载《开放时代》第12期,第75—82页。

黄宗智（2009b）:《改革中的国家体制:经济奇迹和社会危机的同一根源》,载《开放时代》第4期,第75—82页。

黄宗智（2009c）:《中国被忽视的非正规经济:现实与理论》,载《开放时代》第2期,第52—73页。

黄宗智（2008a）:《中国小农经济的过去和现在——舒尔茨理论的对错》,载黄宗智编《中国乡村研究》(第6辑),福建教育出版社。

黄宗智（2008b）:《中国的小资产阶级和中间阶层:悖论的社会形态》,载黄宗智编《中国乡村研究》(第6辑),福建教育出版社。

黄宗智（2007）:《经验与理论:中国社会、经济与法律的实践历史研究》,中国人民大学出版社。

黄宗智（2007a）:《集权的简约治理:中国以准官员和纠纷解决为主

的半正式基层行政》,载黄宗智编《中国乡村研究》(第5辑)。

黄宗智(2007b):《连接经验与理论:建立中国的现代学术》,载《开放时代》第4期,第5—25页。

黄宗智(2006a):《中国农业面临的历史性契机》,载《读书》第10期,第118—129页。

黄宗智(2006b):《制度化了的"半工半耕"过密型农业》,载《读书》第2期,第30—37页,第3期,第72—80页。

黄宗智(2005):《认识中国——走向从实践出发的社会科学》,载《中国社会科学》第1期,第85—95页。

黄宗智(2004):《再论18世纪的英国与中国——答彭慕兰之反驳》,载《中国经济史研究》第2期,第13—21页。

黄宗智(2003[2007]):《法典、习俗与司法实践:清代与民国的比较》,上海书店出版社。

黄宗智(2002[2007]):《发展还是内卷?十八世纪英国与中国——评彭慕兰〈大分岔:欧洲,中国及现代世界经济的发展〉》,载《历史研究》第4期,第149—176页。

黄宗智(2001[2007]):《清代的法律、社会与文化:民法的表达与实践》,上海书店出版社。

黄宗智(1992[2000,2006]):《长江三角洲小农家庭与乡村发展》,中华书局。

黄宗智(1986[2000,2004,2009]):《华北的小农经济与社会变迁》,中华书局。

黄宗智、高原(2013):《中国农业资本化的动力:公司、国家,还是农户?》,载《中国乡村研究》(第10辑),福建教育出版社。

黄宗智、高原、彭玉生(2012):《没有无产化的资本化:中国的农业发展》,载《开放时代》第 3 期,第 10—30 页。

黄宗智、彭玉生(2007):《三大历史性变迁的交汇与中国小规模农业的前景》,载《中国社会科学》第 4 期,第 74—88 页。

黄宗智、巫若枝(2008):《取证程序的改革:离婚法的合理与不合理实践》,载《政法论坛》第 1 期,第 3—13 页。

黄祖辉、王朋(2008):《农村土地流转:现状、问题及对策——兼论土地流转对现代农业发展的影响》,载《浙江大学学报(人文社会科学版)》第 2 期,第 38—47 页。

晖峻众三(2011):《日本农业 150 年(1850—2000 年)》,胡浩等译,中国农业大学出版社。

洪亮吉(1877[1793]):《治平篇》《生计篇》,《洪北江先生全集》,第 1 卷第 1 部,无出版处。

"家庭副业",载百度百科网站,http://baike.baidu.com/view/389283.htm。

简新华、黄锟(2007):《中国农民工最新情况调查报告》,载《中国人口·资源与环境》第 17 卷第 6 期,第 1—6 页。

姜皋(1963[1834]):《浦泖农咨》,上海出版社。

蒋高明(2006):《恢复草原生态新思路:畜南下、禽北上》,载 www.env.people.com,2006 年查阅。

强世功(2011):《司法能动下的中国家庭——从最高法院关于〈婚姻法〉的司法解释谈起》,载《文化纵横》第 1 期,第 24—30 页。

强世功(2009):《中国宪法中的不成文宪法——理解中国宪法的新视角》,载《开放时代》第 12 期,第 10—39 页。

江泽民(2002):《江泽民在党的十六大上的报告》,载 http://news.xinhuanet.com/ziliao/2002-11/17/content_693542.htm。

《激活国企:温州复制重庆经验》(2011.4.14),载《重庆日报》,http://forum.home.news.cn/thread/83661253/1.html。

《解读重庆模式》(2010.12.13),载《南方周末》,www.aisixiang.com。

《解析公租房建设的"重庆模式"》(2010.9.12),载《人民日报》。

《开发公司模式的浦东实践》(2010.7.2),载 http://www.pujiangforum.org/tabid/67/ArticleID/73/Default.aspx。

"科斯定理",www.baidu.com。

《劳务关系不是劳动关系诉讼难得仲裁支持》(2012.4.11),载中国劳动资讯网,www.51labour.com/newcase/showarticle.asp?artid=1760。

《劳动纠纷起诉书——劳动纠纷案例一》(2010.5.4),载 http://news.9ask.cn/xzss/bjtt/201005/564760.html。

《劳动争议纠纷案件现状及情况分析》(2012.6.12),载 www.661aw.cn/laws/45557.aspx。

黎东升(2005):《中国城乡居民食物消费——理论模型、实证分析与政策意义》,中国经济出版社。

李伯重(2000a):《江南的早期工业化(1550—1850年)》,社会科学文献出版社。

李伯重(2000b):《堕胎、避孕与绝育:宋元明清时期江浙地区的节育方法及其运用与传播》,载《中国学术》第1卷第1辑,第71—99页。

李伯重(1984):《明清时期江南水稻生产集约程度的提高》,载《中国农史》第1期,第24—37页。

李昌平(2005):《"国家"权力归还农民》,载 www.cc.org.cn/newcc/browwenzhang.php?articleid=3825。

李干(2008):《新〈劳动法〉实施后高校后勤劳动佣工的管理》,载《企业家天地》第12期,第9—10页。

李江帆编(2005):《中国第三产业发展研究》,人民出版社。

李江帆(1994):《第三产业发展规律探析》,载《生产力研究》第2期,第49—53页。

李强、唐壮(2002):《城市农民工与城市中的非正规就业》,载《社会学研究》第6期,第13—25页。

李清彪(1997):《农业产业化是农业大市向农业强市迈进的必由之路——南阳市发展农业产业化的调查》,载《农业经济问题》第5期,第48—52页。

李秀华等(2003):《"公司+农户"已过时?!》专题讨论,载《当代畜禽养殖业》第1期,第3—9页。

李源潮(2011.4.19):《重庆的改革为破解中国面临的难题提供新思路》,载《重庆日报》。

梁方仲(1980):《中国历代户口、田地、田赋统计》,人民出版社。

林毅夫、李志赟(2005):《中国的国有企业与金融体制改革》,载《经济学(季刊)》第4卷第4期,第913—936页。

刘凤芹(2006):《农业土地规模经营的条件与效果研究:以东北农村为例》,载《管理世界》第9期,第71—79页。

刘凤芹(2003):《不完全合约与履约障碍——以订单农业为例》,载《经济研究》第4期,第22—30页。

刘亢、黄豁、汤耀国(2011.7.16):《重庆追寻"后来居上"的改革与发展逻辑》,载《瞭望》,http://news.hexun.com/2011-07-16/131497077.html。

刘琦(2009):《劳动法视角下我国非正规就业者的权利保障》,载《湖湘论坛》第4期,第104—108页。

刘欣(2007):《中国城市的阶层结构与中产阶层的定位》,载《社会学研究》第 6 期,第 1—14 页。

刘欣(2007):《2020 年三成中国人是中产》,载《共产党员》第 16 期,第 12 页。

泷川龟太郎(1960):《史记会注考证》,东京大学东洋文化研究所。

陆立银、王林安、杨树恭(2000):《四位一体生态日光温室的功能特点及应用问题》,载《甘肃农业科技》第 11 期,第 43—45 页。

陆学艺(2005a):《农民工问题要从根本上治理》,载 www.yannan.cn/data/detail/php? id=3084。

陆学艺(2005b):《中国三农问题的由来和发展前景》,载 www.weiquan.org.cn/data/detail.php? id=4540。

陆学艺编(2004):《当代中国社会流动》,社会科学文献出版社。

陆学艺(2003):《当代中国的社会阶层分化与流动》,载《江苏社会科学》第 4 期,第 1—9 页。

陆学艺编(2002):《当代中国社会阶层研究报告》,社会科学文献出版社。

《论秸秆分解剂在养殖业中的应用》,载 www.shantang.com,2006 年查阅。

洛山愚士(2011):《中国的精英铁三角与腐败》,载 http://bbs.wenxuecity.com/currentevent/423347.html。

毛树春(2010):《我国棉花种植技术的现代化问题》,载 http://gxs.ww.gov.cn。

詹姆斯·米德(James E. Meade)(1992):《效率、公平与产权》,施仁译,北京经济学院出版社。

《媒体公告解除劳动关系引出的诉讼》(2007.9.8),载中国劳动资讯网,www.51labour.com/newcase/showArticle.asp? artid=1115。

《棉花价格突破历史极值 数据失真困扰国家调控》(2010.10.22),载《经济参考报》。

宁可(1980a):《有关汉代农业生产的几个数字》,载《北京师院学报》第3期,第76—90页。

宁可(1980b):《试论中国封建社会的人口问题》,载《中国史研究》第1期,第3—19页。

道格拉斯·C.诺思(1992):《经济史上的结构和变革》,厉以平译,商务印书馆。

潘毅、卢晖临、张慧鹏(2010):《阶级的形成:建筑工地上的劳动控制与建筑工人的集体抗争》,载《开放时代》第5期,第5—26页。

A.恰亚诺夫(1996):《农民经济组织》,萧正洪译,中央编译出版社。

仇立平(2006):《回到马克思:对中国社会分层研究的反思》,载《社会》第26卷第4期,第23—43页。

秦锡尧(2000):《农业产业化:农业现代化道路的新探索——山东省寿光市农业产业化实践调研报告》,载《四川政报》第5期,第23—24页。

屈宏斌(2012.5.4):《广东模式与重庆模式比较》,载《财经网》,http://comments.caijing.com.cn/2012-05-04/111837075.html。

《全国农产品成本收益资料汇编》,2002,中国物价出版社;2005,2006,2007,2008,2009,2010,2011,中国统计出版社。

《全国总工会:工会开展农民工维权工作综述》(2008),载www.wenming.cn。

仁井田陞(1964[1933]):《唐令拾遗》,东京大学出版社。

杰弗里·萨克斯(Jeffrey Sachs)、胡永泰、杨小凯(2000):《经济改革和宪政转轨》,载《开放时代》第3期,第4—25页。

《三部委要求全国推广重庆公租房融资模式》(2010.11.17),载《重庆时报》，http://news.ifeng.com/mainland/detail_2010_11/17/3136823_0.shtml。

《三部委:允许土地出让净收益等用于公租房发展》(2010.11.16)，载星岛环球网,www.stnn.cc。

《三权抵押:让"沉睡的资源"变成"流动的资本"》(2012.2.25)，载《重庆晚报》，http://www.cqwb.com.cn/cqwb/html/2012-02/25/content_303279.htm。

尚庆茂、张志刚(2005):《中国蔬菜产业未来发展方向及重点》，载《中国食物与营养》第7期，第20—22页。

邵宁(2012.4.17):《珍惜"来之不易" 稳步推进改革》，载《人民日报》，http://cq.people.com.cn/news/2012417/20124171355358783918.htm。

《沈氏农书》(1936[1640]):《丛书集成》收(第1468册)，商务印书馆。

盛洪(2012.4.12):《市场经济与"国进民退"》，凤凰卫视世纪大讲堂。

石发勇(2005):《关系网络与当代中国基层社会运动——以一个街区环保运动个案为例》，载《学海》第3期，第76—88页。

舒尔茨(1999):《改造传统农业》，梁小民译，商务印书馆。

苏成捷(2012):《堕胎在明清时期的中国——日常避孕抑或应急措施?》，载黄宗智编《中国乡村研究》(第9辑)，福建教育出版社。

苏伟、杨帆、刘士文(2011):《重庆模式》，中国经济出版社。

谭砚文、温思美、孙良媛(2006):《棉花储备在市场风险管理中的作用及中国的棉花储备问题》，载《农业技术经济》第1期，第24—29页。

唐新宇(2011):《浅谈如何完善省级猪肉储备制度——以黑龙江省猪肉储备为例》，载《商业经济》第12期，第19—20页。

陶然、汪晖(2010):《中国尚未完成之转型中的土地制度改革:挑战与出路》,载《国际经济评论》第2期,第93—123页。

陶然、陆曦、苏福兵、汪晖(2009):《地区竞争格局演变下的中国转轨:财政激励和发展模式反思》,载《经济研究》第7期,第21—33页。

天则经济研究所(2011):《国有企业的性质、表现与改革(最新修订稿)》,载 www. unirule. org. cn/secondweb/Article. asp? ArticleID = 3102(2012 年 1 月查阅;2012 年 8 月再次查阅时,此文已被撤除),原文见 http://www.use.cuhk.edu.hk/PaperCollection/Details.aspx? id = 8067。

天则经济研究所土地问题课题组(2007):《城市化背景下土地产权的实施和保护》,载 www. unirule. org. cn/Secondweb/Article. asp? ArticleID = 2516。

仝志辉、温铁军(2009):《资本和部门下乡与小农户经济的组织化道路》,载《开放时代》第3期,第5—26页。

王昉、熊金武(2010):《从"涨价归公"思想到土地增值税制度》,载《财经研究》第1期,第34—43页。

王广州(2006):《人口预测及其分析》,载蔡昉主编《中国人口与劳动问题报告 No.7》,社会科学文献出版社。

王汉生、王一鸽(2009):《目标管理责任制:农村基层政权的实践逻辑》,载《社会学研究》第2期,第61—92页。

汪晖(2004):《现代中国思想的兴起》(下卷,第二部),三联书店。

王美艳(2011):《农民工还能返回农业吗?——来自全国农产品成本收益调查数据的分析》,载《中国农村观察》第1期,第20—30页。

王绍光(2011):《探索中国式社会主义 3.0:重庆经验》,载《马克思主义研究》第2期,第5—14页。

王绍光(2008a):《学习机制与适应能力:中国农村合作医疗体制变

迁的启示》，载《中国社会科学》第 6 期，第 111—133 页。

王绍光(2008b)：《大转型：1980 年代以来中国的双向运动》，载《中国社会科学》第 1 期，第 129—148 页。

王顺海(2007a)：《为农争利的"零利润"合作社——浙江省临海市洞林果蔬合作社的办社之道》，载《中国合作经济》第 1 期，第 30—34 页。

王顺海(2007b)：《浙江省临海市洞林果蔬合作社》(受访人：王顺海)，无出版处。

王跃生(2012)：《从分爨、分产、分家看农村家庭代际关系——以冀东农村为分析基础》，载黄宗智编《中国乡村研究》(第 9 辑)，福建教育出版社。

王跃生(2010)：《农村家庭结构变动及类型识别问题——以冀东村庄为分析基础》，载《人口研究》第 34 卷第 2 期，第 76—87 页。

王跃生(2008)：《家庭结构转化和变动的理论分析——以中国农村的历史和现实经验为基础》，载《社会科学》第 7 期，第 90—103 页。

王跃生(2006)：《当代中国城乡家庭结构变动比较》，载《社会》第 26 卷第 3 期，第 118—136 页。

王跃生(2005)：《法定婚龄、政策婚龄下的民众初婚行为——立足于"五普"长表数据的分析》，载《中国人口科学》第 6 期，第 79—89 页。

吴邦国(2011.4.10)：《吴邦国在重庆市调研纪实》，载中央政府门户网站，www.gov.cn。

吴承明编(1985)：《中国资本主义的萌芽》，人民出版社。

吴敬琏(2008)：《从〈大国崛起〉看各国富强之道》，载 www.tecn.cn。

吴敬琏(2008.9.2)：《中国的市场化改革：从哪里来，到哪里去?》，张剑荆专访，载 www.tecn.cn。

吴敬琏(无出版日期)：《来自实践的真知灼见——评伏来旺〈转移

战略论〉》,载 www.tecn.cn。

吴敬琏(2005):《中国应当走一条什么样的工业化道路?》,载吴敬琏、江平主编《洪范评论》(第2卷第2辑),中国政法大学出版社。

吴敬琏(1999a):《发展中小企业是中国的大战略》,载《宏观经济研究》第7期,第3—7页。

吴敬琏(1999b):《当代中国经济改革:战略与实施》,上海远东出版社。

吴申元(1986):《中国人口思想史稿》,中国社会科学出版社。

吴文锋、吴冲锋、刘晓薇(2008):《中国民营上市公司高管的政府背景与公司价值》,载《经济研究》第7期,第130—141页。

吴要武、李天国(2006):《中国近年来的就业状况及未来趋势》,载蔡昉主编《中国人口与劳动问题报告 No.7》,社会科学文献出版社。

武广汉(2012):《"中间商+农民"模式与农民的半无产化》,载《开放时代》第3期,第100—111页。

习近平(2010.12.8):《习近平在重庆调研》,载中国政府网,http://news.ifeng.com/mainland/detail_2010_12/08/3408638_0.shtml。

习近平(2001):《中国农村市场化建设研究》,清华大学法学学位博士学位论文。

《细剖公租房贷款账本》(2011.5.14),载《21世纪经济报道》,http://cs.xinhuanet.com/fc/03/201105/120110514_2879080.html。

肖钢(2011):《百年中行新变革:市场化与人本化的人力资源管理》,中信出版社。

解冰、任生德、张俊飚(2008):《新农村建设中的新型经济违纪与腐败及其治理》,载《经济研究》第4期,第111—118页。

熊万胜(2011):《市场里的差序格局——对我国粮食购销市场秩序

的本土化说明》,载《社会学研究》第 5 期,第 31—54 页。

徐滨、李希琼(2004):《重归农业合作社模式!》,载 www.guoxue.com/economics/ReadNews.asp? NewsID=2606&BigClassID=2。

徐新吾(1992):《江南土布史》,上海社会科学院出版社。

徐新吾(1990):《中国自然经济的分解》,载许涤新、吴承明编:《旧民主主义革命时期的中国资本主义》,人民出版社。

徐新吾(1981):《鸦片战争前中国棉纺织手工业的商品生产与资本主义萌芽问题》,江苏人民出版社。

许涤新、吴承明编(1990):《旧民主主义革命时期的中国资本主义》,人民出版社。

薛允升(1970[1905]):《读例存疑》(五卷),黄静嘉编校,中文研究资料中心。

严明(1993):《洪亮吉评传》,文津出版社。

杨团(2006):《医疗卫生服务体系改革的第三条道路》,载《浙江学刊》第 1 期,第 37—47 页。

宜都市扶贫创业项目库,第五期(2012.6.26),载宜都市人民政府扶贫开发办公室网站,http://fpb.yidu.gov.cn/col/coll9610/index.html。

应瑞瑶(2002):《合作社的异化与异化的合作社——兼论中国农业合作社的定位》,载《江海学刊》第 6 期,第 69—75 页。

于建嵘(2010):《维权抗争与压力维稳》,载 http://media.ifeng.com/huodong/special/fenghuangzhoukanshinian/shixuezhezonglunzhoukan/detail_2010_10/13/2771369_0.shtml。

《渝新欧(重庆)物流公司成立 重庆将成欧亚货物集散中心》(2012.4.20),载 http://www.ce.cn/macro/more/201204/13/t20120413_23239625.shtml。

《渝新欧铁路:重庆向西,穿越世界心脏》(2012.3.29),载 http://www.guancha.cn/html/49646/2012/03/29/67985.shtml(2012 年 4 月查阅,原文见 http://www.douban.com/group/topic/28586545/)。

袁刚(2007):《公务员、干部和官僚制》,载《学习与实践》第 3 期,第 57—62 页。

袁剑(2003):《浦东新区的土地调控问题》,载《中国土地》第 7 期,第 22—25 页。

苑鹏(1999):《台湾农业合作社的历史演进与发展现状》,载《中国农村经济》第 4 期,第 63—69 页。

曾刚、赵建吉(2009):《上海浦东模式研究》,载《经济地理》第 29 卷第 3 期(3 月),第 357—362 页。

曾毅、王政联(2004):《中国家庭与老年人居住安排的变化》,载《中国人口科学》第 5 期,第 2—8 页。

曾毅、李伟、梁志武(1992):《中国家庭结构的现状、区域差异及变动趋势》,载《中国人口科学》第 2 期:1—11、22 页。

曾寅初(2007):《农产品批发市场升级改造的难点与对策——基于浙江、山东两省的调查分析》,载《中国市场》第 Z4 期,第 63—66 页。

《增投资促消费 重庆公租房已惠及 30 万人》(2011.12.30),载华龙网,http://house.cqnews.net/html/2011-12/30/content_11602870.htm。

詹娜(2008):《沈阳市个体户的发展历程及结构特征》,载《党政干部学刊》第 3 期,第 56—58 页。

张德粹、江荣吉(1974):《台湾农会与农村合作组织对农业发展应有任务之研究》,台湾大学农学院农业经济系(抽印本)。

张富良(2005):《围绕"三农"促就业》,载 www.snzg.net/shownews.asp? newsid=6484。

张恒龙、陈宪(2006):《财政竞争对地方公共支出结构的影响——以中国的招商引资竞争为例》,载《经济社会体制比较》第 6 期,第 57—64 页。

张建君、张志学(2005):《中国民营企业家的政治战略》,载《管理世界》第 7 期,第 94—105 页。

张曙光(2007):《中国腾飞之路和国家兴衰理论——兼评林毅夫等著〈中国的奇迹:发展战略与经济改革〉》,载 www.lunwentianxia.com。

张宛丽(2002):《对现阶段中国中间阶层的初步研究》,载《江苏社会科学》第 4 期,第 85—94 页。

张晓山(2004):《析我国"民工荒"问题》,载《中国青年报》。

张晓山等(2002):《联结农户与市场——中国农民中介组织探究》,中国社会科学出版社。

张玉林(2011):《"现代化"之后的东亚农业和农村社会——日本、韩国和台湾地区的案例及其历史意蕴》,载《南京农业大学学报(社会科学版)》第 3 期,第 1—8 页。

张玉林(2010):《中国的环境战争与农村社会——以山西省为中心》,载梁治平编《转型期的社会公正:问题与前景》,三联书店。

张玉林(2007):《中国农村环境恶化与冲突加剧的动力机制——从三起"群体性事件"看"政经一体化"》,载吴敬琏、江平主编《洪范评论》(第 9 辑),中国法制出版社。

赵启正(2007):《浦东逻辑》,上海三联书店。

赵树凯(2007):《县乡改革的历史审视》,载《中国发展观察》第 9 期,第 41—44 页。

赵晓力(2011):《中国家庭资本主义化的号角》,载《文化纵横》第 1 期,第 31—34 页。

赵小平(2004.11.24):《在全国农产品成本调查二十周年纪念座谈会上的讲话》,载 http://qzprice.gov.cn/5-xinxi/jgcbdc/lt/9.htm。

郑风田(2011):《雀巢双城为什么对奶农那么横?》,载新浪博客,http://blog.sina.com.cn/s/blog_5dcb597f0102dtf3.html。

郑风田、顾莉萍(2006):《准公共品服务、政府角色定位与中国农业产业簇群的成长——山东省金乡县大蒜个案分析》,载《中国农村观察》第5期,第18—25页。

郑有贵(2003):《农村合作经济组织研究》,载 www.guoxue.com/economics/ReadNews.asp? NewsID=1811&BigClassID=2。

《中共中央、国务院关于加大统筹城乡发展力度进一步夯实农业农村发展基础的若干意见》(2010),中央一号文件,http://www.gov.cn/jrzg/2010-01/31/content_l524372.htm。

《中共中央关于构建社会主义和谐社会若干重大问题的决定》(2006),中国共产党第十六届中央委员会第六次全体会议,http://news.xinhuanet.com/politics/2006-10/18/content_5218639.htm。

《中共中央关于建立社会主义市场经济体制若干问题的决定》(1993),中国共产党第十四届中央委员会第三次全体会议,http://finance.ifeng.com/opinion/jjsh/20090906/1199906.shtml。

《中共中央关于推进农村改革发展若干重大问题的决定》(2008),中国共产党第十七届中央委员会第三次全体会议,http://www.china.com.cn/policy/txt/2008-10/20/content_l6635093.htm。

《中国的甜高粱》,载 www.fao.org/ag/zh,2006年查阅。

《中国第二次全国农业普查资料汇编·农业卷》(2009),中国统计出版社。

《中国第二次全国农业普查资料综合提要》(2008),中国统计出版社。

《中国 2010 年全社会固定资产投资统计》(一), 载 http://www.bjinfobank.com/IrisBin/Text.dll? db=TJ&no=535213&cs=9946559&str=全社会固定资产投资。

《中国固定资产投资统计年鉴》,1997—1999,2001,2003,中国统计出版社;2004—2011,中国计划出版社。

《中国劳动统计年鉴》(2007),中国统计出版社。

《中国农村惯行调查》(第 1—6 卷,1952—1958),岩波书店。

《中国农村统计年鉴》(1997—2011),中国统计出版社。

《中国农民工问题研究总报告》(2006),载《改革》第 5 期,第 5—30 页。

《中国农业产业化发展报告》(2008),中国农业出版社。

中国私营企业课题组(2005):《2005 年中国私营企业调查报告》,载 www.southcn.com。

《中国统计年鉴》(1983,1987,1996,1999,2004—2008,2010,2011),中国统计出版社。

《中国畜牧年鉴》(2010),中国农业出版社。

中国银行业监督管理委员会、中国农业部(2009):《关于做好农民专业合作社金融服务工作的意见》,银监发[2009]13 号,载 http://202.108.90.95/wcms2/actsociety/ruleFile/html/1265.htm。

《中国主要年份国有农场基本情况》(2010),载 http://www.infobank.cn/IrisBin/Text.dll? db=TJ&no=513622&cs=4816971&str=国有农场。

《中国主要年份主要农作物播种面积、产量和单产统计(1949—2008)》(2008.12.31),载 www.infobank.com.cn。

《中华民国民法(1929—1930)》(1932),载《六法全书》,上海法学编译社。

《中华人民共和国城镇国有土地使用权出让和转让暂行条例(附英文)》(1990),载 http://www.kuaiyilin.com/html/fanyiwenzhai/3039/。

中华人民共和国国家统计局(2011):《2011年农民工监测调查报告》,载 http://www.stats.gov.cn/tjfx/fxbg/t20120427_402801903.htm。

中华人民共和国国家统计局(2009):《2009年农民工监测调查报告》,载 www.stats.gov.cn/tjfx/fxbg/t20100319_402628281.htm。

中华人民共和国国土资源部(2008):《城乡建设用地增减挂钩试点管理办法》,国土资发[2008]138号,载 http://www.mlr.gov.cn/xwdt/zytz/200903/t20090302_115435.htm。

《中华人民共和国婚姻法》(1950)。

《中华人民共和国婚姻法》(1980)。

《中华人民共和国婚姻法》(2001修正)。

《中华人民共和国继承法》(1985)。

《中华人民共和国劳动法》(1994)。

《中华人民共和国劳动合同法》(2007)。

《中华人民共和国农村土地承包法》(2002)。

《中华人民共和国农民专业合作社法》(2006)。

《中华人民共和国土地管理法》(1986,1988、1998、2004年修正)。

《中华人民共和国物权法》(2007)。

钟真、孔祥智(2010):《中间商对生鲜乳供应链的影响研究》,载《中国软科学》第6期,第68—79页。

周其仁(2010):《中国经济增长的基础》,载《北京大学学报(哲学社会科学版)》第1期,第18—22页。

周雪光(2009):《基层政府间的"共谋现象"——一个政府行为的制

度逻辑》,载《开放时代》第 12 期,第 40—55 页。

朱钢、张元红、张军等(2000):《聚焦中国农村财政》,山西经济出版社。

诸桥辙次(1955—1960):《大汉和辞典》,大修馆书店。

朱志刚(2006):《中国鼓励发展生物质能源替代石油》,载 www.china5e.com。

《最高人民法院关于适用〈中华人民共和国婚姻法〉若干问题的解释(三)(征求意见稿)》(2010.11.15),载中国法院网,http://www.chinacourt.org/html/article/201011/15/435922.shtml。

《最高人民法院关于适用〈中华人民共和国婚姻法〉若干问题的解释(二)》(2003.12.25),载中国法院网,http://www.chinacourt.org/flwk/showl.php?file_id=90481。

《最高人民法院关于适用〈中华人民共和国婚姻法〉若干问题的解释(一)》(2001.12.25),载中国法院网,http://www.chinacourt.org/flwk/show,php?file_id=38903。

《2011 年主城九区新建商品住房均价及 2012 年高档住房应税价格标准》(2011.12.31),载 http://www.cqgtfw.gov.cn/ztgz/fdcszt/201112/t20111231_181736.htm。

《2015 年重庆农村"三权"抵押贷款达到 1000 亿元》(2012.3.22),载 http://www.qstheory.cn/jj/jsshzyxnc/201203/120120322_l47269.htm。

英文

"Agricultural Cooperatives," http://agriculture.indiabizclub.com/info/agriculture_cooperatives, accessed January 2010.

"Agricultural Marketing in India," http://www.indianchild.com/

agricultural_marketing_in_india.htm, accessed January 2010.

Allen, Robert C. 1994. "Agriculture During the Industrial Revolution," in Roderick Floud and Donald McCloskey eds. *The Economic History of Britain Since 1700*, Second Edition, Volume 1: 1700-1860. Cambridge: Cambridge University Press.

——.1992.*Enclosure and the Yeoman.* Oxford: Oxford University Press.

Allen, Robert, Jean-Pascal Bassino, Debin Ma, Christine Moll-Murata & Jan Luiten van Zanden, 2011. "Wages, Prices, and Living Standards in China, 1738-1925: in Comparison with Europe, Japan, and India," *Economic History Review*, 34 S1: 8-38.

Amsden, Alice H. 1979. "Taiwan's Economic History: A Case of Etatisme and a Challenge to Dependency Theory," *Modern China*, n. 5, No. 3 (July): 341-379.

"Amtrak," 2011.www.wikipedia.com.

Arrighi, Giovanni. 2007. *Adam Smith in Beijing: Lineages of the Twenty-First Century.* New York: Verso.

Asian Productivity Organization. 1991. *Agricultural Cooperatives in Asia and the Pacific.* Tokyo: Asian Productivity Organization.

"The Average American Farm," 2009, https://uwstudentfpweb.uwyo.edu/N/NSIAN/default-old.htm.

Bai, Chong-en(白重恩), Chang-Tai Hsieh(谢长泰) and Yingyi Qian (钱颖一). 2006, "The Return to Capital in China," *Brookings Papers on Economic Activity*, Vol. 2006, No. 2: 61-88. Published by The Brookings Institution.

Ban, Sung Hwan. 1979. "Agricultural Growth in Korea, 1918-1971," in

Hayami, Ruttan and Southworth eds. 1979:90-116.

Banister, Judith. 2005. "Manufacturing Employment in China," *Monthly Labor Review*(July):11-29.

Batchelor, Thomas.1813.*General View of the Agriculture of the County of Bedford*.London: Sherwood, Neely, and Jones.

Baviskar, B. S. and D. W. Attwood, 1984."Rural-cooperatives in India: a comparative analysis of their economic survival and social impact," *Contributions to Indian Sociology*, 18:85-107.

Bechhofer, F. and B. Elliott. 1985. "The Petite Bourgeoisie in Late Capitalism,"*Annual Review of Sociology*,v. 11:181-207.

Becker, Gary S. 1991. *A Treatise on the Family*, enlarged edition, Cambridge: Harvard University Press.

——. 1992. "The Economic Way of Looking at Life," Nobel Prize Lecture, www.nobelprize.org.

Biglaiser, Gary and Mezzetti, Claudio.1997."Politicians' decision making with re-election concerns,"*Journal of Public Economics*, 66:425-447.

Black, Dan A. and Hoyt, William H. 1989. "Bidding for Firms," *The American Economic Review*,Vol. 79,No. 5(Dec.):1249-1256.

Blunch, Niels-Hugo, Sudharshan Canagarajah and Dyushyanth Raju. 2001."The Informal Sector Revisited: A Synthesis across Space and Time," *Social Protection Discussion Paper Series*, No. 0119. Social Protection Unit, Human Development Network, The World Bank.

Boserup, Ester. 1981.*Population and Technological Change: A Study of Long-Term Trends*.Chicago: University of Chicago Press.

——. 1965. *The Conditions of Agricultural Growth: The Economics of*

Agrarian Change Under Population Pressure. Chicago: Aldine.

Bourdieu, Pierre. 1977. *Outline of a Theory of Practice.* Cambridge: Cambridge University Press.

Bray, Francesca. 1984. *Agriculture.* Vol. 6, part Ⅱ, of Joseph Needham ed. *Science and Civilization in China.* Cambridge: Cambridge University Press.

Breman, J. C. 1996. *Footloose Labour: Working in India's Informal Economy.* Cambridge: Cambridge University Press.

——. 1980. *The Informal Sector' in Research: Theory and Practice.* Rotterdam: no pub.

——. 1978. " Seasonal Migration and Cooperative Capitalism: the Crushing of Cane and of Labour by the Sugar Factories of Bardoli, South Gujarat, "*Economic and Political Weekly*, Special Number 13:1317-1360.

Brenner, Robert. 2001. " The Low Countries in the Transition to Capitalism, " in Peter Hoppenbrouwers and Jan Luiten van Zanden eds., *Peasants into Farmers? The Transformation of Rural Economy and Society in the Low Countries (Middle Ages - 19th Century)*, pp. 275 - 338. Turnhout, Belgium: Brepols.

Buck, John Lossing. 1937a. *Land Utilization in China.* Shanghai: The Commercial Press.

——. 1937b. *Land Utilization in China: Statistics.* Shanghai: The Commercial Press.

Bullock, R. 1997. " Nôkyô: A Short Cultural History, " www. jpri. org/publications/workingpapers/wp41.html.

Canagarajah, Sudharshan and S. V. Sethurman. 2001. " Social Protection and the Informal Sector in Developing Countries: Challenges and

Opportunities," *Social Protection Discussion Paper Series*, No. 0130. Social Protection Unit, Human Development Network, The World Bank.

Cartier, Michel, 1995. " Nuclear versus Quasi-Stem Families: The New Chinese Family Model,"*Journal of Family History*, Vol. 20, No. 3: 307-327.

Chan, Anita and Jonathan Unger. 2009. " A Chinese State Enterprise under the Reforms: What Model of Capitalism,"*The China Journal*, July(Issue No. 62): 1-26.

Chandler, Alfred D. 1977. *The Visible Hand: the Managerial Revolution in American Business.* Cambridge, Mass. : Harvard University Press.

Chang, Chung-li (张仲礼). 1962. *The Income of the Chinese Gentry.* Seattle: University of Washington Press.

——. 1955. *The Chinese Gentry: Studies on Their Role in Nineteenth-Century Chinese Society.* Seattle: University of Washington Press.

Chayanov, A. V. 1986(1925). *The Theory of Peasant Economy.* Madison: University of Wisconsin Press.

China Development Research Foundation. 2005. *China Human Development Report.* United Nations Development Programme, China Country office. http://hdr.undp.org/en/reports/national/asiathepacific/china/china_2005_en.pdf.

"China's Chongqing Starts Household Registration Reform" (2010.7.29) Xinhua News. http://news.xinhuanet.com/english2010/china/2010-07/29/c_13420830.htm.

C. I. A. 2012. " County comparison: Distribution of Family Income-Gini Coefficient." https://www.cia.gov/library/publications/the-world-factbook/rankorder/2172rank.html.

The Civil Code of the Republic of China.1930-1931. Shanghai: Kelly & Walsh.

Clark, Colin. 1940. *The Conditions of Economic Progress*. London: MacMillan and Co.

Clark, Gregory. 2004. "The Price History of English Agriculture, 1209-1914,"*Research in Economic History*, v. 22:41-124.

Coale, Ansley. 1984. "Rapid Population Change in China, 1952-1982." [National Academy of Sciences] Committee on Population and Demography report 27.

Coase, R. H. 1988(1990). *The Firm, the Market and the Law*. Chicago: University of Chicago Press.

——.1991."(Nobel) Prize Lecture,"www.nobelprize.org.

"Corporation for Public Broadcasting,"2011.www.wikipedia.com.

Crossick, Geoffrey and Heinz-Gerhard Haupt.1995.*The Petite Bourgeoisie in Europe, 1780-1914:Enterprise, Family and Independence*. London and New York: Routledge.

Cui, Zhiyuan (崔之元). 2005. "Liberal Socialism and the Future of China: A Petty Bourgeoisie Manifesto," in Tian Yu Cao ed. *The Chinese Model of Modern Development*, pp. 157-174. London: Routledge.

——.2003. "Xiaokang Socialism: A Petty Bourgeois Manifesto,"*Chinese Economy*, 36, 3(May-June) :50-70.

Das, Maitreyi Bordia. 2003. "The Other Side of Self-Employment: Household Enterprises in India,"*Social Protection Discussion Paper Series*, No. 0318.Social Protection Unit, Human Development Network, The World Bank.

De Soto, Hernando. 2000. *The Mystery of Capital: Why Capitalism*

Triumphs in the West and Fails Everywhere Else. New York: Basic Books.

De Vries, Jan. 1994. " The Industrial Revolution and the Industrious Revolution," *The Journal of Economic History*, 54, 2 (June): 249-270.

———. 1993. " Between Purchasing Power and the World of Goods: Understanding the Household Economy in Early Modern Europe," in John Brewer and Roy Porter eds. *Consumption and the World of Goods*, pp. 85-132. London and New York: Routledge.

———. 1984. *European Urbanization, 1500 - 1800*. Cambridge, Mass.: Harvard University Press.

———, 1981. " Patterns of Urbanization in Pre-Industrial Europe, 1500-1800," in H. Schmal ed. *Patterns of European Urbanization Since 1500*, pp. 77-109. London: Croom Helm.

Dev, S. Mahendra. 2006. " Agricultural Wages and Labor since 1950," in Stanley Wolpert ed. 2006. *Encyclopedia of India*, v.1: 17-20. Detroit: Thomson Gale.

Dreyfuss, Robert. 2009. " Socialism in one City," *The Nation Magazine*, Nov. 18.

Drèze, Jean and Amartya Sen. 1995. *India: Economic Development and Social Opportunity*. Delhi: Oxford University Press.

Drummond, J. C. and Anne Wilbraham. 1958 (1939). *The Englishman's Food*. London: Jonathan Cape.

Ebenstein, Alan. 2001. *Friedrich Hayek, a Biography*. Chicago: University of Chicago Press.

Eberhard, Wolfram. 1965. *Conquerors and Rulers: Social Forces in Medieval China*. 2nd rev. ed. Leiden: E. J. Brill.

Ebrahim, Alnoor. 2000. " Agricultural Cooperatives in Gujarat, India: Agents of Equity or Differentiation?" *Development in Practice*, Vol. 10, No. 2 (May):178-188.

Economy, Elizabeth C. 2004. *The River Runs Black: The Environmental Challenge to China's Future.* Ithaca, N. Y. : Cornell University Press.

Engels, Friedrich.1972(1884). *The Origin of the Family, Private Property and the State*, Introd. by Everlyn Reed. New York: Pathfinder Press.

"Fanny Mae,"2011.www.wikipedia.com.

Fei, Hsiao-tung (Xiaotong) (费孝通). 1939. *Peasant Life in China: A Field Study of Country Life in the Yangtze Valley.* New York: Dutton.

Fei, John C. H. and Gustav Ranis.1964.*Development of the Labor Surplus Economy: Theory and Policy.* Homewood, Ill. : Richard D. Irwin Inc.

"Foxconn to move 200 000 of its workers to central China", March 4, 2011, http://www.physorg.com/news/2011-03-foxconn-jobs-central-china.html.

"Freddie Mac,"2011.www.wikipedia.com.

Fisher, Allan G. B. 1966(1935). *The Clash of Progress and Security.* New York: Augustus M. Kelley, Publishers.

Flinn, Michael W. 1984.*The History of the British Coal Industry*, Vol. II, 1700-1830.Oxford, England: The Clarendon Press.

Fourastié, Jean. 1949. *Le Grand Espoir du XXe siècle. Progrès technique. progrès économique, progrès social.* Paris: Presses Universitaires de France.

Frank, Andre Gunder.1973."The Development of Underdevelopment," in C. K. Wilber ed. *The Political Economy of Development and Underdevelopment.* New York: Random House.

Fugatami, Shiro. 1991. "Performance of Agricultural Cooperatives in Japan," in *Asian Productivity Organization*, 1991, pp. 79-126.

Gao, Yuan(高原). 2011. "Rural Development in Chongqing: the Every Peasant Household's Income to Grow by 10 000 Yuan Project," *Modern China*, 37, 6:623-645.

Geertz, Clifford. 1963. *Agricultural Involution: The Process of Ecological Change in Indonesia*. Berkeley: University of California Press.

The German Civil Code. 1907 (1900). Translated and annotated, with a historical introduction and appendices, by Chung Hui Wang, London: Stevens and Sons.

Gershon, Feder, Lawrence J. Lau, Justin Y. Lin and Xiaopeng Luo. 1992. "The Determinants of Farm Investment and Residential Construction in Post-Reform China," *Economic Development and Cultural Change*, 41, No. 1:1-26.

Glickman, N. J. , and D. P. Woodward. 1989. *The New Competitors. How Foreign Investors are Changing the U. S. Economy*. New York: Basic Books.

Göbel, Christian and Lynette Ong. 2012. "Social Unrest in China." London: Europe China Research and Advice Network. http://www.euecran.eu/Long% 20Papers/ECRAN% 20Social% 20Unrest% 20in% 20China _% 20Christian%20Gobel%20and%20Lynette%20H.%20ong.pdf.

Goldstone, Jack. 1986. "The Demographic Revolution in England: A Re-examination," *Population Studies*, 49:5-33.

Government Finance Statistics Yearbook (GFSY). 2008. International Monetary Fund.

Graham, E. M. and Krugman, P. R. 1995. *Foreign Direct Investment in the United States*, 3rd ed. Washington, D. C. : Institute for International

Economics.

Grossman, Gene M. and Elhanan Helpman.1994."Protection for Sale," *American Economic Review*, Vol. 84, No. 4(Sep.):833-850.

Gulati, Ashok. 2006. " Agricultural Growth and Diversification since 1991," in Stanley Wolpert ed. *Encyclopedia of India*, v. 1:14 - 17. Detroit: Thomson Gale.

Gupta, R. C. 1999."Agro-inputs Distribution in Agricultural Cooperatives," Paper presented at 13th ICA-Japan Training Course on " Strengthening Management of Agricultural Cooperatives in Asia" 1988 - 99 at FMDI, Gurgaon, Haryana, India, on Jan. 21.

Gustafsson, Bjorn A. , Li Shi, and Terry Sicular eds. 2008. *Inequality and Public Policy in China.* New York: Cambridge University Press.

Hamm Patrick, Lawrence P. King, and David Stuckler. 2012. " Mass privatization, state capacity, and economic growth in post-communist countries,"*American Sociological Review*, 77, 2:295-324.http://asr.sagepub.com/content/77/2/295.

Hanley, Susan B. and Kozo Yamamura.1977. *Economic and Demographic Change in Preindustrial Japan, 1600 - 1868*. Princeton, N. J. : Princeton University Press.

Harrell, Stevan. 1985. " The Rich Get Children: Segmentation, Stratification, and Population in Three Chekiang Lineages, 1550 - 1850," in Arthur P. Wolf and Susan B. Hanley eds. *Family and Population in East Asian History*, pp. 81-109.Stanford: Stanford University Press.

——. 1995. " Introduction: Microdemography and the Modeling of Population Process in Late Imperial China," in Stevan Harrell ed. *Chinese*

Historical Microdemography, pp. 1-20. Stanford: Stanford University Press.

Harriss-White, Barbara. 2003. *India Working: Essays on Society and Economy.* Cambridge: Cambridge University Press.

Hart, Keith. 1973. "Informal Income Opportunities and Urban Employment in Ghana," *The Journal of Modern African Studies*, v. 11, No. 1:61-89.

Hartwell, Robert M. 1982. " Demographic, Political, and Social Transformations of China, 750 - 1550," *Harvard Journal of Asiatic Studies*, 42.2:365-442.

Hayami, Yujiro, Vernon W. Ruttan and Herman M. Southworth. 1979. *Agricultural Growth in Japan, Taiwan, Korea, and the Philippines.* Honolulu: University of Hawaii Press.

Hayek, Friedrich A. 1980 (1948). *Individualism and Economic Order.* Chicago: University of Chicago Press.

Hayek, Friedrich A. 1974. "(Nobel) Prize Lecture," www.nobelprize.org.

Heilmann, Sebastian. 2009. " Maximum Tinkering Under Uncertainty: Unorthodox Lessons from China," *Modern China*, v. 35, No. 4(July). 中文版见《开放时代》2009年第7期，第41—48页。

——. 2008a. "Policy Experimentation in China's Economic Rise," *Studies in Comparative International Development*, v. 43, No. 1(March):1-26. 中文版见《中国经济腾飞中的分级制政策试验》，载《开放时代》2008年第5期，第31—51页。

——. 2008b. "From Local Experiments to National Policy: The Origins of China's Distinctive Policy Process," *The China Journal*, No. 59(Jan.):1-30.

Hersh, Adam. 2012. " Chinese State-Owned and State-Controlled Enterprises," Testimony before the U. S. - China Economic and Security

Review Commission on Feb. 15. http://www. americanprogress. org/issues/2012/02/hersh_testimony.html.

Hinton, William.1983.*Shenfan*.New York: Random House.

Ho, Ping-ti (何炳棣).1959.*Studies on the Population of China*, 1368-1953.Cambridge, Mass. : Harvard University Press.

Ho, Samuel.1968. "Agricultural Transformation under Colonialism: The Case of Tai-wan," *Journal of Economic History* (September) :311-340.

Hornibrook, Jeff. 2001. "Local Elites and Mechanized Mining in China: The Case of the Wen Lineage in Pingxiang County, Jiangxi," *Modern China*, 27, No. 2 (April) :202-228.

Hsu, Cho-yun (许倬云).1980.*Han Agriculture: the Formation of Early Chinese Agrarian Economy*, 206 B. C. - A. D. 220. Seattle: University of Washington Press.

Huang, Philip C. C. (黄宗智) 2012. "Profit-Making State Firms and China's Development Experience: 'State Capitalism' or 'Socialist Market Economy' ," *Modern China*, No. 6:591-629.

——.2011a. "China's New Age Small Farms and Their Vertical Integration: Co-ops or Dragon-Head Enterprises," *Modern China*, 37, No. 2: 107-134.

——.2011b, "The Theoretical and Practical Implications of China's Development Experience: Informal Economy Practices," *Modern China*, 37, No. 1:3-43.

——.2011c. "The Modern Chinese Family: In Light of Social and Economic History," *Modern China*, 37, No. 5:459-497.

——.2011d. "Chongqing: Equitable Development Driven by a Third

Hand?" *Modern China*, 37, No. 6: 569-622.

——. 2010. *Chinese Civil Justice, Past and Present*. Rowman and Littlefield.

——. 2010a. "Beyond the Right-Left Divide: Searching for Reform from the History of Practice," *Modern China*, 36, No. 1: 115-133.

——. 2009. "China's Neglected Informal Economy: Reality and Theory," *Modern China*, 35, No. 4: 405-438.

——. 2008. "Centralized Minimalism: Semiformal Governance by Quasi Officials and Dispute Resolution in China," *Modern China*, 34, No. 1: 9-35.

——. 2002. "Development or Involution? 18th Century Britain and China," *Journal of Asian Studies*, v. 61, No. 2 (May): 501-538.

——. 2001. *Code, Custom, and Legal Practice in China*. Stanford: Stanford University Press.

——. 1996. *Civil Justice in China: Representation and Practice in the Qing*. Stanford: Stanford University Press.

——. 1991. "The Paradigmatic Crisis in Chinese Studies: Paradoxes in Social and Economic History," *Modern China*, 17, No. 3 (July): 299-341. 中文版见《中国研究的规范认识危机——社会经济史中的悖论现象》，作为《后记》纳入黄宗智《长江三角洲小农家庭与乡村发展》。北京：中华书局，2000，2006。

——. 1990. *The Peasant Family and Rural Development in the Yangzi Delta, 1350-1988*. Stanford: Stanford University Press.

——. 1985. *The Peasant Economy and Social Change in North China*. Stanford: Stanford University Press.

Huang, Philip C. C., Yuan Gao and Yusheng Peng, 2012. "Capitalization without Proletarianization in Chinese Agriculture," *Modern China*, No. 2:139 -173.

ILO(International Labor Office). 2002. *Women and Men in the Informal Economy: A Statistical Picture.* Geneva: International Labor Organization.

——.1972. *Employment, Incomes and Equality: A Strategy for Increasing Productive Development in Kenya.* Geneva: International Labor Organization.

Isett, Christopher Mills, 2007. *State, Peasant, and Merchant in Qing Manchuria, 1644 - 1862.* Stanford: Stanford University Press.

Jones, Eric L. 1981. "Agriculture 1700 - 1780," in Roderick Floud and Donald McCloskey eds. *The Economic History of Britain Since 1700*, Volume 1:1700-1860, pp. 66-86. Cambridge: Cambridge University Press.

Kang, Kenneth and Vijaya Ramachandran. 1999. "Economic Transformation in Korea: Rapid Growth without an Agricultural Revolution?" *Economic Development and Cultural Change*, v. 47, No. 4(July):783-801.

Khan, Azizur Rahman and Carl Riskin. 2008. "Growth and Distribution of Household Income in China between 1995 and 2002," in Gustafsson, Li and Sicular eds. 2008, pp. 61-87.

Kornai, Janos. 1992. *The Socialist System: The Political Economy of Communism.* Princeton, N. J. : Princeton University Press.

——. 1980. *Economics of Shortage.* Amsterdam: North-Holland Publishing Co.

Kraenzie, C. 1998. "Co-ops Break Supply Sales Record," www.wisc.edu/ uwcc/info/farmer/pre2001/l11298Ml.htm.

Kuhn, Philip Alden. 1990. *Soulstealers: The Chinese Sorcery Scare of 1768.* Cambridge, Mass. : Harvard University Press.

549

Kuznets, Simon. 1955. "Economic Growth and Income Inequality," *The American Economic Review*, v. 45, No. 1(Mar.):1-28.

Lamming, G. N. 1980.*Promotion of Small Farmers' Cooperatives in Asia*. Food and Agriculture Organization(FAO).

"Land Use and Ownership in India,"2012."Poorest Areas Civil Society" Programme of the UK Government's Department for International Development, http://www.empowerpoor.org/backgrounder.asp? report=162.

Landry, Pierre F. 2008. *Decentralized Authoritarianism in China: The Communist Party's Control of Local Elites in the Post-Mao Era*. New York: Cambridge University Press.

Larson, Christina. 2010. "Chicago on the Yangtze: welcome to Chongqing, the biggest city you've never heard of," www.foreignpolicy.com/articles/2010/08/16/chicago_on_the_yangtze? page=0,0.

Lee, Chang-Woo.1991."The Current Agriculture and Fisheries Situation in the Republic of Korea,"in Asian Productivity Organization, 1991, pp. 253-267.

Lee, James Z. and Wang Feng. 1999. *One Quarter of Humanity: Malthusian Mythology and Chinese Realities*. Cambridge, Mass. : Harvard University Press.

Lee, James Z. and Cameron Campbell.1997.*Fate and Fortune in Rural China: Social Organization and Population Behavior in Liaoning, 1774-1873*.Cambridge: Cambridge University Press.

Lee, Nien-I 1991."Taiwan Provincial Fruits Marketing Cooperative,"in Asian Productivity Organization, 1991, pp. 153-168.

Lee, Sherry. 2010.11.11. "Chongqing Mayor Huang Qifan Reform and

Innovation: A New Path,"*Commonwealth Magazine*, No. 459.

Lee,Teng-hui and Yueh-eh Chen.1979."Agricultural Growth in Taiwan, 1911-1972,"in Hayami,Ruttan and Southworth eds. 1979,pp. 59-89.

Lenin,V. I. 1956 (1907). *The Development of Capitalism in Russia*. Moscow: Foreign Languages Press.

Levine, David.1977.*Family Formation in an Age of Nascent Capitalism*. New York: Academic Press.

Lewis,W. Arthur.1954."Economic Development with Unlimited Supplies of Labour,"*The Manchester School of Economic and Social Studies*, v. 22, No. 2(May):139-191.

——.1955.*The Theory of Economic Growth*. London: George Allen & Unwin Ltd.

Li, Bozhong (李伯重). 1998. *Agricultural Development in Jiangnan, 1620-1850*.New York: St. Martin's Press.

Li, David. 1998. " Changing Incentives of the Chinese Bureaucracy,"*American Economic Review*,v. 88,No. 2:393—397.

Lin, George C. S. 2009.*Developing China: Land, Politics and Social Conditions*.London: Routledge.

Lin, Justin (林毅夫), Cai Fang (蔡昉) and Li Zhou (李周).2003 (1996).*The China Miracle: Development Strategy and Economic Reform*, rev. ed. Hong Kong: The Chinese University Press.

Lipton,Michael.1968."The Theory of the Optimizing Peasant,"*Journal of Development Studies*,v. 4,No. 3:327-351.

"List of Countries by Income Equality,"2011.www.wikipedia.com.

"List of the Largest Companies of China,"2012,Wikipedia,http://en.

wikipedia.org/wiki/List_of_the_largest_companies_of_China.

Liu, Chang. 2007. *Peasants and Revolution in Rural China: Rural Political Change in the North China Plain and the Yangzi Delta, 1850-1949*. United Kingdom: Routledge.

Liu, Ts'ui-jung(刘翠溶). 1995. "A Comparison of Lineage Populations in South China, ca. 1300 - 1900, " in Stevan Harrell ed. *Chinese Historical Microdemography*, pp. 94-120. Stanford: Stanford University Press.

Longworth, John W. , Colin G. Brown and Scott A. Waldron. 2001. *Beef in China: Agribusiness Opportunities and Challenges*. St. Lucia, Queensland: University of Queensland Press.

Maddison, Angus. 2007. *Chinese Economic Performance in the Long Run*. Second Edition, Revised and Updated: 960 - 2030 A. D. Organization for Economic Cooperation and Development(OECD).

Maddison, Angus. 2001. *The World Economy: a Millenial Perspective*. Organization for Economic Cooperation and Development(OECD).

Marx, Karl. 1894. *Capital*, Vol. III, Part IV, Conversion of Commodity-Capital and Money-Capital into Commercial Capital and Money Dealing Capital(Merchant's Capital), Chapter 16, Commercial Capital, http://www.marxists.org/archive/marx/works/1894-c3/chl6.htm.

Marx, Karl. 2010 (1887, 1967). *Capital*, Vol. I. Moscow: Progress Publishers, http://www.marxists.org/archive/marx/works/1867-cl/.

Matsui, Minoru. 1991. " Agricultural Cooperative Systems in Japan, " in Asian Productivity Organization, 1991:63-78.

Mayer, Arno. 1975. "The Lower Middle Class as Historical Problem, " *The Journal of Modern History*, v. 47, No. 3(Sept.) :409-436.

Meade, James E. 1977." (Nobel) Prize Lecture, "www.nobelprize.org.

Medick, Hans. 1976. " The Proto-industrial Family Economy: the Structural Function of Household and Family During the Transition form Peasant Society to Industrial Capitalism, "*Social History*, 3(Oct.) :291-315.

Mendels, Franklin F. 1972." Proto-industrialization: the First Phase of the Industrial Process, "*Journal of Economic History*, v. 32, No. 1(March) : 241-261.

Mills, C. Wright.1956(1951).*White Collar: the American Middle Classes.* New York: Oxford University Press.

Ministry of Labor and Social Security, Department of Training and Employment, People's Republic of China.n. d. (2002)."Skills Training in the Informal Sector in China, "International Labor Office.

Montinola, Gabriella, Yingyi Qian and Barry R. Weingast. 1995. " Federalism Chinese Style: The Political Basis for Economic Success in China, "*World Politics*,48(october) :50-81.

Naughton, Barry. 2007. *The Chinese Economy: Transitions and Growth.* Cambridge, Mass. : The MIT Press.

North, Douglass C. 1981.*Structure and Change in Economic History.* New York: W. W. Norton.

——.1993." (Nobel) Prizo Lecture, "www.nobelprize.org.

Oi, Jean C. (戴慕珍) 1999. *Rural China Takes off: Institutional Foundations of Economic Reform.*Berkeley: University of California Press.

——.1992. " Fiscal reform and the economic foundations of local state corporatism in China."*World Politics*, v. 45, No. 1(Oct.) :99-126.

"Overseas Private Investment Corporation, "2011, www.wikipedia.com.

Overton, Mark. 1996. *Agricultural Revolution in England: The Transformation of the Agrarian Economy, 1500-1850.* Cambridge: Cambridge University Press.

Perkins, Dwight H. 1969. *Agricultural Development in China, 1368-1968.* Chicago: Aldine Publishing Co.

Perkins, Dwight H. and Shahid Yusuf. 1984. *Rural Development in China.* Baltimore, Maryland: Johns Hopkins University Press.

Pock Cho Jong. 1991. "Agricultural Situation of the Republic of Korea," in Asian Productivity Organizaiton, 1991, pp. 241-252.

Pomeranz, Kenneth. 2000. *The Great Divergence: China, Europe, and the Making of the Modern World Economy.* Princeton: Princeton University Press.

Prakash, Daman. 1995. *Japanese Agricultural Cooperatives—Then and Now.* New Delhi: International Cooperative Alliance.

Qian, Yingyi(钱颖一) and Barry R. Weingast. 1997. "Federalism as a Commitment to Preserving Market Incentives," *Journal of Economic Perspectives*, v. 11, No. 4(fall): 83-92.

Qian, Yingyi and Gerard Roland. 1998. "Federalism and the soft budget constraint," *American Economic Review*, Vol. 88, No. 5(Dec.): 1143-1162.

Rawal, Vikas. 2008. "Ownership Holdings in Land in Rural India: Putting the Record Straight," *Economic and Political Weekly*(March 8): 43-47.

Rosset, Peter. 2009. "Lessons from the Green Revolution," www.foodfirst.org.

Rowe, William T. 2001. *Saving the World: Chen Hongmou and Elite Consciousness in Eighteenth-Century China.* Stanford: Stanford University Press.

Roy, Tirthankar. 2002. "Economic History and Modern India: Redefining the Link," *Journal of Economic Perspectives*, v. 16, No. 3 (Summer): 109-130.

Saith, Ashwani. 2008. " China and India: The Institutional Roots of Differential Performance", *Development and Change*, v. 39, No. 5: 723-757.

Schofield, Roger. 1994. " British Population Change, 1700 - 1871," in Roderick Floud and Donald McCloskey eds. *The Economic History of Britain Since 1700*, Second Edition, Volume 1: 1700-1860, pp. 60-95. Cambridge: Cambridge University Press.

Schultz, Theodore. 1979. "(Nobel) Prize Lecture," www.nobelprize.org.

———. 1964. *Transforming Traditional Agriculture*. New Haven, Conn. : Yale University Press.

Shanin, Teodor. 2009. " Chayanov' s Treble Death and Tenuous Resurrection: an Essay about Understanding, about Roots of Plausibility and about Rural Russia," *Journal of Peasant Studies*, v. 36, No. 1 (Jan.): 83-101.

Shirk, Susan L. 1993. *The Political Logic of Economic Reform in China.* Berkeley: University of California Press.

"61 Chinese companies make Fortune 500 List," 2011.7.9, *Want China Times*. http://www. wantchinatimes. com/news-subclass-cnt. aspx? Id = 20110709000017&cid = 1102.

Skinner, G. William. 1986. " Sichuan' s Population in the Nineteenth Century: Lessons from Disaggregated Data," *Late Imperial China*, 7 (2): 1-79.

——— ed. 1977. *The City in Late Imperial China.* Stanford: Stanford University Press.

Smith, Adam. 1976 (1776). *The Wealth of Nations.* Chicago: University of

Chicago Press.

Smith, Theodore Reynolds. 1973. "Community development and agrarian reform in the East Asian setting," *American Journal of Economics and Sociology*. v. 32, No. 1(Jan.): 73-86.

Smith, Thomas C. 1977.*Nakahara: Family Farming and Population in a Japanese Village, 1717-1830*.Stanford: Stanford University Press.

"Social Security," 2011.www.wikipedia.com

Sommer, Matthew H. 2010. "Abortion in Late Imperial China: Routine Birth Control or Crisis Intervention," *Late Imperial China*, Vol. 31, No. 2 (Dec.): 97-165.

——. 2000. *Sex, Law, and Society in Late Imperial China*. Stanford: Stanford University Press.

Sugihara Kaoru (杉原薰). 2003. "The East-Asian Path of Economic Development: a Long-Term Perspective," in Giovanni Arrighi, Takeshi Hamashita and Mark Selden, eds. ,*The Resurgence of East Asia 500, 150 and 50 Year Perspectives*,pp.78-123.New York: Routledge.

Szamosszegi, Andrew and Cole Kyle. 2011. "An analysis of state-owned enterprises and state capitalism in China," for the U. S. - China Economic and Security Review Commission, Oct. 26: 1 - 116. http://www.uscc.gov/researchpapers/2011/10_26_1 1_CapitalTradeSOEStudy.pdf.

Szelenyi, Ivan. 2011. "Third Ways," *Modern China*, 37, No. 6 (Nov.): 672-683.

——.2008."A Theory of Transitions,"*Modern China*,34, No. 1(Jan.): 165-175.中文版见《一种转型理论》,载《开放时代》第 2 期,第 102—108 页。

Telford, Ted A. 1995. "Fertility and Population Growth in the Lineages of Tongcheng County, 1520 – 1661," in Stevan Harrell ed. *Chinese Historical Microdemography*, pp. 48–93.Stanford: Stanford University Press.

"Tennessee Valley Authority,"2011.www.wikipedia.com.

The New York Times.2008a."S. E. C. Concedes Oversight Flaws Fueled Collapse,"September 26.

——. 2008b. "Taking Hard New Look at a Greenspan Legacy," October 9.

——.2008c. "Greenspan Concedes Flaws in Deregulatory Approach," October 24.

The Nobel Peace Prize 1969,Presentation Speech,http://nobelprize.org.

"The 2010 Time 100," 2010, *Time Magazine*, http://www.time.com/time/specials/packages/article/0, 28804, 1984685 _ 1984864 _ 1985416, 00.html.

Tignor, Robert L. 2006. *W. Arthur Lewis and the Birth of Development Economics*.Princeton: Princeton University Press.

Tilly, Charles, ed. 1978. *Historical Studies of Changing Fertility*. Princeton: Princeton University Press.

Todaro, Michael P. 1969. "A Model of Labor Migration and Urban Employment in Less Developed Countries,"*American Economic Review*,v. 59, No. 1:138–148.

——.1989.*Economic Development in the Third World*,4th ed. New York and London: Longman Group Ltd.

Walder, Andrew. 1995. "Local Governments as Industrial Firms: An Organizational Analysis of China's Transitional Economy," *The American*

Journal of Sociology, Vol. 101, No. 2(Sept.) :263-301.

Wallerstein, Immanuel. 1979. *The Capitalist World-economy*. Cambridge: Cambridge University Press.

Waltner, Ann. 1995. " Infanticide and Dowry in Ming and Early Qing China, "in Anne Behnke Kinney ed. *Chinese Views of Childhood*, pp. 193 - 218.Honolulu: University of Hawaii Press.

Wang, Shaoguang(王绍光).2009. "Adapting by Learning: the Evolution of China's Rural Health Care Financing, "*Modern China* 35, 4 (July) : 370 -404.

Weatherill, Lorna. 1993. "The Meaning of Consumer Behaviour in Late Seventeenth- and Early Eighteenth-Century England, "in John Brewer and Roy Porter eds. , *Consumption and the World of Goods*, pp. 206-227.New York and London: Routledge.

Weber, Max. 1978. *Economy and Society: An Outline of Interpretive Sociology*, 2 vols.Berkeley: University of California Press.

Weir, David. 1984. " Rather Never Than Late: Celibacy and Age at Marriage in English Cohort Fertility, 1541-1871, "*Journal of Family History*, No. 9:340-354.

Winter, Robin. n. d. "Sacred Cow, "http://www.archaeologyonline.net/ artifacts/sacred-cow.html.

Wolf, Arthur P. 1985. " Fertility in Pre-revolutionary Rural China, " in Arthur P. Wolf and Susan B. Hanley eds. *Family and Population in East Asian History*, pp. 154-185.Stanford: Stanford University Press.

——.2001. "Is There Evidence of Birth control in Late Imperial China?" *Population and Development Review*, v. 27, No. 1(March) :133-154.

Wong, R. Bin. 1997. *China Transformed: Historical Change and the Limits of European Experience.* New York: Cornell University Press.

World Bank. 2008. "World Bank updates poverty estimates for the developing world," http://econ.worldbank.org/WBSITE/EXTERNAL/EXTDEC/EXTRESEARCH/0,contentMDK:21882162~pagePK:64165401~piPK:64165026~theSitePK:469382,00.html; see also www.globalissues.org/article/26/poverty-facts-and-stats#src3.

World Bank. 2009. China: From Poor Areas to Poor people – China's Evolving Poverty Reduction Agenda. Report No. 47349 – CN. www.wds.worldbank.org/extemal/default/WDScontentServer/WDSP/IB/2009/04/08/000334955_20090408062432/Rendered/PDF/473490SR0CN0P010Disclosed0041061091.pdf.

World Development Indicators(WDI). 2008. World Bank.

Wright, Erik Olin. 1997. *Class Counts: Comparative Studies in Class Analysis.* Cambridge: Cambridge University Press.

Wright, Tim. 1984. *Coal Mining in China's Economy and Society, 1985-1937.* Cambridge: Cambridge University Press.

Wrigley, E. Anthony. 1985. "Urban Growth and Agricultural Change: England and the Continent in the Early Modern Period," *Journal of Interdisciplinary History*, xv:4(Spring):683-728.

——. 1988. *Continuity, Chance and Change: The Character of the Industrial Revolution in England.* Cambridge: Cambridge University Press.

Wrigley, E. A. and R. S. Schofield. 1989(1981). *The Population History of England 1541-1871: a reconstruction.*.

Wu, Jinglian(吴敬琏). 2005. *Understanding and Interpreting Chinese*

Economic Reform. Mason, Ohio: Thomson/South-Western.

Xue, Yong（薛涌）. 2007. "A 'Fertilizer Revolution'? A Critical Response to Pomeranz's Theory of 'Geographic Luck'," *Modern China*, 33, No. 2(April): 195-229.

Yamada, Saburo and Yujiro Hayami. 1979. "Agricultural Growth in Japan, 1880-1970," in Hayami, Ruttan and Southworth eds. 1979, pp. 33-58.

Yunus, Muhammad. 2006. "Nobel Lecture," 2006 Nobel Peace Prize, http://Nobelprize.org.

Zhang, Forrest Qian(张谦) and Johan A. Donaldson. 2008. "The Rise of Agrarian Capitalism with Chinese Characteristics: Agricultural Modernization, Agribusiness and Collective Land Rights," *The China Journal*, No.60(July): 25-47.

Zhang, Yulin(张玉林). 2009. "China's War on its Environment and Farmers' Rights: A Study of Shanxi Province," in Errol P. Mendes and Sakunthala Srighonthan, eds. *Confronting Discrimination and Inequality in China: Chinese and Canadian Perspectives*, pp. 149-184. University of Ottawa Press.

Zhou, Qiren(周其仁). 2000. *Population Pressure on Land in China: The Origins at the Village and Household Level, 1900-1950.* Ph. D. dissertation, UCLA.

Zhou, Xueguang(周雪光). 2010. "The Institutional Logic of Collusion among Local Governments in China," *Modern China*, 36, 1: 47-78.

后记
"家庭农场"是中国农业的发展出路吗?[*]

2013年初,国家提出要发展(100亩以上的)"家庭农场",之后全国讨论沸沸扬扬,其中的主流意见特别强调推进家庭农场的规模化,提倡土地的大量流转,以为借此可以同时提高劳动生产率和土地生产率。其所用的口号"家庭农场"是来自美国的说辞,背后是对美国农业的想象。本文将论证,这是不符合世界农业经济史所展示的农业现代化经济逻辑的设想,它错误地试图硬套"地多人少"的美国模式于"人多地少"的中国,错误地使用来自工业时代的经济学于农业,亟须改正。它也是对当今早已由企业型大农场主宰的美国农业经济实际的误解。美国农业现代化模式的主导逻辑是节省劳动力,而中国过去30年来已经摸索出的"劳动和资本双

---
[*] 本章原载《开放时代》2014年第2期(3月),第176—194页。收入此书时做了细微的调整。

密集化"的小而精模式的关键则在于节省土地。美国的"大而粗"模式不符合当前中国农业的实际,更不符合具有厚重传统的、关于真正的小农经济家庭农场的理论洞见。中国近30年来广泛兴起的适度规模的"小而精"的真正的家庭农场,才是中国农业正确的发展出路。

美国式的工业化农业模式将把不少农民转化为农业雇工,压缩农业就业机会,最终会消灭中国农村社区,这是一条与中国历史和中国现实相悖的道路。而中国过去30多年来的小而精农业现代化模式,则是维护真正适度规模的小家庭农场、提供更多的农业就业机会,并可能逐步稳定、重建农村社区的道路。未来,它更可能会成为更高收益并为人民提供健康食物的、同样小而精的绿色农业道路。

一、农业现代化历史中的两大模式:地多人少与人多地少

农业经济学者速水佑次郎(Yujiro Hayami)与其合作者拉坦(Vernon Ruttan)在20世纪七八十年代做了大量的计量经济研究,用数据来比较世界上一些重要国家的不同的农业现代化历史经历。他们搜集和计算的数据包括本文主题人地关系与现代化模式的数据,用小麦等量来比较1880—1970年将近一个世纪的单位面积和单位劳动力产量演变,并计算出不同的单位劳动力的拖拉机使用量和单位面积的化肥使用量。总体来说,他们的计量工作做得相当严谨,可信度较高,但因其关注的问题、理论概念和数据过

分繁杂,没有清晰地突出人地关系方面的数据,更未有针对性地阐释明白这些关键数据的含义。(Hayami and Ruttan,1971,数据见附录 A、B、C:309—347;1985,数据见附录 A、B、C:447—491)之后,他们的数据曾被丹麦农业经济理论家博塞拉普(Boserup,1983:401;亦见 1981:139)重新整理和总结。由于博氏长期以来特别关注人地关系与技术变化之间的关联(Boserup,1965,1981),因此特别突出了这方面的数据。遗憾的是,她这篇论文论述的是全球各地有史以来不同时期的农业经济历史轮廓,处理议题太多,因此没有从这些数据中提炼出鲜明的、有针对性的概念(数据和整理见 Boserup,1983:401;亦见 1981:139)。其后,"文化生态"理论家内汀(Robert McC. Netting)注意到博塞拉普整理出的数据的重要性,特地在其著作的导论中转引了整个列表,正确地突出了小规模、相对劳动集约化小家庭农场的重要性。但他关心的重点不是农业经济而是农业社会的"文化生态",也没有清晰地说明那些数据的经济逻辑。(Netting,1993:25)为此,我们有必要在这里重新检视速水佑次郎和拉坦 40 多年前提出的数据,进一步说明其所展示的农业现代化历史中的两大代表性模型。兹先将其关键数据列于下表。为了更清晰地突出这些数据所包含的理论含义,讨论将先集中于美国和日本的比较,然后再讨论英国、丹麦、法国、德国和印度的数据,并进入笔者添加的中国数据。

表1 7个东西方国家和地区以及中国农业现代化过程中人地关系和生产技术的演变，1880—1970年

	平均每男劳动力耕种面积(公顷)		每公顷产量1吨小麦等量		每男劳动力产量1吨小麦等量		每公顷用化肥量(公斤)		每台拖拉机相对男劳动力数量	
	1880年	1970年	1880年	1970年	1880年	1970年	1880年	1970年	1880年	1970年
美国	25	165	0.5	1	13	157	/	89	/	1
英格兰	17	34	1	3	16	88	/	258	/	—
丹麦	9	18	1	5	11	94	/	223	/	2
法国	7	16	1	4	7	60	/	241	/	3
德国	6	12	1	5	8	65	/	400	/	—
日本	1	2	3	10	2	16	/	386	/	45
印度	—	2	—	1	—	2	/	13	/	2600
中国*	1.5	0.7	1.7	2.7	2.6	1.9	/	157	/	960

＊中国相关数据计算方法和出处见附录。

数据来源：Boserup, 1983：401；1981：139；Hayami and Ruttan, 1971：309—347，附录A、B、C；Hayami and Ruttan, 1985：447—491，附录A、B、C；Netting, 1993：25。

显而易见，美国代表的是一个地多人少国家的农业现代化道路。在表1列出的1880—1970年间90年的变化中，我们可以很清楚地看到，它的土地资源（相对劳动力）特别丰富：1880年美国每个男劳动力种地375亩（25公顷），日本则是15亩（1公顷），是25∶1的比例。之后，美国主要通过使用机械，来进一步扩大每个男劳动

力所耕种的面积。1970年,其使用机械是日本的45倍,平均每个男劳动力一台拖拉机,而日本则是45个男劳动力一台。随之而来的首先是,每个劳动力所种面积差别的悬殊:到1970年,美国每个男劳动力种地2475亩,日本才30亩,是82.5∶1的比例。美国农业的要素组合意味的是,每劳动力产量(以小麦等数计算),亦可说是"劳动生产率",远高于日本,并在这期间显著提高,1880年是日本的6.5倍,到1970年达到10倍。但其单位土地产量则较低,到1970年只是日本的1/10。从劳动力和土地的配合角度来说,美国的模式是比较"粗放"的,单位劳动力用地较多,单位面积用劳动力较少,因此其单位劳动力产量较高,但单位土地面积产量较低。笔者把这样的农业及其现代化道路称作"大而粗"的种植模式。

反过来说,日本所代表的则是相对人多地少的模式。日本每劳动力耕种面积在1880年是美国的1/25,到1970年则更只是其1/82.5。日本每劳动力的产量在1880年是美国的1/6.5,到1970年更只是其1/10。但是,日本每亩产量在1880年是美国的6倍,在1970年则达到其10倍,就劳动力和土地的配合来说,日本的模式是比较"劳动力密集"的,因此其单位土地面积产量较高,但由于每劳动力用地较少,单位劳动力产量较低。它是一个"小而精"的农业现代化模式。

在现代化的农业"资本"投入中,我们还需清楚区别两种不同性质的现代投入。第一种是机械,主要是拖拉机(可称"机械资本"),它是促使每劳动力能够通过规模化提高其产量的关键因素。上文已经看到,1970年美国单位劳动力使用的拖拉机量是日本的45倍(是中国该年的960倍),这是因为美国的农业现代化模式主要是机械化,其关键是节省劳动力。它的前提条件是地多人少的资源禀赋,即"新大陆""得天独厚"的基本国情。但这并不意味"现代化"必定是这样的规模化。日本反映的则更多是类似于中国的人多地少的基本国情,其所依赖的主要不是节省劳动力的机械,而更多是下文要分别讨论的尽可能提高地力、节省土地的化肥。至于中国,其人多地少的起点和日本相似,但进入现代,情况要比日本更加严苛。如表1所示,1970年其每个男劳动力耕种的平均面积才10亩,是日本的一半。时至2013年,中国仍然远没有达到日本在1970年便已达到的每个男劳动力的平均耕地面积,即30亩。中国今天如果像表1那样不计妇女劳动力,充其量也只是每个(男)劳动力15亩(黄宗智,2010b:75,122)。如果与美国相比,差异当然更加悬殊,其节省土地的激励只会比日本更加强烈。

第二种现代农业投入是化肥,与机械的性质有一定不同。它的主要目的是提高地力。另外,它的使用也和劳动力投入有一定关联:譬如,每茬作物可以比较粗放地依赖机械或自动化来施用,但也可以更精密地手工施用,或手工配合机械来施用。它可以仅施肥一次,也可以施肥两次或三次。同时,不同作物需要的化肥量是不同的。众所周知,蔬菜所需肥料(化肥)和劳动力都要比粮食高得多,水果基本同理(见 Huang and Gao,2013:48,图5;黄宗智、高原,2013:图5)。日本1970年的单位面积化肥使用量是美国的430%,反映的正是节省土地的激励,与美国以节省劳动力为主的模式完全不同。日本按亩使用化肥量比美国精密,最重要的因素是其高值农作物在所有农作物中所占比例要比美国高得多。这个道理和中国近年来兴起的高值"新农业"产品是一样的:它们普遍使用比粮食高出甚多的化肥量,而且施肥比较精细,反映的正是"小而精"——与美国"大而粗"的农业现代化不同——的道路。它是(非机械)资本和劳动双密集化的模式。1970年,中国每公顷的化肥投入量已经超过美国,今天则达到将近日本1970年的幅度(345公斤/公顷——见《中国农村统计年鉴》,2011:表3-4,7-1;近30年来蔬菜的化肥和种子投入与粮食的不同,见 Huang and Gao,2013:48—49;亦见黄宗智、高原,2013:37)。

这里,需要进一步说明一个人们常常忽视的道理。正如经济史理论家瑞格里所说,农业说到底是一种依靠"有机能源"的生产,不同于使用"无机的矿物能源"(inorganic, mineral-based energy)的现代工业"产业"。一个劳动力通过使用畜力充其量可以把投入生产的能源扩大到8倍,但远远不到一个矿工一年挖掘200吨煤所能产生的能源的幅度。(Wrigley,1988:77)这里,我们需要补充说明,其实"地力"——中国厚重的农学传统的概念和用词——也主要是依靠有机能源的。即便借助机械和化肥与科学选种,单位土地面积的产能仍然会受到地力的限制,其可能提高的幅度也比较有限,不比机械能源可以大幅提高。因此,在给定的人地比例下,农业生产量可能扩大的幅度比较有限,与无机能源的机械生产十分不同。与工业相比,农业更严格地受到人地比例自然资源禀赋的制约,不可能像工业那样大幅突破其制约。这是农业与工业的一个基本差别。但今天,经济学界则普遍倾向于将来自"无机能源"机器时代的经济学理论不加区别地应用于农业,广泛地把农业当作一个机器时代的"产业"来理解和分析,以为它可以如机械世界那样几乎无限度地大规模扩增产量(更详细的讨论见黄宗智,2014,第一卷:

三卷本总序)。

实际上,人力和"地力"远远不可能与机器时代以百匹、几百匹马力来计算的拖拉机或汽车相提并论。美国那样的模式,通过使用拖拉机来推进农业的"现代化",虽然可以克服人力的局限,但并不能克服"地力"的局限,因为作物生产是生物生产,最多只能达到几倍的增幅(譬如用更多肥料,或一年从一茬到两茬、三茬),和现代使用无机能源的工业十分不同。美国农业之所以能够做到十倍于日本的单位劳动力产量(以及今天几百倍于中国的单位劳动力产量——下文还要讨论),靠的不仅是机械,而更主要、更基本的是大量土地——多至日本和中国目前不能想象的每劳动力耕种面积的土地。没有美国那样的土地相对劳动力的资源禀赋,每劳动力配合再多的拖拉机也不可能做到那样的劳动生产率。(详细论证见黄宗智,2014,第一卷:三卷本总序)说到底,人地比例资源禀赋及其约束乃是农业发展的决定性因素。

当然,上文以美国和日本为代表的两大农业现代化模式是比较突出的"极端"(而中国人口则比日本还要密集),而大多数发达国家的实际经历介于两者之间。表1还纳入了速水—拉坦所搜集的欧洲其他几个国家的数据,按照其土地/劳动力不同比例顺序排列为:英国、丹麦、法国、德国。显而易见,那些国家在土地/劳动力的资源禀赋上介于美国和日本之间:英国最接近美国,其19世纪后期的劳均耕地面积仍然和美国相差无几(但到1970年由于农业机械化程度和人地比例的不同,其劳均耕地面积只是美国的1/5)。德国要低于英格兰,虽然如此,1970年德国的劳均耕地面积仍然是日本的6倍。显然,与日本和中国相比,欧洲发达国家的人地比例资源禀赋总体上要宽松得多,基本上仍然是一种相对地多人少的模式。

表1也显示,在人多地少的资源禀赋方面,与日本相差无几的是印度。印度在1970年的农业劳均耕地面积和日本一样:30亩(2公顷)。但印度的农业现代化进程远远滞后于日本,1970年仍然尚未使用机械和化肥(平均2600个男劳动力一台),在这方面比中国还要落后(中国该年是每960个男劳动力一台大型或中型拖拉机,或四台小拖拉机)。《中国的新型小农经济》一书已经说明,日本的经济发展起步较早,而且得益于其人口在18、19世纪已经进入低增长状态,在20世纪上半期的蓬勃工业化过程中,在拖拉机、化肥和科学选种等现代投入进入农业的过程中,其农业人口基本稳定,而不是像中国(和印度)20世纪50—70年代那样,现代投入所带来的土地和劳动生产率的提高基本被人口(由于医疗卫生的进步)的扩增(而耕地没有多大扩展的情况下)和农业的进一步内卷化销蚀掉。1952—1978年间,中国的农业总产增加了约3倍,但人口增加了2/3,而且由于集体制度下被动员的妇女劳动力和农闲时的水利工程等劳动力投入,每亩劳动力的投入其实增加得更多,达到3—4倍的幅度。因此,农业劳动力的按日收益长期停滞不前。(黄宗智,2010b:5;黄宗智、高原、彭玉生,2012:22—23;亦见本书第七章)

笔者和彭玉生已经详细论证,中国要到20世纪80年代之后,由于"三大历史性变迁的交汇"——人口增长率的降低,伴随收入增加的食品结构转型(从8∶1∶1的粮食∶蔬菜水果∶肉鱼逐步转向城市中上收入群体以及中国台湾地区的4∶3∶3模式)而转入更多的劳动与资本双密集的高值农业生产,以及大规模的农民进城打工,劳动力对土地的压力才开始得到缓解。农业从低值粮食生产转向越来越高比例的高值菜—果、肉—禽—鱼生产,从而形成了小而精"新农业"的发展,推动了中国的(笔者称之为)"隐性农业革命",其产值在30年中达到之前的6倍,年增长率约6%,远远超过历史上其他的农业革命(如18世纪英国的农业革命,100年中,年增长率充其量才0.7%[100年才翻了一番],以及20世纪六七十年代的"绿色革命",年增长率才约2%—3%)。(黄宗智,2010b:第5章;黄宗智、彭玉生,2007;亦见本书第五章)

在同一时期,印度也经历了性质相同的变化,只是没有中国那么快速。另外,由于土地的家庭联产承包责任制,中国没经历与印度相同程度的农业劳动力的"无产化"(如今印度农业劳动力的45%是无地雇农,中国则约3%[2006年数据]),而是一种比较独特的"没有无产化的资本化"的农业现代化进程(黄宗智、高原、彭玉生,2012;亦见本书第七章)。但在人多地少资源禀赋约束所导致的农业滞后发展以及"小而精"模式方面,中国则和印度基本相似。

与日本相比,中国也有一定的不同。其中一个重要的差异同样源自中国平均分配土地的承包制度。日本的无地农业雇工今天已经达到农业劳动力的20%以上,而中国则一直维持着没有无产化的资本化的农业模式(仅约3%)。(黄宗智、高原、彭玉生,2012:22—23;亦见本书第七章)但在"小而精"而非美国式的"大而粗"特征上,中国则和日本基本相似。最后,与类似于日本的农业变迁历史的韩国和中国台湾地区相比,由于它们特殊的历史条件(更早的农业现代化)以及中国大陆和印度更沉重的人口负担,中国大陆要滞后几十年。(详见黄宗智,2010b:6—8)

这一切说明的基本道理是：我们不能混淆使用无机能源的机器时代的工业产业和前机器时代使用有机能源的农业。后者的生产要素，特别是人地关系以及人力和地力的自然约束，基本是给定的自然条件，其劳动力既可能是相对稀缺的，也可能是相对过剩的、多余的，而不是像新自由主义经济学理论那样假设所有的生产要素都稀缺，而后通过市场机制而达到最佳配置。农业的人地关系基本是给定的自然条件，而不是由市场机制配置来决定的。它对后来的农业现代化进程起到了决定性的影响。这就和现代经济学理论的出发前提很不一样。

由于人地关系的决定性作用，农业经济历史展示的不是现代经济学理论所设想的单一发展模式，而是两种由于人地关系资源禀赋不同而导致的迥异的发展模式。当然，机器时代的拖拉机扩大了人力的可能扩增幅度——美国高度机械化的农业中一个劳动力可以耕种几千亩地便是例证。但是，那种扩增幅度的前提条件是地多人少，而对与其情况相反的人多地少的中国来说，是不可能做到的。我们绝不可以根据现代机器时代经济学的理论建构而误以为中国农业可以简单通过市场机制的资源配置便走上美国模式的道路。事实上，符合中国国情的农业现代化道路绝对不是美国地多人少的那种"大而粗"的模式，而是日本率先展示的人多地少、"小而精"的现代化模式。

以上所说的事实和道理其实是个常识性的认识，但在新自由主义经济学的霸权话语（详细讨论见黄宗智，2012a：61—65，68—70）的支配下，人们相当普遍地认为（新自由主义）经济学乃是一门比较"硬"的"科学"，不是一般人所能理解的，而新自由主义经济学专家为了提高自己的身价,当然也特别宣扬那样的观点。结果是,在科学话语威势的压抑之下,许多人都以为经济不可以用常识性的真实感来评价,而必须由专家们来谈论和解释。殊不知,所谓的专家们的认识大多深受不合实际的抽象形式化理论的主宰,把经济想象为一种在世界任何地方都遵循同样基本逻辑的(工业)存在,普遍忽视农业最基本的常识和道理。今天,这种态度和误识影响非常深远,已经不知不觉存在于我们之中。它是国人相当广泛地错误地认为农业现代化道路必须是一条像美国那样的规模化道路的主要原因。

二、美国"模式"的误导

中国之前曾因模仿苏联而走偏了农业发展的道路。集体化的社队组织,虽然有其一定的成绩(尤其是在社区水利、卫生、教育和社队工业方面),但确实遏制了农民的创新性,也掐死了市场动力。在"大跃进"时期,更受到"越大越好"的错误信念的影响。在市场化的今天,中国已经抛弃了之前过分偏重计划与管制的认识和做法,但仍有可能会再犯类似的错误——由于过度模仿某一种模式并过度信赖某一种理论而走偏,即今天被认为是最"先进"的美国"模式"及其"普适"的经济"科学"。

多年来国家极力支持"龙头企业",便是一个例子。这样的政策误以为,中国必须模仿美国的先例,依赖大农业产业公司以及规模化经营来推动中国农业,忽视了这些年来最重要的、真正的农业经济发展动力,即"小而精"的小规模家庭"新农业"。事实上,即便是名义上的大规模农业企业,也多采用和小家庭农场签订定购协议或合同的操作模式——可以称作"合同农业"(contract farming)(见 Forrest Zhang[张谦],2008,2013),实质上仍然是以"小而精"的小规模农场作为主要生产单位的模式。这是因为,小家庭农场的自家劳动力至今仍然比雇工经营的劳动力便宜和高效。实际上,"龙头企业"所提供的更多、更重要的是纵向的加工和销售方面的链条,而不是横向的简单规模化的雇工农业生产。而其关键弱点则在于,将市场收益大多划归商业资本而不是农业生产者(详细论证见黄宗智,2012b:94—96;黄宗智、高原、彭玉生,2012;亦见本书第七、十章)。

在国家政策向"龙头企业"倾斜的偏向中,通过合作社来为"小而精"的农业提供产销纵向一体化的另一种可能道路,其实一直都未曾得到适当的支持。对于合作社,中国政府过去所做的要么过于管制,要么过于放任,真正需要的政策则是由政府引导和投入资源、由农民为自己的利益来参与并主宰的合作社。这是日本和中国台湾地区农业所展示的先例。它们的出发点是日本基层政府管理农业的制度。其后,在美国决定性的影响下,走上了基层政府通过农民的合作组织而逐步民主化的道路。结果,基层政府将其权力和涉农资源逐步让渡给由农民为自身利益而组织起来的农民协会,由此来推动农协的发展,也由此推动农村治理的民主化。这是一个由历史条件的巧合所导致的、具有一定偶然性的结果,但也是中国大陆今天应该有意识借鉴的模式。笔者已有另文讨论过这个问题,这里不再赘述。(见本书第十章;亦见黄宗智,2010a)

在 2013 年 2 月发布的中央"一号文件"要大力发展"家庭农

场"的号召下,各地政府纷纷响应,媒体也大做宣传。其中,关键的想法是要克服被认为低效的小农场,进行规模化经营,鼓励土地流转,其中不少人明显是想模仿美国农业的发展模式。农业部更把"家庭农场"具体定义为经营土地超过 100 亩的"大"农场,①其基本用意是要积极支持这些较大规模的农场,将它们视作未来的发展典型。这种设想背后的主导思想明显是把成规模的农场看作中国农业发展的必然道路,没有充分重视中国农业"小而精"的模式。和之前向"龙头企业"倾斜的思路一致,是想借助这样的规模化农场来拉动农业的现代化发展。其背后所想象的图景,则是美国模式。因此选用的"家庭农场"口号也是来自美国农业的说辞,而非中国自身的当代小农经济。

这里,我们首先要说明,美国的农业其实不是所谓的"家庭农场"口号所虚构的事情。它确实曾经主要是一般意义上的家庭农场,即主要依赖自家劳动力的农场,但半个多世纪以来,早就被大规模的依赖机械资本和雇佣劳动力的企业型农场取代。根据美国农业部的数据,美国农业总产值的一半是由其最大的 2% 的农场(40 000 家)所生产的,73% 是由占据所有农场的 9% 的平均 10 000 亩的"大农场"所生产的②。(USDA,2005:图 3、图 5)美国总数 200万个农场共雇佣 60 万—80 万(具有美国公民或长期居留身份的)农业雇工,另加 100 万—200 万来自墨西哥和其他地区的外来移民

---

① 也有试图更精确地,把一年一茬地区的规模地定义为 100 亩,一年两茬的定义为 50 亩(农业部,2013)。
② 这里对"大农场"的定义是,年总销售量超过 25 万美元(150 万元人民币)的农场,其(2003 年的)平均经营规模是 1 万亩(1676 英亩)(USDA,2005:11,表 3)。

工(migrant worker)的农业短工/季节工。(Rodriguez,2011;亦见"Facts about Farmworkers",2013)

美国的文化和历史确实深深地认同于"家庭农场",可将它们视作为美国"民族性"(national character)的一个主要代表和象征,但在实际的经济历史中,"家庭农场"在农业中的主导地位其实早已被大规模的企业农场取代。今天,"家庭农场"在美国是虚构多于实际、文化幻想多于经济实际的象征。广为中国国内讨论所引用的2012年在《大西洋月刊》(*Atlantic Monthly*)7/8月期发表的以《家庭农场的胜利》为标题的文章,其所引用的孤例"家庭农场",其实是一个拥有33 600亩(5600英亩)耕地的、极其高度机械化和自动化的农场。它有3名全职劳动力,1个是农场主——经营者本人,2个是全职职工,另外雇用临时的季节性短工,是个十足的高度资本化、机械化、自动化的农业公司,其实完全不应视作"家庭农场"。(Freeland,2012)

但在美国农业部的统计口径中,对"家庭农场"所采用的定义只是经营者及其家人(血亲或姻亲)拥有农场一半以上的所有权。(USDA,2013:47)对中国读者来说,这是个充满误导性的定义。在国内,以及对国际上大多数的农业研究者来说,一般对家庭农场的定义则是,主要依赖自家劳动力的农场。即便在新近打出的"家庭农场"口号下,中国农业部调查中的定义仍然是主要依赖自家劳动力的才可称为家庭农场。(《家庭农场认定标准 扶持政策认定工作启动》,2013)按照如此定义,美国大部分所谓的"家庭农场"已经不是家庭农场,最多只能称作"部分产权属家庭所有的企业型农场"。美国农业部的研究宣称,今天仍有96%的美国农场是家庭农场,所用的便是前述定义而非一般人所理解的定义。(USDA, 2013:47)这本身就说明,美国农业模式是不适用于中国的。

两国所谓的"大农场",其实根本不是同一回事。上文已经提到,美国农场的经营面积与中国截然不同。美国农业部定义的"大农场"的平均面积是 10 000 亩(1676 英亩)(USDA,2005:11,表3),而中国农业部定义的大家庭农场只有 100 亩。两者对规模的不同想法和演变,可以美国所使用的农业机械为例:美国 1970 年使用的耕地和播种机,一天可以种 240 亩地(40 英亩);到 2005 年,其广泛使用的机械一天可以种 2520 亩地(420 英亩);到 2010 年,更达到 5670 亩(945 英亩),是 1970 年机械的 24 倍。其最新、最大的农业机械价格可以达到每台 50 万美元。同年,收割机的效率/功能也达到 1970 年的 12 倍。(USDA,2013:23;Freeland,2012)

美国的规模化大农场的基本模式是谷物种植的大农场。2007 年,"大田作物"(field crops,指在谷物之外还包括棉花、干草、烟叶等)仍然占据美国总播种面积("收割面积"[harvested acres])的 96.4%。(USDA,2013:11,表1)这个事实与其农业基本特征紧密相关:正因其土地资源(相对农业劳动力)特别丰富,其农业的现代化主要体现于通过机械的使用而规模化,而最适合机械化的农业是"大而粗"的大田谷物种植,此种植可依赖上述的大型拖拉机、播种机、联合收割机自动化地浇水和施肥,以及农药化地除草,其中的关键经济逻辑是凭借机械和农药来节省(相对)昂贵的劳动力,尽可能多地使用机械和农药,尽可能少地使用劳动力。这正是上述《大西洋月刊》所引"典型"的模式。其中秘诀正是美国"得天独厚"的土地资源。这样的农业是其农业的绝大部分主体,来源正是以上叙述的"大而粗"的农业现代化主导模式。

当然,这并不是说美国农业全是谷物农业。它还有剩下的 3.6%耕地用于种植高值农作物(high-value crops),主要是蔬菜、瓜果、木本坚果、花卉。这些可以说是美国(相对)"小而精"的农业。它们是相对劳动密集(也是[非机械]资本密集)的农业。这部分的农业不能主要依赖机械,必须使用一定比例的手工劳动来收割、摘果、浇水、施肥、施药。对劳动力相对稀缺(昂贵)的美国来说,它自身无法提供、满足这样的劳动力需求。这就是美国每年雇用100万—200万外来季节工和移民工的主要原因,其中包括较高比例的所谓"非法"移民。

美国移民政策长期纠结于非法移民禁而不止的问题。历史上,加利福尼亚州所依赖的廉价外国劳工,先是19世纪的中国劳工,而后是20世纪初期日本的——最终是墨西哥的——包括高比例的所谓"非法"移民。一方面,不少美国人反对允许非法入境,觉得会占用美国公民的就业机会;另一方面,农业企业(此外,尤其是建筑业)需要廉价劳动力来支撑。所以,无论其政策表述如何,在实践层面上,对非法入境的控制时松时紧。"非法"劳动力的广泛使用,其实早已成为美国农业(和建筑业)不可或缺的组成部分。其间关键是实际需要,尤其是劳动密集的高值农业。(Chan,1986;亦见 Huang,1990:66)根据美国农业部的数据,2007年用地3.6%的高值农业所生产的产值已占到美国农业总产值的36.8%。(USDA,2013:11,表1)

这些高值农产品的产值要比其所占总播种面积的比例高出10倍;虽然如此,它所占耕种面积的比例仍然只有3.6%。这个事实本身便说明了美国土地资源丰富的特征:它的农业结构不是出于节省土地的考虑而是出于节省劳动力的考虑。也就是说,它最关心的不是单位土地产量的最大化,而是单位劳动力产量的最大化。大田作物的单位面积产值虽然要比其播种面积所占比例少一半(63.2%相对96.4%),但仍然是美国农业的主要形式,所占耕种面积是高值农产品的足足27倍。相比之下,中国的谷物种植面积所占比例今天已经减缩到总播种面积的56%。谷物的产值只占农业总产值的约16%,而非谷物的高值农产品已经占到66%。(见本书表6.4)也就是说,中国农业的主导逻辑和美国正好相反:是单位土地产量的最大化,而不是单位劳动力产量的最大化。这是两条截然不同的农业现代化道路。

美国的谷物生产是主要依赖机械的"大而粗"的农业,其少量的高值农作物生产则是主要依赖廉价移民雇工的相对"小而精"的生产。在后者之中,即便是小规模的(主要依赖自身劳动力的)真正意义的家庭农场,一般也会雇佣季节性移民雇工。规模越大,雇工越多(但这方面没有系统的数据,因为雇佣"非法"移民是介于法律灰色地带的行为,不容易统计)。根据在册的正式记录,高值农产品中的"小农场"(300亩以下)雇佣的劳动力在其投入总劳动力中所占比例较低(7%—24%);而600亩以上的则雇工较多,达到(在册劳动力的)一半以上,另有季节性临时工。至于谷物农场,即便是规模化的大农场,其在册雇佣劳动力也仅仅20%(小麦)—36%(大豆)。当然,另加未经统计的季节性临时工。(USDA,2013:18—19,表6、表7)

对于人多地少的中国农业来说,美国这两种农业代表的模式其实都不适用。美国谷物种植的丰富土地资源以及用机械资本几乎完全地替代劳动力,都是不可模仿的。其高值农产品所依赖的国外移民和非法劳动力也是不可模仿的。中国农业没有如此丰富的土地资源,也没有如此来自外国的廉价劳动力。中国的家庭农场可以雇佣一些本地和外地(而不是外国)的较廉价短工,但不可能像美国那样使用和本国公民工资差距悬殊的劳动力,也不可能雇佣到几乎和本国农业从业人员同等数量的外国雇工。所以,美国模式不符合中国实际。

即便是今天已经相当高度机械化的中国大田农业,其机械化—自动化程度仍然和美国的大田农业有基本的不同。中国的机械化局限于替代比较昂贵的主劳动力的工作环节,没有进入比较廉价的(可以利用家庭)辅助劳动力的生产环节,其实和上述美国的真正企业化、完全机械化—自动化的大农场仍然很不一样。其实,即便是今天中国的机械化大田农业,在管理方面仍然主要依赖手工操作,一定程度上也是"资本和劳动双密集化"的农业。

许多国人对模仿美国模式产生误解和幻想,其依据的不是美国实际的农业历史和现实,而是被误解的经济学理论。不少人以为在市场机制的资源配置下,经济必定会达到最优规模,具体体现于具有规模经济效益的大公司和农场,由此得出中国政府政策必须向"龙头企业"和成规模的"大家庭农场"倾斜的结论。有的则更把农场规模化以及确立私有产权、推动更大规模的土地流转挂钩连接。说到底,其所希望模仿的是想象中的美国模式,并错误地把这种图像描述为"家庭农场"。

今天需要国家提供扶持的关键农业主体,其实并非可能成为美国式的千万亩以上的大规模公司和大规模企业型"家庭农场",而是中国式的目前才几亩到十几亩、数十亩小而精的、真正(主要依赖自家劳动力)的家庭农场。在高附加值的新农业——如拱棚/温室蔬菜、水果、秸秆养殖——生产中,从几亩到十几亩(主要依赖自家劳动力的农场)已经是适度的规模,也是近30年来的"隐性农业革命"的生产主体。此外,在低附加值的粮食种植中,几十亩到百亩的半机械化—自动化、半家庭劳动力的农场已经是适度的规模。今天如此,在近期、中期的未来也将如此。

这里需要补充说明的是,"适度规模"和"规模化"是两个截然不同的概念。"适度规模"主要针对中国在"人多地少"基本国情下的农业"过密化"和农民就业不足,其所指向的是"去过密化"(即非递减的)收益以及农民的充分就业。这样的"适度规模"绝对不是"规模化"概念下的"越大越好",而是根据不同客观条件,针对不同生产需要而开发的有不同特点却能最优、最适度规模。关于这一点,下文将用实例来进一步说明。

三、实际案例

2013年中央"一号文件"出台之后,各地涌现出不少关于所谓"家庭农场"的"调查报告"。目前我们固然尚未掌握全面的、系统的信息,但根据已经发表的一些比较扎实的实例信息,其中的经济逻辑已经相当清楚。以下是一个初步的讨论。

首先,根据媒体的相关报道,此次中央"一号文件"的发表与2012年由国务院发展研究中心农村经济研究部带头(中央农村工作领导小组办公室、国家发展和改革委员会、农业部等18个部委参与)的、在2012年7月于上海市松江区泖港镇开展的试点和调查研究直接相关。根据报道,试点和调查的重点是粮食(水稻和小麦)生产,其基本设想是突破小规模生产而进入规模化生产,认为后者既会提高土地产量,也会提高劳动力收益;同时,也非常明确地说明"家庭农场"乃是舶来词,被借用来突出此番试点和调查背后的设想。对其中不少成员来说,其背后所勾勒的无疑乃是美国模式。(《上海郊区的家庭农场》,2012)

但是,根据报道本身所举的实例,我们可以清楚地看到,其实这些百亩以上所谓的"大家庭农场"单位面积净收益和产量都要低于小农场。最明显的是,松江区调查所举的主要实例:承包、转入200亩土地来种水稻的李春华。李春华所种水稻,除与小规模家庭农场基本一致的支出(肥料、农药、种子、灌溉等)之外,还需负担土地使用权转让费(约700元/亩)和雇工费(250元/亩)。因此,其每亩水稻的净收益才184元,远低于无需付租金和雇工费的小规模家庭农场的数字(下文还要讨论)。此外,李春华从在稻田的三分之一面积上复种(作为越冬作物)的小麦中获得200元的净收入(但小农场也种越冬作物)。在两茬作物之外,他还获得450—500元的各级财政补贴,借此达到1000元/亩的净收入。(据报道,"2011年,松江区各级政府提供的农业补贴约2607万元,来自中央财政、上海市财政和松江区财政的补贴分别占14%、40%和46%,而根据调研组对100个家庭农场的数据分析,户均获得补贴56 746元,亩均补贴498元"。——同上)也就是说,李春华的主要收益其实并非来自其经营模式的经济优越性,很大程度上是来自政府的补贴。至于单位面积产量,该报道没有明确地与小规模农场作比较,但我们可以从其他地方的调查看到,其实这些规模化的"大农场",充其量也只能达到与小农场同等的单位面积产量,一般情况是低于小农场。

贺雪峰在安徽平镇的实地调查,说明的首先是与上海松江区同样的情况:企业型农场和"大家庭农场"的亩均净收入要远低于小规模的中型家庭农场,三者分别是 315 元、520 元、1270 元。其间,关键的差别在于大型农场必须支付土地租金(土地使用权转让费,而种自家承包地的小家庭农场则大多不用)和雇工费用。在雇工费用方面,企业型的农场除了支付一般的(主劳动力)雇工费(90 元/亩),还要支付代管费(监督费)(80 元/亩);大家庭农场则只需支付(辅助劳动力)雇工费(50 元/亩);而小规模的中型(真正意义的)家庭农场则基本完全依赖自家的劳动力,没有雇工支出。(贺雪峰,2013a:表 3、4、5)因此,小农场的每亩净收益要高出大型农场甚多。

至于单位(耕地)面积产量,企业型农场总产(水稻和小麦)是 1100 斤,大家庭农场是 1600 斤,小的中型家庭农场则是 1800 斤。显然,大面积的管理比较粗放,小的则比较精细。因此,小农场的单位面积产量较高(同上)。这是与上文讨论的农业现代化两大模式相符的经济逻辑,也是常识性的认识。

但是,农业部种植业管理司司长则对媒体宣称,"家庭农场"使用 7.3% 的耕地,但生产的却是全国 12.7% 的粮食。他要强调的是,规模化生产远比小规模生产高效,无论从单位面积产量还是从单位劳动力产量来考虑都如此。(《种粮大户和生产合作社:种了

1/10的地产了1/5多的粮食》,2013年3月25日)这和我们上文论述的农业经济历史和逻辑完全相悖,显然是一个来自理论先行的建构,与真实的经验数据无关。

我们再看学者陈义媛在湘南"平晚县"(学术名称)实地调查的实例。地方政府在平湖镇选定1800亩地作为双季稻示范地。陈文案例的主要人物易天洋来自该处,他在那里承包了200亩(2012年)土地。我们已经知道,早在20世纪60年代中期,上海市松江区(当时是县)曾经大力推广双季稻(当时的口号是"消灭单季稻!"),但面临的现实是比较严重的"边际效益递减"——早稻和晚稻需要与单季稻几乎同等的肥料和劳动力投入,但按日收益(质和量)远不如单季稻,因此乃是"过密化"的行为。之后,其在去集体化时期进行了大规模的"去过密化"调整,放弃了之前大部分的双季稻种植,强调更适度的劳动力投入。(黄宗智,2000:224—225,241,245)但如今,由于国家要求尽可能提高粮食单位面积产量,湘南地方政府遂重新试图推广双季稻。但陈义媛的材料说明,双季稻是划不来的,而易天洋之所以这样做,主要出于两个因素:一是政府的补贴(150元/亩),二是靠规模化来抵消递减的按亩收益,借此使自己的收益最大化。其代价则是较低的按亩收益,也是较低的按劳动日收益。但这些对易天洋来说并不重要,因为他个人(得自自身资本)的收益比常人要高。2011年,易某经营131亩,每亩收益仅545元,与贺雪峰在安徽调查的大型家庭农场基本一样,远少于小规模的家庭农场,但他个人的年净收益是6万元,高于小规模的家庭农场主,当然也高于村庄其他人。陈义媛第二个案例中的人物易龙舟和易天洋基本相似,只是规模更大,达到270亩,因

此其个人收益也更大。(陈义媛,2013:142—143)

　　这两个案例展示的是规模化"家庭农场"的真正含义。这不是经济学中的"资源最佳配置",而是通过政府行为扭曲了经济逻辑的资源配置。陈义媛指出,这个政府"举措的直接后果是排挤了只耕种自家承包地的农户"(陈义媛,2013:143)。贺雪峰更形象地把那样的后果称为"政府支持大户打败小户"(贺雪峰,2013b)。这是只对资本拥有者才有好处的行为。对适度结合土地和劳动力使用以及(人多地少的中国的)农业总体布局来说,乃是不经济的行为。

　　本文提倡的适度规模经济,在大田农业中,其实已经体现在近年来兴起的中型规模家庭农场。他们相当于过去(土地改革后)所产生的(自耕农)中农。今天,在旧农业的粮食种植中,他们有不少像规模化的农场一样,采用机耕、播、收(但不会去用自家所有的机械,而是雇用机械服务),再辅之以(比较廉价、精密的)自家管理,包括施肥、浇水、施药、除草等。像这样的农场,如果达到20至50亩的规模,其实就已经达到了自家劳动力的充分使用,乃是最符合中国国情的、最能高效使用土地的、最能为农业从业者提供充分就业和"小康"收入的真正意义上的"家庭农场"。在笔者2012年组织《中国新时代的小农经济》专辑讨论中,已经有相当详细的经验和理论论证。(黄宗智编,2012)这些中型农场一定程度上已经是"现代化"程度相当高的农场,也是收入相当高的农场。虽然,与美国的大规模"家庭农场"相比,还只是部分机械化—自动化的农场,远远没有达到美国的程度。它们是一种结合"大而粗"机耕、机播、机收和"小而精"管理来生产的农场,在管理方面,一定意义上也是"资本和劳动双密集化"的生产。伴随农业从业人员近十年来比较快速的递减,这样的中型农场主未来完全有可能占到农村农业人员的多数。

这些中型农场主一般也是最关心本村社区事务的阶层,是可赖以稳定、重建农村社区的核心力量。(黄宗智编,2012)笔者认为,国家应该积极扶持这样的农场,应该更积极地通过鼓励、扶持农业合作社来为这样的农场提供更好的产—加—销纵向一体化服务,让它们可以占到更高比例的市场收益,并为这样的农场提供融资、贷款的渠道,让更多的农民可以成为过上小康生活的中型农场主。从更长远的角度来看,国家更应该鼓励他们进入更高产值的、同样是"小而精"的绿色农业经营。那样的方向,才是中国广大农村人民的最佳发展出路。

至于在高值的新农业领域,全国也早已自发兴起大量的适度规模的农场。上述2012年的专题讨论中有一定的具体案例。这里,我们可以以河北省邯郸市永年县的蔬菜种植为例。正如报告所指出的,该地从20世纪80年代开始,至今已经形成了15万亩的大蒜种植基地和80万亩的"设施蔬菜"种植基地,但其种植主体不是大农场而是"中小拱棚蔬菜",亦即用地1—3亩、基本由家庭自家经营和自家劳动力全就业地操作的"适度规模"的新农业。报告指出,这些拱棚蔬菜"一是投资小、见效快。拱棚以竹木结构为主,亩成本6000元左右,一次建造可使用3年左右,折合每年每亩使用成本约2000元,生产亩投入1500元。二是种植茬口灵活。一年可种植5—6茬,主要品种有甘蓝、芹菜、西红柿、油麦菜、西葫芦等70多个品种。三是土地利用率高。拱棚构造可以充分利用土地,间距小,土地利用率在95%以上。四是抗风险能力强。大雾、冰冻等天气对拱棚蔬菜生产影响较小"(《关于赴河北省永年县学习考察蔬菜产业发展的报告》,2013)。报告没有特别指出但十分明显的是,这也是中国农村相当高比例的普通农户能够做到的经营模式,与新提倡的"大规模家庭农场"模式那种限定于超过100亩规模和掌握一定资本的极少数农民完全不同。

四、对家庭农场理论和实际的误解

2013年被媒体广为宣传的所谓"家庭农场",其实还带有对"家庭农场"历史实际的深层误解,以及对其相关理论的完全曲解。学术界今天依然有不少人把"小农经济"等同于前商品经济的"自然经济",并把小农经济最重要的理论家恰亚诺夫提出的关于"家庭农场"的理论视作局限于前市场化的自给自足自然经济的理论(这样的意见甚至包括明智如内汀那样的理论家——Netting,1993:16,第10章)。根据同样的思路,许多国外研究中国农业的学者,都用英文"farmer"(农场主,也是美国历史中一贯使用的词)而不是"peasant"(小农)来翻译中文的"农民"一词,而中国自身的英文刊物,也几乎完全采用了同样的话语。正如上文所述,许多人认为,适用于中国农业的是基于工业经济的"现代"经济学,尤其是今天所谓的"主流"或新自由主义经济学(包括认为私有产权是一切发展的关键因素的所谓"新制度经济学"),而不是恰亚诺夫的"小农经济"理论,以为这只适用于不复存在的前商品"自然经济"。

这是对经济历史实际的基本误解。"小农经济"从来就不是自然经济。在具有厚重传统的国际"农民学"(peasant studies)中,一个最基本的概念和出发点是对"小农经济"的定义:小农经济是部分商品化、部分自给自足的经济(经典的教科书论述见 Eric Wolf,1969)。这点在中国经济史中非常明显。尤其是在明清时期,通过"棉花革命"(1350 年几乎无人种植棉花、穿着棉布;1850 年几乎所有中国人都穿着棉布、棉衣)及桑蚕经济的扩增,中国农业经历了蓬勃的商品化。长江下游的松江府变成了"衣被天下"的棉纺织品主要产区,全国小农普遍参与粮食与棉布的交换,并且形成了全国性的市场。同时,像太湖盆地那样的蚕桑农业、农户的缫丝以及城镇的丝绸加工业,为全国的上层阶级提供了所惯用的衣着商品(农民则主要穿着布衣)。在粮食中,越来越区分出上层阶级所食用的"细粮"(大米和小麦)和农民所广泛食用的"粗粮"(小米、玉米、高粱,甚至以甘薯来替代粮食)。前者早已成为高度商品化的、应被称为"经济作物"的粮食。在华北,细粮和棉花成为其两大"经济作物"。以上列举的商品经济实例是经济史学界的常识,也是中国 20 世纪 50—80 年代数十年的学术研究,包括国内的"资本主义萌芽"学术研究,以及国外上两代学术研究所积累的基本知识。唯有完全依赖理论而忽视历史实际的学者,才会拥抱"小农经济"是"自然经济"的误解。

即便在理论层面,马克思、恩格斯早有(生产资料自有者的)"小商品生产"(亦称"简单商品生产"或商品的"简单交换")的概念,他们认识到农民的商品生产以及集市和市镇中的商品交易。20 世纪 50—80 年代,中国史学界以"资本主义萌芽"的概念来扩大马克思、恩格斯原有的"小商品经济"概念,借以解释明清时期的经济实际。其实,更有学者借用"萌芽论"于唐宋(以日本"京都学派"内藤湖南为主),甚至战国时期(傅筑夫)。诸如此类的学术理论和经验研究,笔者在关于明清以来的农业历史的讨论中多有涉及,这里不再赘论。(参见黄宗智,2014)

即便是新自由主义的农业经济学,也早已使用市场经济理论来理解、分析(西方的)"家庭农场"和农业经济,它将前现代农业经济看作一个由市场机制来配置资源的高效率经济。(Schultz,1964)这样的理论误区在于简单套用基于机器时代的经济学于农业经济,没有了解到有机能源经济和无机能源经济的差别——不可能大幅扩增的人力与地力要素与可以大幅扩增的机械、技术、资本要素的不同,因此,也没有理解到人地比例资源禀赋对农业所起的决定性影响。它更会促使人们通过(夸大了的)市场经济机制,来认识小农经济或"传统农业"。

至于实体主义理论(区别于新自由主义的"形式主义"理论和马克思主义理论)的理论家恰亚诺夫,其出发点是对19世纪后期和20世纪初期部分商品化的"小农经济"实际的精确掌握,读者只需进入他著作中大量的具体经验论证,便会立刻看到这点。对恰氏来说,小农经济是一定程度商品化了的经济这个事实,是不言而喻的实际。而他之所以把实际中未曾商品化的部分作以抽象化的理论分析,主要是为了展示家庭农场的特殊组织逻辑。这是高明的理论家所惯用的方法:抽象出其中部分经验才能够掌握、展示、阐释其所包含的逻辑。而恰氏特别关心的是小农经济所包含的与资本主义生产单位在组织上的不同逻辑。

首先,他说明,一个家庭农场既是一个生产单位,也是一个消费单位,其经济决策会同时取决于这两个方面;一个资本主义生产单位则不然,它只是一个生产单位,其员工自身消费的需求不会影响到企业的经济决策。这是个关键的不同。(Chayanov,1986 [1925]:1—28)恰亚诺夫虽然没有将"人多地少"的小农经济作为研究的核心,但他仍然极具洞察力地指出,一个家庭农场如果没有适度面积(相对其劳动力而言)的土地,其会在报酬递减的条件下于现有的土地上投入越来越多的劳动力,借以满足自家消费的需求。而一个资本主义经营单位则不会这样做,一旦其边际劳动成本变得高于边际收益,便会停止投入更多的劳动力(雇佣更多的劳动力),因为那样做是会亏本的。但家庭农场则不同,因为必须满足其自家的消费需要。(Chayanov,1986:118)同时,正因为它投入的是自家的劳动力而不是雇佣的劳动力,所以不会像一个资本主义企业那样,计算劳动力和劳动时间的成本收益,而会主要关注其最终收成是否满足其家庭消费的需要。基于此,恰氏构建了其著名的消费满足度和劳动辛勤度之间的均衡理论,来突出这种非资本主义性质的经济决策和行为。(Chayanov,1986:尤见82—84)其目的不是要说明小农家庭农场完全遵循如此的逻辑,而是要说明这样的逻辑在小农经济中起到一定的作用。

其次,恰氏还系统分析了一个家庭农场在何种经济情况和刺激下,才会进入手工业生产(包括其卖出的部分)来辅助其种植生产(同上:第3章),以及何种情况和逻辑下会投入更多的"资本"(肥料、畜力等)来提高其生产和收益(同上:第5章)。恰氏要证明的是,这些决策都有异于一个资本主义的生产单位,会受到其特殊的"家庭农场"(既是一个生产单位也是一个消费单位的组织结构)的影响,也就是既考虑其收益,也考虑其消费需要,而不考虑雇用的劳动成本,这是因为家庭农场会基于使用自家已经给定的家庭劳动力来决定其经济抉择。这一切绝不是说家庭农场是自然经济、与市场不搭界、与收益考虑不搭界,而是要指出,家庭作为一个经济决策单位,与雇佣劳动的资本主义生产单位有一定的不同。

再次,恰氏确实反对资本主义纯粹为追求利润最大化而经营的基本逻辑,认为那样的经济组织不是小农经济的最佳出路,但他绝不因此拒绝市场、拒绝盈利。他最终的设想是,通过以家庭农场为主体的合作社来提供从农业生产到农产品加工再到销售(即他所谓"纵向一体化")的服务,其目的不是资本的盈利,而是把从市场所获得的收益更公平地分配给小农家庭而不是仅仅分配给拥有资本的公司或资本家。(同上:第 7 章,尤见 263—269)也就是说,他试图为小农摸索出一条介于集体化计划经济和资本主义企业(雇工)经济之间的道路。但这绝不是因为他认为小农经济是没有商品经济、没有交换和交易的"自然经济"。作为 19 世纪和 20 世纪之交的经济理论家,如果他真的把当时的小农经济视作一个非商品的"自然经济",这意味着对事实情况的完全忽视和误解。恰氏绝没有这么无知或愚蠢。

最后,恰氏的最关键贡献在于其理论特别适用于理解人多地少的中国农业经济,这更甚于他自己最关注的、相对地广人稀的俄国及其小农经济。笔者的《明清以来的乡村社会经济变迁》三卷本已经详细论证了由人口压力所推动的"内卷型商品化"(为消费所需,从相对稳定但低收益的粮食改种总收益更高但风险更高的商品化棉花和蚕桑,并加入棉纺织以及缫丝的手工业生产,随之而来的是单位劳动日收益的递减、单位土地收益的扩增)。(黄宗智,

2014:第二卷;黄宗智,2006[1992,2000]))在应付消费需要的压力下,家庭作为一个生产单位具有特殊的坚韧性和经济性:可以高效、廉价地结合两种不同的生计,像依赖两柄拐杖那样同时通过两种生计来解决自己的消费所需——在明清时代是种植业与手工业的结合,今天则是农业与外出打工的结合。在江南地区,它基本消灭了(资本主义企业型的雇工)"经营式农场"。(黄宗智,2011;亦见本书第十三章)这些是对高度商品化和半无产化("半工半耕")的小农经济的认识,绝不是把"小农经济"等同于"自然经济"的认识。当然,中国农民半无产化地拨出部分家庭人员进城打工的经验实际,是恰亚诺夫在20世纪初不可能清晰认识到的。以上分析是对恰氏理论的延伸和补充,一定程度上也是基于中国历史实际而对其理论的修正。但恰氏聚焦于家庭作为特殊经济组织的洞见和启发,乃是以上分析的出发点。

简言之,将恰氏视作简单的"自然经济"理论家是对恰氏著作的误解,也是陷入马克思主义和新自由主义(以及古典自由主义)经济学的一个共同误区:认为人类的经济只可能是单线地通过商品化而从前资本主义到资本主义的演变,从前市场经济到市场经济的演变。这是笔者《长江三角洲的小农家庭与乡村发展》(黄宗智,2014:第二卷)立论的主要敌手。当然,和古典与新古典(形式主义)经济学理论家们不同,马克思和列宁是基于这个基本认识而提倡社会主义工人革命的,在前资本主义到资本主义的单线演变中,加上了必然会更进一步向无产阶级革命和社会主义演变的信念和理论。但在从前资本主义到资本主义的线性历史发展观上,马克思、列宁和新自由主义的认识基本一致。恰氏追求的则是另一种可能的道路,一种他认为更平等、更人道和更民主的理念。也正因如此,他才会被新自由主义经济学家敌视,并在斯大林统治时期被杀害。

面对今天中国(男女)劳均仍然仅仅10个播种亩的现实,恰氏的理论给予我们多重启发。首先,其思路的延伸可以为我们说明人多地少压力下家庭农场的特征,也可以为我们说明,为什么家庭劳动力今天也仍然比雇佣劳动力来得高效和便宜,为什么即便是今天大型农业企业公司也仍然宁愿与(真正意义上的)家庭农场组织"合同农业",而不是采用传统资本主义的雇佣方式,以及宁愿从事商业资本而不是产业资本的经营方式。其次,他开启的思路延伸更可以说明,为什么由主劳动力和辅助劳动力组成的家庭生产单位特别适用于需要不定时而又繁杂的劳动投入的"劳动和资本双密集化"的小规模新农业农场,为什么那样的生产组织是高效的、合理的,能够战胜雇工经营、横向一体化大农场的生产模式。最后,他开启的思路延伸还可以说明,为什么基于如此生产单位的农业在今天最需要的不是横向的规模化和雇佣化,而是纵向的生产、加工和销售的"纵向一体化"服务。后者正是当今政府最需要配合、扶持农民自愿和自主的合作社而做的工作,而不是再次于过度简单化的管制型集体生产和放任型资本主义生产之间作出非此即彼的抉择。过去集体化的错误,并不意味着今天一定要走到纯粹的美国式资本主义经济的极端。鉴于中国的国情,"小而精"的(真正意义上的)家庭农场配合政府引导和支持且农民为自身利益而投入和控制的(产—加—销)纵向一体化合作,才是未来的最好出路。(尤见本书第十章;黄宗智,2010b)

后记 "家庭农场"是中国农业的发展出路吗?

新近提出的规模化"大家庭农场"的口号,其实和上述的新型小农经济实际完全脱节。它是一个资本主义经济学化了的设想,也是一个美国化了的修辞。它更是一种误解美国模式的设想,是一个以机械化、规模化为主的美国式农业发展设想,又错误地把它表述为所谓的"家庭农场"。同时,它也忽略了农民学、小农经济学和理论,以及中国经济历史实际和中国30多年来的(隐性)农业经济革命的实际。说到底,它是一个没有历史和实践根据的悬空设想。

我们今天需要的是脚踏实地地对"三农"实际和问题的理解,而非再度受到理论空想主宰的、不符实际的设想和决策。我们需要的是面对实际、真正考虑中国农村大多数人民利益的决策。首先需要的是对中国"人多地少"及其相应的"小而精"农业现代化道路实事求是的认识。从那样的实际出发,才有可能走上符合中国国情的道路。从"小而精"真正意义的家庭农场实际出发,才有可能建立真正适合中国的、"适度规模"的、真正的家庭农场。如此才是最能够为中国农村提供充分就业机会的"劳动与资本双密集化"的农业,更是可赖以重建中国农村社区的道路。从长远来看,它更可能是一条自然走向"小而精"的"绿色农业"的道路,能够为人民提供健康食物的道路。这是一条与美国模式的工业化农业、全盘资本主义化以及威胁到全世界食品安全的农业截然不同的道路。

许多读者可能习惯以为"龙头企业"和成规模的"大""家庭农场"才是中国农业的"大势所趋"。其实,它们之所以来势汹汹主要是因为政府在对规模化的迷信下,一直大力扶持那样的农场。本书的历史和现实的分析都说明,其实小规模的真正的家庭农场才真正符合中国历史的走向和当前的实际。规模化的农业生产实际上是低效的;正因为如此,大部分的大商业资本才会采用"合同"与"订单"的形式,而不是横向的一体化和规模化,为的是利用小家庭农场的高效和廉价劳动力,避免使用相对昂贵、低效和需要监督的雇佣劳动力。也就是说,在中国的实际情况下,小农场其实比大农场更具经济优越性。如果没有国家的大力扶持而仅凭市场规律的运作,小家庭农场是会压倒规模化农场的。我们要在认识到这一点的基础上来探寻怎样为小农场提供适当的配套服务。

附录:表 1 中国数据的计算方法和出处

A.1880 年数据

每男劳动力耕种面积:1880 年人口和耕种面积数字转引自珀金斯《中国农业的发展(1368—1968 年)》中 1873 年和 1893 年数字的平均。(Perkins,1969:16)从人口数字转换为男劳动力数字使用的是 1952 年的比例。(《中国统计年鉴》,1983:103,122)

每公顷产量:用的是珀金斯 1853 年谷物亩产的数字,与其 1933 年的数字基本一致(243 斤/亩和 242 斤/亩)。

每男劳动力产量:用的是简单的耕种面积乘以每亩产量。

B.1970 年数据

每男劳动力耕种面积:该年总耕种面积除以该年总农业劳动者数之半。耕地面积来自《新中国六十年统计资料汇编(1949—2008)》,转引自中国资讯行;农业劳动者人数来自《中国统计年鉴》,1983:122。

每公顷(耕种面积)产量(小麦等量,1 吨):中国的产量数据主要是播种面积的数据,来自《中国农村经济统计大全(1949—1986)》,1989:148—155。该年稻谷面积约一倍于玉米,小麦(主要是越冬作物)播种面积则约为稻谷、玉米总和的一半。折算为谷物(这里是稻谷、小麦、玉米"三种粮食")耕种面积产量的估算方法是:[2×(稻谷亩产量+小麦亩产量/2)+(玉米亩产量+小麦亩产量/2)],再除以3,得出谷物单位亩产。

每男劳动力产量:集体制度下中国妇女投入的劳动要高于其他国家,但这里没有估算妇女劳动力,只估算男劳动力。

每公顷用化肥量(公斤):化肥总施用量数字来自《中国农村经济统计大全(1949—1986)》,1989:340。耕种面积数字来自《新中国六十年统计资料汇编(1949—2008)》。

每台拖拉机相对男劳动力数量:拖拉机总数来自《中国农村经济统计大全(1949—1986)》,1989:304,即大中型拖拉机数加小型拖拉机数再除以4。男劳动力数同上。

引用书刊目录

陈义媛(2013):《资本主义式家庭农场的兴起与农业经营主体分化的再思考——以水稻生产为例》,载《开放时代》第4期,第137—156页。

《关于赴河北省永年县学习考察蔬菜产业发展的报告》,2013,http://www.sxscw.org/newsView.aspx?id=1434。

贺雪峰(2013a):《一个教授的农地考察报告》,载《广州日报》2013年10月30日。http://www.snzg.net/article/2013/1031/article_35640.html。

贺雪峰(2013b):《政府不应支持大户去打败小户》,http://news.wugu.com.cn/article/20130517/52525.html。

黄宗智(2006[1992,2000]):《长江三角洲小农家庭与乡村发展》,北京:中华书局。

黄宗智(2010a):《中国新时代的小农场及其纵向一体化:龙头企业

还是合作组织?》,载《中国乡村研究》第 8 辑,第 11—30 页。

黄宗智(2010b):《中国的隐性农业革命》,北京:法律出版社。

黄宗智(2011):《中国的现代家庭:来自经济史和法律史的视角》,载《开放时代》第 5 期,第 82—105 页。

黄宗智编(2012):《中国新时代的小农经济》,载《开放时代》第 3 期,第 5—115 页。

黄宗智(2012a):《我们要做什么样的学术?——国内十年教学回顾》,载《开放时代》第 1 期,第 60—78 页。

黄宗智(2012b):《小农户与大商业资本的不平等交易:中国现代农业的特色》,载《开放时代》第 3 期,第 88—99 页。

黄宗智(2014):《明清以来的乡村社会经济变迁》,三卷。第一卷《华北的小农经济与社会变迁》,第二卷《长江三角洲的小农家庭与乡村发展》,第三卷《超越左右:从实践历史探寻中国农村发展出路》,北京:法律出版社。

黄宗智、高原(2014):《大豆生产和进口的经济逻辑》,载《开放时代》第 1 期:176—188 页。

黄宗智、高原(2013):《中国农业资本化的动力:公司、国家,还是农户?》载《中国乡村研究》第 10 辑,第 28—50 页。

黄宗智、彭玉生(2007):《三大历史性变迁的交汇与中国小规模农业的前景》,载《中国社会科学》第 4 期,第 74—88 页。

黄宗智、高原、彭玉生(2012):《没有无产化的资本化:中国的农业发展》,载《开放时代》第 3 期,第 10—30 页。

农业部:《家庭农场认定标准扶持政策制定工作启动》,2013 年 7 月 23 日,http://finance.sina.com.cn/china/20130723/120116214584.shtml。

《上海郊区的家庭农场》,2012,http://stock.sohu.com/20130523/

n376788529.shtml。

《新中国六十年统计资料汇编(1949—2008)》,转引自中国资讯行,http://www.infobank.cn/IrisBin/Text.dll?db=TJ&no=448125&cs=8428474&str=%B8%FB%B5%D8%C3%E6%BB%FD+%C0%FA%C4%EA。

中华人民共和国农业部计划司编,《中国农村经济统计大全(1949—1986)》(1989),北京:农业出版社。

《中国农村统计年鉴》(2011),北京:中国统计出版社。

《中国统计年鉴》(1983),北京:中国统计出版社。

《种粮大户和生产合作社:种了1/10的地产了1/5多的粮食》,2013年3月25日,http://www.guancha.cn/Industry/2013_03_25_134016.shtml。

Boserup, Ester. 1983. "The Impact of Scarcity and Plenty on Development," *The Journal of Interdisciplinary History*, v.14, no.2:383-407.

Boserup, Ester. 1981. *Population and Technological Change: A Study of Long-Term Trends*, Chicago: University of Chicago Press.

Boserup, Ester. 1965. *The Conditions of Agricultural Growth: The Economics of Agrarian Change under Population Pressure*, Chicago: Aldine.

Chan, Sucheng. 1986. *This Bitter Sweet Soil: The Chinese in California Agriculture, 1860-1910*, Berkeley: University of California Press.

Chayanov, A. V. 1986(1925). *The Theory of Peasant Economy*, Madison: University of Wisconsin Press.

"Facts about Farmworkers," 2013. *National Center for Farmworker Health*, http://www.ncfh.org/docs/fs-Facts%20about%20Farmworkers.pdf.

Freeland, Chrystia. 2012. "The Triumph of the Family Farm," *Atlantic*

Monthly, July/August, http://www.theatlantic.com/magazine/archive/2012/07/the-triumph-of-the-family-farm/308998.

Hayami, Yujiro and Vernon Ruttan. 1985. *Agricultural Development: An International Perspective*, Revised and Expanded Edition, Baltimore: The Johns Hopkins University Press.

Hayami, Yujiro and Vernon Ruttan. 1971. *Agricultural Development: An International Perspective*, Baltimore: The Johns Hopkins University Press.

Huang, Philip C. C. 1990. *The Peasant Family and Rural Development in the Yangzi Delta, 1350-1988*, Stanford: Stanford University Press.

Huang, Philip C. C. and Yuan Gao. 2013. "The Dynamics of Capitalization in Chinese Agriculture: Private Firms, the State, or Peasant Households," *Rural China*, v.10, no.1 (April): 36-65.

Netting, Robert McC. 1993. *Smallholders, Householders: Farm Families and the Ecology of Intensive, Sustainable Agriculture*, Stanford: Stanford University Press.

Perkins, Dwight H. 1969. *Agricultural Development in China, 1368-1968*, Chicago: Aldine.

Rodriguez, Arturo. 2011. "Statement of Arturo S. Rodriguez, President of United Farm Workers of America," Before the Senate Committee on the Judiciarys Subcommittee on Immigrants, Refugees, and Border Security, October 4, https://www.google.com/#q=Statement+of+Arturo+S.+Rodriguez%2C+President+of+United+Farm+Workers+of+America.

Schultz, Theodore W. 1964. *Transforming Traditional Agriculture*. New Haven: Yale University Press.

USDA (United States Department of Agriculture), Economic Research

Service. 2013. "Farm Size and the Organization of U. S. Crop Farming," ERR-152, http://www.ers.usda.gov/publications/err-economic-research-report/err152.aspx#.Uo0gt8SfivY.

USDA. 2005. "U. S. Farms: Numbers, Size and Ownership," in "Structure and Finance of U. S. Farms:2005 Family Farm Report," EIB-12, http://www.ers.usda.gov/publications/eib-economic-information-bulletin/eib24.aspx #.Uo0fp8SfivY.

Wolf, Eric R. 1969.*Peasants*, Englewood Cliffs, N. J. : Prentice Hall.

Wrigley, E. Anthony. 1988. *Continuity, Chance and Change: The Character of the Industrial Revolution in England*. Cambridge, England: Cambridge University Press.

Zhang, Forrest Qian. 2013. "Comparing Local Models of Agrarian Transition in China," *Rural China*, v. 10, no. 1(April):5-35.

Zhang, Forrest Qian and John A. Donaldson.2008."The Rise of Agrarian Capitalism with Chinese Characteristics: Agricultural Modernization, Agribusiness and Collective Land Rights," *The China Journal*, no. 60(July): 25-47.

索引

本索引没有纳入"后记"以及附录中的内容。页码后加"n",指本条目出现在此页脚注中。

A

(罗伯特·)艾伦(Allen, Robert C.),32—34,39,40,43
艾仁民(Isett, Christopher Mills),38,40
Amsden, Alice H.,154,243
安德森(Anderson, Perry),407
奥林匹克公园,442

B

八大投,23,420—425,427,428,432,435,444,445;重庆城市建设投资(集团)有限公司,420;重庆高速公路发展有限公司,420;重庆市高等级公路投资有限公司,420;重庆地产(集团)有限公司,420;重庆市能源投资(集团)有限公司,420;重庆城市交通开发投资(集团)有限公司,420;重庆水务控股(集团)有限公司,420;重庆市水利投资(集团)有限公司,420

"八小时重庆"计划,2003年,417;

"四小时重庆",2012年,417
巴黎,54
巴斯夫(BASF)公司,411,413,480
霸权话语,24,401,409,453,455,457,458,459,485
霸王合同,267,275
白凯(Bernhardt,Kathryn),407,449
半耕半副,197
半工半耕,16,112,123,197,198,231,247,248,273,278,279,284,286,302,309,371,373,377,392,395,397,400,401,403,506
半无产化,10,200,231,248,302
磅,重量单位,38n,42,43,57,74
包世臣,38n
保税区,412
报酬,3,5,10,11,33,43,44,46,47n,51,73,74,85—89,93,94,98—102,107,108,116,124,138,147n,148,152,153,167,187,197,235,237—239,242,246,248,272—274,283,286,292,293,298,316,323,324,327,328,353,355n,367,368,373,387,388,403,434,464,469,486,489,490,493,499

(加里·)贝克尔(Becker,Gary S.),19,394,395n;"人力资本",255,335,336n,394,395n,400;理性抉择,19,393,395;效用最大化 vs.利润最大化,395n

(托马斯·)贝奇勒(Batchelor,Thomas),39,40

比较优势,311n,337,355,360,400,401,465,466,485

边际报酬的递减,3,99

(埃斯特·)博塞拉普(Boserup,Ester),12,235,257,492,493

Bourdieu,Pierre,393

Breman,J. C.,316

Brown,Colin G.,144

卜凯(Buck,John Lossing),35,61n,150,400

《补农书》,58n

补贴和税收优惠,14,485

不充分就业,123;隐性失业,123—125;过密,123;半工半耕,123

不对等的权力关系,亦见不平等关系,13,261,267,268,274,277

不列颠,151,157,368,455

601

不列颠帝国主义,151,殖民主义掠夺,151

不平等交易的成本,269,270

不平等条约,270

不同层面的不同最佳规模(differential optimums of different levels) vs. 最佳规模(differential optimums),277,278

不完全的合约,268

布鲁金斯研究所(Brookings Institute),417

(罗伯特·)布伦纳(Brenner, Robert),56

(老)布什(Bush, George H.),319,334,455

C

《财富》,427,446,451,466,472n,485

财政部,437

蔡昉,196,311,312,314,337,356,381,474

蚕桑—缫丝,3,237

曹树基,54n,65

Cartier, Michel,375,377

产后堕胎,59—62,498

产业化,农业,146,174,199,200,227,228,260,348

产业链条化,199;纵向一体化,13,165,199,200,259—262,277—279,348,391,392,504

产业资本 vs. 商业资本,13,263,265,266,270,274,277,280,396

Chang, Chung-li [张仲礼(Zhang Zhongli)],82

长安汽车公司,411,413,414,416,480

《长江》,70,76,85,90,92—94,109,111,112,115,117,235,370

长江三角洲,3,5,12,31—58,61—65,68,70,72—74,82—84,100,105,113,149,150,153,182,190n,192—194,235,239,272,349,366,368—370,388,389n;士绅社会,82,83;地主制,81—84

常平仓,464

常州(江苏),49,68

超越左右,21,408,409;社会主义 vs.资本主义,24,260,334,338,344,345,361,362,409,410,449,

450,456,457,479,483—487；市场经济 vs.官僚经营,330,409,423,479；硬预算约束 vs.软预算约束,338,339,344,345,353,409

朝天门长江大桥,422,436

陈恒力,35,39

陈宏谋,68,69

陈金陵,68n

陈玛莎(Chen, Martha)(见 ILO),285

陈锡文,273,274

陈意新,65

承包地制度,161,247,502,505；生存的安全网,161

城堡联盟(Castle Coalition),415n

城市工业,8,167,242

城乡差别,15,20,153,231,283,284,409,463,512

城乡关系,84,408

城乡建设用地增减挂钩,22,440

城乡贸易,3,73

城乡住房建设部,437

城镇 vs. 乡村,55—57,121,122,290—306,363,364,367,369—373,499

城镇化,3,5,6,8,112,122,128,151,223,295,300,301,303,367,369,371,506,507

重庆,21—27,407—448,475—484；汽车产业,411,480；武器产业,411；化工产业,411,413,480；信息产业,25,411—413,421,480；迁都,411；抗战期间,411

重庆钢铁公司,422,426,436

重庆经验,27,417,418,422,429,430,432,436,444,446,447,462,484,487,509；第三只手,24,407,410,418,419,422,426,428,432,444,445,447,448；公平发展,22,26,407,433,442,446,447,448,479,483；超越左右分歧,21,408；第三财政(亦见崔之元、地票、第三财政、公租房、国企改革、黄奇帆、农民工、土地财政、渝新欧铁路),24,410,418,427—429,432,433,436,439,441,476,478

《重庆统计年鉴》,410

传统农业,10,11,12,126n,152,233—236,251,309,310,335n,488,489

603

Coale, Ansley, 80

从实践出发, 27, 488; 经济史, 1, 11, 12, 20, 27, 28, 45, 55, 147, 149, 235, 236, 316, 320, 488—505; 经济学, 2, 3, 9, 13, 24, 27, 28, 150, 251, 253, 309—314, 318—323, 328—329, 331, 333—335, 338, 339, 343, 345, 346, 357—359, 362, 390, 391, 395, 398—402, 444, 445, 453—461, 465, 474, 485, 486, 488—500, 504—507, 510

Crossick, Geoffrey, 316

崔坚, 421—423, 429, 433, 435, 441

崔之元, 407n, 421n, 428—430, 449n, 482; 自由社会主义, 429; 国资委主任助理, 407n, 430

D

大产业资本, 13

大队锁厂, 95

《大分岔》, 32n

大农业, 140, 141, 225, 371; 农、林、牧、副、渔, 371

《大清律例》, 66

大商业资本 vs. 小农户, 13, 259—262, 264—267, 270—272, 274—277, 396

大田农业, 129, 138, 202, 208

大萧条, 322, 329, 453; "大跃进", 4, 94, 104, 106, 109, 241, 244

代尔伏特精陶, 56

戴慕珍 (Oi, Jean C.), 337, 458, 467; 地方政府公司主义 (local state corporatism), 458, 337, 507

单一的种植业, 31

单一劳动力市场, 16

(关东) 石, 38n; 通用 (江南) 的市石, 38n

党国英, 122n

刀耕火种, 12, 235, 492

道光年间, 50n

道义社区 (东北辽宁), 59

(詹·) 德弗雷斯 (De Vries, Jan), 54—58

《德国民法典》 (the German Civil Code), 69, 379

登记注册类型, 306, 307, 340, 341; 城镇就业, 国有单位, 集体单位, 股份合作单位, 联营单位, 有限

责任公司,股份有限公司,港澳台商投资单位,外商投资单位,306—307

邓小平,460,484

低地国家,56;荷兰,56,106,316;比利时,56;卢森堡,56

地方政府,14,16—18,22,199,253,260,279,289,331,332,337—352,355,357—362,398,410—416,419—422,427,429,431,432,434,435,439—442,445—447,451—453,458,459,475,476,479—485,505,507

地票,22,440—442,482

地票交易所,22,441,442,482

地主—佃农制,14

第二财政,亦见第二只手,24,418,429,476;看得见的手,418,419n;招商引资,16,17,417,419,451,452,458—461,475,507,508;土地出让金,预算外收入,429

第三财政,24,410,418,427—429,432,433,436,439,441,476,478;国有公司,24,410,420,425,427,437,455,471;第三只手,24,407,410,418,419,422,426,428,432,444,445,447,448;国有资产预算,429

"第三产业"理论,16

第三条道路,457

第三只手,418,419,422,426,428;第三财政,418,428,429;土地出让,控制权:开发商 vs.政府,422

第一财政,预算内的财政,税收,429,476

东乡,50n

东亚模式,8,149,152,153,155,157,160,165,166,190,199,501;日本,7,14,47,137,149,152—155,157,162,165,166,190,191,326,327,501;人口转型,152;明治维新,152,243;化肥,5,7,10,46,89,90,94,95,98,138,145,146,152—155,160,162,166,181,184,203,205—209,212,214,215,241,243,245,389,501,502;科学选种,亦见韩国、台湾地区,5,46,89,90,146,152,154,155,160,162,166,181,203,243,501;农业现代化,45,153,154,

155,230,242

东印度公司(East India Company)，455；帝国主义时期，408,455；英国(不列颠)，151,157,368,455；鸦片，270,455；走私，455；自由放任，456,506；自由贸易，270,456；垄断，264,271,273—276,436,444,445,455,456,465,507

董乐明(Dounn, Lonnie)，470

德雷兹(Drèze, Jean)，158,159,357

Drummond, J. C.，35

豆饼，37,38n

都市的发展 vs.农村的过密化，77,85；三大差别，86

都阳，196

独子家庭，19,363,374,376,377

对外开放，15

多子继承制，4,78,79,80,82；早婚，4,50,62n,63,79—81；分家，19,78,79,95,96,194,375,376；高结婚率，4,50,79；高生育率，4

E

《俄国资本主义的发展》，160,365

恩格斯，164

二元对立，14,24,339,344,345,358,360,362,426,454—457,472,479,500

二元户口制度，311；1958年以来，311

二元经济，16,309—312,314—316,318,328,356,392,474,490,494,505；二元经济理论，亦见二元经济论，490,494,505；无限的人口供应，309；传统农业部门 vs.现代资本主义工业部门，309；刘易斯转折点，亦见刘易斯拐点，309,311,326,356,381,401,474,486,490

F

发展 vs.内卷，42—49,56,58

发展经济学，309,312,314,319；革命 vs.反革命，314,319

发展中国家，亦见第三世界，15,90,140,146,161n,165,241,284,285,294,303,309,310,313—315,318,328,329,350,352,354,355,359,373,401,402,466,478,485,489,490

索引

法人身份, 287, 294, 307

樊纲, 321

范围经济, 9, 397, 503

方行, 57, 58

房地产泡沫, 437, 442, 479, 509; 市场增值, 423—425, 442, 444, 446, 477, 481, 484, 508, 509; 核心户, 376, 378, 380; 土地财政, 415, 416, 418, 423, 432, 439, 443, 441, 442, 481; 地价, 273, 366, 369, 415, 430, 478

放任—市场, 14

非农就业, 6, 8, 11, 89, 113, 118, 121—130, 138, 142, 168, 202, 223, 224, 226, 246, 249, 279, 285, 295, 301—303, 305, 317, 327, 356, 373, 377, 378, 407, 502; 离土离乡, 6, 18, 129, 179n, 197, 246, 291; 离土不离乡, 112, 130, 167, 197, 204, 223, 224, 246, 286, 291, 342, 353, 359, 371, 372, 377, 389, 397

非全日工, 亦见非全日制用工, 287

非正规, 15—18, 167, 196, 230, 231, 283—298, 303—305, 309, 315—318, 323, 325—328, 346, 349, 351, 355, 383, 391, 408, 451, 482; 农民工, 15, 16, 167, 195, 196, 231, 283, 284, 286, 288, 290—294, 297, 298, 302, 304, 305, 307, 309, 323—327, 330, 353, 355, 360, 373, 374, 380, 381, 408, 450, 462—465; 半工半耕家庭, 278, 309, 392, 400

非正规部门 (informal sector), 286, 315, 316, 318, 326

非正规经济 (informal economy), 15—21, 87, 204, 283—287, 294—298, 301—305, 309, 315, 317, 318, 320, 323, 325—332, 346, 349, 350, 353—364, 373, 381, 382, 391, 392, 399, 400, 403, 450, 462, 473, 474, 475, 486, 490, 494, 499, 505, 506, 亦见农民工, 私营企业员工, 个体户, 农业就业人员

非正规经济就业人员, 294, 295, 298, 305, 328, 亦见私营企业人员, 个体户, 未登记人员

非正规经济实践, 331, 346, 353,

607

359,362；地方政府,331,332,337—352,355,357—360,362；"有计划的非正规性",355

肥料革命,38n

费景汉(Fei, John C. H.),310,311n

费孝通,363,374,378

分家制度,194；土地的分散化,194

丰润区(唐山市),375

丰台区(北京),293n

封建,4,81,83,240,259,262,263,370

封建地主制 vs. 封建领主制,81,83；土地所有权,81,194,250,263；割据政权,84；多子继承制,4,78—80,82；小农,4,5,77—86,195,198,200,201,219,220,231,233,240,248,250,251,259—280；士绅社会,82,83

夫妻店,392,397

弗兰克(Frank, André Gunder),318,319,321

弗理西亚群岛(Friesian Islands),56

福利制度,15,284,288,304,476

福特(Ford)公司,411,480；长安福特公司,411

辅助劳动力,9,89,103,112,116,193,194,197,198,272,273,366,368,369,373,388—391,398；女性化和老龄化,197；小规模农业(亦见家庭就业结构),198,251,253

复种指数,3,93,94,102,242

副业,41n,46,50,51,56,89,90,99,103—113,117,151,193,195,197,248,272,273,279,364,366—374,377,388,389,397；家庭副业,109,272,372n,377；集体副业,105,107,372n；手工业副业,3,366,373；农业副业,村办工业,90,372n,373,374

富拉斯蒂埃(Fourastié, Jean),312

富士康(Foxconn),25,411,413,443,445,480

G

改革时期,5,6,9,11,14,15,24,87,133,162,165,184,190,225,244,245,253—256,331,384,409,415,426,434,436,449,451,461,467,483,485,498,502,505,508

《改造传统农业》,126n,233,335n,489;舒尔茨,10—13,126n,151,152,162,233—258,310,335,337,401,488—494,503—506

橄榄型结构,16,21,199,307,308,313,314,325—328,381,401,474,486,494,499,506;中产阶级,16,21,22,184,199,286,304,307,308,313,314,324—326,381,408,473,474,484,486,494,499,506

高柏,352,360,361,464

高度现代化的旧农业,145

高辉清,361n

高家埨,94

高世堂,95

高友发,94,95,116

高原,164n,183,185—187,201n,209,210,220n,231,374,464,482

格林斯潘(Greenspan, Alan),322n,491

革命的(revolutionary)vs.内卷的(involutionary),56

个人主义 vs.家庭主义,383—386;离婚法,384;第三者,384,386;"无过错"离婚制度,384;现代革命传统,384;"职权主义"取证 vs."当事人主义"取证,386

个体户,18,127,130,285,286,290,292,297,298,301,305,316,323,342,349,353,356,382,416n,450,484

耿店村,164n,185—188,197

工场,2,108,278,364,365,367,370;工分,96—98,102,108,116,117,183,398;规模经济效益,2,9,151,236,278,365,397,494,502,504

工会,288,289,292

工业革命,2,55,56,71,72n,74,151,488,493

公共部门经济学(public sector economics),351;阿拉巴马州,奔驰汽车公司,351;肯塔基州,丰田汽车公司,351;集聚效应(aggregation effect),25,351,481;游说,351;立法,14,337,351

公共服务公司,23,479

公共广播公司(Corporation for Public Broadcasting, CPB),425,

426；公共广播服务（Public Broadcasting Service, PBS），425；国家公共电台（National Public Radio, NPR），425

公共政策智库，417

公平发展，22，26，407，433，442，446—448，479，483；民生，22—24，27，433，439，445，447，478，484，508；农民工，18，20，22，112，283—294，323—330，373，433，434，438，439，450，462—464，473，476—478，484，508；统筹城乡，21，408，434，438，508；试验区，21，408，434；公租房，22，23，421，434—438，443，445，477—481，484；商品房，435，437，477，478，509；房管部门，435，477

公司，294，307，340；有限责任公司，294，307，340；股份有限公司，294，307，340；国有独资公司，340

公租房，22，23，421，434—438，443，445，477—481，484

拱棚蔬菜，7—9，133，138，212n，276，390，502

共和党保守派，428

共同富裕，27，483，484

古典马克思主义，165，263，265，266；剩余价值，3，262，263，266，318，319，322；剥削，3，24，82，86，262，263，265，266，318，319，320，321，322，323，330，408，447；生产领域，265，266，269，395；流通领域，265，266，269，271，272，277，279

谷物，7，32，140，141，144，145，169，170，175，189，225

股份合作单位，294，296，306，340

Gulati, Ashok, 160, 189

顾炎武，52

雇工（亦见年雇工），8，9，36，46，88，138，139，164—181，186—192，194，199，200，220n，227，239，259，260，263，271—274，278，280，364—370，374，388，395，396，493，506

雇工农场，2

雇佣，8，13，47，84，165—181，185—196，200，209，220，228，231，237，259—265，272，273，284，287，288，317，340n，366，367，390—

392,396,398,443,504

官本位 vs.民本位,468,469;企业文化,469

官僚,4,15,24,82,83,85,194,252,254—256,322,330,332,334,344,346,353,358,409,423,428,456,457,461,468,469,479,485,507

官僚行政机器,85;马克斯·韦伯,85

官僚主义,256

官一企/商结合,255

《管子》,77

光棍,67

光学零件厂,110

广达(Quanta),25,413,480

规模化(亦见产业化),2,13,106,139,260,265,266,271—274,279,280,364,370,374,395—397

规模化公司,273;激励和监督,273

规模化生产,3,271,274,279,364,395,396;劳动分工,74,364,365n;编织针制造,364;亚当·斯密(Smith, Adam),2,57,151,190,364,418,492;早期工业化,50n,55n,150,151,365—367,371,492;英格兰,1—4,6,31—40,71—74,103,149—153,157,225,364,365;工场的分工(division of labor within the workshop),365;"合作"生产,365;古典(自由主义)经济学,2;新制度经济学,3,251,260,266,269,271,319,321,328,331,333,335,339,343,345,358,395,399,400,453,455,465,497,504,505;产权,3,161,199,242,251,267,268,277n,280,320—323,328,329,335,336,343,357,360,378,380,385,386,399,400,409,410,415,428,429,447,453,454,456,465,470,485,497,504—506

规模效益,2,3,33,34,45,47,89,279,280,365,390,501

郭台铭,443,445

郭玉清,229

国际劳工组织(International Labor Organization, ILO),158,285,286,302,315—318,327,328,330,353,354,359,360,373

611

国际联盟, 285

国际元, 368

国际资本, 15, 84, 127

国家发展和改革委员会, 亦见国家发展改革委, 8, 176, 202, 204, 262, 408, 413

国家发展改革委价格司, 176

国家统计局家计调查收入分组资料, 134

国家资本主义 vs. 社会主义市场经济, 450, 483—484; 中国改革时期, 449, 483, 505

国民党, 154n, 241, 247, 253, 256, 379, 411, 431; 民国, 69, 239, 247, 379, 430, 497

国内生产总值（GDP）, 121, 413, 451

国内资本, 15

国企, 25—27, 127, 417—419, 423—429, 433, 443, 444, 446, 451, 456, 461, 465, 466, 478, 479, 508; 全民所有, 101n, 447, 467, 478, 487; 公平, 27, 28, 429, 430, 433, 439, 442—448, 475, 476, 478, 479, 481, 483, 509, 510; 公共公司（亦见国有公司）, 478

国企改革, 127, 419, 424n; 重庆经验, 27, 417, 418, 422, 429, 430, 432, 436, 444, 446, 447, 462, 484, 487, 509; 20 世纪 90 年代后期, 127, 298, 342, 419, 424; 坏债, 419—421, 470; 五大银行, 419; 西南证券公司, 419; 渝富资产管理公司, 420; 不良资产, 420, 422; 国有投资公司, 亦见八大投, 420, 422, 425

国情, 239, 247, 254, 258, 359; 内卷, 亦见过密, 238, 239, 257; 劳动力过剩, 234, 235, 244—249; 社会危机, 239, 247, 248, 254, 256, 362; 农民起义, 239; 分配不均, 239, 240

国务院发展研究中心, 438, 476, 482

国务院研究室, 290, 353

国有企业改制, 298, 467; 下岗, 127, 298, 305, 317, 342, 353, 398, 450, 484

国有公司, 410, 420, 425, 427, 437, 455, 471; 市场信号, 409, 410, 457; 公共效益 vs. 私家利润, 410

过密化,亦见内卷化,84—87;小农经济,81—86;士绅—地主制,83;中央集权国家(亦见家庭化、家庭经济、家庭就业结构、家庭联产承包责任制、家庭农场、家庭生产单位、家庭手工业),83

H

哈佛大学,285n

哈特(Hart,Keith),316

Hartwell, Robert M.,80

哈耶克(Hayek, Friedrich A.),319—322,333—337,454,455,466,491;伪个人主义 vs.真正的个人主义(true individualism),454;科学主义,258,320,333,454,499,500;古典自由主义者,333,454

海关总署,412

海禁,37

海外私营投资公司(Overseas Private Investment Corporation,简称OPIC),426,456

韩国,7,14,137,149,153—155,157,162,165,166,230,241,243,244,326,327,350,501

汉(朝),4,77—80,83,235

汉阳铁厂,72n

翰维特公司(Hewitt Associates),470

Hamm, Patrick,467

(斯蒂芬·)郝瑞(Harrell, Stevan),61,63

Haupt, Heinz-Gerhard,316

合肥市,293n

合作社,13,14,20,192,348,504

合作医疗保险,20,304

何炳棣(Ho, Ping-ti),68n,80,497

何金林,96

何奎发,96

河北宝坻县(顺天府),67n

核心家庭化,19

贺东航,252n

赫什(Hersh, Adam),452,457,460

黑龙江双城,271

亨利·乔治(George, Henry),430,431

宏碁,25,412,480

洪亮吉,68

Ho, Samuel,154,243

后工业化时期,250;21 世纪,126n, 246,250,298n,342,343,373, 424,466;小农场,148,200,250, 278,280,365,366,369,396— 398,503;生物技术,250,502;秸 秆养殖,148,250,276;生物能源, 250;生态农业,250

后现代主义,498,499

胡鞍钢,317,327,479

胡如雷,81

胡旭阳,350

胡永泰,256n,321

湖州府(浙江),49

户籍制度,15,198,283,303,443

华北:皇权中国,地主制,中央集权 国家,82,83

华北 vs.长江,82,83

《华北》,51,70,101,494

华勒斯坦(Wallerstein, Immanuel), 318,319,321;世界体系理论, 318;世界资本主义体系(world capitalist system),319;中心地带 (core),319;边缘地带(periphery), 319;半边缘地带(semi-periphery), 319

华阳桥公社,105,106,109;草菇, 105;社办梨园,104,105;西里行 浜生产队,105;花木苗圃,105, 372n;生猪饲养,105,173,174, 219;薛家埭,104,105,107,109, 111,112,116;粗饲料,39,106;种 猪场,106;华阳桥种籽场大队, 99,106;母猪场,106;奶牛业, 106;沈雪堂,107

化肥,5,7,10,46,89,90,94,95,98, 138,145,146,152—155,160, 162,166,181,184,203,205— 209,212,214,215,241,243,245, 389,501,502

淮安地区(位于江苏省北部),68

皇帝—士绅—小农,4

皇权,4,82,85

皇族户籍册,59

黄锟,293n

黄浦江,50n

黄奇帆,381,411—415,418—420, 428,429,433,435—444,476, 477,480,481

黄小虎,349

黄宗智(Huang, Philip C. C),31—

33,37,39—44,46n,47,51—53,
55,64,67n,69,70,77—79,96,
121n,123,124,145,152,164n,
168,170,172,174,175,181—
185,189—199,201n,209,210,
220n,226,231,235,237—239,
242,245,249,252—254,256n,
259n,264,271,273,283n,297,
301,303,308,316,335n,347—
349,353,355—357,366—379,
383,384,386,389n,390,394—
396,399,401,409,412—418,
434,437,438,452,456—464,
473—482,494

晖峻众三,165,191,192

回民起义,65

惠普(Hewlett Packard),25,411—
413,445,480;亚太结算中心,413

婚姻,62n,67n,384,385,393;礼品
交换 vs.市场交易,393

混合(计划与市场)的经济制度,
351

I

International Labor Organization
(ILO)(见国际劳工组织),158,
285,286,315,354

J

机器纺纱 vs.手工纺纱,369

机械,10,47,72n,89,90,95,138,
145,146,166,184,202—215,
218,230,389,390,502

鸡苗,10

基本国情,5,11,66,196,247,248,
254,359,400,402,403,488,489,
498;政治体制问题,254;人口过
剩问题,248,249,254,401;人口
压力,8,12,59,66,69,70,193,
195,199,364,368,402,403;家庭
经济组织,402,403;非正规经
济,204,353—364,399—403;城
镇 vs.农村,193—196,363—367;
正规职工 vs.非正规人员,196,
231,353,354,381;中产阶级 vs.
农民工,16,22,199,304,307,
308,324—326

基本医疗保险,20

基肥,37

基尼系数(Gini coefficient),196,

615

463,481

集聚效应,25,351,481

集权的简约治理,253

集体化,14,88—90,164,165,241—246,371,372,375,377,378,388,478,505;生产积极性,244;毛泽东时代,19,82,167,245,253n,255,256,371,384,467

集体化社会 vs."橄榄型"中产阶级社会,199

集体化生产,371;集体时期,371,372;生产队,97—102,111,117,371;小队,371;大队,96—100,104—106,111—113,116,371

集体化时期,14,88—90,97,100,109,113,117,241,244,375,505

集体—计划,14

集体农业,88,101,103,104,244,245;副业,89,90,99,103—107,109—113,117,364,366—374,377,388,389,397;辅助劳动力,89,103,112,116,193—198,368,388—391,398;农业副产品,103;自留地,103,104,133,372,389;华阳桥,99,104—113,116,117,372n,373;薛家埭,104,105,107,109,111,112,116;自由市场,101—105,117;过密化,84—89,92—94,98—102,183,239,368;家庭农场,101—104,192—194,196,198,200,236—239,364,366,369—372,382,387—391,396,402;生产队,97—102,111,117,371;工分,96—98,102,108,116,117,183,398;资本主义企业,88,101,238,239,267,387—390,395;经营式农场,84,101,192—194,237—239,364,366,369;税收和征购额,102;消灭单季稻,5,102

集体制,102,103,107,116;浪荡工,116

集体组织,88,89,101,102,105,245;家庭农业,88,109,117,367,370,403;组织性逻辑,88,238,248;生产单位,88,101—104,108,238,248,265,273,278,364,367,369,373;消费单位,5,88,101,238,248;两柄拐杖,89,109,273,378

计划经济,24,25,27,102,133,153, 159,162,165,167,199,201,241, 242,244,256,275,283—285, 304,311n,312,320—323,330— 339,344—346,353—362,409, 410,415,418,423,425,429,431, 446,447,450,454,456—460, 478,483,504—509

计划经济 vs. 市场经济,24—28, 152—154,161—163,199,243, 244,256,275,311,312,320— 323,330—339,344—346,357— 360,406,410,418,419,446— 458,483,504—509

技术更新,11

冀东地区,375

加纳,316

家庭化,3,366,368,370,383,387; 农场生产,3,151,191;棉花,3, 40,41,84,90—94,99,107,114— 116,150,151,389n,396;桑蚕, 84;妇女,3,44,46,90,97n,100, 107—109,111,113,161,368, 373,388,395;老幼,3,44,368;种 植业主业,3;手工业副业,3, 366,373;小家庭农业,89,366;长 三角,366;辅助劳动力,89,103, 112,116,366,368,369,373, 388—391,398;《沈氏农书》, 239,366

家庭经济,4,19,64,95,96,179, 197,198,273,370,386—403

家庭就业结构,96;家庭收入,95, 96,389;劳动力,95—104,195— 199,387—392;工分制,96,108; 恰亚诺夫,96,196—199,387, 388,402,493,504;家庭周期,96, 388n;人口分化,96,388n;集体 化经济,96

家庭联产承包责任制,198;小农农 场,198,369,382;流转,124,125, 198,263;所有权,124,272,334, 347,415;使用权,122—125,198, 272,347,415;户籍制度,198

家庭农场,50,54,101—104,192, 193,196—200,364,371;家庭手 工业,52,53,74,107,108,193, 194,369;副业,50,56,99—113, 193,195,364—374,377;家庭化, 192,193,195,366,368,370;两柄

拐杖,193,195,198,378;内卷化(过密化),48,49,72n,77,192—195;人口压力,59,66,69,70,193,195,199,364,368;辅助劳动力,112,193,194,197,198,366,368,373;小家庭农场 vs.经营式农场,46,47,194,366,369—374

家庭生产单位,388—393;恰亚诺夫,238,248,388,402;消费单位,238,248;"夫妻店",392,397;辅助劳动力,388—391,398;生产家庭化,239,388;内卷型商品化,238;农村生产的家庭化,388—389;机会成本,389;隐性失业,246,247,390

家庭手工业,52,53,74,107,108,193,194,369;薛家埭,7104,105,107,109,111,112,116;集体手工业,107;许步山桥生产队,97,107;计件家庭生产,108;针织,108;华阳桥,93n,99,104—106,108—113,116,117;上海工艺品进出口公司,108

家庭主义,19,383—386

嘉兴,41n,49,52

减免农业税费,129,229

建设社会主义新农村,122

剑桥大学非洲研究中心,316

剑桥人口与社会结构史研究小组,51

江南,2,32n,38n,49,50n,89,237—240

姜皋,34—37,40n

强世功,385,386

交易[成本]关系(transactional relations),269

交易成本,13,17,251,260,266—268,274—277,320,335,336,343,344,346,352,391,454,497

脚踏纺车 vs.单锭纺车,49,50n

阶级斗争,167,475

金融海啸,314,322,407,419,453,472,491

金融衍生品,322n;华尔街,322n;投资银行,322n

金沙县(山东),264

金字塔型,307,313,326,328,474

经纪商,264

经济史,488—505;经验研究,166,186,252n,256,268,315,339,

346,349,368,495；国家意识形态化,496；马克思主义—毛泽东思想,496；生产关系和生产力互动,496；唯生产关系论,496；改革期间,496；唯生产力论,496；原教旨市场主义,496；新古典经济学(亦见实践经济史、实践经济学、实践历史),490—492,496,497

经济增长,22,475,506,509；出口主导,475；消费,475,477,478,483；非正规经济,15—21,473—475,486,490,499,505,506；工农收入(亦见没有发展的增长),475

经营式农场,47,84,101,192—194,237—239,272,273,364,366,369；雇佣劳动,47,84,185—200,237,272,366,367；华北平原,36,47n,192,194,237,238,240；商品化农作物(亦见家庭农场),192

九年义务教育,361

旧农业,141,145,147,149,202—213,230,244；口粮地模型,147；过密化/内卷化,147,192—195,239,242；就业不足,147,148,195,196,239；隐性失业,147,148,195,246,247；大田农业,138,202,208

旧农业 vs. 新农业,8,138—139,141—149,175,201—205,213,215—232,270,276,395,503

句容县,68

绝对过剩,10,152

均衡,11,234,235,491

K

开门整党,255；群众运动,255,359；"文化大革命",104,167,255

凯恩斯主义,321,400；国家干预,320—323,333

凯尔(Kyle,Cole),452,457,460

Kang, Kenneth,154,243

康文林(Campbell, Cameron),59,64

科尔奈(Komai, Janos),24,333—339,344—346,352,358,361,409,410,447,457,466—471,507；预算软约束,322,457,466；短缺经济,322,334,336；官僚体制协调(bureaucratic coordination),334；横向连接(horizontal linkages),334;价格信号,334,336,409;纵向连接(vertical linkages),334;横向短缺(horizontal shortage),334;纵向短缺(vertical shortage),334;不协调性(incoherence),346;社会主义 vs.资本主义,24,333—362,409,410,449—458,483—487;官僚管理 vs.资本主义企业,344;硬预算约束 vs.软预算约束,338,339,344,345,353,409;计划生产 vs.价格机制,344;计划经济 vs.市场经济,24—28,320—323,330—339,344—346,357—360,406,410,418,419,446—458,483,504—509

科举制度,4,83,84

科斯(Coase,R. H.),13,17,260,266—268,275,277,319,320,331—339,343—345,352,358,359,362,391,392,453,454,457,466,497,504;公司理论,277n,343,344,391;社会成本理论,277n;科斯定理,277n

科学选种,5,46,89,90,146,152—155,160,162,166,181,203,243,501

客耕佃户,179n

克鲁格曼(Krugman,P. R.),351

肯尼亚报告,315

Khan,Azizur Rahman,293

孔飞力(Kuhn,Philip Alden),70n

孔祥智,264

孔子,77

口粮,247,248,398

库兹涅茨(Kuznets,Simon),312

跨国公司,168,253,261,308,313,349,352,361n,392,417,464,466,473,481,485;集聚效应,25,351,481

L

拉尼斯(Ranis,Gustav),310,311n

(蒂姆·)赖特(Wright,Tim),72n

劳动边际效率递减(亦见过密化),12

劳动关系 vs.劳务关系,287—289,308,309,317

劳动合同法,287—289,382

劳动密集化,5,38,39,45,46,72—

74,93,99,100,153,182,183, 237,242,367,390,493,503

劳动人民,87,303—305,308,309, 475,478;工—农,302,303;劳动人民 vs.白领、中产阶级,16,87, 284,305—308

劳动生产率上升 vs.总产量上升(亦见没有发展的增长、没有增长的发展),150

劳动投入,3—9,33,36,39—41,46, 50,73,92,93,150,153,169—188,210,220n,228,231,237, 245,249,263,365,374,390,502

劳动与社会保障局,289

劳动者,3,47n,71,151,167,168, 187,232,266,284,287,288, 317—323,328,364,387,388

劳动争议仲裁委员会,289

劳均生产率,5,154,155,158,160n

劳务派遣(亦见非正规经济、劳动法、农民工),287n

(戴维·)勒凡(Levine, David), 50—52,55,79,367

离土不离乡,112,130,167,197, 204,223,224,246,286,291,342, 353,359,371,372,377,389,397

离土又离乡,167,195,224,353, 360,372,373,398,433;非农就业,123—130,168,202,223—226,246—249,285,301—305, 356,373,377,378;城市打工, 123,195—198,224,248,249, 373,393,394;妇女化和老龄化/老人化,90,197,273;农民工经济,373;非正规经济,204,283—287,294,295,298,301—305, 349—364,373,381,382,399, 400,403

犁地,37,46

李伯重,38n,41n,44,50n,55n,60, 71,368

李登辉(Lee, Teng-hui),154

李干,290

李嘉图,492

李嘉图定律,33

李江帆,313,324,325n;中国第三产业研究中心,313

李强,293n

李中清(Lee, James Z.),58—62, 64,65,70,71,368

621

李周,311n,337

Li,David,253n

里根,319,334,428,455,456;里根经济学(Reaganomics),319;原教旨市场主义,319,325,328,358,400,465,466;老布什,319;小布什,319;理论 vs.实践,318—330,360—362,458,489

理论的局限 vs.普适野心,257

理论性 vs.历史性—经验性,320,338,358,469

理想类型(亦见韦伯),358,489,490

理性经济人,13,152,256,257,320,334,399,419n,489,494

理性抉择,19,393,395

利玛窦(Ricci,Matteo),64

联邦储备银行,322n,491

联邦国民按揭联合会(Federal National Mortgage Association,简称 Fannie Mae),424

联邦主义政治体制,17

联邦住房贷款按揭公司(Federal Home Loan Mortgage Corporation,简称 Freddie Mac),424

联产承包责任制,9,190,198,244,245,263,272,279,372

联合国贸易和发展会议(UNCTAD),352,417,464

联合国统计部,285n

联营单位,294,306,340

廉价劳动力,15,86,108,109,127,285,320,321,354,355,391,396—401,408,417,431,462—464,475,485,503,507

廉价配套服务,15;建筑、运输、餐饮、摊贩零售、清洁、保姆、保安、工匠,15

良种,10,94,138,184,205,241,389,502

两头在外 vs.一头在外,一头在内,411

聊城市(山东),164n,183—187

列宁,8,160,164,168,199,365

林毅夫,311n,336,337,344,465,466;发展战略,413,431,442,446,450,478,481;要素禀赋,亦见资源禀赋,337;比较优势,311n,337,355,360,400,401,465,466,485;资本密集重工业

vs.劳动密集轻工业,361

临时工,187,247,248,283,286,317,323,354n,399

临时工制度,248

刘昶,240

刘翠溶,61

刘凤芹,268,274,397

刘易斯(Lewis,W. Arthur),11,309—312,314,326,356,357,381,392,401,474,488—491,494,505

刘易斯拐点,16,21,196,309,312,326,357,381,401,486,490,499

流动人口,18,284,291

流动资本,10,148,149,202—204,208,209,212,214—221,224,227—230

流通关系(circulation relations),13,259,260,266,268—272

Longworth,John W.,144n

龙头企业,199,228,260,264,265,271,273,348,391;产业化,199,200,227,228,260,348;合同,228,260—275,277—280,396;订单,199,228,265,270,273,396;

契约农业,228

泷川龟太郎,78

陆关通,95

陆学艺,313,314,347n,381,474

伦敦,54,85,369

轮作,2,12,33,79,94,150

罗斯福(新政),427

罗威廉(Rowe,William T.),68,69

螺旋式经济发展,57,151,244

洛山愚士,463

绿色革命,5—8,11,89,90,93,102,140,146,155—158,160,166,181—185,203,205,225,230,241,243,501

M

马尔萨斯(Malthus,Thomas),59,60,64,66,68,492,498

马克思,2,3,24,83,86,87,259—266,318—323,330;剩余价值的榨取,3;剥削,3,24,82,86,262—266,318—323,330

马克思主义理论,24,259,262—266;流氓无产者,87;失业游民,87;无产阶级,87,161,288,297;

623

工人,160,161,167,262,275,284—289,297,298,315—317;半无产者,86,87;非正规经济,87,283—287,294,295,298,315—318,320,494,499;马克思主义 vs.农民经济理论,165;马克思主义 vs.新古典经济学,165;生产关系,74,167,259,263,266,269,272,297,496;租佃关系,191,259,262,263;雇佣关系,259,262,263,287,288,317;流通关系,259,260,266—272;剩余价值榨取(剥削),82,86,262—266,318—323,330;封建主义,262,263,370;资本主义,262,263,321,483—487;资本主义农场主,160,263;地主,81—84,154n,262,263;马克思主义政治经济学,263,266,268,399,496;劳动价值论,266,322,447;生产关系论,266,496

Mayer,Arno,316

麦迪森(Maddison,Angus),147,156n,157,368

卖方市场,275n

满铁(南满洲铁道株式会社),36,63

毛树春,172

毛条厂(华阳桥公社),110;上海第二毛条厂,110

毛泽东时代,19,82,167,245,253n,255,256,371,384,467

毛泽东时代的旧有修辞 vs.新自由主义的实践,167

Medick,Hans,367

没有城镇化的工业化,112,371,506;农村工业化,48,89,99,109—112,371,372,506,507;半工半耕,82,282,284,287,297,386;家庭农场,45,47,50,54,56,101—104,364,371,372,387—391;离土不离乡,112,371,372,377

没有发展的增长,89,113,117,118,190n

没有无产化的资本化,8,164,189,190,199,200;悖论,1,8,9,21,112,190,192,200,258,265,266,271,272,430,451,452,501,503,506

没有增长的发展,89,113,117,118;联产承包责任制,272,279,372;去集体化,99,109,190,244,246,372;劳动效率,89,192,237,372;农村工业化,89,99,109—111,371,372;没有增长的发展 vs.没有发展的增长,89,113,117,118

美国国库券(U. S. Treasury Bonds),425

美国经济学会,312

美国联邦储备银行,491

美国模式,245,250,254,258,309,314,323,328

美国证券与交易委员会(Securities and Exchange Commission),322n

美中经济与安全审查委员会,452,457,460

Mendels,Franklin F.,367

萌芽,369

孟子,77

MDI(二苯基甲烷二异氰酸酯),413,480;聚氨酯,413,480

Ministry of Labor and Social Security(劳动与社会保障部),298

米尔斯(Mills,C. Wright),313;新中产阶级,313,324,325;白领,304,306,308,309,324,325,484

密集化,5,7,33,38,39,41,45,46,72—74,93,94,98—100,138,148,153,182,183,237,242,367,390,440,493,503

棉花革命,12,235;明清时期,9,12,85,235,272,368,370;棉花—纱—布,3,237

民国,69,239,247,379,430,497;国际化,284,239;外来资本,17,239,344,354,360,463;内卷(化),73,74,238,239

民生工程,23,447,478;民营企业,24,307,332,339,342—345,350,362;私人资本,343;资本主义,333—362

民主党 vs.共和党,455

民族危机,4

闽南,252n

明清以来,194,237,257,260,364,366,499;劳动密集化,38,39,45,46,72—74,93,99,100,153,182,183,237,242,367,390,493,503;内卷,亦见过密,33,42—49,53,

56, 58, 72—74, 155, 238, 239, 257, 388—390;内卷型商品化,亦见内卷型市场化,44, 70, 126n, 150, 152, 238, 388, 389n;日报酬递减,44, 237;家庭式农场,亦见家庭农场,45—47, 50, 51, 101—104, 125, 151, 178—181, 237—239, 249, 250, 254, 364, 366, 370—372, 387—391;经营式农场,47, 84, 101, 192—194, 237—239, 364, 366, 369;雇佣劳动力,165—181, 186—200, 237, 387, 390, 396;最佳配置,236, 237, 310, 320, 456, 489;人口/土地压力,367, 400;农业+副业,197, 367—370;主劳动力+辅助劳动力,369;长江三角洲,31—58, 61—65, 68, 70, 72—74, 82—84, 100, 105, 113, 149, 150, 153, 182, 190n, 192—194, 235, 239, 272, 349, 366, 368—370, 388, 389n;纺纱,41—43, 46, 50, 51, 53, 86, 150, 151, 237, 239, 248, 272, 278, 366—370, 388

Modern China, 38n, 407n

N

(巴里·)诺顿(Naughton, Barry), 147, 350

奶站, 264

男耕女织, 247, 370;封建主义, 370;自然经济, 370;马克思理论, 370

南汇, 50n

内卷型商品化, 70, 126n, 150, 152, 238, 388, 389;家庭化, 192, 193, 195, 239, 272;小家庭农场, 46, 47, 125, 194, 238, 273;长江三角洲, 31—58, 149, 150, 153, 192—194, 235, 239, 272;农业主业, 90;手工副业, 90, 103, 370, 372;家庭农业, 88, 109, 117, 367, 370, 403;纺纱(亦见过密化), 86, 150, 151, 237, 272, 366—370

溺杀女婴, 58—67, 70

年雇工, 180;雇工, 167—180, 493;自雇, 180, 506;农业无产阶级, 180, 181;半无产阶级, 180, 506

牛肉革命(beef revolution), 144n

牛肉生产, 174;散养肉牛, 174

农产品成本收益调查, 8, 181

农场规模, 42, 73, 150, 171, 249, 501

农村从业(就业)人员, 168

农村发展, 1, 10, 18, 20, 165, 242

农村工业化, 亦见乡村工业化, 48, 89, 99, 109—112, 371, 372, 506, 507; 非农就业, 48, 89, 113, 373, 377, 378, 502; 劳动生产率, 47, 48, 90—100, 113, 372; 人口压力, 88, 89, 364, 368, 506; 过剩劳动力, 89, 101, 116, 234, 309—311, 329, 490, 501; 没有增长的发展, 89, 113, 117, 118; 大鱼帮小鱼, 110

农村合作医疗保险, 20

农村移民(rural migrants), 293

农改非, 440; 土地交易所, 440; 城乡建设用地增减挂钩, 440; 地票, 22, 440—442; 三权三证(亦见重庆经验), 26, 482

农机厂, 110; 土高炉, 110

农民工, 360, 371, 373, 374, 380, 381, 389, 393, 394, 398—401, 403; 社会保障, 373, 381, 398, 403; 法律条文vs.法律实践, 364, 378, 382, 383, 386; 正规金融制度, 382; 非正规债务, 382; 调解vs.判决, 382—386; 家庭vs.个人(亦见非正规经济), 387—394

农民工监测调查报告, 224

农民工统计监测制度, 283n, 290, 355

农民工转城市户籍(亦见重庆经验), 438

农委, 185; "百村千户"调查, 聊城市, 185—187

农药, 10, 145, 184, 203—209, 212, 214—217, 224, 230, 502

农业+副业 vs. 农业+外出打工, 192—200

农业部农业产业化办公室, 227, 228

农业革命, 2, 3, 6—8, 11, 12, 20, 32, 33, 46, 48, 54, 55, 71, 72, 74, 112, 140—163, 172, 183—186, 189, 190, 200, 225, 226, 230, 235, 243, 263, 390, 407, 488, 501, 503; 战国时期, 12; 铁器时代, 12, 79, 235; 农民的无产化, 8, 112; 原始工业

化,2,4,32,50,54—56,74,79—81,103,112,193,378;城镇化,3,5,6,8,112,128,151,223,295,300—301,367,369,371,506,507;英国(亦见隐性农业革命),145—152,183—186,190,371,373,488

农业雇工,8,139,164,165,167,168,177—180,186—191,194,199,200,369,506;雇佣劳动,8,165—177,180,181,185—200,366,367,504

农业结构转化,146,301

农业经济,1,10,11,14,36,73,78,90,149,150,238—244,254,266,271,310,492,493,499,504

农业普查资料,8,9,128,171,178—180,191,202,211,212,226,228,300,301,373

农业企业,9,10,26,165,168,175,178—180,191,198,199,220,227,228,277

农业生产资料价格分类指数,205—208,215—218;不变价格,204—208,215—218;平减,205—208,215—218

农业体系,1,2,34,36,45,47,71,72n,502

农业资本化,9,10,31,47n,138,190,199—201,204,214,244;企业,9,10,198,199,220,227,228;家庭农场,8,10,198—200,201,236—239;国家投资,201,213,214,230;小农户,13,219,220,231,233;非农打工收入,10,201,204;非农就业机会,223

诺贝尔和平奖,285,317,330,355

诺贝尔和平奖选拔委员会,285

诺斯(North, Douglass C.),17,251,319,320,335,337,453,454,457,466,497,504,505

O

(马克·)欧维顿(Overton, Mark),33,34n

欧洲,25,35,53—55,58—62,65,66,71,73,79—87,156n,235,240,313,316,412,479,480;一子继承制,78,82;晚婚,59,60,79—81

P

彭慕兰（Pomeranz, Kenneth）, 32n, 60, 70, 156n, 368

彭玉生（Peng, Yusheng）, 121n, 124, 164n, 172, 184, 195, 209, 210, 220n, 226, 231, 249, 301, 374, 449n, 464, 482

匹, 32n, 41, 46, 50—53, 57, 58, 74, 75, 237, 368

贫富不均, 240, 256, 464; 江南 vs. 华北, 240; 共产党农村革命运动（亦见社会不平等、社会结构、社会危机）, 240

贫下中农, 241, 367

平均分配原则 vs. 市场自由竞争理念, 460

平乡县煤矿, 72n

珀金斯（Perkins, Dwight）, 46, 159, 183, 400, 497

蒲式耳, 42, 43n; 温彻斯特（Winchester）蒲式耳, 43n; 帝国蒲式耳, 43n

浦东经验 vs. 重庆经验, 432, 436; 四大开发公司, 432; 土地财政, 432, 439—442

《浦汭农咨》, 58n

Q

齐国, 77;（齐）桓公时期, 77

企业型公司, 276

"起飞"阶段, 431

契约/合同农业, 228

契约关系, 13, 271, 385

恰亚诺夫（Chayanov, A. V.）, 164, 165, 402; 农民家庭农业, 164; 农民合作组织, 165; 纵向一体化, 165, 391; 组织经济学派（亦见过密化、家庭农场、列宁、人口分化）, 402

千亿汽车城, 414; 重庆经验, 417, 418, 422

前现代有机经济, 12

前资本主义社会, 260; 小生产者, 260, 261, 265, 279; 小商业者, 260, 297; 小商品, 87, 260, 265, 297; 流通关系, 259, 260, 266, 268, 269, 271, 272

钱颖一（Qian, Yingyi）, 332, 337, 338, 352, 458, 467, 507; 中国式联

邦主义（Chinese federalism），337,338,458,507；地方政府,17,18,253,331,332,337—340,458,459,505,507；维护市场,338,339；分权治理,338；财政收入竞争,338；硬预算约束,17,338,339；美国联邦主义,17,338；州政府,338

乾隆年间,66

乔启明,61n

秦,4,79,81；秦国,78,79,81,82；中央集权,21,77—84,451；商鞅,4,78,79；铁器时代,79,235；徕民政策,78；小农经济,77—87；多子继承制,4,78—82；渭河流域,4,78；关中平原,78

勤勉的革命（industrious revolution），55—58

《青浦县志》,50n

清华大学,407n

穷忙人员（working poor），315

（埃里克·）琼斯（Jones, Eric L.），32—34

屈宏斌,432,476

取消农业税,361

去过密化,6,87,90,112,113,117,118,130,257；半工半农家庭,111,112,303；离土不离乡,112,130,246,286,291；农民工（亦见没有增长的发展、农村工业化、非农就业、隐性农业革命）,6,112,246,265,283—294

去集体化,99,109,190,244,372；家庭自主,245；承包制,123,161,247,278；市场化,125,234,238,246

去西方中心化,156,498,499

圈地运动,2,33,150

《全国农产品成本收益资料汇编》,169,170,173,205,269

全国农业普查,177,191n,222,249,263,300,301

全国铁路客运公司（National Railroad Passenger Corporation,简称Amtrak）,425,426

全球化,13,21,25,248,268,272,354,387,413,426,427,445,447,448,466,473,492；资本投入,7—10,33,36,44,138,139,148,149,176,190,200—205,208,209,

212，214—224，227—230，248，309；进城打工，128，283，297；乡村工业化，87，103，109，110，195，246，249，252，255，305，397；非农就业，48，89，113，202，246—249，301—305，356

全国统筹城乡综合配套改革试验区，408；重庆，408—448；成都，408

雀巢公司，271

R

人畜同粮，39

人口压力，8，12，36，59，66，69，70，88，89，122，150，152，155，156，162，166，193，195，199，238—242，244，272，364，368，402，403，492，498—502，506

人口过剩，10，88，100，102，152，240，248，249，254，309，401，489

人口红利，311

人口密度，76，77，85，86，156n，189，194

人口增长，8，11，47，48，69，80，81，100，121，125，152，155，158，162，

166，182，183，242，243

"人力资本"，255，335，336n，394，395n，400，401

仁井田陞，79

仁政，77，433n

日本，7，14，36，47，61，63，137，149，152—157，162，165，166，190，191，239，242，243，326，327，350，361，473，501

Riskin, Carl，293

肉鸡，111，148，174，175，203，220，221；规模肉鸡，174，220n；家庭养鸡，174；散养农户，174；蛋鸡饲养，174，175；标准化操作，176

肉食，1，6，7，106，111，124，126，135—137，150，184

儒学，77

（安东尼·）瑞格里（Wrigley, E. Anthony），12，32，33，53—55，71，72，236，257，493

软预算约束（亦见硬预算约束、科尔奈），334，336，338，344，353，409，507

瑞士银行（Swiss Bank），470

弱者的武器，275

631

S

撒切尔夫人(Thatcher, Margaret), 334, 455

萨克斯(Sachs, Jeffrey), 255, 256n; 休克治疗, 252, 253, 255, 256

萨摩塞吉(Szamosszegi, Andrew), 452, 457, 460

塞勒尼(Szelenyi, Ivan), 407n, 449n, 457, 483

塞普塞德(Shepshed)社区, 51, 52

三八队伍, 113; 妇女, 107—111, 113

三保(医疗、工伤、退休), 20

三部门理论, 16, 18, 21

三大历史性变迁, 6, 11, 121, 122, 126n, 138, 139, 195, 249, 257; 城市化, 53—56, 71, 73, 74, 85, 112, 124, 127, 184, 195, 311, 315, 370, 373, 440, 447, 484; 非农就业, 6, 8, 11, 48, 89, 113, 118, 121—130, 246—249, 373; 出生率的下降, 195; 食品消费结构转型, 172, 184, 191, 195, 226, 501; 农业产业结构转型, 191, 195, 213

三代家庭, 363, 364, 374—381, 386, 395n; 西方 vs.中国, 363—378; 非正规经济, 353—363, 373, 381, 382, 391, 392, 399, 400, 403, 490, 494, 499; 家庭组织, 363, 364, 375—378, 391, 395n, 493; 独子家庭 vs. 多子家庭, 363, 374—377; 反馈模式 vs.接力模式, 363, 378; 合爨, 374, 375; 复合家庭, 374, 375; 核心户, 376, 378, 380; 土地不足, 109, 238, 241, 377, 501; 劳动力过剩, 377, 400, 401, 489, 490, 494, 497, 499, 502; 副业, 369—374, 377, 388, 389, 397; 非农就业, 373, 377, 378, 502; 半工半耕, 373, 377, 392, 297, 506; 两柄拐杖, 378

三个部门理论(three sector theory), 312, 313, 328; 费舍尔(Fisher, Allan G. B.), 312; 克拉克(Clark, Colin), 312; 第三产业, 亦见 服务部门, 292, 312, 313, 324, 325; 富拉斯蒂埃(Fourastié, Jean), 312, 313

三鹿事件, 133, 137; 三聚氰胺, 133; 肾结石, 133; 消化乳糖困难, 137

三农问题,122n,123,127,280,311

三权三证(亦见重庆经验),26,482

三熟制,46,98—100

三位一体,9,41,151;(棉)花—纱—布,3,9,41,43,237,239

三峡水库,421

桑基鱼塘,397;广东顺德地区,397;范围经济效益,9,397,503;种养结合,2,9,139,143,148,276,390,397,440,503

桑争稻田,42

Schofield,Roger,51,52,60,367

(阿马蒂亚·)森(Sen, Amartya),158,159,357

Shanin,Teodor,165,278n

膳食,1,35,184;膳食结构,1

赡养,19,64,363,374—380,384,386,393;谋生能力,379;抚养义务,379;双亲—子女紧密关系,379;三代家庭,363,364,374—379,381,386,395n;核心户,376,378,380

商人资本(merchant capital),265

商鞅,4,78,79

商业公司+小农户,274

上层士绅(upper gentry),194

上海、川沙、南汇,50

上海第六织袜厂,110

上海肉食品外贸公司,111;松江县大江公司,111;泰国正大金融集团,111;肉鸡加工厂,111

上海浦东新区,415

上海市松江县,181

上海照相机厂,110

上市公司,471

设施农业,203,212n,226;塑胶棚,175,203,214,230;温室,105,133,138,170,186,212n,214,226,372n,503;大棚,138,186,187,190,197,213,215,226;中小拱棚,226

社会不平等,70,312,328

社会公正 vs. 经济发展,27,285,328,330,360,361,475,481,483,484,487

社会结构,5,16,18,307,308,313,326,328,363,381,403,486,488,489,494,506;金字塔型 vs. 橄榄型,307,313,326,328,474;橄榄型 vs.烧瓶型,326

633

社会危机,4,11,15,17,18,20,21,
　66,67,69,70,74,239,247,248,
　254,256,281,362,506
社会主义,449—457,483—487;计
　划经济,478,483,504,505,507,
　509;国有经济,213,214,459,
　467,483,486,507;社会公正,
　475,481,483,484,487;国有+私
　营,483;混合经济体,467,483,
　507,508;共同富裕,483
社会主义改造,88
社会主义革命,164,403
社会主义市场经济,27,167,330,
　449,450,483,484;1993年前后,
　483
深圳盐田港,412
《沈氏农书》,239,366
生产单位,5,9,46,47n,88,101—
　104,108,193,196,238,248,265,
　273,278,312,364,367,369,373,
　387—393,493
生产的家庭化,44
生产关系(production relations),13,
　74,167,259,263,266,269,272,
　277,297,496

生存伦理 vs.牟利伦理,69
生存压力,59,62n,66,67,69,70,
　88,101
生地,23
生育高峰期,127
生育行为,2,3,378n
生育控制,62n,244,254
生育驱动(fertility driven)(亦见死
　亡驱动),60,64,65
生猪饲养模式,173;散养,148,
　173—175,219;规模生猪,173,
　174,219,220n
牲畜,31—40,146,150,230,241
盛洪,465,466
剩余劳动力,102,112,117,195,
　196,198,234,235,285,310,326,
　329,355,362,397,399,447;就业
　不足,102,147,148,195,196,239
施坚雅(Skinner, G. William),53
实践经济史,28,500,505
实践经济学,28
实践历史,1,27,256,494,501,504;
　中国主体性,20,28,495,510;经
　验研究,186,252n,256,495;现实
　感,181,499;历史感,499

实体主义(亦见恰亚诺夫),28

食品结构转变,亦见食品消费转型,132—134,172,184,191—195,226,501,502;植物纤维,132;动物脂肪及高蛋白,132;肉—禽—鱼消费,132,139;蛋奶消费,133;蔬菜消费,131,133,134,189

士绅,4,63,82,83;官僚国家,83;科举制度,4,83,84

士绅精英,4

世界工厂,360

世界贸易组织,457

世界银行,9,15,158—161,189,196,285,317,327,328,463,465,474,481,506;社会保护部(Social Protection Unit),317;人类发展网络(Human Development Network),317;社会发展部(Social Development Department),158,317;社会与劳动保护部(Social and Labor Protection Unit),158;尤努斯(Yunus, Muhammad),317,330

市场化,20,24,25,251,252,355,358,362,387,395,450,459,460,465,468—485,497,502;国家体制,21,77,252,253,256,351,488,508;韦伯,85,252,272,297,393,500;理性,亦见现代性,70,252,345,389,393,454,461,465,492,495,500;科层制化,252

市场主义,12,255,256,329,343,496,503

市斤,74,75,90

市政债券(municipal bonds),421,425;美国地方政府,421

收入差距,196;城乡收入,196,481

(西奥多·)舒尔茨(Schultz, Theodore),10—13,126n,151,152,162,233—258,310,335,337,401,488—494,503—506;零价值劳动力,10,152,234,235,238,489;新古典经济学家,19,161,233,251,255,394,447;人力资本,255,335,336n,394,395n,400,401;政府干预 vs.市场经济,165,251,400,418;意识形态,126n,156,162,168,246,257,258,270,280,318,321,323,

635

328—330,333,358,381,400—402,492,496—500,509;《改造传统农业》,126n,233,335n,489;市场机制,10,122,123,152,234,236,241,244,254—256,310,311,319,320,322,329—334,339,345,490,497,499,507;高效率的均衡,234;劳动力过剩,10,123,126n,155,234,235,244—249,314,327—329,489,490,494,497,499,502;印度,234;流行性感冒,234

舒尔茨 vs.恰亚诺夫,162—166,238,248,401,402,493,504

熟地,23,416,481,482

数学化,亦见形式化,310

水产品,131,136,148,175;淡水鱼精养,175,220n;密集资本投入,176

水利革命,12,235;吴越时期,12,235

私营企业(private enterprise),222,223,227,286,289—301,305,312,323,340—343,353,356,382,417,426,443,444,456—461,465,480,481,485

私有产权,17,242,277n,280,320,321,323,328,329,335,336,343,399,409,410,415,428,447,453—456,465,466,485,505,506

私有化,9,11,17,20,24,122,125,251,336n,337,358,400,409,423,424,431,446,447,451,456,458,461,462,465,467,468,470,497,507;新自由主义,3,9,13,16,19,24,27,165—168,196,199,201,268,269,345,392,398,401,402,409,423,437,443,446,456—463,465—467,471—474,478,485,486,504,507;国营酒厂,423,461;西南地区,423;国企改组,419,423;两权分离,424;资产经营责任制,424;企业大锅饭vs.国家大锅饭,424;所有权结构,424

斯大林,165,402;俄国,96,160,164,165,238,338,402,427,493;集体化,94—98,164,165,241—246;计划经济体系,25,165,245

斯考菲尔德(Schofield, Roger),52,

55

死亡率,欧洲,59—62,80,81,158,159,357;生育率,中国,58—63,79—81,126n,130,158,159,202,249,301;人口变化,81,124

死亡驱动(mortality driven),60,64

Sicular,Terry,293,463

四小龙模式,326,327

Smith,Thomas C.,47

松江地区,江南,89,182—184;农村工业,48,89,372;农业副业化,89;妇女化和老龄化/老人化,90,197,273;半工半农,90,111,112,302—305;去过密化,87,90,112,113,117,118,130,257;单季稻,92,93,98,99,108;早稻+晚稻,92,93,99,153;复种,92;双抢,93,183;一年两茬,12,93,236,492;一年三茬,5,93,153,236;过密化,84—89,92—94,98—102,183,239;劳动密集化,93,99,100,153,182,183,237,242,367;产量递减,92;绿色革命,90,93,102,155,156,158,181—185,241,243

松江府(江苏),41,49,50n,370;纺织业,151,194,370;"衣被天下",370

《松江府志》,50n

松江县华阳桥乡种籽场大队,93n;甘露村,93n

苏成捷(Sommer,Matthew H.),368,369

苏格兰皇家银行(Royal Bank of Scotland),470

苏联和东欧共产党政权的瓦解,319;苏联,238,252,253,319,338,402,454;东欧,253,319,402,467

苏伟,417,419—423,428,431,434—437,439

苏州府,40

速水佑次郎(Hayami,Yujiro),152,153,242

孙中山,430—433,447;涨价归公,430,447;平均地权,430,447

T

(泰德·)塔尔弗德(Telford,Ted A.),61,62

637

台湾的淡水(分府),67n

台湾的新竹(县),67n

台湾地区,7,14,63,149,153—157,162,165,166,183,184,230,241—244,326,327,501;韩国,7,14,137,149,153—157,162,165,166,230,241—244,326,327,350,501;东亚模式,8,149,152—155,157,160,165,166,190,199,326,501;农业现代化,45,153—155,230,233,242;日本殖民政府,154;劳动生产率,6—9,53,73,148,153—156,162,190n,236,238,241—246,501—503;美援,155,243;绿色革命,90,93,102,155,156,158,181—185,241,243

台湾英业达(Inventec),413,480

太仓州,49

太平天国运动,240;太平天国战争,65

唐代,79,85;均田制度,79;多子继承,79;唐律,79

陶然,347—349,416

《天下郡国利病书》,52n

田纳西河流域管理公司(Tennessee Valley Authority,简称 TVA),427,456

甜高粱,250

调解,19,289,382,383,386,393,394

铁器时代,12,79,235

桐城县(桐城),61

统筹城乡综合配套改革试验区,21,408

统购统销,275

土地/人口"要素禀赋",150

土地财政,23,349,415,416,418,423,432,439,443,441,442,481;重庆,21—27,407n,408—448,475—484,487,508,509;上海,415—416;浦东逻辑,415;国家所有,409,415,425,467,468;征地,23,272,347—349,416,463,481,505;拆迁,416,442n,463;毛地 vs.熟地,416;招商引资(亦见地方政府),344—350,410,417,419,451,452,458—461,475,507,508

土地产权,11,122,161n,347,378,

380；宅基地，22，26，133，380，440，482；承包地权，294，303，380，482；儿子继承，380；农民工，167，168，283—294，380，381，393，394，439，439，484；扩大家庭，380

土地承包制度，161，247，278；人多地少，5，66，123，127，246—248，285，401，402，446，488，489，501，502；社会稳定，247；社会保障，247，289，293，398，403，445，450，508；男耕女织，247，370；半工半耕，247，284，371，373，377，506

土地改革，4，14，154n，194，241，447

土地市场，436，437；一级市场，436；二级市场，436；证券市场，436n

托达罗（Todaro，Michael P.），310，314，315，319；城市传统部门（traditional urban sector），310，314

拖拉机，5，45，46，92—94，98，153，181，182，210，211

W

洼里乡，442n

外包（outsourcing），426

外国直接投资（FDI），350

晚婚制，4

汪晖，320，347—349，407n，416，449n

王达，35，39

王丰，59，368

王国斌（Wong，R. Bin），60，368

王汉生，344，458

王美艳，177，196，269

王绍光，407n，421，433，444，479

王一鸽，344，458

王跃生，374—378

王政联，376，377

威廉森（Williamson，Oliver），335n

微型企业，441

（马克斯·）韦伯（Weber，Max），252，272，500；形式理性（formal rationality），500；演绎逻辑，256，491，494，495，500；形式主义，491，496，500

（劳娜·）韦泽利尔（Weatherill，Loma），57

维护市场的联邦主义，339

卫国，77

渭河,4,78

魏昂德(Walder, Andrew),17,332,337,338,458,467,507;硬预算约束,17,338,339,344,345;乡村层级企业,338;地方政府公司主义(local state corporatism),337,458,507

Weingast, Barry R.,253n,338,459

温室大棚,186;拱棚,138,186,503;保温草苫,186;自动卷帘机,186;塑胶膜,186;家庭劳动力,165,174,186,396—398;温室,170,186;拱棚蔬菜,133,138,212n,502

温铁军,122n

温州,417;私营企业,222,223,286,353,356,417,426,443,444,481;公共部门,351,417;基础设施建设,213,284,410,417,418,421,435,436,445,479

文化偏好,63

问题资产救助计划(Troubled Asset Relief Program, TARP),420

污水处理厂,421

无产化,9,11,125,161,189,194,198,231,504

无地雇工,9

无机、矿物能源的经济体系(mineral-based energy economy),236;使用有机能源的经济,236;现代无机经济,12;基于矿物能源的经济(亦见有机经济),12,493

无锡县,51

吴邦国,438,443

吴承明,38n,41,49,50n

吴虎根,95

吴敬琏,311—314,321,333—337,344

吴申元,77,78

五保,288;退休、医疗、工伤、失业、生育,288

武广汉,269,270

武陵山区,428

武雅士(Wolf, Arthur P.),61—63

物权法 vs.土地管理法,122n,347n;张建君,350

《物权法草案》,122

物质费用,269;用工(作价),148,169,269,270,287n;生产成本,

269,391;流通/销售成本,269

X

西伯利亚大铁路,412

西方经济学,256,268;理性经济人,256;纯市场经济竞争,256

西方现代化理论模式,16

西方中心,491;现代主义,389,491,499,500;形式主义,491,496,500;普适真理,491;新古典经济学,395,490—492,494,496,497;理性人,491;纯竞争市场,494;资源最佳配置,494

西欧,4,5,61,62,137,156n,193,364,367,369—371,378

《锡金识小录》,52n

现代化,26,71,80,99,145,146,150,153—156,166,181,183,184,189,208,212,215,219,230,232,304,312,314,315,318,325,356,378,381,427,488

现代化理论(modernization theory),314,315,318,494

现代经济部门 vs. 传统经济部门,15,285,297,474,490,505,506

现代企业制度,432;国营企业 vs. 国有企业,431,432,443;现代(资本主义)企业,25,88,101,238,267,296n,344,387—390,395,424,493;所有权,124,432,443;经营权,125,432,443;分离,81,103,239,367,370,371

现实性抑制(positive checks),59,60,64,66

乡镇企业,6,17,48,127,128,130,195,196,222,223,246,286,290,291,299—301,305,332,341—343,356,358,389,397,450,452,458—461,467,473;离土不离乡,112,130,197,223,224,246,286,291,342,353,359,397;乡村就业人员,222,295,299,326,340—343

湘江,72n

肖钢,468—472;中国银行,468,472,487;第一把手,471;工作伦理,472

消费单位,5,88,101,238,248

消费革命,2,56,57,151

消灭单季稻,5,102

641

萧山县（浙江省），63

小耕作制度，14

小规模 vs. 大规模，88，225，271—277

小规模家庭农场，亦见小农户，125，139，173，200，250，259，390，502；大市场，13，200，259，260，265，267，268，278；纵向一体化，13，165，199，200，259—262，277—279，348，391，392，504

小规模农业 vs. 大规模农业，88；水牛编队，93；拖拉机，5，92—94；地下排水系统，93；资本和劳动双密集化，7，397，440；复种指数，93，94，102，242；营养钵，94，116；种植方法，94；改良种（大花种），94

小农户 vs. 大商业资本，亦见小农户+大商业资本 vs. 资本主义规模化生产，271—277

小农户家庭农场，10

小私营企业，18，450，473

小资产阶级，297，301，303，316，349，416n，506；自雇，180，292，297，298n，301，316，506；个体户，290，292，297，298，301，316，349，416n

谢淑丽（Shirk，Susan L.），337；地方分权，21，337，338，355，451，459；中国经济发展的政治逻辑，337

辛格（Singer，Hans），315

辛劳度，147n

新保守主义（Neo-Conservatism）（亦见新自由主义），16，251，257，314，322，329，333，345，358，400，409，455，456，458，492，496—499

新加坡淡马锡控股公司（Temasek Holdings，Singapore），470

新疆，171，412，480n

新农业，138，139，141—149，175，203，204，213，214，218—232，396，503；资本化，8—10，31，138，139，189，190，201，203，204，213，214，224；固定资产投资，213，214，227，230，453n；国有经济，213，214，507；集体经济，213，214，304；个体经济，213，214，297；水利建设，213；流动资本投入，149，202—230；物质与服务费

用,215—221;蔬菜生产,133,170,186—188,203,215—218;肉类生产,174,176,185,219;养殖业,1,10,139,141,219,220,227,250,397;新时代的农业革命,8,11,140,144,149,158,226;畜—禽—鱼,143,148,278;菜—果,7,123—125,137,142—144,146,148,225,249,278,502,503;劳动和资本双密集化,138,148,390,503;适度规模生产,148;充分就业,123,124,148,226;种养结合,2,9,139,143,148,276,390,397,440,503;劳动生产率,2,3,6—9,148,236,238,241—246,309,369,372,493,501—503;每工作日报酬,148

新农业品种,203

新信息产业园区,411,412

新型城市化,54—56,74

新型养殖,8

新兴市场(emerging markets),426,456

新制度经济学,251,260,266,269,271,319,321,328,331,333,335,339,343,345,358,395,399,400,453,455,456,465,497,504,505;科斯(R. H. Coase),260,266—268,275,277,319,320,331—339,343—345,391,392,453,454,457,504;横向一体化,260,277—279,391,504;纵向一体化,259—262,277—279,348,391,392,504;小生产者,260,261,265,279;交易成本,260,266—268,274,275,277,320,335,336,343,344,346,352,391,454,497;合同,228,260—270,274—280,396;契约,267—271,273,275;哈耶克(Hayek, Friedrich A.),319—322,333—339,454,455,457,466,491;真正的个人主义(true individualism)vs.完美理性的个人主义,333,454;科学主义,258,320,333,454,499,500;古典自由主义者,333,454;新保守主义,251,257,314,322,329,333,345,358,400,409,455—458,485,492,496—499;芝加哥大学,319,335;诺斯(Douglass

643

North),251,319,320,335,337,453,454,457,466,497,504,505

新自由主义,437,443,446,456,459—463,465—467,471—474,485,486,504,507;新自由主义vs.农民经济理论,165

刑科题本,374,377

形式主义法学,496;法律实用主义,496

熊彼得(Schumpeter, Joseph),492

熊万胜,276

休耕/饲料轮作,12

徐新吾,41,49—53,57,370

许步山桥(自然)村,183

许步山桥生产队,97,107

许倬云(Hsu, Cho-yun),78,79

薛涌,38n

薛允升,66,67

血汗资本,224;不公平待遇,223,224

Y

Yamada, Saburo,153

亚细亚生产方式,83

亚洲,7,137,156n,157,285,309,470

亚洲开发银行(Asian Development Bank),470

严明,67,68n

扬州,68

(阿瑟·)杨(Young, Arthur),32,33

要素市场,16,505

叶梦珠,41n

依附(dependency),79,318;一国之内的殖民结构,318;中心城市,318;卫星地区,318;卫星国家,318;发达国家,318,亦见弗兰克(Frank)

18亿亩(耕地)红线,440,482

一年三茬,5,93,153,236

一子继承,4

以人为本,431

意识形态化,20,162,257,280,318,321,323,329,330,358,400,401,408,496,500

隐性的农业革命,6,145—147,162,172,183,185,186,189,195,200,213,373,390,397,488;隐性农业革命vs.传统农业革命,145—147;作物单位面积产量的变化

vs.食品消费结构和农业结构转化,145

印度,158—163,285n,329;资本主义农场主,160,263;农业无产工人,160;两极分化,125,160,319;古典的"资本主义",160;印度尼西亚,229,285n,327;菲律宾,285n;泰国,111,229,285n;叙利亚,285n

印刷机械厂,110

英格兰,1—4,6,31,32,35—40,71—74,103,149—153,157,225,364,365

英亩,31,39,42,150,194,250

英业达(Inventec),25,413

硬预算约束(亦见软预算约束、科尔奈),17,338,339,344,345,353,409

佣工,36,62n,180,194,197

用人单位,287,289,295

尤陈俊,407n

油料,8,138,140,142,145,169,171,175,202,205,208,226,396,503

游民,70

有机经济,71,72,493

有计划的非正规性,355

有效生育控制(堕胎),368

于建嵘,463

渝新欧铁路,412,479,480;内地,25,204,443,479;口岸,25,479;俄罗斯,25,229,412,467,479,480;波兰,25,479;哈萨克斯坦,25,412,427,479,480;白俄罗斯,25,479;德国,25,69,312,379,411—413,479,480;杜伊斯堡,25,479;渝新欧物流公司,412,480;兰州,412;新疆,171,412,480n;重庆—兰州铁路,480n

与国际接轨,268,496

预防性抑制(preventive checks),59—62,64,66

袁刚,252

袁剑,432,436

原教旨市场主义,10,12,152,256,319,325,328,358,400,465,466,496,497

原始工业化,2,4,32n,50,54—56,74,79—81,103,112,193,378

越国,77,354;勾践,77

645

Yunus, Muhammad, 317, 330; 孟加拉乡村银行 (Grameen Bank), 317; 诺贝尔和平奖, 317; 孟加拉, 317

Yusuf, Shahid, 100, 153, 159, 183, 242

Z

暂住者, 18, 283, 393

早婚, 4, 50, 62n, 63, 79—81

早期城镇化, 5, 367

早期工业化, 50n, 55n, 150, 151, 365—367, 371, 492; 英国, 31—74, 149, 150, 154—156, 160, 367—371; 西欧, 61, 62, 137, 156n, 193, 364, 367, 369—371, 378; 工场, 108, 278, 364, 365, 367, 370; 手工业发展, 151, 367; 人口行为转型, 32n, 151, 367, 369, 370; 早结婚, 151, 367; 早期城镇化, 5, 367

早期近代史研究者的反叛, 55, 56

择校费, 198, 434, 477

曾毅, 375—377

宅地法, 194, 250

詹姆斯·米德 (Meade, James E.), 429

战国时代, 77

张家炎, 407n, 449n

张曙光, 311n

张晓山, 274, 397

张玉林, 165, 475

张之洞, 72n

招商引资, 331, 332, 344—350, 362, 410, 414, 417, 419, 451, 452, 458—461, 475, 507, 508; 地方政府, 331—362, 398, 410—422, 427—447, 451—453, 479—485, 505, 507; 土地征用, 347; 基础设施, 332, 347, 348, 351n, 362, 414, 416—418, 420, 421, 429, 433, 435, 436, 444—446, 482; 房地产, 325n, 349, 442, 508; 土地财政, 349, 415—418, 423, 432, 439, 441, 442, 481; 非正规经济, 331, 332, 346, 349, 350, 353—364, 450, 462, 473—475, 486, 490, 494, 499, 505, 506

赵启正, 415, 416, 432

赵树凯, 252n

赵小平,177,210

赵晓力,385,386

征用权,11,263

正规,15,16,283—326;国家机关,16,284,287—289,308,324;事业单位,16,178,179,284,288,289,306,308;正规企业,16,284,286n,289,292,323,330;白领职员,16,284,288,309;蓝领工人,16,167,284,288,289,304,308

正规职工 vs. 非正规人员,315—318,346—360

正义研究所(Institute for Justice),415n

郑风田,271

郑光组,50n

政、商、学(的)铁三角,463,亦见官员、商人、新自由主义经济学家

政府征用土地权利(right of eminent domain),美国,415,452;私有产权,415,447,453,454,456

政治经济结构,81

政治体制,17,252,254,256,505,508;官僚体系,334;王朝时期,252;苏联模式,252;革命时期,252,508

政治资本,350

直辖市,417,421,423n,428,433,453

"治平"和"生计",洪亮吉,68

中产阶级,16,21,22,184,199,286,304,307,308,313,314,324—326,381,408,473,474,484,486,494,499,506

《中共中央关于推进农村改革发展若干重大问题的决定》,380

中国的改革经济体系,352;体制性收益,352;体制性成本,350—352

《中国的隐性农业革命》,145,185

《中国第二次全国农业普查资料汇编》,128,178,179,191,222,228,300,373

《中国第二次全国农业普查资料综合提要》,171,179n,211,212,300,301;农业生产经营者,178;家庭农场(农业生产经营户,家庭户从业劳动力,自营雇主、家庭帮工、务工、公职),178—181;本户劳动力,178;农业生产经营单位(企业、事业单位、机关、社

647

会团体、民办非企业，以及其他法人单位），178，179

中国改革，21，333，334，338，345，346，354，359，391，487；天则经济研究所，347，349，416，424n，432，444，465，466

中国革命传统，283，446，474；社会公平，18，27，330，410，430，433，439，442—447，475，481，509；实践层面 vs. 话语层面（修辞层面），28，460，475，495，504；阶级斗争，167，475；科学发展观，475；和谐社会，475；革命再分配道德观 vs. 市场和盈利道德观，483

中国工商银行，420，472n

中国共产党，4，11，28，241，254，306，475

《中国固定资产投资统计年鉴》，214

中国家庭收入调查（Chinese Household Income Project），293

中国建设银行，472n

中国经济发展，159，331，332，337，357，362，400，403，449，451，452，457，458，466，478，486，505

中国经验，153，358；农村工业化，48，89，99，109—112，371，372，506，507；没有城镇化的工业化，112，371，506；半工半农，111，112，302—305；离土不离乡，112，371，372，377；个体化的无产工人，112

《中国劳动统计年鉴》，167，288，307，323，324

《中国农村惯行调查》，374

《中国农村统计年鉴》，132，142—144，147n，148，172—175，178，205—218，225，227，390n，503

《中国农民工问题研究总报告》，290—293，324，329，353，355n，462

《中国农业产业化发展报告》，228，348

中国农业银行，472n

中国社会科学院人口与劳动经济研究所，129n

《中国统计年鉴》，35，48，92，100，101，128，132，136，141，143，144，222，242，246，276n，286n，290n，295—297，300，305，307，324，

327,340,341,434

《中国乡村研究》,201n,233n

中国政府,亦见中华人民共和国政府,86,87,199,228,229,361,419,449,460;对农业的支出,228;农田水利建设,229;农业科技服务,229;农业补贴,229;农业税,229;农村金融,230;非正规融资,230;高利贷,69,230,482

中国知网,147,168

《中华民国民法》,亦见国民党1930年民法典,379

《中华人民共和国城镇国有土地使用权出让和转让暂行条例》,416

《中华人民共和国继承法》,379

《中华人民共和国劳动法》,287,288,382

《中华人民共和国农村土地承包法》,380

中间商,260,263—273,276;物流,85,261,262,264,267,411,412,480;贩子,264,265,271;产地中间商,264;市场中间商,264;市场批发商,264;零售商,104,264;消费者,96,99,261,263,264,274,278,313,334,409,457

中央汇金公司,470,471

中央集权,21,77—84,338,451;中央集权 vs.地方分权,451;两个积极性,452;(中央)集权的(地方)分权主义,355

钟真,264

种籽场大队,93n,99,100,106,110,117;锁厂,110,112

种养结合,2,9,139,143,148,276,390,397,440,503;英格兰,1—4,6,31—40,71—74,149—153;诺福克制度,2,34;芜菁,2,33,34,37,39,150;三叶草(亦见新农业),2,33,34,37,39,150

周其仁,63,336n

诸侯国,77

主流发展经济学,309,312;"二元经济"理论,309,318,356,392;三个部门理论,312,313

主流经济学,313,323,333,335,345,356,358,362,431,444,447,499—501;生产要素,152,176,234,242,309,431,490;稀缺(亦见哈耶克、科尔奈、科斯、诺斯、

649

舒尔茨、新自由主义、市场主义),37,152,234,275n,297,309,310,400,431

主权,4,267,311n

主食 vs.副食,36,58,124,130,146,502

专业经营 vs.多种经营,250

转换型牲畜饲养,34,40

庄园,32,78

资本化,农业,9,10,31,47n,138,190,199—201,204,214,244;改进水利,90,98;拖拉机,92—94,98;化肥,90,94,95,98;新品种,98;土地生产率,43,98,162;劳动生产率,43—48,90—100;劳动密集化,38,39,45,46,93,99,100;边际报酬递减,99

资本化+无产化,200

《资本论》,265

资本投入,7—10,200—205,214—224,227—230;固定资本,10,203,204,213,218,220,221,228,230;流动资本,10,148,149,202—204,208,209,212,214—221,224,227—230

资本下乡,274

资本主义工业 vs.资本主义农业,13,309,370,492

资本主义农业,8,84,122,164—169,179,191,199,200,273,369

资本主义社会,260,394;大生产者,260;大商业资本,259—262,264—267,396;流通关系,259,260,266—269

资产阶级民主革命,426

紫云英(红花草),34,35,37

自负盈亏,276,425

自雇个体就业人员(亦见个体户),297

自由贸易,270,456

总产值提高,142;农业结构的重组,142;高值农产品,121,126,142,147,162,163,230,390,396,440,502,503;新农业,121,129,138,142,145,147—149,175,213,214,218—221,223,225—227,230,232,390,396,397,440,502,503

纵向一体化,13,165,199,200,259—262,277—279,348,391,

392,504

租佃,82,84,190,191,259,262,263

《租核》,58n

族谱,61,63

最高人民法院,384—386

左派 vs.右派,463